AMV

Jane Thelwall

Pferdetraining individuell

Ein korrektes Schulungsprogramm

Albert Müller Verlag
Rüschlikon-Zürich · Stuttgart · Wien

Aus dem Englischen übersetzt von Simone Wiemken. Titel des englischen Originals:
The Less-Than-Perfect Horse, erschienen bei Methuen London Ltd. Copyright © by
Jane Thelwall 1987. Deutsche Ausgabe: © Albert Müller Verlag AG, Rüschlikon-
Zürich, 1989. – Nachdruck, auch einzelner Teile, verboten. Alle Nebenrechte vom
Verlag vorbehalten, insbesondere die Filmrechte, das Abdrucksrecht für Zeitungen
und Zeitschriften, das Recht zur Gestaltung und Verbreitung von gekürzten Ausgaben
und Lizenzausgaben, Hörspielen, Funk- und Fernsehsendungen sowie das Recht zur
foto- und klangmechanischen Wiedergabe durch jedes bekannte, aber auch durch
heute noch unbekannte Verfahren. – ISBN 3-275-00950-8. – 1/5-89. – Printed in
Germany.

Inhalt

Dank

Ich möchte Dr. med. vet. Peter Green für die Zeit und Mühe danken, die er darauf verwandt hat, einige Punkte zu klären, die meiner Meinung nach fachmännischer Erläuterung bedurften.

Meinen aufrichtigsten Dank auch meiner Schwester Anne Parker, die stundenlang über meinem Manuskript saß, Myriaden überflüssiger Kommas herausstrich und unzählige grammatikalische Fehler korrigierte; an Jenny Brightwell, die nicht nur meine Einfügungen und Streichungen entzifferte, redigierte und das Manuskript ins reine schrieb, sondern auch meine Anfälle von schlechter Laune ohne Murren ertrug, und an meinen Mann John, der mich vor die Schreibmaschine setzte — mich beinahe mit Handschellen daran festkettete, wenn sich Anzeichen von Ernüchterung und Verzweiflung bemerkbar machten —, der darauf bestand, daß ich dieses Buch schrieb, mir sehr half, mich ermutigte und unzählige hilfreiche Vorschläge machte und auch nur selten stöhnte, wenn ich nörgelte oder mich beklagte. Wenn diese Menschen nicht gewesen wären, hätte ich weder den Mut noch die Entschlußkraft gehabt, meine Arbeit fortzusetzen, geschweige denn zu beenden! Ohne die Abbildungen wäre das Buch jedoch unvollständig, und ich bin Fiona Silver sehr dankbar für die hervorragende bildliche Interpretation meiner Worte.

Ich möchte auch meiner Mutter danken, denn wenn sie nicht so großzügig gewesen wäre, mich als Kind im ganzen Land herumzukutschieren, wäre ich nie in den Genuß von Davina Whitemans ausgezeichnetem Unterricht gekommen. Ich muß auch Liz Pickard erwähnen, die nicht nur schon früh meine Begeisterung für das Reiten entfachte, sondern mir auch viele Jahre später mein erstes Geländejagdrennen ermöglichte. Ich ritt dabei ein Pferd namens Paradise Beach, das Johns Vater gehörte, also brachte Liz indirekt auch John und mich zusammen.

Schließlich möchte ich noch John und Maryan Huntridge dafür danken, daß sie uns großartige Vielseitigkeitspferde zur Verfügung gestellt haben, vor allem Marsh Heron und King's Jester, mit denen ich Erfolge erzielen konnte, die jenseits meiner kühnsten Träume lagen!

Vorwort

Ein Buch zu schreiben, erfordert viel Zeit, Hingabe und Mut. Es überrascht mich deshalb nicht, daß Jane Thelwall trotz ihres ausgefüllten Lebens nun auch noch unter die Autoren gegangen ist!

Ich empfehle jedem diese Sammlung von Fakten, Ideen und leicht nachvollziehbaren Techniken, die alle auf dem wichtigsten Abschnitt der Pferdeausbildung basieren – der Schaffung der Grundlagen!

Jane ist ein echter Profi. Ihre Erfolge in der Military beweisen, daß sie eine der Spitzenreiterinnen in diesem großartigen Sport ist. Dieses Buch gereicht ihr zur Ehre und wird dem Leser von großem Nutzen sein.

Virginia Leng, 1987

Einleitung

Mit einiger Belustigung habe ich die Stelle in John Francomes Autobiographie *Born Lucky* gelesen, an der er zugibt, daß er während des Englischunterrichts die meiste Zeit aus dem Fenster geschaut und eine junge, hübsche Mitschülerin beim Sport beobachtet hat, und daß er sehr unter den Folgen seiner Unaufmerksamkeit zu leiden hatte, als er daranging, sein Buch zu schreiben. Ich kann mir vorstellen, wie ihm zumute gewesen sein muß, denn obwohl ich nicht nach Jungen (und auch nicht nach Mädchen!) aus dem Fenster geschaut habe, habe ich doch den Großteil meiner Englischstunden mit Schwatzen verbracht oder mir überlegt, wer wohl das 2,30-Uhr-Rennen in Cheltenham gewonnen haben mochte (ich war schon damals ganz verrückt auf Rennen und bin es noch heute), oder ich habe unzählige Pferde in meine Kladde gezeichnet. Inzwischen weiß ich, daß meine detaillierten Zeichnungen zumindest dazu geführt haben, daß es mir heute leichter fällt, das Exterieur eines Pferdes zu beurteilen – ich bezweifle allerdings, daß John Francome seine Nebenbeschäftigung in seinem Beruf sehr viel weitergeholfen hat!

Einführung

Ich war immer der Meinung, daß ein Buch fehlte, das sich mit dem nicht ganz perfekten Pferd beschäftigt. In vielen Büchern finden sich zwar ein oder zwei Kapitel über möglicherweise auftretende Probleme, aber aufs ganze gesehen scheinen sich alle Bücher, die ich gelesen habe, nur mit der Ausbildung völlig problemloser Pferde zu befassen. Da wahrscheinlich nur die wenigsten von uns einmal in den Besitz eines solchen Pferdes gelangen werden, hoffe ich, daß dieses Buch dem Leser helfen wird, alle Schwierigkeiten, die bei der Ausbildung des «gewöhnlichen» Pferdes auftreten können, zu verstehen und auch zu bewältigen. Wirklich einfach zu reitende Pferde sind eine große Ausnahme; deshalb sollte man nie denken, man wäre der einzige, der Probleme mit seinem Pferd hat! Ich hoffe, daß dieses Buch jeden interessiert, der mit der Ausbildung von Pferden zu tun hat, und daß es ihm hilft, die Ursachen der Probleme zu erkennen, die auf dem langen Weg zum wohlerzogenen Pferd auftreten können. Vielleicht können selbst erfahrene Reiter oder Ausbilder aus diesem Buch noch Nutzen ziehen, denn ich habe versucht, die Probleme unter verschiedenen Blickwinkeln zu betrachten, von denen viele dem Leser möglicherweise neu sind.

Einer der faszinierendsten Aspekte des Reitens ist wahrscheinlich, daß es für die Ausbildung des Pferdes keine festen Regeln gibt – es muß lediglich ein gewisses Vertrauensverhältnis zwischen Pferd und Reiter bestehen. Das wird besonders deutlich durch die verschiedenen Reitstile, vor allem in diesem Land, in dem fast jeder so reitet, wie er es für richtig hält. Mit diesem Gedanken im Hinterkopf fühlten John und ich uns durchaus berechtigt, unsere Ansichten über die Ausbildung von Pferden zu äußern, die keineswegs vollkommen sind. Wir verfügen beide über langjährige Erfahrungen in vielen Disziplinen des Reitsports, und mit unserem gemeinsamen Wissen und unserer Erfahrung fühlten wir uns in der Lage, ausführlich darzulegen, warum so viele Pferde im Wettkampf Schwierigkeiten machen. Unsere Ansichten sind ebenso wie alle von uns aufgestellten Theorien das Ergebnis einer etwa zwanzigjährigen Arbeit mit Hunderten sehr unterschiedlicher Pferde. Wir gehen dabei vom Vielseitigkeitssport aus, und da das Vielseitigkeitsreiten die umfassendste Prüfung für Pferd und Reiter ist, wird natürlich jeder Aspekt der Pferdeausbildung abgedeckt. Wir wollen nicht um jeden Preis eiserne Regeln aufstellen, sondern nur darlegen, mit welchen Methoden wir bei der Grundausbildung oder der Umschulung eines Problempferdes die besten Erfolge erzielten.

Als erstes sollte man bei einem Pferd das Exterieur beurteilen, denn Exterieur = Gesundheit = Leistung. Colonel «Handy» Hurrell hielt einmal vor unserem Pony-Club einen Vortrag über das Exterieur und erzählte uns etwas, was ich nie vergessen werde: Er sagte, das Pferd mit dem vollkommensten Exterieur, das es je gegeben hätte, wäre Arkle. Meiner Ansicht nach bestätigt dies meine vorherige Aussage, denn Arkle ist unbestritten das beste Hindernisrennpferd aller Zeiten. Das erste Kapitel beschäftigt sich ausführlich mit der Beurteilung des Exterieurs, aber im Grunde sind wir der Ansicht, daß die Ursache jedes in der Ausbildung auftretenden Problems eng mit dem Körperbau oder der Psyche des Pferdes zusammenhängt. Ein Pferd, dem seine Arbeit leichtfällt, wird auch leicht auszubilden sein, aber wenn man ihm etwas abverlangt, was seine augenblicklichen Fähigkeiten übersteigt, wird es sich das anmerken lassen, und welche Form dieser Widerstand annimmt, hängt in erster Linie von seinem Charakter ab. Diesen wichtigen Punkt muß jeder Reiter berücksichtigen, denn ehe man nicht herausgefunden hat, warum sich ein Pferd auf eine bestimmte Weise verhält, kann das Problem nicht gelöst werden.

Der Einsatz von Hilfszügeln wie Chambon oder Ausbindezügel kann bei der Umschulung von Pferden zweifellos von großem Nutzen sein, sofern man sie nicht benutzt, um die Ausbildung abzukürzen.

Bei der Ausbildung von Pferden gibt es einfach keine Abkürzungen. Ebenso gibt es keine schnelle Methode, um ein Pferd — oder auch einen Menschen — fit zu machen: Muskeln brauchen eine gewisse Zeit, um kräftiger und elastischer zu werden. Bevor ein Pferd eine halbe Stunde Schulung vertragen kann, müssen die für die jeweilige Arbeit benötigten Muskeln in guter Kondition sein. Es ist interessant, wie schnell ein gut trainiertes Jagdpferd außer Atem gerät und anfängt zu schwitzen, wenn es in der Reitbahn arbeiten muß, weil dort Muskeln gefordert werden, die an diese Arbeit nicht gewöhnt sind. Man kann das Pferd mit einem Sportler vergleichen, der sich vor einem Wettkampf auch erst auf seine spezielle Disziplin vorbereiten muß. Deshalb wird ein Hilfszügel Probleme vielfach nur verstärken, weil er das Pferd in eine bestimmte Haltung zwingt, ehe seine Muskeln dafür kräftig genug sind. Die Muskeln können dabei sogar geschädigt werden, weil ihnen mehr abverlangt wird als sie leisten können. In dem Augenblick, in dem dies passiert, kommt es zu einer körperlichen Reaktion, die vom Gehirn als Schmerz registriert wird. Es dauert lange, bis das Pferd sich physisch und auch psychisch wieder davon erholt hat. Der Einsatz von Hilfszügeln an der Longe dagegen kann Pferd und Reiter helfen, denn sehr oft werden Widersetzlichkeiten des Pferdes durch das Gewicht des Reiters auf dem Rücken verstärkt — vor allem bei unerfahrenen Reitern, die durch eine unsensible Zügelführung die Probleme noch vergrößern. Darauf gehe ich jedoch beim Besprechen der einzelnen Probleme noch genauer ein.

Da vollkommene Pferde äußerst selten sind, wird es im Verlauf der Ausbildung immer wieder zu Rückschritten kommen. Es gibt zwar viele Bücher über die Ausbildung von Pferden, aber dieses Buch befaßt sich nur mit der Korrektur von Problempferden oder gibt Ratschläge, wie man mit unlösbaren Problemen am besten leben kann, denn es ist oft nicht möglich, ein solches Pferd im Handumdrehen zu verkaufen. Außerdem kann es sehr schwierig sein, das richtige Heim für ein Problempferd zu finden, und das Verkaufen zeugt von einer defätistischen Einstellung. Man sollte immer versuchen, seine Verzweiflung zu überwinden, sofern das Pferd zumindest bis zu einem gewissen Grad in der Lage ist, die gestellten Anforderungen zu erfüllen. Außerdem hängen viele Reiter sehr an ihren Pferden, und oft ist es das einzige Ziel eines Besitzers oder Reiters, mit einem bestimmten Pferd Erfolg zu haben. So ehrgeizig man auch sein mag – es ist immer wieder eine Herausforderung, einem Lebewesen etwas beizubringen. Wenn man dieses Ziel ständig vor Augen hat, wird das Pferd gehorsamer werden, was die Freude des Reiters noch steigert – und darum geht es schließlich beim Reiten: um eine glückliche Partnerschaft, aufgebaut auf gegenseitigem Vertrauen.

Johns Vater gegenüber beschrieb uns einmal jemand als die Leute, die aus schlechten Pferden gute machen. Obwohl wir im Grunde nicht glauben, daß dies möglich ist, beweist es doch, daß unsere Theorien, wenn sie in die Praxis umgesetzt werden, zeigen, daß ein Pferd nicht unbedingt schlecht ist, sondern nur, daß es vermutlich nicht richtig verstanden wurde. Bis zu welchem Grad man ein «gutes» Pferd aus ihm machen kann, hängt hauptsächlich von seiner natürlichen Begabung ab – schließlich sagt schon ein altes Sprichwort: «Auch eine Kuh kann lernen, einen Meter hoch zu springen». Wenn man die Beweggründe des «schlechten» Pferdes versteht, kann man versuchen, es dazu zu bringen, daß es sein Bestes gibt. Sehr oft wird aus dem schwierigsten Pferd zum Schluß das beste – also nur Geduld!

Das Buch ist in drei Hauptabschnitte eingeteilt. Zuerst wird das Exterieur abgehandelt, denn für die Leistungsfähigkeit eines Pferdes ist ausschließlich sein Körperbau verantwortlich; ich untersuche die verschiedenen Gebäudefehler und weise darauf hin, wie sie die Arbeit des Pferdes beeinträchtigen können. Ein Pferd mit einem kurzen, dicken Hals zum Beispiel wird sich immer unwohl fühlen, wenn es am Zügel geht, weil sein Hals dadurch in eine für dieses Pferd unnatürliche Haltung gezwängt und unter Umständen auch seine Atmung beeinträchtigt wird. Dies ist nur ein Beispiel für einen Gebäudefehler und seine Folgen. Zu verstehen, warum sich ein Pferd bei einer bestimmten Aufgabe widersetzt, ist der erste Schritt zur Korrektur des Problems.

Der zweite Hauptabschnitt ist die Grundausbildung, die sich mit den einzelnen Ausbildungsstadien und dem Sinn der einzelnen Schritte beschäftigt. Viele Probleme treten nur auf, weil dem Pferd eine Leistung abverlangt wird, der es geistig oder körperlich nicht gewachsen ist. Meine Aufstellung der Erfolge, die sich in bestimmten Ausbildungsabschnitten zwangsläufig einstellen müssen, sollte helfen, solche Schwierigkeiten zu vermeiden. Außerdem wird daraus ersichtlich, wann dem Pferd bestimmte Aufgaben abverlangt werden können, denn damit sich bei der Ausbildung Fortschritte einstellen, muß das Pferd natürlich bei jedem Reiten etwas härter arbeiten und auch schwierigere Lektionen ausführen. Es gibt unzählige Reiter, die sich scheuen, ihrem Pferd etwas abzuverlangen, und deshalb schließlich überhaupt keine Forderungen mehr stellen. Schon das kann zu Problemen führen, denn das Pferd wird sich langweilen und unkonzentriert sein; es wird sich selbst Abwechslung verschaffen, indem es scheut, buckelt oder sich sehr aufregt, was für den Reiter äußerst unangenehm ist. Natürlich lernt der Reiter aus Erfahrung, wann er von seinem Pferd etwas Neues verlangen kann, ohne es aufzuregen, aber ich hoffe, daß meine Beschreibung der einzelnen Stadien, die in der Ausbildung erreicht werden sollten, deutlich macht, wann die einzelnen Probleme entstanden sind, und natürlich auch, bei welcher Stufe man wieder ansetzen muß, um neuerliche Fortschritte erzielen zu können. Manchmal muß man zwei Schritte zurückgehen, um zum folgenden zu gelangen.

Auch einige typische Reitstunden werden in diesem Kapitel beschrieben, obwohl es in erster Linie die Funktion hat, beim Erörtern der einzelnen Widersetzlichkeiten und Schwierigkeiten in der Folge Wiederholungen zu vermeiden. Im dritten Hauptabschnitt werden Anzeichen, Ursachen und Korrektur vieler Probleme erläutert, die beim Dressurreiten sowie beim Springen im Parcours und im Gelände auftreten können. Dieser Abschnitt nimmt den größten Teil des Buches ein, und in ihm gehe ich auf die Ursachen jedes Problems ein und mache jeweils mehrere Vorschläge zur Korrektur. Dort wird auch deutlich, wie eng Gebäudefehler mit manchen der Probleme verbunden sind, und wie im Einzelfall der beste Kompromiß aussieht. Um die einzelnen Abschnitte übersichtlicher zu machen, wurden sie in Anzeichen, Ursachen und Korrektur unterteilt. Falls es zur Lösung eines bestimmten Problems erforderlich ist, wird der Leser auf den entsprechenden Abschnitt des Kapitels über die Grundausbildung verwiesen, bei dem die Ausbildung neu ansetzen sollte.

Natürlich kann man nie voraussagen, welche Erfolge man im Einzelfall erzielen wird, und ich will auch nicht behaupten, daß man aus jedem Pferd einen Turniercrack machen kann, wohl aber, daß jedes Pferd von einer korrekten Ausbildung profitiert, ganz gleich, was von ihm verlangt wird oder was für Probleme es hat. Im Grunde gibt es nur sehr wenige Pferde, die wirklich hoffnungslose Fälle sind; alle anderen sollten bei geduldiger und verständnisvoller Schulung ihren Besitzern viel Freude bereiten.

Es ist unmöglich, eine Reitstunde auf dem Papier zu geben, das heißt, wenn die Hilfen für bestimmte Lektionen erklärt werden, kann der Reiter eigentlich nur so lange experimentieren, bis er die beste Methode gefunden hat, um sein Pferd zu der gewünschten Reaktion zu veranlassen. Das Experimentieren spielt bei der Ausbildung eines Pferdes ohnehin eine große Rolle; deshalb sollte man sich als Reiter auch nie scheuen, etwas anderes auszuprobieren.

1   Die Bedeutung des Exterieurs

Das Exterieur eines Pferdes zu beurteilen bedeutet, seinen Körperbau zu betrachten und abzuschätzen, ob es die körperliche Eignung für bestimmte Aufgaben mitbringt. Bevor wir auf die körperlichen Mängel eingehen, die die Leistungsfähigkeit des Pferdes beeinträchtigen können, muß erst einmal verdeutlicht werden, wie das ideale Turnierpferd aussehen sollte. Das Pferd sollte einen Eindruck von Ausgeglichenheit und Symmetrie erwecken. Ein Pferd ähnelt einer fein abgestimmten Maschine, und wenn nur ein Teil dieser Maschine nicht völlig einwandfrei arbeitet, ist die gesamte Funktionsfähigkeit in Frage gestellt. Das Pferd läßt sich mit einem Auto vergleichen. Ein Auto der gehobenen Klasse zum Beispiel besitzt eine Servolenkung, Bremskraftverstärker und einen Einspritzmotor. Eine ebenso präzise Leistung erwartet der Reiter auch von seinem Pferd, und je höher die Anforderungen sind, desto wichtiger ist das Reaktionsvermögen des Pferdes. Hohe Leistungen können nur erreicht werden, wenn der Körper des Pferdes so ausbalanciert ist, daß eine derartige Feinabstimmung möglich ist.

Wenn man ein Pferd zum erstenmal vor sich sieht, sollte man versuchen, es zuerst als Ganzes zu betrachten und es sich dann in Abschnitte aufgeteilt vorzustellen – zum Beispiel sollte die Länge der Hinterhand im richtigen Verhältnis zur Vorhand stehen; weitere Punkte sind der Abstand von den Lenden zum Schweifansatz und die Länge der Beine: Der Körper eines idealen Pferdes paßt in ein Quadrat, wobei ein Vorder- und ein Hinterbein in den unteren Ecken stehen (Abb. 1). Man sollte sich nicht vom ersten Eindruck beeinflussen lassen und zum Beispiel nur auf eine reizvolle Farbe oder einen hübschen Kopf achten – das sind nur Äußerlichkeiten. Manche Pferde haben eine natürliche Ausstrahlung, doch eine solche Ausstrahlung kann sich auch erst einstellen, wenn das Pferd älter wird und einen höheren Ausbildungsstand erreicht hat. Eine massige Vorhand läßt den Reiter zwar sehr bequem sitzen und erleichtert das Reiten am langen Zügel, aber für das Pferd ist es natürlich sehr schwer, eine solche Vorhand über ein Hindernis zu heben, es sei denn, die Hinterhand wäre ebenso kräftig. Das Risiko dabei ist allerdings, daß solche Pferde oft sehr lang und deshalb weniger wendig sind. Für leichtere Dressurprüfungen und zur Jagd sind sie geeignet, aber bei Vielseitigkeitsprüfungen könnte es Probleme geben. Obwohl eine außergewöhnlich große Schulter nicht erwünscht ist, könnte eine zu kleine die Bewegungen einschränken; andererseits vertragen Pferde mit großer Schulter einen Rumpler im Gelände oft besser, während Pferde mit schmalen, steilen Schultern leichter stürzen. Eine gewisse Rückenlänge ist für schnelle Arbeit unerläßlich, doch ein zu langer Rücken ist nicht tragfähig genug, und ein zu kurzer Rücken beeinträchtigt den Raumgriff, sowohl in der Bewegung als auch über dem Hindernis.

Abb. I: Ein gutgebautes Pferd paßt in ein Quadrat

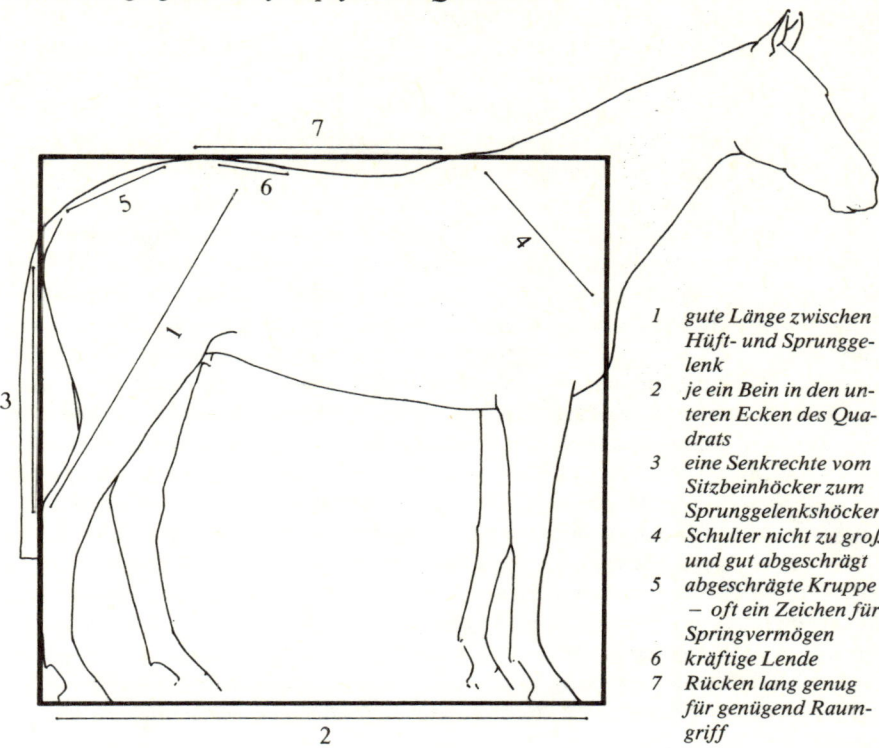

1 gute Länge zwischen Hüft- und Sprunggelenk
2 je ein Bein in den unteren Ecken des Quadrats
3 eine Senkrechte vom Sitzbeinhöcker zum Sprunggelenkshöcker
4 Schulter nicht zu groß und gut abgeschrägt
5 abgeschrägte Kruppe – oft ein Zeichen für Springvermögen
6 kräftige Lende
7 Rücken lang genug für genügend Raumgriff

Besonders wichtig ist es, den Aufbau der Hinterbeine zu betrachten, denn sie sind Antrieb und Hebel. Das Untersetzen der Hinterbeine und das Abdrükken ermöglichen es dem Pferd, sich auszubalancieren, sich rhythmisch in allen Gangarten zu bewegen, das Tempo zu verlangsamen und wieder zu beschleunigen, sich zu versammeln und zu strecken und natürlich auch zu springen. Wenn das Hinterbein von der Seite betrachtet wird, sollte eine Lotrechte vom Hüftgelenk genau in der Mitte des Hufs enden. Die Hinterhand wird kräftig und gut bemuskelt gewünscht, und obwohl eine abgeschrägte Kruppe nicht sonderlich reizvoll aussieht, deutet sie doch meistens auf gutes Springvermögen hin. Das liegt daran, daß diese Pferde meistens eine gute Länge vom Hüft- zum Sprunggelenk aufzuweisen haben, und diese Länge ist entscheidend für die Hebelwirkung. Ein gerades Hinterbein ist nicht stark genug, um diesen langen Hebel einzusetzen, und solche Pferde haben meist nicht genügend Schubkraft. Bei einem guten Hinterbein liegt der Sprunggelenkshöcker direkt unter dem Sitzbeinhöcker. Nur selten sieht man Spitzenspringpferde mit schlechten Hinterbeinen, und obwohl ein Vielseitigkeitspferd keine gewaltigen Höhen überwinden muß, werden seine Hinterbeine doch stark gefordert, nicht nur beim Galoppieren und Springen, sondern vor allem bei der Dressur (bei der die Anforderungen an die Sprunggelenke wahrscheinlich am höchsten sind). Viele Leute stören sich nicht an einer Hasenhacke, obwohl sie einen Fehler darstellt: Die Hasenhacke selbst verursacht zwar vielleicht keine Beschwerden, aber sie ist unbestreitbar ein Anzeichen für ein schlechtes Hinterbein. Es gibt zwar viele gute Rennpferde mit schwachen Hinterbeinen, aber ein Spitzenspringpferd mit schlechten Sprunggelenken ist mir noch nicht begegnet, und bei der Vielseitigkeitsreiterei ist das Springen schließlich auch der wichtigste Bestandteil.

Nachdem man die Symmetrie des Pferdes von der Seite beurteilt hat, betrachtet man es von hinten (Abb. 2). Eine Lotrechte vom Sitzbeinhöcker soll Bein und Huf genau in der Mitte teilen. Außerdem sollten die Hüften auf beiden Seiten gleich stark bemuskelt sein. Besonders wichtig ist der Abstand zwischen den Hüftknochen, denn schließlich ist die Hinterhand der Motor des Pferdes; ein Pferd mit einer schmalen Kruppe ist immer schwach – es gibt eine Redensart, derzufolge ein gutes Pferd «einen Kopf wie eine Dame und ein Hinterteil wie eine Köchin» haben sollte. Dennoch sollte die Breite der Kruppe zum übrigen Körper passen. Ein zierliches, aber wohlproportioniertes Pferd braucht keine übermäßig starke Kruppe, während ein Pferd mit einer kräftigen Vorhand eine entsprechende Kruppe haben muß, um die für das Springen erforderliche Hebelwirkung entwickeln zu können. Eine leichte Säbelbeinigkeit deutet oft auf besondere Kraft hin, doch eine kuhhessige Stellung der Hinterbeine beeinträchtigt die Bewegungsfreiheit, weil dieser Fehler bewirkt, daß die Hinterbeine im Bogen nach außen, statt gerade nach vorn, geführt werden; es fehlt also an Schubkraft. Obwohl es Pferde gibt, die trotz einer Fehlstellung der Hinterbeine durchaus brauchbar sind, sollte man doch auf

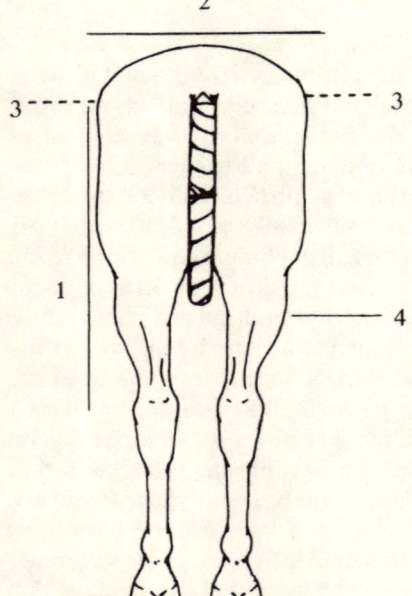

Abb. 2: *Symmetrie und Proportionen*
der Hinterhand
1 gut eingeschientes Sprunggelenk
2 gute Breite zwischen den Hüftknochen
3 Hüftknochen auf gleicher Höhe
4 gute Bemuskelung

eine korrekte Stellung achten, denn nur korrekte Beine sind in der Bewegung so gut ausbalanciert, daß kein Punkt einer übermäßigen Belastung ausgesetzt ist.

Die Fesseln sollten nicht zu steil stehen, weil Pferde mit diesem Fehler oft sehr harte Gänge haben; andererseits ist aber auch eine zu lange Fessel unerwünscht, weil sie das ganze Bein einer übermäßigen Belastung aussetzt – das gilt sowohl für Vorder- als auch für Hinterbeine. Eine steile Fesselung der Vorderbeine führt zu kurzen und stuckerigen Tritten. Lange, weiche Fesseln machen die Gänge des Pferdes zwar sehr bequem und schwungvoll, belasten aber die Sehnen über Gebühr. Eine gewisse Länge sollten die Fesseln jedoch haben, um schwungvolle Tritte zu gewährleisten.

Ein weiterer wichtiger Aspekt bei der Auswahl eines Sportpferdes ist der Halsansatz. Die Kopfhaltung des Pferdes kann nur in Zusammenhang mit dem Hals beurteilt werden. Ein Pferd mit einem schlecht angesetzten Hals empfindet die korrekte Haltung leicht als widernatürlich. Pferde mit einem übermäßig dick bemuskelten Hals gehen oft nicht gut am Zügel, weil ihnen dadurch die Atmung erschwert wird. Ein Hirschhals ist meistens schwach und oft die Ursache für heftiges Kopfschlagen, manchmal sogar direkt ins Gesicht des Reiters! Der Kopf selbst sollte aus Gründen des Gleichgewichts nicht zu groß sein, und ein intelligenter Gesichtsausdruck ist erwünscht. Vom reiterlichen Standpunkt ist auch die Form der Kiefer wichtig: Sie müssen so gebaut sein, daß das Pferd ohne allzu großes Unbehagen ein Gebiß tragen kann. Wir hatten einmal ein Pferd mit einem deformierten Unterkiefer, bei dem die Zähne an den ungewöhnlichsten Stellen des Kiefers standen. Dieses Pferd war nur unter Schwierigkeiten mit einem Gebiß zu reiten. Logischerweise wird ein Pferd, das ständig Unbehagen empfindet, das Gebiß nie gelassen akzeptieren. Obwohl Mißbildungen des Unterkiefers recht selten vorkommen, sind Form und Größe des Unterkiefers doch von Pferd zu Pferd verschieden, und es ist sehr wichtig, ein genau passendes Gebiß zu finden.

Der Raumgriff ist einer der Hauptfaktoren bei der Beurteilung eines Pferdes, und er hängt zum größten Teil von der Stellung der Schulter ab. Ebenso wichtig wie die Schulter ist die Ellenbogenfreiheit. Sie ist von überragender Bedeutung, denn ein Pferd, dem die Ellenbogenfreiheit fehlt, ist nicht in der Lage, seine Tritte ausreichend zu verlängern. Das Pferd kann noch so viel Schubkraft haben, wenn die Ellenbogenfreiheit eingeschränkt ist, wird es nie die nötige Wendigkeit und den angemessenen Raumgriff zeigen.

Es fällt vermutlich auf, daß die Betrachtung der Vorderbeine bis zum Schluß aufgehoben wurde, obwohl das alte Sprichwort «Ohne Huf kein Pferd» vom gesundheitlichen Standpunkt immer nur auf die Vorderbeine angewendet wird. Für den Ausbilder sind jedoch die Hinterbeine wichtiger, denn sie entwickeln die Schubkraft (deren Fehlen Probleme aufwirft), die Vorderbeine tragen allerdings sechzig Prozent des Gewichtes. Ungünstige Vorderbeine an sich machen das Pferd nur selten steif oder unwillig; meist sind es mit ihnen verbundene Probleme wie eine steile Schulter, schlechte Hufe oder steile Fesseln, die dem Pferd durch die ständigen harten Stöße Unbehagen bereiten. Diese körperlichen Probleme hängen stets mit einer inaktiven Hinterhand zusammen, bei der das Pferd entweder den Rücken festhält, die Sprunggelenke schont oder an einer Muskelverspannung leidet. Schmerzen in Huf, Vorderbein oder Schulter führen zu einer Verkürzung der Tritte und erhöhtem Unwillen beim Springen, vor allem bei Tiefsprüngen. Vorderbeinprobleme sind also stets ein Fall für den Tierarzt – Sehnenschäden, Fessel- oder Hufprobleme, die durch die Anstrengungen einer Vielseitigkeitsprüfung oder eines anderen Wettbewerbs entstanden sind. Wenn das Pferd seine Hinterbeine nicht weit genug untersetzt, kann die daraus resultierende zusätzliche Belastung der Vorderbeine mögliche Schäden noch verschlimmern. Aus diesem Grund ist es nicht ratsam, ein Pferd mit schwachen Vorderbeinen zu kaufen, denn es gibt nichts Ärgerlicheres, als ein Pferd stundenlang zu trainieren, nur damit es im entscheidenden Moment lahmt. Andererseits gibt es aber auch erfolgreiche Vielseitigkeitspferde mit schwachen Vorderbeinen, und auch die besten Vorderbeine können unter Erkrankungen leiden. Durch ausreichendes Training kann man viele Probleme vermeiden, doch oft entsteht eine Sehnenzerrung durch Anschlagen, was gelegentlich gar nicht bemerkt und meistens nicht behandelt wird und später zu einer Lahmheit führt. Viele Leute machen sich Gedanken über die Röhrbeinstärke des Pferdes, die direkt unterhalb des Vorderfußwurzelgelenks gemessen wird. Wir machten neulich ein interessantes Experiment: Wir schickten unsere Lehrlinge mit einem Bandmaß und dem Auftrag, die Röhrbeinstärke aller Pferde zu messen, durch die Ställe. Es war hochinteressant, die Ergebnisse miteinander zu vergleichen; in manchen Fällen waren beeindruckende Maße ermittelt worden, doch im Verhältnis zur Körpergröße mancher Pferde waren die Röhrbeine eigentlich viel zu dünn, und es fanden sich auch Pferde mit guten Vorderbeinen, deren Röhrbeinstärke relativ gering war. Im *Irish Stallion Guide* sind Röhrbeinstärke und Brustumfang jedes Hengstes aufgeführt, was eine gute Idee zu sein scheint, doch ein namhafter Pferdehändler aus Yorkshire machte uns unmißverständlich klar, daß diese Maße nicht repräsentativ wären. Nachdem wir selbst diesen kleinen Test vorgenommen hatten, verstanden wir, was er gemeint hatte. Die Röhrbeinstärke hängt vom Körperbau des Pferdes ab (dem Verhältnis des Röhrbeins zur Körpermasse) und auch von der Länge und Qualität des Knochens.

Ein korrektes Exterieur muß mit korrekten Bewegungen verbunden sein. Beim Betrachten eines Pferdes in der Bewegung ist besonderer Wert auf den Schritt zu legen, denn er läßt Schlüsse auf die anderen Gangarten zu. Um sich gut bewegen zu können, muß das Pferd durchtrainiert sein. Gute Bewegungen bedeuten nicht, daß das Pferd große, lange und flache Schritte machen sollte, ohne die Gelenke zu beugen, selbst wenn es dadurch wundervoll bequem zu sitzen ist. Statt dessen sollte sich das Pferd federnd bewegen und Sprung- und Vorderfußwurzelgelenke aktiv beugen. Pferde, die die Vorderfußwurzelgelenke in den Grundgangarten kaum beugen, haben meistens Schwierigkeiten beim Springen und neigen dazu, die Stange mit der Vorhand zu reißen, weil sie nicht in der Lage sind, die Vorderbeine ruckartig anzuwinkeln. Die hiermit verbundenen Probleme werden im Kapitel über das Springreiten ausführlich abgehandelt. Auch eine rollende Bewegung der Vorderbeine, das sogenannte Bügeln, ist unerwünscht, weil die Pferde dann meist nicht genügend Schub aus der Hinterhand entwickeln, was sich allerdings mit fortschreitender Ausbildung noch bessern kann. Gerade, gestreckte Bewegungen sind besser, denn sie deuten darauf hin, daß das Pferd sich selbst gerade vorwärtsschiebt. Ein leichtes Bügeln verursacht keine Probleme bei der Ausbildung, bietet jedoch in einer Dressurprüfung für den bei C sitzenden Richter einen unschönen Anblick und kann bei den Seitengängen zu Schwierigkeiten führen. Unserer Erfahrung zufolge sind Pferde mit leicht zehenenger Stellung leichtfüßiger als solche mit zehenweiter, die sich eher «plattfüßig» bewegen. Ein sich bewegendes Pferd sollte einen Gesamteindruck von Behendigkeit, Lebhaftigkeit und Kraft vermitteln, aber auch eine gewisse Leichtfüßigkeit. Ein Pferd, dem diese Leichtfüßigkeit fehlt, ist meist nur schwer zu schnellen Reaktionen zu veranlassen. Wenn man sich in die Schulzeit und die Sportstunden zurückversetzt, erinnert man sich vielleicht, daß schon am Körperbau und an den Bewegungen der Klassenkameraden deutlich zu erkennen war, wer von ihnen ein guter Sportler war und wer nicht. Auch beim genauen Betrachten von Pferden wird schnell deutlich, welche von ihnen das Zeug zu einem Spitzenpferd haben und welche wohl immer nur im Durchschnitt oder sogar darunter liegen werden.

Es gibt nur einen Aspekt, den niemand im voraus beurteilen kann – die Begabung. Im Falle des Mitschülers würde das bedeuten, wie sehr er sich beim Sportunterricht anstrengt und wieviel Spaß er ihm macht. Genau dieselbe Einstellung ist bei einem Pferd erforderlich, obwohl zum Springen und besonders bei der Vielseitigkeit überdies Mut gefordert wird. Der Mut eines Pferdes kann leicht mißbraucht werden, und die Zuversicht des Pferdes kann durch rücksichtsloses Reiten oder einen schweren Sturz verlorengehen. Dann ist es fraglich, ob das Pferd seinen ursprünglichen Glauben an den Reiter oder seine eigenen Fähigkeiten je wiedergewinnt.

Pferde gibt es in allen Formen und Größen, aber eine genauere Betrachtung aller Spitzenpferde beweist, daß sowohl ihr Inneres wie auch ihr Äußeres so vollkommen sind wie nur möglich. Es gibt Pferde mit einem ausgezeichneten Exterieur, die trotzdem nur schwache Leistungen bringen, weil sie innerlich nicht zur Mitarbeit bereit sind; andererseits gibt es aber auch Pferde, deren innere Einstellung und Beherztheit geringe körperliche Fehler ausgleichen. Wie bereits erwähnt, sollte das Äußere des Pferdes den Eindruck von Kraft, Lebhaftigkeit und einer an seiner Umwelt interessierten Persönlichkeit vermitteln. Das Temperament spielt bei der Leistung eines Pferdes eine große Rolle, doch der Wunsch, dem Reiter zu gefallen, wird durch eine korrekte Ausbildung und einen einfühlsamen Reiter noch verstärkt. Der Charakter eines Pferdes hängt zum größten Teil von seinen körperlichen Fähigkeiten ab, und es kann nicht oft genug wiederholt werden, daß diejenigen Pferde am leichtesten zu trainieren sind, die verstehen, was man von ihnen verlangt, und die sich durch ihre Arbeit nicht überfordert fühlen und sie deshalb auch nicht verweigern. Verlangt man zum Beispiel von einem Pferd eine Volte mit einem Durchmesser von zehn Metern, bevor seine Muskeln vollständig gelöst sind, wird es sich nicht biegen, aus dem Takt kommen oder sich verwerfen und in Zukunft diese Bewegung – und womöglich die gesamte Dressurreiterei – mit Unbehagen verbinden. Es kann dem Reiter nicht sagen, daß ihm etwas

Schmerzen bereitet, deshalb muß es ihm auf andere Weise klarmachen, daß es nicht in der Lage ist, die gewünschte Lektion auszuführen, und wenn es sich um ein ehrliches Pferd handelt, wird es sich aufregen und verspannen. Wenn ein Mensch am Morgen gleich nach dem Aufstehen eine tiefe Rumpfbeuge machen müßte, ohne daß er vorher Gelegenheit gehabt hätte, sich warmzuturnen, würde er vermutlich auch ziemlich sauer reagieren! Menschen, die unter Rückenschmerzen leiden, können sehr gut verstehen, warum das Pferd sich wehrt, wenn man ähnliche Übungen von ihm verlangt. Die Vorwärts-abwärts-Haltung des Pferdes verlangt von der Wirbelsäule des Pferdes dieselben Bewegungen wie die Rumpfbeuge beim Menschen (Abb. 3). Nachdem ich meine Rückenschmerzen viele Jahre lang ertragen hatte, entschloß ich mich endlich, einen Spezialisten aufzusuchen. Dabei stellte sich heraus, daß das Polster zwischen zwei Wirbeln abgenutzt war, und ich wurde vor die Wahl gestellt, mich einer Operation zu unterziehen, bei der die Wirbel miteinander verschmolzen werden sollten (die Erfolgsaussichten waren mir allerdings entschieden zu gering), oder meine Rückenmuskulatur durch tägliches Schwimmen so weit zu kräftigen, daß sie die geschädigte Wirbelsäule stützen konnte. In der ersten Zeit schwamm ich jeden Tag etwa zwanzig Minuten, und jetzt schwimme ich zweimal wöchentlich, um mich fit zu halten. Obwohl von Schmerzfreiheit noch keine Rede sein kann, führe ich doch ein sehr ausgefülltes und aktives Leben und sehe deshalb nicht ein, warum man einem Pferd durch eine Kräftigung seines Rückens nicht ein ebensolches Leben verschaffen könnte.

Obwohl es im allgemeinen nicht nur Rückenprobleme sind, die ein Pferd «schwierig» machen, sind sie doch eine häufige Ursache und können verschiedene Gründe haben. Pferde eignen sich von ihrem Körperbau her überhaupt nicht dazu, einen Reiter zu tragen, und ihnen ein relativ schweres Gewicht auf den Rücken zu packen – oft noch ehe sie völlig ausgewachsen sind – muß ihnen zwangsläufig Schmerzen bereiten. Schlecht passende Sättel und stramme Gurte vergrößern das Problem noch. Außerdem besteht stets die Gefahr von Verletzungen durch einen Sturz. Ich habe einige schwere Stürze mitangesehen, und es erschien mir immer wie ein Wunder, daß die Pferde sich dabei nicht

Abb. 3: **Ein Vergleich zwischen der Rumpfbeuge und der Vorwärts-abwärts-Haltung – beide verlangen dieselbe Streckung der Wirbelsäule.**

viel schwerer verletzten. Unsere eigenen Pferde werden grundsätzlich vom Tierarzt untersucht, wenn es zu einem Sturz gekommen ist, selbst nach einem harten Rumpler mit den Hinterbeinen, der zu einer Rückenverletzung führen könnte. Wir halten diese Vorsichtsmaßnahme für sinnvoll; denn es können immer Verletzungen entstehen, die nicht offensichtlich sind. Die Kosten sind zwar hoch, aber unsere Pferde bedeuten uns so viel und wir stellen so hohe Anforderungen an sie, daß diese Handlungsweise die einzig richtige ist. Es ist wesentlich besser, eine kleine Verletzung sofort zu behandeln und danach weiter zu trainieren, als sie zu verschleppen und dann eine lange Ruhepause oder sogar einen bleibenden Schaden in Kauf nehmen zu müssen.

Das Thema Exterieur könnte man unendlich weiterführen, aber wenn es strenge Regeln gäbe, die vorschreiben, wie das perfekte Pferd auszusehen hat, gäbe es keine Vorführwettbewerbe mehr, denn die Pferde würden stets in der gleichen Reihenfolge plaziert. Die Meinungsverschiedenheiten, Auseinandersetzungen und endlosen Diskussionen der verschiedenen Richter sind es, die das Vorführen von Pferden für alle interessant und faszinierend machen, für die Zuschauer ebenso wie für die Besitzer. Manchmal hat man den Eindruck, als hätten manche Besitzer ein Monopol auf die ersten Plätze, doch es wird immer einen Richter geben, der sich der allgemeinen Meinung nicht anschließt und ganz andere Maßstäbe anlegt. Als Richterin weiß ich, daß es die eigene Meinung an einem bestimmten Tag ist, die zählt, und jeder einzelne sollte seine Meinung ehrlich und mutig vertreten und sich nicht nach den Ansichten der anderen richten.

In diesem Kapitel wurden die verschiedenen Fehler aufgeführt, die die Leistungsfähigkeit des Pferdes beeinträchtigen können, doch wie auf anderen Gebieten bestätigen auch hier die Ausnahmen wieder einmal die Regel. Diese Ausnahmen beweisen, wie falsch es ist, mit engstirnigen Vorstellungen von einem Idealpferd behaftet zu sein, denn da alle Pferde verschieden sind, kann man von jedem etwas lernen. Jedes Pferd sollte seine Chance bekommen; keines darf von vornherein hochnäsig abgelehnt werden! John und ich kauften einmal in Yorkshire einen zotteligen Fünfjährigen namens Danby Wiske, der bisher nur Jagden gegangen, also angeritten war. Er wurde vom Pony-Club-B-Test-Komitee beurteilt und für leichte Turniere und zum Jagdreiten für tauglich befunden. Im folgenden Jahr startete er mit seinem Besitzer Clair Sankey bei den Europäischen Jugendmeisterschaften in Rotherfield Park für Großbritannien! Er war nie einer der Schnellsten, aber sein Springvermögen, sein Mut und sein Trainingszustand glichen diesen Mangel wieder aus. Man sollte deshalb nie ein Pferd von vornherein ablehnen, nur weil es auf den ersten Blick nicht besonders beeindruckend erscheint. Bevor man ein Pferd für hoffnungslos untauglich erklären kann, müssen Hebelwirkung, Kraft und Lebhaftigkeit stets eingehend studiert werden.

Um ein korrektes Exterieur würdigen zu können, brauchen die meisten Leute mehrjährige Erfahrung, und selbst dann wissen viele immer noch nicht, worauf sie bei einem gut gebauten Pferd überhaupt achten sollen. Ich bin fest davon überzeugt, daß es so etwas wie einen «Blick für Pferde» gibt, der sich am besten als eine Art künstlerische Würdigung oder ein Gefühl für die richtigen Merkmale bei einem Pferd beschreiben läßt. Ich kenne viele Leute, die einem erzählen, sie hätten das perfekte Pferd entdeckt, und wenn man dieses Pferd dann sieht, muß man feststellen, daß es aufgrund seines fehlerhaften Exterieurs für den Turniersport ungeeignet ist, und meistens auch, daß es keinerlei Springvermögen besitzt. Es ist sehr schwer, jemandem, der es nicht «sehen» kann, zu erklären, welche Fehler dieses bestimmte Pferd hat, zumal sie oft sehr unscheinbar sind. Auffällige Fehler wie Hasenhacken oder zu lange Rücken sieht jeder, aber die Symmetrie und mechanische Hebelkraft der Hinterbeine ist es, die sich so schwer erklären läßt, wenn jemand nicht das richtige «Gefühl» dafür hat. Deshalb sage ich immer, die beste Methode, die Mechanik des Exterieurs zu studieren, besteht darin, Spitzenpferde aller Disziplinen genau zu beobachten und alle Einzelheiten herauszufinden, die erklären, warum dieses Pferd so talentiert ist. Beachtet werden müssen die Symmetrie, die Winkel und der Gesamteindruck, aber auch mögliche Fehler. Von solchen Pferden kann man lernen, daß das Vorhandensein einiger Fehler den Erfolg nicht ausschließt. Das ist es, was das Richten so schwer macht. Den Sieger herauszufinden ist immer leicht, aber sehr schwierig ist es, die weitere Plazierung vorzunehmen, da diese Pferde meist mit geringen Fehlern behaftet sind, die gegeneinander abgewogen werden müssen. Ich liebe es, Bilder von gut gebauten Pferden zu betrachten, Vollblüter ebenso wie andere Rassen, denn sie sind relativ selten, und wenn man sie sieht, kann man sie nur bewundern. Qualität ist einfach nicht zu schlagen, und der Anblick eines perfekt gebauten, starken, durchtrainierten und gesunden Vollblüters läßt mein Herz immer höher schlagen!

Allerdings sollte man über alledem das alte Sprichwort «Es ist nicht alles Gold, was glänzt» nicht vergessen. Sehr passend ist auch der Lieblingsausspruch meiner Großmutter, an den ich oft denken muß (nicht nur im Zusammenhang mit Pferden): «Aus einem Kieselstein kann man keinen Diamanten schleifen.» Wie wahr!

2 Die Grundausbildung

Vor der Erörterung der Probleme, die beim Training des Pferdes auftauchen können, ist es wichtig, genau zu entscheiden, was durch das Training erreicht werden soll. Was erwartet der Reiter von seinem Pferd?

Das Ziel jedes Reiters sollte es sein, sein Pferd so zu trainieren, daß es sofort und absolut gehorsam auf seine Hilfen reagiert. Die meisten Reiter, die man nach ihrer Zielsetzung befragt, wünschen sich ein gut ausbalanciertes und gelöstes Pferd mit einem weichen Maul. Dem stimme ich voll zu, denn um die Befehle des Reiters exakt in dem Moment zu befolgen, in dem sie gegeben werden, muß das Pferd gut ausbalanciert und völlig gelöst sein. Man darf nie vergessen, daß ein Pferd eine bestimmte Aufgabe nur verweigert, wenn es − in diesem Augenblick − einfach nicht in der Lage ist, sie auszuführen. Zum Beispiel erfordert es ein Maximum an Gleichgewicht, Gelöstheit und Beweglichkeit, wenn ein Pferd im Galopp eine Wendung machen, springen und dann sofort wieder abwenden soll, und wenn das Pferd auf diese Aufgabe nicht entsprechend vorbereitet wurde, wird es nicht in der Lage sein, sie korrekt auszuführen. Ich bin sicher, daß sich der Leser vorstellen kann, welches Bild ein untrainiertes Pferd in dieser Situation abgeben würde: das Pferd mit hochgerissenem Kopf und weit offenem Maul, das sich in großen Schleuderkurven dem Hindernis nähert und dann wieder davonstürmt, und der Reiter mit verzweifeltem Gesichtsausdruck! Das Verhalten dieses Pferdes hat wenig mit seinem Maul zu tun; es ist eine Folge mangelnden Trainings − das Pferd ist nicht imstande, sein Gleichgewicht schnell zu verlagern und das Gewicht auf der Hinterhand zu tragen. Dieser Mangel in der Ausbildung zeigt sich im Maul des Pferdes − es reagiert nicht auf die Hilfen und versucht, Kopf und Hals freizubekommen, um sich damit auszubalancieren. Das Ziel der Ausbildung sollte deshalb ein Pferd sein, das leicht und ohne Verzögerung auf die Reiterhilfen reagiert. Am Gehorsam seines Pferdes kann man sich in jeder reitsportlichen Disziplin erfreuen, er vergrößert das Vergnügen sogar noch: Das glückliche Pferd ist das gehorsame Pferd, ebenso wie ein glücklicher Hund ein gehorsamer Hund ist. Mit dem Gehorsam entstehen vollkommenes Vertrauen und Respekt auf beiden Seiten, und wie bei allen Tieren kann auch bei Pferden eine solche Harmonie nicht durch Zwangsmaßnahmen oder Aggressionen erreicht werden, sondern nur durch geduldige, aber doch entschiedene Behandlung. Da ich selbst keine Kinder habe, bin ich vielleicht nicht die Richtige, um über ihre Erziehung zu sprechen, doch mir als außenstehender Beobachterin kommen diejenigen Kinder am glücklichsten vor, die einer strengen Disziplin unterworfen sind, aber nicht ständig unter der Knute stehen, was nicht selten zur Rebellion in einem späteren Entwicklungsstadium führt. Jedermann weiß, wie unangenehm völlig verzogene Kinder sein können; es ist also offensichtlich wichtig, den goldenen Mittelweg zu finden, um sich Respekt zu verschaffen, ohne Angst zu erregen. Angst kann bei jeder Tierart leicht in Wut umschlagen, ganz gleich, ob diese Angst angeboren ist oder von einem anderen Lebewesen hervorgerufen wurde: ein feiger, unterdrückter Schäferhund zum Beispiel ist ein Tier, vor dem man sich in acht nehmen sollte, wie ich aus eigener Erfahrung weiß! Aus diesem Grund behandle ich in diesem Buch keine Untugenden, sondern erwähne bloß, daß ein Pferd, das gehorsam und glücklich auf die Schenkelhilfen des Reiters reagiert, keinen Grund und auch keine Gelegenheit zur Widersetzlichkeit hat. Widersetzlichkeiten haben ihre Ursache entweder in Ungezogenheit, was einen Ungehorsam erkennen läßt, oder in den Nerven; im letzteren Fall wurde die Ausbildung des Pferdes zu rasch vorangetrieben. Die Gründe für Widersetzlichkeiten wie Bocken, Steigen oder Scheuen müssen erkannt werden, ehe der Reiter gegen sie vorgehen kann, und eine Disziplinierung des Pferdes erreicht man in den seltensten Fällen mit einer dicken Gerte, sondern nur durch konsequentes, korrektes Reiten.

Nachdem jetzt geklärt ist, was vom Pferd erwartet wird, bleibt die Frage, wie dieser Ausbildungsstand erreicht werden kann. Die ersten Ausbildungsschritte sind immer dieselben, ganz gleich, in welcher Disziplin das Pferd eingesetzt werden soll (zur Jagd, Dressur oder Vielseitigkeit zum Beispiel); erst mit fortschreitender Spezialisierung sind Variationen erforderlich, und erst dann werden besondere Ansprüche an die Techniken des Pferdes gestellt. Wenn die Grundausbildung vernünftig und korrekt war, sollten beim Übergang zu schwierigeren Aufgaben keine Probleme entstehen: die Ursache für später auftretende Probleme liegt meistens in einem Fehler, der während der Grundausbildung nicht bemerkt oder außer acht gelassen wurde.

Wenn ich ein Pferd trainiere, teile ich die Grundausbildung gern in sechs Abschnitte ein, deren Ziel es ist, daß das Pferd sich selbst trägt. Wie lange es dauert, bis sich in jedem einzelnen Abschnitt der gewünschte Erfolg einstellt, ist von Pferd zu Pferd verschieden; wenn es die Anforderungen eines Abschnittes erfüllt hat, kann zum nächsten übergegangen werden. Es gibt keinen genauen Zeitpunkt, an dem das Pferd von einem Trainingsabschnitt in den nächsten überwechselt, denn das Durchlaufen der verschiedenen Stadien ist ein allmähliches Fortschreiten. Man kann nicht zum nächsten Abschnitt übergehen, bevor das Pferd die Anforderungen des vorherigen vollkommen beherrscht, ohne daß später Probleme auftreten. Man sollte nie vergessen, daß es bei der Ausbildung eines Pferdes keine Abkürzungen gibt; eine korrekte Grundausbildung ist von entscheidender Bedeutung. Nur wenn das Pferd sich wirklich selbst trägt, bereitet die weitere Ausbildung, die zur Versammlung führt, keine Probleme mehr. Deshalb konzentriert sich das Buch auf die Grundausbildung.

Es ist manchmal nötig, etwas härtere Arbeit vom Pferd zu fordern, und dabei kann man Lektionen aus dem nächsten Ausbildungsabschnitt verlangen, die dazu dienen, das bisher Erreichte zu festigen. Diese Handlungsweise ist durchaus vertretbar, sofern sich das Pferd nicht in einer Weise gegen die neuen Lektionen wehrt, die erkennen läßt, daß es sich überfordert fühlt – also durch Aufregung und Verspannung. Es kann jedoch kaum schaden,

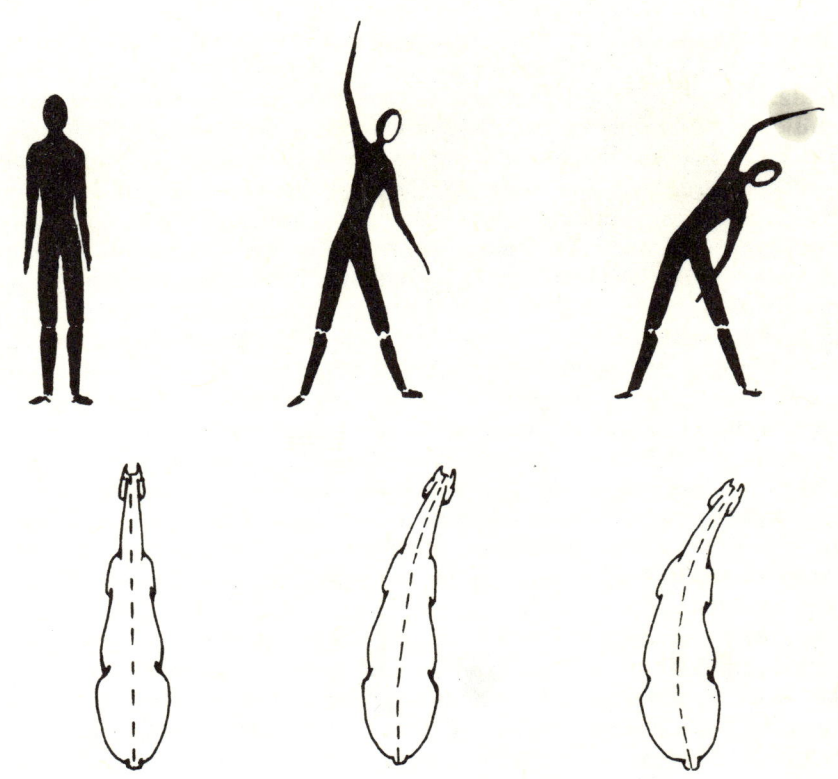

*Abb. 4: Ein Vergleich zwischen den Aufwärmübungen des Menschen und der Bie-
gung des Pferdes — in beiden Fällen muß sich der Körper seitlich biegen, was
natürlich um so besser geht, je wärmer er ist.*

wenn man das Pferd während der Reitstunde etwa zehn Minuten lang sanft
dazu anleitet, etwas Neues zu vollbringen.

Die sechsstufige Ausbildung eignet sich für jedes Pferd, für ein ungerittenes
ebenso wie für ein verrittenes; außerdem liefert sie das Grundmuster für jede
Reitstunde, einschließlich des Warmreitens. Sowie man dieses Muster einmal
verstanden hat und es einem in Fleisch und Blut übergegangen ist, ist Schluß
mit den endlosen, immer kleiner werdenden Zirkeln, und das Gefühl des «Was
könnten wir jetzt bloß noch tun?» weicht einer sinnvollen Ausbildung mit genau umrissenem Ziel.

Beim Zusammenstellen der Trainingsabschnitte habe ich stets daran ge-
dacht, daß ein Pferd mit einem Sportler zu vergleichen ist, und deshalb muß
jede Reitstunde aus aerobischen Beuge- und Streckübungen bestehen. Das
Pferd muß ebenso gelöst sein wie ein Sportler vor einem Wettkampf; deshalb
müssen die Lockerungsübungen aufeinander aufbauen, wobei die Anforderungen allmählich steigen (Abb. 4). Im Prinzip ist genau dies die Ausbildung.

Ein Pferd auszubilden bedeutet nicht notwendigerweise, es zu korrigieren; entscheidend ist das Aufbautraining der Muskeln für einen anstrengenden Einsatz. Wie wir bei der Behandlung der einzelnen Stufen noch sehen werden, sind die Lektionen logisch aufeinanderfolgende Aufwärmübungen. Kommen wir noch einmal auf den Sportler zurück: Er bereitet sich nicht stundenlang auf eine Anstrengung vor, aber lange genug, um seine Muskeln so weit zu lockern, daß er sie so effektiv wie möglich einsetzen kann. Wenn er diese Aufwärmübungen zu lange ausdehnte, würde er Energie verschwenden, die für den vor ihm liegenden Wettkampf gebraucht wird. Natürlich schwankt die optimale Aufwärmzeit von Mensch zu Mensch und auch von Pferd zu Pferd, und in diesem Punkt ist es entscheidend, sein Pferd genau zu kennen. Zum Beispiel sollten Pferde, die schon einmal unter dem «Tying-up-Syndrom» (einem Milchsäurestau in den Muskeln) gelitten haben oder die je Symptome dieser Erkrankung zeigten, stets sehr langsam aufgewärmt und mindestens zwanzig Minuten im Schritt mit gelegentlichem ruhigem Antraben geritten werden, ehe ihre eigentliche Arbeit beginnt. Dadurch werden die Muskeln gelöst und auf die Arbeit vorbereitet, und die Gefahr eines Muskelkrampfes wird verringert. Bei diesen Pferden darf die Arbeitsleistung nur allmählich gesteigert werden, sonst kann es bei jeder übermäßigen Anstrengung wieder zu Krämpfen kommen.

Ein unzureichend vorbereitetes Pferd wird nicht sein Bestes geben, aber das gilt auch für ein Pferd, mit dem zu viel gearbeitet wurde. Etwas Übermut verstärkt die Ausstrahlung und den Schwung in einer Dressurprüfung; ein übertrainiertes Pferd dagegen wirkt lustlos und wird trotz seiner akkuraten und gehorsamen Vorstellung weniger Punkte erreichen als ein anderes, dessen Darbietung einen gewissen Glanz hat: Ein Pferd, das zufrieden und mit gespitzten Ohren seine Aufgaben erfüllt, wird stets mehr Punkte bekommen als ein niedergeschlagenes Tier mit einem stumpfen oder gereizten Ausdruck. Meine ideale Aufwärmzeit vor einer Dressurprüfung liegt zwischen dreißig und fünfundvierzig Minuten. So lange dauert auch eine Trainingsstunde, ebenso die Vorbereitung auf das Springen zu Hause oder auf einem Turnier. Ein Pferd, das diszipliniert geritten wird und an seine regelmäßigen Trainingsstunden gewöhnt ist, sollte in der Lage sein, sich so lange zu konzentrieren. Pferde sind Gewohnheitstiere, was wir bei ihrer Ausbildung ausnutzen können. Bei einem Pferd, das es gewohnt ist, die ersten zehn Minuten jeder Reitstunde herumzuspielen, wird sich dies zu einer lästigen Gewohnheit entwickeln, die besonders auf einem Turnier Nerven kostet. Pferde dürfen gern übermütig sein, denn das bedeutet zumeist, daß es ihnen Spaß macht, geritten zu werden; aber man sollte den Übermut für etwas Nützliches ausnutzen, Mitteltrab zum Beispiel oder einen besonders federnden Rhythmus, damit das Pferd gleichzeitig davon profitiert. Schließlich ist das Endziel jedes Reiters, Energie zu erzeugen und zu bewahren; er kann sich also darüber freuen, daß sein Pferd selbst Energie an den Tag legt, und das Pferd belohnen, indem er ihm erlaubt, seine überschüssige Energie in sinnvolle Bahnen zu lenken, anstatt sich nur krampfhaft festzuklammern und zu hoffen, daß es sich bald wieder beruhigt. Bei älteren, disziplinierten Pferden ist ein Schrittausritt zum Lösen vor der Bahnarbeit vermutlich von Vorteil, doch im großen und ganzen bin ich dagegen, mit dem Pferd vor der Arbeit einen Ausritt im Schritt zu machen, damit es sich «etwas beruhigt». Meiner Ansicht nach zeugt dies von einem Mangel an Disziplin im Training und erschwert dem Reiter oft die Ausbildung, denn auf dem Ausritt bewegt sich das Pferd auf geraden Linien, seine Muskeln werden nicht in der erforderlichen Weise gedehnt, und es kommt häufig ermüdet und verspannt zurück, was bewirkt, daß es an seine Arbeit noch unwilliger herangeht als vorher. Es ist wesentlich besser, das Pferd vorher abzulongieren, denn dabei muß es sich biegen und gehorchen, und man kann seinen Übermut sinnvoll nutzen. Seine Muskeln können sich lösen, ohne daß das Reitergewicht irgendwelche Verspannungen hervorruft. Auf Turnieren ist diese Art der Vorbereitung besonders angebracht, da der Reiter bei solchen Anlässen meist selbst nervös und angespannt ist (jeder kennt das Gefühl, als ob einem die Beine nicht mehr gehorchen wollten), und auch das Pferd, das sich wahrscheinlich genauso fühlt, wird beträchtlichen Nutzen daraus ziehen. Nach ungefähr fünfzehn Minuten an der Longe mit langgeschnallten Ausbindern haben sich Pferd und Reiter im allgemeinen so weit entspannt, daß sie harmonisch zusammenarbeiten können. Meiner Erfahrung nach ist diese Methode die effektivste; allerdings sollte die gesamte Vorbereitungszeit fünfundvierzig Minuten nicht überschreiten. Besonders bei eintägigen Vielseitigkeitsprüfungen ist meistens nicht genügend Zeit für stundenlanges Abreiten, vor allem, wenn man mehrere Pferde genannt hat und eine lange Anfahrt hatte. Außerdem habe ich gern das Gefühl, nach dem Geländeritt noch genügend «Benzin im Tank» zu haben, und wenn mit dem Pferd vorher schon zwei Stunden gearbeitet wurde, ist es müde – es sei denn, es wäre in überragender Kondition, doch dann ist es für eine eintägige Prüfung wahrscheinlich schon zu fit. In welcher Disziplin man auch reitet, es zahlt sich immer aus, das Pferd nach einem festen Zeitplan zu trainieren, denn Pferde mögen keine Abwechslung.

Ehe ich fortfahre, möchte ich gern noch ein paar Worte über den Gebrauch eines Martingals sagen. Das Martingal zählt zu den Hilfszügeln und kann – korrekt verschnallt – durchaus nützlich sein. Ein Martingal sollte nur wirksam werden, wenn das Pferd seinen Kopf so weit hochreißt, daß es unkontrollierbar wird. Ein zu kurz verschnalltes Martingal schränkt die Bewegungsfreiheit ein; zu lang verschnallt hat es keinen praktischen Nutzen. Das feststehende Martingal ist in Vielseitigkeits- und Springprüfungen verboten und wird auch sonst kaum noch benutzt. Es kann beim Einreiten eines jungen Pferdes ganz nützlich sein und liefert dem Reiter den oftmals so wichtigen Halsriemen zum Festhalten. Außerdem schützt es das Gesicht des Reiters vor Verletzungen, wenn das Pferd heftig mit dem Kopf schlägt, doch es kuriert diese Unart nicht, denn das Kopfschlagen wird nicht verhindert, sondern durch das Martingal nur nach oben begrenzt. Der Vorteil des feststehenden Martingals ist, daß die Zügel frei bleiben, das heißt, die Zügelführung des Reiters wird nicht beeinträchtigt; allerdings schränkt es die Bewegungsfreiheit des Pferdehalses ein, besonders beim Springen.

Der Köhlerzügel fällt in die Kategorie der «Hilfszügel für Abkürzer» und zwingt das Pferd in eine bestimmte Form, wodurch es sich in Hals und Rücken festhält und nicht mehr wagt, sich zu strecken. Meiner Ansicht nach hat der Köhlerzügel in der Pferdeausbildung nichts zu suchen.

Das irische Martingal hält die Zügel unter dem Pferdehals zusammen und verhindert, daß sich nach einem Rumpler oder einem heftigen Bocksprung plötzlich beide Zügel auf einer Halsseite befinden. (Ein schreckliches Gefühl, wie ich auf einem Pferd ohne Martingal einmal selbst feststellen mußte!) Der Nachteil des irischen Martingals ist, daß es dem Reiter nicht erlaubt, die in einer Wendung innere Hand seitlich abzustellen.

Das gleitende Ringmartingal ist weit verbreitet und wird allgemein anerkannt, weil seine Wirkung nur einsetzt, wenn das Pferd den Kopf so hoch hebt, daß der Reiter nicht mehr gezielt einwirken kann. Es dient als Vorsichtsmaßnahme; es schränkt die Bewegungsfreiheit von Kopf und Hals nicht ein, und im Notfall hält es die Zügel beiderseits des Pferdehalses. Manche Reiter sind allerdings der Ansicht, daß das Martingal den direkten Kontakt zum Pferdemaul unterbrechen und dadurch das Pferd bei einer ungeschickten Landung nach einem Hindernis aus dem Gleichgewicht bringen kann. Eine Gefahr dieses Hilfszügels besteht darin, daß sich die Ringe oder Riemen an der übrigen Ausrüstung verhaken könnten, was das Pferd in Panik versetzen und sogar zum Überschlagen führen kann. Ein Bibmartingal, bei dem die beiden Riemen durch ein dreieckiges Lederstück miteinander verbunden sind, verringert diese Gefahr; es hat jedoch denselben Nachteil wie das irische Martingal.

Es gibt Argumente für und gegen das Martingal, doch im allgemeinen lehnen wir das Martingal beim Dressurreiten ab, raten aber zur Benutzung eines Vorderzeugs, das den Sattel an seinem Platz hält. Bei einem besonders lebhaften oder jungen Pferd kann ein gleitendes Ringmartingal die Einwirkungsmöglichkeiten verbessern und der Halsriemen als Griff für den Notfall dienen. Wir empfehlen das Ringmartingal zum Springen, jedoch nur als Vorsichtsmaßnahme; es wird selten in Funktion treten, erinnert das Pferd jedoch an seine Pflichten, falls es versuchen sollte, sich von den Hilfen freizumachen. Manche Pferde wehren sich nur noch heftiger, wenn sie sich durch ein Martingal behindert fühlen; eine Reaktion, deren Ursache vermutlich ein früher verwendetes, zu kurz verschnalltes Martingal ist. Ob ein Martingal verwendet werden soll oder nicht, hängt vom einzelnen Pferd und der Vorliebe seines Reiters ab und muß ausprobiert werden. In diesem Buch werden wir uns mit dem Martingal nicht mehr beschäftigen, denn seine Wirkung ist nur von kurzer Dauer, und es beseitigt keine Probleme – die sind nur durch systematisches Training zu beheben. Das Martingal ist mit dem Sicherheitsgurt im Auto zu vergleichen: Jeder hofft, daß er ihn nie braucht, aber einen Unfall kann er nicht verhindern.

Im folgenden werde ich die einzelnen Ausbildungsabschnitte erläutern und anschließend ein paar Beispiele für typische Reitstunden geben, zuerst für das Dressurreiten und dann für einige leichtere Springübungen. Dressur und Springen gehen Hand in Hand. Für beides gelten dieselben Prinzipien, doch alle Fehler, die sich in die Dressurarbeit eingeschlichen haben, treten beim Springen noch deutlicher zutage. Praktisch alle Probleme beim Springen haben ihren Ursprung in fehlerhafter Dressurarbeit, und aus diesem Grund ist eine gründliche und korrekte Grundausbildung des Pferdes unerläßlich. Damit will ich aber nicht sagen, daß ein Pferd nicht springen darf, bevor es perfekt Dressur geht. Ein Pferd kann diese Perfektion nur erreichen, wenn es sich selbst trägt und im Gleichgewicht ist, und dazu sind Übungen in jeder Geländeform und über jede Art von Hindernissen nötig.

Die Grundausbildung besteht aus den Stufen 1 bis 6, und auch bei der Korrektur verrittener Pferde müssen diese Stufen konsequent eingehalten werden. Wie aus diesem Buch zu ersehen ist, halte ich diese Stufen für ungeheuer wichtig, denn wenn ihre jeweiligen Zielsetzungen erreicht wurden, folgen alle weiteren Ausbildungsschritte fast automatisch.

1. Gelassenheit

Diese Stufe kann eine der schwierigsten sein, vor allem bei älteren Pferden. Junge Pferde, die sich schon an den Reiter im Sattel gewöhnt haben, sind in der Ausbildung meistens wesentlich phlegmatischer, weil sie alle aufregenden Dinge noch nicht kennen – alles, was sie bisher erlebt haben, beschränkt sich auf ruhiges Reiten, Longieren und das erste Aufsitzen in einer vertrauten Umgebung, entweder einer Reitbahn oder einer Koppel, die ihnen gut bekannt ist. Die meisten älteren Pferde haben schon mehr erlebt, sie kennen die Atmosphäre bei einem Turnier oder einer Jagd oder wo immer sie bisher eingesetzt wurden. Da derartige Umstände ein Pferd sehr aufregen, fällt es vielen von ihnen schwer, diese Flut von neuen Eindrücken zu verarbeiten. Deshalb ist es meiner Meinung nach von entscheidender Bedeutung, daß das junge Pferd relativ sicher an den Hilfen steht, bevor man es zu einem Turnier oder einer Jagd mitnimmt. Dadurch wird gewährleistet, daß der Reiter sein Pferd auch dann noch unter Kontrolle halten kann, wenn es sehr aufgeregt ist, und das Pferd weiß, daß es selbst in dieser Stimmung gehorchen muß. Das ist leichter gesagt als getan, denn es ist nicht einfach, ein großes, voller Begeisterung steckendes Pferd unter Kontrolle zu halten, aber es wird noch schwieriger – oder sogar unmöglich –, wenn das Pferd völlig unerzogen ist.

Ein sehr übermütiges, nervöses oder aufgeregtes Pferd beruhigt sich am ehesten, wenn man es beschäftigt, zum Beispiel durch Zirkelreiten oder Hand- und Tempowechsel, wodurch es beginnt, sich auf die Befehle des Reiters zu konzentrieren statt auf seine eigenen Ideen. Dabei ist die Stimme ein wichtiges Hilfsmittel; sie kann entweder antreibend oder beruhigend wirken. Sie ist als zusätzliche Hilfe von größter Bedeutung und wird am sinnvollsten im Augenblick einer möglichen Uneinigkeit eingesetzt – ein leises Schnalzen vor einem schwierigen Hindernis, das dem Pferd zeigt, daß es weitergehen muß, oder ein entschiedenes «Hooo», wenn der Reiter das Tempo regulieren möchte. Je nach Anlaß muß die Stimme befehlend oder beruhigend wirken. Das Longieren ist eine gute Übung für den Kommandogehorsam, ebenso wie jede andere Bodenarbeit. Dieser Gehorsam sollte während der gesamten Ausbildung geübt werden, damit das Pferd lernt, auf die Stimme seines Reiters zu achten. Eines Tages stürzte ich im Gelände von einem selbst eingerittenen Pferd, das sehr gut auf stimmliche Kommandos reagierte. Doch erst, als es querfeldein nach Hause galoppierte und Clair Sankey (der damals bei uns lernte) «Hooo, Boy, hooo, Paddy» oder etwas Ähnliches rief, stellten wir fest, wie gehorsam es wirklich war. Es blieb sofort stehen, ließ Clair herankommen und sich von ihm einfangen! Ich behaupte nicht, daß es viele Pferde gibt, die so reagieren würden, ja nicht einmal, daß dieses Pferd es ein zweites Mal tun würde, aber es ist zumindest einen Versuch wert.

Um das Ziel von Stufe 1 zu erreichen, ist es manchmal nötig, auch die Stufen 2, 3 und 4 zu verlangen, um das Pferd zu einer ruhigen und gelassenen Mitarbeit zu bewegen.

Gelassen kann ein Pferd nur sein, wenn seine Muskeln gelöst sind. Wenn es ängstlich oder aufgeregt ist, sind seine Muskeln verspannt, und da alle großen Muskelgruppen mit dem Rücken verbunden sind, ist es ihm unmöglich, die aerobischen und athletischen Übungen auszuführen, die für sein Training unbedingt erforderlich sind.

2. Vorwärtsgehen

Das Vorwärtsreiten eines frisch eingerittenen Pferdes, das nicht mehr nur danach trachtet, seinen Reiter loszuwerden, ist der eigentliche Beginn seiner Ausbildung. Jeder, der schon einmal ein junges Pferd eingeritten hat, weiß, daß es fast nie von sich aus eifrig vorwärtsgeht. Es erfordert einen starken Einsatz des Reiters, um diese Pferde überhaupt vorwärtszubekommen: sie bewegen sich schwankend und wissen nicht recht, wo sie eigentlich hingehen sollen, da ihnen die Sicherheit der Longe fehlt, und der Reiter muß sehr entschieden einwirken, um dem Pferd so viel Mut und Vertrauen zu vermitteln, daß es allein um die Bahn geht. Pferde sind Herdentiere; deshalb ist es für sie völlig unnatürlich, allein zu gehen, und diese wichtige Tatsache dürfen wir als Ausbilder nie vergessen, vor allem, wenn beim Pferd Anzeichen von Unsicherheit auftreten. Das Pferd muß begreifen lernen, daß das, was von ihm verlangt wird, ungefährlich ist, daß es seinem Reiter also vertrauen kann. Anzeichen von Angst oder mangelndem Vertrauen kommen zumeist in den ersten Stadien der Ausbildung zum Vorschein. Wenn man diese Anzeichen mißversteht und das Pferd in dieser Zeit deshalb zu grob oder zu nachsichtig behandelt, kann es sich Widersetzlichkeiten oder starkes Kleben angewöhnen. Es ist von entscheidender Bedeutung, daß das Pferd das Vorwärtsgehen lernt und auf die Schenkelhilfen reagiert. Die entscheidende Hilfe gibt der treibende Schenkel. Bei jeder Tempoverstärkung liegen die Unterschenkel am Gurt und vibrieren leicht, um das Pferd zum Vorwärtsgehen anzuregen, während die Hände den Bewegungen des Pferdes weich folgen, ohne es zu behindern. Die Schenkelhilfe bei einer Parade sieht anders aus: sie ist ein gleichmäßiger Druck, der die Hinterbeine veranlassen soll, unter den Körper zu treten, so daß das Pferd auf der Hinterhand verlangsamt und zum Stehen kommt. Diese beiden Arten von Schenkelhilfen müssen sich deutlich voneinander unterscheiden, damit das Pferd die verschiedenen Befehle registrieren kann. Wenn das Pferd bei einer

Parade zu stark reagiert, müssen die Schenkel gleichzeitig konsequent drücken und leicht vibrieren, um einen flüssigen Übergang zu erzielen. In Verbindung mit Stimmkommandos wird das Pferd bald begreifen, welche Schenkelhilfe welche Bedeutung hat. Wenn es den vorwärtstreibenden Schenkel ignoriert, wirkt es oft, wenn man gleichzeitig mit der treibenden Hilfe schnalzt; ignoriert es auch das, wird zusammen mit der Schenkelhilfe die Gerte hinter dem Gurt eingesetzt, damit es lernt, daß auf ein Nichtbeachten der Schenkelhilfe eine Strafe folgt. Die Hilfen sollen entschieden und kurz gegeben werden: Wenn der Schenkeldruck lediglich allmählich verstärkt wird, wenn das Pferd nicht sofort reagiert, stumpft es nur ab. Wenn nötig, wird die Hilfe wiederholt. Ständiges Klopfen mit den Schenkeln muß vermieden werden, weil das Pferd es bald ignoriert; um das zu verhindern, bedient man sich der Drücken-Schnalzen-Gerte-Methode. Ein völlig rohes Pferd versteht natürlich noch nicht, was diese Hilfen bedeuten, und es braucht Zeit, um es zu lernen, aber mit einem Helfer, den es von der Longenarbeit her kennt, und der in der Mitte steht und, wenn nötig, auch die Longierpeitsche führt, sowie durch Kommandos des Reiters wird das Pferd schon bald die stimmlichen Kommandos mit den entsprechenden Hilfen verbinden. Erfreulicherweise lernen Pferde oft sehr schnell; das kann allerdings auch Nachteile haben, denn Unerwünschtes lernen sie ebenso schnell. Es versteht sich von selbst, daß letzteres möglichst vermieden werden sollte. Obwohl Pferde eindeutig stärker sind als Menschen, sind die Menschen ihnen doch (hoffentlich!) geistig überlegen, und es liegt am Reiter, vorauszuahnen, wie sich das Pferd in einer bestimmten Situation verhalten wird und unerwünschte Reaktion zu verhindern, anstatt auf Widersetzlichkeiten zu warten und sie dann zu korrigieren.

Sobald das Pferd auf die wichtigsten Hilfen einigermaßen gehorcht, können die ersten Ausritte unternommen werden, denn im Gelände ist es einfacher, vorwärtszureiten. Die Anwesenheit eines zweiten Pferdes ermutigt das Tier und bewirkt, daß ihm das Ausreiten Freude macht. Die Teilnahme an Jagden wird diese Freude noch steigern, aber wie ich schon sagte, ist es wichtig, daß die Ausbildung des Pferdes nicht behindert wird, indem man es zur Jagd einsetzt, bevor es rittig genug ist. Wird es zu früh zur Jagd mitgenommen, könnte es schwer zu kontrollieren sein und nicht nur für sich selbst und seinen Reiter, sondern auch für andere eine Gefahr darstellen. Es ist deshalb besser, Langeweile in der gewohnten Umgebung zu riskieren (obwohl diese vom Reiter meist stärker empfunden wird als von seinem Pferd!), als das Pferd mit Aufregungen zu konfrontieren, denen es in seinem derzeitigen Ausbildungsstand noch nicht gewachsen ist. Wir ziehen es vor, unsere jungen Pferde erst einmal auf einige Turniere – möglichst Hallenturniere – mitzunehmen, ehe sie die Freuden des Jagdreitens kennenlernen dürfen. Obwohl das erste Turnier für sie sehr aufregend sein kann, finden sie nach einigen Umläufen in einem Springen oder nach einer Dressurprüfung alles nicht mehr so erregend und beruhigen sich recht schnell. Daß andere Pferde vorbeigaloppieren, ist zwar ungewohnt, aber wenn sich die Pferde erst einmal an die Unruhe bei Turnieren gewöhnt haben, lassen sie sich auch durch die vielen Pferde bei einer Jagd nicht mehr aus der Ruhe bringen. Bei einem Turnier ist Zeit genug, das Pferd abzureiten, bis es sich beruhigt hat; damit wird zugleich die Grundlage für weitere Turniere gelegt. Das Pferd lernt, daß es sich beruhigen und mitarbeiten muß, so aufgeregt es auch sein mag. Das Herumstehen am Treffpunkt einer Jagd dagegen ist nicht ideal, und obwohl ein langer Ritt zum Treffpunkt das junge Pferd ermüdet, wird die Situation dadurch nicht verbessert – vielfach benehmen sich Pferde um so alberner, je erschöpfter sie sind, da sie noch nicht gelernt haben, ihre schmerzenden Muskeln auszuruhen. Diese Schmerzen haben nur zur Folge, daß sie noch aufgeregter erscheinen, was sich auch bei übermüdeten Kindern beobachten läßt, die in übersteigerte Aktivität ausbrechen.

Es ist erstaunlich, wieviel besser Pferde vorwärtsgehen, die einmal auf einem Turnier waren. Plötzlich scheinen sie zu begreifen, daß es einen Sinn hat, geritten zu werden, und sind begierig darauf, «irgendwohin» zu gehen, anstatt nur darauf zu achten, was der Reiter tut. Bei vielen Pferden dauert es sehr lange, bis sie sich auf andere Dinge konzentrieren und aufhören, nur nach hinten auf ihren Reiter zu sehen. Durch die Teilnahme an Turnieren und Jagden bringt man sie auf andere Gedanken, und in einer derart aufregenden Umgebung werden ihre Angst und ihr Interesse an den Gewichtsverlagerungen des Reiters unwichtig. Ein junges Pferd auf einen Abreiteplatz voller springender Pferde oder in die aufregende Atmosphäre einer Jagd zu bringen, ist ein wundervolles Erlebnis. Seine Ausbildung wird dadurch außerordentlich beschleunigt, und obwohl man ein Pferd auch ohne diese Stimulanzien korrekt ausbilden kann, haben sie doch eine erstaunliche Wirkung – das Tier scheint plötzlich «erwachsen» zu werden.

Die meisten Reiter sind sich bewußt, wie wichtig es ist, ein junges Pferd vorwärtszureiten, verlieren diese Tatsache aber aus den Augen, sowie sich erste Erfolge einstellen. Sie machen den Fehler, ihr Pferd «an den Zügel stellen» zu wollen, vergessen darüber das Vorwärtsreiten und «versammeln» ihre Pferde nur mit den Zügeln. Daraus entwickeln sich ungezählte Probleme bei der Dressurarbeit und vor allem später beim Springen. (Sie werden in den späteren Kapiteln ausführlich behandelt.) Wie weit die Ausbildung von Pferd und Reiter auch gediehen sein mag – dieses entscheidende Stadium des freien Vorwärtsgehens muß erreicht sein, bevor höhere Anforderungen gestellt werden können.

3. Takt

Takt ist die logische Folge des freien Vorwärtsgehens. Sobald das Pferd auf die treibenden Hilfen gut reagiert, muß es lernen, sich in allen Gangarten rhythmisch fortzubewegen. Wir versuchen stets, den Takt erst im Trab zu festigen, weil der Trab für das rhythmische Reiten die einfachste Gangart ist – eine Bewegung im Zweitakt, bei der die diagonalen Beinpaare gleichzeitig vorgebracht werden. Außerdem werden die Muskeln des Pferdes durch häufigen Handwechsel mit entsprechendem Umsitzen gleichmäßig belastet, und das Pferd kann im Leichttraben am besten vorwärtsgeritten werden, da der leicht nach vorn geneigte Oberkörper des Reiters noch zusätzlich treibende Wirkung hat. Der Galopp, ein Dreitakt, ist die nächstwichtige Gangart; allerdings ist es interessant zu beobachten, wie sich der Takt des Galopps in dem Maße automatisch verbessert, in dem der des Trabes gefestigt wird. Der Schritt ist die schwierigste Gangart, er wird am besten so natürlich belassen wie möglich. Der Schritt ist schnell verdorben, wenn der Reiter das Pferd zu sehr festhält oder das Pferd sich verspannt und anfängt zu zackeln. Schrittarbeit findet am sinnvollsten im Gelände statt, weil die meisten Pferde hier am ehesten ruhig und gelassen ausgreifen. Dennoch sollte auch in der Bahn im Schritt geritten werden, wobei dem Takt und dem leichten Kontakt zum Pferdemaul die größte Bedeutung beigemessen werden muß, damit das Pferd seine natürliche Schrittlänge auf keinen Fall verkürzt.

Während dem Pferd beigebracht wird, sich auszubalancieren und sein Gewicht mit den Hinterbeinen zu tragen, muß darauf geachtet werden, daß der flüssige Bewegungsrhythmus nicht unterbrochen wird. Um taktmäßig auf dem Zirkel zu gehen, muß das Pferd die Hinterbeine unter den Körper setzen, damit es sein Tempo beibehalten kann, und dies ist der erste Schritt zur Aktivierung der Hinterhand. In diesem Ausbildungsstadium werden nur einfache Dressurübungen verlangt, bei denen das Pferd zügig und gleichzeitig taktmäßig vorwärtsgehen soll. Pferden, die von Natur aus mit einem guten Gleichgewicht ausgestattet sind, wird das taktmäßige Gehen leichter fallen als Pferden mit schlechteren Bewegungen, bei denen der Reiter entschieden einwirken muß, um das gewünschte Ziel zu erreichen. Zur Erzielung taktmäßiger Gänge dienen Zirkel, Handwechsel und Übergänge; sie gewöhnen das Pferd daran, den Reiter und sich selbst zu tragen. Das Gewicht des Reiters vermittelt dem Pferd das Gefühl, jeden Augenblick vornüber zu fallen (Abb. 5). Durch das zusätzliche Gewicht wird das Gleichgewichtsverhältnis gestört, und nur durch ein Zurückverlagern des Schwerpunkts – also durch vermehrtes Untersetzen der Hinterhand – wird der Pferderücken tragfähig, und das Pferd gewinnt an Vorwärtsdrang und Lebhaftigkeit. Wir alle wissen, wie sehr ein schwerer Rucksack das Gleichgewicht stört, bis man sich an ihn gewöhnt hat, und das Pferd hat es dabei noch schwerer, denn das Gewicht des Reiters bewegt sich auf seinem Rücken, gelegentlich sogar vom gemeinsamen Schwerpunkt weg (Abb. 6)!

Ein wertvolles Hilfsmittel für das rhythmische Reiten sind niedriggestellte Bodenricks. Sie veranlassen das Pferd, die Hufe etwas höher zu heben und gleichzeitig taktmäßig zu treten. Diese Arbeit dient der Aktivierung der Hinterhand, zumindest für einige Tritte, und der Versuch, diesen Schub auch im übrigen Teil der Bahn herauszureiten, ist eine Hilfe beim Entwickeln taktmäßiger Gänge. Die Bodenricks sind deshalb eine gute Trainingshilfe, weil sie das Pferd dazu anregen, seine Hinterbeine zu gebrauchen und es zwingen, sich zu strecken und zu lösen. Mit fortschreitender Ausbildung kann das Pferd auch über höhere Bodenricks traben. Einzelne Stangen können leicht erhöht werden, indem man an den Enden zwei Planken unterlegt, in die in Abständen von ungefähr 1,50 Meter Kerben eingearbeitet wurden. Diese Höhe von einigen Zentimetern bedeutet harte Arbeit für das Pferd, denn es muß seine Hufe relativ hoch heben. Das Pferd sollte nicht aus dem Takt kommen und darf

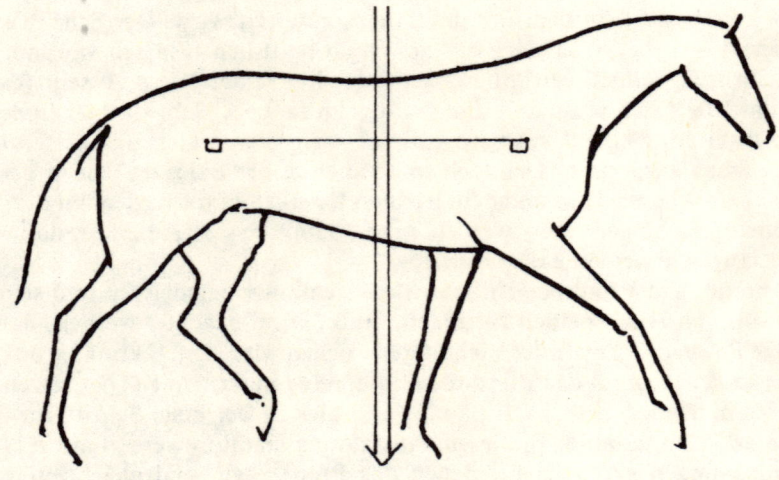

Schwerpunkt

a   *Natürliches Gleichgewicht, Hinterbeine treten gut unter.*

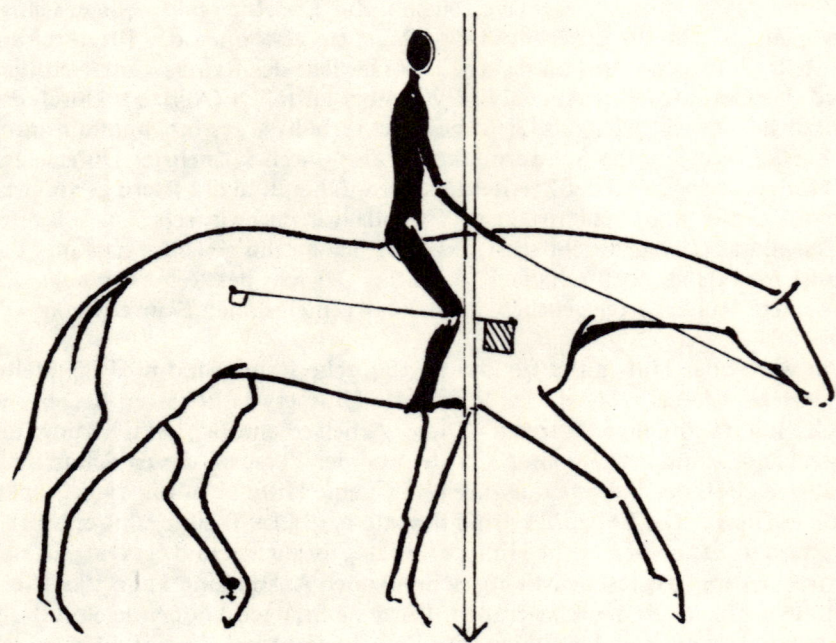

b   *Unter dem Reiter trägt die Vorhand mehr Gewicht und die Hinterbeine werden nachgeschleppt.*

Abb. 6: **Ein Vergleich zwischen einem gerittenen Pferd und einem Menschen, der eine Last trägt.**

a *Die Last trägt sich schwer und unbequem, wenn sie nicht über dem Schwerpunkt ruht, sondern auf dem hohlen Rücken.*

b *Es ist viel einfacher, eine Last über dem natürlichen Schwerpunkt zu tragen.*

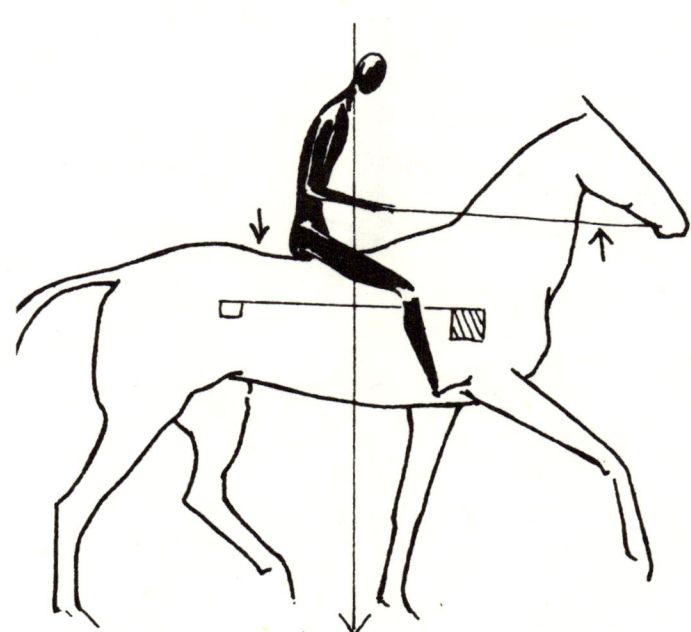

Schwerpunkt nach vorn verlagert

c *Wenn der Reiter zu weit hinten sitzt und nicht im Gleichgewicht ist, kommt er dem Pferd schwerer vor, als er tatsächlich ist, und es drückt den Rücken weg. Obwohl der Reiter hinter dem Schwerpunkt sitzt, läuft das Pferd weiterhin auf der Vorhand, hebt den Kopf und läßt die Hinterhand nachschleppen.*

35

sich etwas strecken, jedoch nicht zu stark, denn von ihm wird lediglich verlangt, daß es seine Beine etwas höher hebt; es soll nicht aussehen wie ein Pferd über einem Hindernis. Bodenricks dienen der Festigung des Taktes, weil sie die Schub- und Tragkraft der Hinterbeine verstärken. Wenn das Pferd den Hals dabei zu lang ausstreckt, verlagert sich sein Gewicht wieder auf die Vorhand. Trotzdem muß sich das Pferd vorwärts-abwärts strecken dürfen, um die Rückenmuskeln zu dehnen (Abb. 7). Um das Pferd zum Untertreten und zum Aufwölben des Rückens anzuregen, sollte der Reiter leichttraben oder sogar in den Steigbügeln stehen. Pferde, die noch nicht sehr weit ausgebildet sind oder keinen besonders starken Rücken haben, der mit dem Reitergewicht gut fertig wird, neigen dazu, sich zu verspannen und den Rücken wegzudrücken, wenn der Reiter über den Stangen aussitzt; statt dessen sollen sie aber den Rücken hergeben und ihre Muskeln gebrauchen. Eine interessante Übung zur Überprüfung dieser Theorie ist es, sich bei einem Ausritt aus dem Leichttraben für einige Minuten in die Steigbügel zu stellen und danach wieder leichtzutraben; es ist erstaunlich, wie sehr sich der Rücken des Pferdes nach dieser kurzen

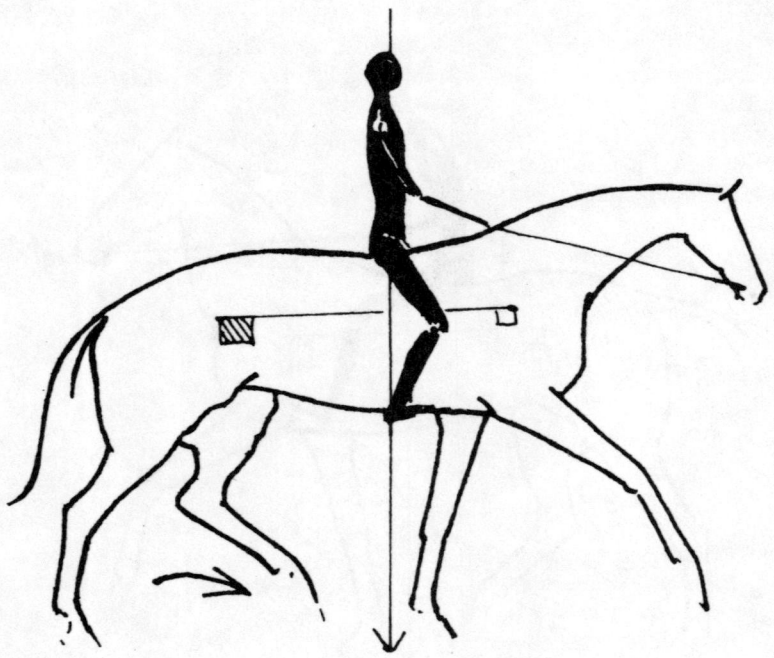

Abb. 7: *Das Übereinstimmen des Schwerpunktes erhält Gleichgewicht, Beweglichkeit und Leichtfüßigkeit* – Wenn die Hinterbeine weiter unter den Körper treten, trägt die Hinterhand mehr Last und der Schwerpunkt des Pferdes befindet sich wieder in seiner normalen Position. Der Rücken wölbt sich auf, um das Reitergewicht besser tragen zu können.

Unterbrechung aufwölbt. Sogar bei älteren Pferden ist dies der Fall, und es empfiehlt sich, jedem Pferd auf langen Ritten auf diese Weise eine Pause vom Reitergewicht zu gönnen, in der es den Rücken aufwölben kann.

Das Wort Takt steht auf der Prioritätenliste eines Dressur-Wertungsbogens weit oben, und denselben Platz sollte es auch in den Gedanken des Reiters einnehmen. Es ist unwichtig, ob es dabei um Arbeitstrab, Galopp, Springen oder Ausreiten geht; das Pferd kann seinen Körper nur dann effizient einsetzen, wenn es gelernt hat, bei keiner Bewegung aus dem Takt zu kommen, denn nur so kann es sein Gleichgewicht halten oder den Erfordernissen anpassen. Takt und Gleichgewicht sind Schlüsselworte in der korrekten Ausbildung von Pferd und Reiter.

4. Geraderichten

Ein geradegerichtetes Pferd folgt mit seinen Hinterbeinen der Spur der Vorderbeine, sei es nun auf einer geraden oder einer gebogenen Linie. Anders ausgedrückt: der Pferdekörper muß auf einer geraden Linie gerade und auf einer gebogenen Linie gebogen sein. Man stelle sich eine elektrische Eisenbahn auf einem Ovalkurs vor (Abb. 8). Die Räder des Zuges müssen den Schienen folgen, und in den Kurven scheint sich der Zug zu biegen wie eine elastische Röhre. Die Pferdehufe entsprechen den Rädern des Zuges, und die Geschmeidigkeit der Muskeln in seinem Körper erlaubt dem Pferd eine ebensolche Biegsamkeit in den Kurven. Um also auf einem Zirkel der Spur der Vorderbeine folgen zu können, muß das Pferd die Hinterbeine weit unter den Körper set-

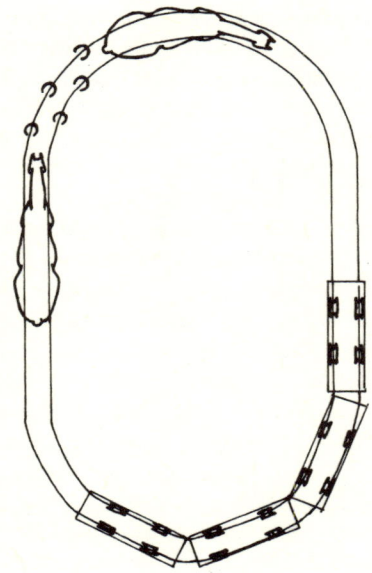

Abb. 8: *Ein Vergleich zwischen einem Pferd und einem Zug, der das Geraderichten des Pferdes in einer Wendung verdeutlicht – Die Hufe des Pferdes sind mit den Rädern des Zuges vergleichbar, zumindest solange die Hinterhand untertritt; die Rückenmuskeln erlauben dem Pferd, sich in den Kurven zu biegen wie der Zug.*

zen, weil es durch ein Nachschleppen der Hinterhand oder das Gehen auf zwei Hufschlägen aus dem Takt kommen würde; außerdem muß es sich biegen, was nur bei gelöster Rückenmuskulatur möglich ist. Von der Größe des Zirkels hängt es ab, wieviel Kraft das Pferd aufwenden muß, um mit den Hinterhufen in die Spur der Vorderhufe zu treten. Im Arbeitstrab sollten die Hinterhufe nicht einfach den Vorderhufen folgen, sondern genau ihre Abdrücke treffen. Wenn das Pferd in diesem Ausbildungsstadium in der Lage ist, auf einem 20-Meter-Zirkel auf beiden Händen ruhig, aber zügig und taktmäßig vorwärtszugehen und dabei mit den Hinterhufen in die Abdrücke der Vorderhufe zu treten, war die bisherige Ausbildung korrekt.

Es sollte beachtet werden, daß bisher noch nichts über die Kopfhaltung des Pferdes gesagt wurde. Das liegt daran, daß sie vom Untersetzen der Hinterhand abhängt, das die fünfte Ausbildungsstufe bildet. Wenn das junge Pferd korrekt an der Longe gearbeitet wurde, sollte es gelernt haben, die Ausbindezügel relativ gelassen zu ertragen und mit leichter Anlehnung in einer Vorwärts-abwärts-Haltung zu gehen. Die Hände des Reiters müssen eben diese leichte Anlehnung erhalten, und ein Richtungswechsel sollte das Pferd zum Nachgeben veranlassen, damit es den Reiterhilfen Folge leisten und seine Körperhaltung trotzdem beibehalten kann; Gründe für ein Ausweichen aus der Vorwärts-abwärts-Haltung werden bei der Behandlung der verschiedenen Probleme erläutert. Fürs erste gehe ich davon aus, daß noch keinerlei Probleme aufgetreten sind.

Für junge Pferde ist das Geradeauslaufen sehr schwer, deshalb wird die erste Arbeit hauptsächlich auf dem Zirkel verlangt (das fängt schon beim Longieren an). Allmählich muß das Pferd aber auch lernen, ganze Bahn zu gehen. Um sich an gerade Linien ohne Anlehnung an die Bande zu gewöhnen, sollte zuerst auf dem zweiten Hufschlag geritten werden; die nächsten Schritte sind dann die Diagonalen und die Mittellinie. Gerade Linien — besonders ohne Anlehnung an die Bande — fallen Pferden so schwer, weil sie dabei mit beiden Hinterbeinen gleich viel Schubkraft entwickeln müssen. Sowie das Pferd aufhört, vorwärtszugehen, wird die Gerade zur Schlangenlinie; deshalb ist auch hier das Vorwärtsreiten von entscheidender Bedeutung. Ebenso wichtig ist es, daß die Muskeln beider Körperhälften gleichmäßig gelöst sind — es darf auch nicht eine Seite stärker bemuskelt sein als die andere —, weil das Pferd sich sonst auf einer geraden Linie nicht ausbalancieren könnte. Die Hinterbeine müssen gleichmäßig schieben, was das Pferd auf dem Zirkel lernt, wo jeweils das innere Hinterbein zum Tragen kommt und dadurch gekräftigt wird. Man sollte sich darüber im klaren sein, wie wichtig es ist, daß das Pferd sich gerade hält, denn wenn die ersten Tempoverstärkungen verlangt werden, wird es mit Sicherheit Probleme geben, wenn das Pferd nicht mit beiden Hinterbeinen gleichmäßig schiebt. Ähnlich ist es beim Springen, wenn es schräg an ein Hindernis herankommt, kann es nur unter Schwierigkeiten abspringen, und wenn das Hindernis groß und das Pferd müde ist, ist es ihm unmöglich.

Ein taktmäßiges Treten ist nicht möglich, wenn das Pferd nicht geradegerichtet ist, und wenn Taktfehler auftreten, sollte der Reiter sich auf das Geraderichten konzentrieren; er wird feststellen, daß das Pferd, dessen Hinterbeine gleichmäßig schieben, wieder taktmäßig geht, und dann kann er wieder dazu übergehen, am Bewegungsrhythmus seines Pferdes zu arbeiten. Er sollte aber nun nicht annehmen, daß er endgültig zur nächsten Ausbildungsstufe übergehen kann, auch wenn sich das gegenwärtige Stadium als schwierig erweist. Vielfach muß man zwei Schritte vorgehen und dann wieder einen Schritt zurück und viel Geduld haben.

Die vierte Stufe der Pferdeausbildung ist ein kritischer Punkt, weil nun zum erstenmal etwas vom Pferd *verlangt* wird. Bisher gab sich der Reiter zufrieden, wenn das Pferd taktmäßig und fleißig vorwärtsging, was für die Mehrzahl der Pferde kein großes Problem darstellt. Sobald der Reiter jedoch dem Pferd eine Biegung abverlangt, behindert er die natürliche Fortbewegungsweise. Besonders wichtig ist es, daß der Reiter hier nicht den weitverbreiteten Fehler macht, unkorrekte Hilfen zu geben, denn sonst könnten Probleme entstehen, die in späteren Ausbildungsstadien deutlich hervortreten. Ich kann nicht oft genug wiederholen, wie wichtig korrektes Reiten von diesem Ausbildungsstadium an ist.

Um dem Pferd eine Biegung abzuverlangen, muß der innere Schenkel so energisch am Gurt treiben, als wollte der Reiter das Pferd in zwei Hälften teilen. Das Ausweichen der Hinterhand nach außen verhindert der verwahrende Schenkel, der hinter dem Gurt liegt. Der Reiter muß besonders darauf achten, daß er nicht in der inneren Hüfte einknickt, während er vermehrt mit dem inneren Schenkel arbeitet. In diesem Fall würde sich nämlich das Gewicht auf den äußeren Gesäßknochen verlagern, was bedeutet, daß sich der Reiter nicht mehr im Gleichgewicht mit seinem Pferd befindet. Das Gewicht des Reiters muß immer genau mittig über dem «Motor» des Pferdes plaziert sein, und da das innere Hinterbein in einer Wendung mehr Gewicht zu tragen hat als das äußere, muß der Reiter sein Gewicht ein wenig auf den inneren Gesäßknochen verlagern und natürlich keinesfalls auf den äußeren. Ich bin nicht der Ansicht, daß man sich zu eingehend mit derartigen Theorien befassen sollte, weil zu viel Theorie eine instinktiv richtige Reitweise leicht verdirbt, doch das Verlagern des Gewichtes nach außen in einer Wendung ist ein Fehler, der korrigiert werden muß, weil er das Gleichgewicht des Pferdes stark beeinträchtigt. Besonders beim Angaloppieren ist die Verteilung des Reitergewichts von entscheidender Bedeutung: Er muß sein Gewicht nach innen verlagert haben, damit das Pferd richtig anspringen kann. Auch hier gilt das gleiche Prinzip des Gewichtsverhältnisses – das Pferd muß beim Anspringen zusätzliches Gewicht auf dem inneren Hinterbein tragen, und um das Gleichgewicht wiederherzustellen, muß der Reiter natürlich durch einseitiges schweres Einsitzen oder Herunterdrücken der Ferse das Gewichtsverhältnis ausgleichen. Zuerst wird das Pferd die mit dem inneren Schenkel gegebene Galopphilfe sicher nicht verstehen und sie entweder ignorieren oder nur schneller traben. Der Reiter muß mit dem inneren Bein treiben und das Pferd mit der inneren Hand in die Wendung hineinführen, während die äußere Hand den Takt und das Gleichgewicht erhält. Mit dem stärkeren Einsatz des inneren Schenkels verlangt der Reiter nicht nur eine Biegung des Pferdekörpers, sondern regt das Pferd auch zum vermehrten Untertreten an, denn ein Pferd kann, wie bereits erwähnt, nur taktmäßig gehen und sich biegen, ohne mit der Hinterhand auszufallen, wenn es weit genug untertritt. Der Reiter verlangt also vom Pferd ein Senken der Hinterhand. Der innere Schenkel hat zwei Aufgaben. Am Gurt einwirkend erhält er die Vorwärtsbewegung, erzeugt dadurch Schub aus der Hinterhand und verlangt gleichzeitig die Biegung. Der äußere Schenkel liegt verwahrend hinter dem Gurt und verhindert ein Ausfallen der Hinterhand. Die innere Hand leitet die Wendung ein; sie führt das Pferd in die Wendung, verlangt ihm eine Biegung ab und auch ein Nachgeben im Maul, denn ehe ein Pferd nicht gelernt hat, nachzugeben, wird es sich nur unwillig abwenden lassen. Der äußere Zügel kontrolliert die Vorhand − er erhält das Gleichgewicht und kontrolliert und bewahrt die Energie, die durch den inneren Schenkel erzeugt wurde. Daher kommt auch der Ausdruck «innerer Schenkel und äußerer Zügel», der Leitsatz für die Versammlung des Pferdes. Der vierte Ausbildungsabschnitt macht das Pferd mit den Anfängen der Versammlung vertraut.

Der häufigste Fehler ist vermutlich das Erzwingen der Biegung mit der inneren Hand bei durchhängendem äußerem Zügel. Dadurch ist die Vorhand nicht mehr unter Kontrolle, und außerdem wird die freie Vorwärtsbewegung unterbunden. Nur allzu oft sieht man Reiter, die am inneren Zügel ziehen und gleichzeitig am äußeren Zügel «herumfuhrwerken», um das Pferd an den Zügel zu zwingen. Diese Pferde gehen nicht mehr vorwärts, und der Reiter hilft ihnen nicht, ihr Gleichgewicht zu finden. Um dieses Problem allen Reitern zu verdeutlichen, hat John sich einen treffenden Vergleich ausgedacht: Man stelle sich vor, daß man durch einen langen Tunnel reitet, wobei die Zügel die Tunnelwände darstellen (Abb. 9). Das Pferd weiß nicht, wie lang der Tunnel

Abb. 9: Johns Tunnel − Der Einfluß des Reiters auf die Wendung

 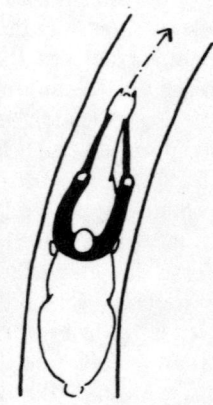 

a gerade

b *rechte Hand geöffnet −*
   Tunnel offen − korrekte
   Biegung

c *rechte Hand über den*
   Mähnenkamm geführt −
   Tunnel abgeschnitten

40

ist oder wo er hinführt; deshalb muß der Reiter es energisch vorwärtstreiben und verhindern, daß es an die Tunnelwände anstößt. Wenn der Tunnel eine Biegung macht, führt der Reiter sein Pferd mit der leicht seitwärts abgestellten inneren Hand in die Wendung, weil der Tunnel für das Pferd nur so offen bleibt. Die äußere Hand verhindert, daß das Pferd mit der äußeren Schulter an die Tunnelwand stößt. Wird die innere Hand jedoch über den Mähnen- kamm nach außen gedrückt, schließt sich der Tunnel, das Pferd stoppt ab, und der Vorwärtsdrang wird unterdrückt. Dieses Beispiel läßt erkennen, wie wichtig es ist, den äußeren Zügel als Begrenzung einzusetzen und die Vor- wärtsbewegung nicht mit der inneren Hand zu behindern. In den ersten Aus- bildungsstadien kann das Öffnen, das heißt, das seitliche Abstellen der inne- ren Hand, ruhig übertrieben werden, wobei die Hand bis zum Knie des Reiters geführt werden darf, um eine Wendung einzuleiten. Zurückwirken darf die in- nere Hand jedoch niemals, denn auch dadurch würde die Vorwärtsbewegung sofort gestoppt. Ein Pferd, das sich weigert, sich vom inneren Schenkel in eine Ecke drücken zu lassen und die Ecken stets abschneidet, kann mit einem weit abgestellten äußeren Zügel in die Ecke geführt werden; allerdings muß dabei der innere Schenkel energisch eingesetzt werden, damit das Pferd das Ausrei- ten der Ecken mit einer Schenkel- und nicht mit einer Zügelhilfe in Verbin- dung bringt. Es ist nicht möglich, ein Pferd nur mit Hilfe der Zügel zu biegen – dadurch zieht man nur den Hals zu einer Seite herum (Abb. 10). Das Öff- nen der Hand (das heißt, die seitliche Abstellung der inneren Zügelfaust in Richtung Bahnmitte) (Abb. 11) ist ein guter Prüfstein für eine korrekte Aus-

Abb. 10: Häufige Fehler beim Reiten von Wendungen

a *Wenn der Reiter am inneren Zügel zieht, bewegt das Pferd nur Kopf und Hals in diese Richtung, biegt sich aber nicht und kann über die äußere Schul- ter ausfallen. Der Reiter sitzt nach außen, und das Pferd verwirft sich im Genick.*

b *Wenn der Reiter die innere Hand über den Mähnenkamm nach außen drückt, sitzt er ebenfalls nach außen und gerät aus dem Gleichgewicht. Das Pferd kann nicht mehr vorwärtsgehen.*

41

Abb. 11: Das Führen des Pferdes durch Öffnen des Zügels

 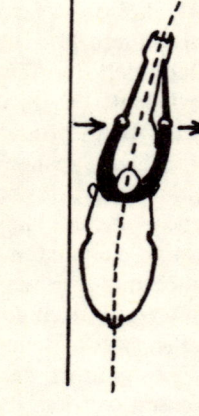 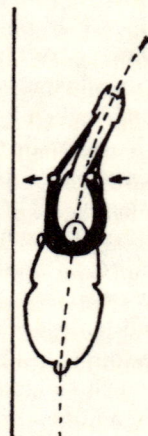

a gerade

b Um ein Pferd abzu-
wenden, wird die inne-
re Hand seitlich vom
Pferdehals weggeführt,
während die äußere
Hand die Schulter am
Ausfallen hindert.

c Um das Ausfallen der
Hinterhand zu verhin-
dern, wird die äußere
Zügelfaust seitlich ab-
gestellt (siehe Seite 114)

Anmerkung: In beiden Fällen bleiben die Hände gleich weit voneinander entfernt und wirken nie zurück, und das Reitergewicht muß nach innen verlagert sein.

bildung. Bei einer Wendung, die nur am inneren Zügel geritten wird, wird das Pferd sofort über die Schulter ausfallen, während es sich bei einer Wendung um den inneren Schenkel in seiner Längsachse biegt, weil ihm zwischen inne-rem Schenkel und äußerem Zügel und äußerem Schenkel gar keine andere Wahl bleibt. Die Versuchung, nur am inneren Zügel zu ziehen, ist groß, weil dadurch der Eindruck entsteht, daß sich das Pferd tatsächlich biegt. Der Er-folg dieses Selbstbetruges wird jedoch nicht von langer Dauer sein, denn die innere Hand behindert die Vorwärtsbewegung und damit auch das Untertre-ten des inneren Hinterbeins (des Beins, das bei einer Wendung das Hauptge-wicht trägt). Diese Reaktion wirkt sich natürlich nachteilig auf die weitere Ausbildung aus und wird zu Rückschritten führen.

Zirkel, Handwechsel, Schlangenlinien und Kehrtvolten sind nützliche Lek-tionen, denn sie machen das Pferd geschmeidig und dienen deshalb dem Gera-derichten. Hierauf baut die weitere Trainingsarbeit auf. Ein bis zu diesem Ausbildungsstadium korrekt gerittenes Pferd sollte gehorsam und angenehm zu reiten sein, denn es müßte gelernt haben, taktmäßig zu treten und dies auch in Wendungen durchzuhalten.

5. Untertreten

In diesem Abschnitt spreche ich absichtlich nicht von «tätigen Sprunggelenken», denn beim Untertreten ist das *ganze* Hinterbein gefordert. Alle Gelenke in der Hinterhand des Pferdes müssen geschmeidig, kräftig und beweglich sein. Eine Versteifung in Rücken, Knie oder Fessel hat dieselben Auswirkungen wie eine Untätigkeit der Sprunggelenke – das Pferd ist nicht in der Lage, einen angemessenen Teil der Last mit seinen Hinterbeinen zu tragen, um sich auszubalancieren und vorwärtszuschieben. Obwohl man oft von «tätigen Sprunggelenken» spricht, sagt diese Formulierung doch nichts darüber aus, wie groß ihr Anteil an der Arbeit eigentlich ist; es ist also sinnvoller, vom Untertreten oder vom Untersetzen der Hinterhand zu sprechen. Je weiter das Pferd die Hinterbeine unter den Körper setzt, um so besser kann es sich ausbalancieren und um so schneller und effektiver das Tempo wechseln. Je nach dem Ausbildungsstand sollte es in der Lage sein, die Hinterbeine so weit unterzusetzen, wie es die verlangten Lektionen erfordern. Um Übergänge zwischen den drei Grundgangarten, Zirkel und andere leichte Übungen gehen zu können, muß das Pferd nicht extrem untertreten. Bei schwierigen Lektionen wie Traversalen, großen Volten, Galopp-Halt-Übergängen dagegen muß das Pferd weit untertreten und hart arbeiten. Zu Beginn der Ausbildung treten Pferde noch nicht unter, sondern schleppen die Hinterhand nach, doch allmählich werden die Pferde, die wie hier erläutert ausgebildet wurden, lernen, die Hinterbeine unter den Körper zu setzen und sie zum Schieben, Verlangsamen und verstärkten Aufnehmen der Last zu gebrauchen, was ihr Gleichgewicht erheblich verbessert. In einer Wendung verlangt der innere Schenkel des Reiters ein vermehrtes Untertreten, und das Pferd muß, wie bereits erklärt, mit den Hinterhufen in die Spur der Vorderhufe treten, um eine Wendung geradegerichtet und taktmäßig zu bewältigen. Je kleiner der Zirkel wird, desto weiter muß das Pferd untertreten, um geradegerichtet zu bleiben. Handwechsel in engen Wendungen, zum Beispiel bei einer Schlangenlinie, sind wertvolle Lektionen, weil das Pferd in ihnen innerhalb von zwei oder drei Tritten das Gewicht auf das andere Hinterbein verlagern muß, denn es ist stets das innere Hinterbein, das in einer Wendung die größere Last zu tragen hat. Da das Pferd mit dem inneren Hinterbein kleinere Schritte machen muß als mit dem äußeren, muß es, um im Takt zu bleiben, die Gelenke des inneren Hinterbeins stärker beugen als die des äußeren. Alle Pferde haben eine Seite, auf der ihnen dies leichter fällt, aber durch regelmäßiges Wechseln der Hand wird das Pferd gezwungen, auf beiden Seiten zu trainieren, was es so beweglich werden läßt wie nur möglich.

Auch das Schulterherein ist eine hilfreiche Lektion; sie sollte verlangt werden, sobald das Pferd die Grundbegriffe der korrekten Wendung verstanden hat. Bei dieser Lektion, bei der die Vorderbeine des Pferdes auf dem zweiten Hufschlag gehen, die Hinterbeine aber auf dem ersten, wird das innere Hinterbein sehr stark gefordert; es muß mehr Gewicht tragen als sonst und außerdem noch seitwärts treten. Für diese Lektion muß das Pferd lernen, sich zuerst im Schritt und später auch im Trab vom inneren Schenkel des Reiters wegzubewegen. Dazu verstärkt der Reiter nur den Schenkeldruck, während er die Vorhand mit dem äußeren Zügel führt; wichtig ist, daß der innere Zügel die Bewegung nicht behindert. Annehmen und Nachgeben des inneren Zügels erhält die gewünschte Innenstellung, ohne die Vorwärtsbewegung zu stören. Ein seitliches Abstellen der inneren Zügelhand verhindert die Neigung vieler Reiter, dem Pferd bloß den Kopf herumzuziehen. Um das Pferd zu der gewünschten Bewegung zu veranlassen, ist meist ein ziemlich starker Schenkeldruck nötig. Diese Lektion kann entweder im Leichttraben oder im Aussitzen geritten werden – die ersten Versuche sollten im Leichttraben vorgenommen werden. (In den frühen Ausbildungsstadien sollte das Aussitzen möglichst vermieden werden, weil die Pferde noch nicht kräftig genug sind, um mit der vollen Belastung fertigzuwerden und deshalb dazu neigen, den Rücken zu verspannen und nach unten wegzudrücken.) Allerdings sollte man hin und wieder einige Tritte aussitzen, damit das Pferd lernt, nicht aus dem Takt zu kommen, wenn der Reiter vom Leichttraben zum Aussitzen übergeht und umgekehrt, und damit es das Aussitzen nicht automatisch mit einem Tempowechsel in Verbindung bringt. Das Aussitzen wird jedoch erst in den Dressurprüfungen der höheren Vielseitigkeitsklassen verlangt; man kann sich also Zeit lassen und das Pferd allmählich daran gewöhnen. Noch eine Randbemerkung zum Thema Aussitzen: Meiner Meinung nach haben englische Pferde im großen und ganzen keine besonders kräftigen Rücken, im Gegensatz zu den Warmblütern (zum Beispiel deutsche, holländische und andere kontinentale Reitpferde), und viele Probleme entstehen durch Reiter, die versuchen, durch energisches Einsitzen ans Ziel zu kommen. Dieses Einsitzen ist bei deutschen Pferden eine entscheidende Hilfe, aber die leichter gebauten englischen Pferde vertragen es oft nicht und drücken in der Folge den Rücken mehr und mehr nach unten durch.

Zu Anfang wird das Pferd nur wenige Meter im Schulterherein zurücklegen können, aber mit fortschreitender Ausbildung sollte es in der Lage sein, es über die gesamte lange Seite durchzuhalten. Auch wenn es diese Lektion zuerst als schwierig empfindet, wird die Tatsache, daß der Reiter ihm einen Versuch abverlangt, ihm doch von Nutzen sein; die Aktivität der Hinterhand wird gesteigert, was dem Pferd hilft, die Hinterbeine auch bei anderen Übungen weiter unterzusetzen.

Das Schenkelweichen ist eine ähnliche Übung, die die Aktivität der Hinterbeine steigert. Dabei bleibt der Körper des Pferdes gerade, Kopf und Hals sind leicht entgegen der Bewegungsrichtung gestellt. Am einfachsten übt man das Schenkelweichen auf der Diagonalen. Man reitet bis X und läßt von dort aus das Pferd bis zum Wechselpunkt dem inneren Schenkel weichen. Um sich vom Schenkel des Reiters wegzubewegen, muß das Pferd seine Hinterbeine über Kreuz setzen, was die Beweglichkeit fördert.

Auch der Kontergalopp ist eine gute Lockerungsübung; da er aber sehr anstrengend ist, sollte er erst verlangt werden, wenn das Pferd körperlich zu dieser Leistung imstande ist. Er kann eine gute Trainingshilfe sein, weil er das Pferd dazu veranlaßt, mehr Gewicht mit dem äußeren Hinterbein zu tragen, als es das von sich aus tun würde (siehe *Nachschleppen der Hinterhand,*

Seite 120 und Probleme beim Galopp, Seite 131 und 147). Dabei darf man nicht vergessen, daß sich die Bezeichnung «außen» stets auf die Richtung bezieht, in die das Pferd gestellt ist, beim Kontergalopp rechtsherum ist also das rechte Hinterbein das äußere, obwohl es dem Bahninnern zugewandt ist.

Zur Vorbereitung auf den Kontergalopp dienen Kehrtvolten im Galopp – der Hufschlag wird bereits vor dem Wechselpunkt wieder erreicht, aber erst beim Wechselpunkt wird zum Trab durchpariert – oder Wendungen nach innen, die allmählich zur Schlangenlinie ohne Galoppwechsel gesteigert werden können. Während der drei Schlangenbogen bleibt das Pferd gebogen und gestellt und muß taktmäßig und in gutem Gleichgewicht vorwärtsgehen.

Man sollte nie vergessen, daß jede Hartmäuligkeit des Pferdes ihren Ursprung in der mangelnden Tätigkeit der Hinterhand hat (dazu gehören Rücken und Hinterbeine). Wenn das Pferd seine Hinterhand in einer Weise einsetzt, die der geforderten Aufgabe angemessen ist, trägt die Vorhand weniger Last und läßt sich daher leicht dirigieren. Dies führt uns zu Stufe 6.

6. Nachgeben im Maul

Es ist viel Arbeit erforderlich, bis das Pferd soweit ist, in Maul und Genick vollständig nachzugeben und damit die Hände des Reiters zu akzeptieren. Ein Pferd kann erst nachgeben, wenn es die Hinterbeine so weit untersetzt, daß es sich selbst trägt und dadurch so ausbalanciert ist, daß es die geforderten Lektionen ausführen kann, ohne zu sperren; neunundneunzig Prozent aller Maulschwierigkeiten haben ihre Ursache in mangelnder Rücken- oder Hinterbeintätigkeit. Ein Pferd, das sich gut führen läßt, ohne daß die Hinterbeine untertreten, ist hinter dem Zügel und geht nicht vorwärts. Erst wenn das Pferd sich selbst trägt und somit seinen Körper mit einem Maximum an Effizienz einsetzen kann, läßt sich sagen, daß es «am Zügel» geht. Für die meisten Leute bedeutet «am Zügel gehen», daß das Pferd seinen Kopf in einer bestimmten Stellung hält und geschmeidig von einer Gangart in die andere überwechselt. Ich persönlich bevorzuge den Ausdruck «Vorwärts-abwärts-Haltung», weil er besser beschreibt, was von einem Pferd in diesem Ausbildungsstadium verlangt wird. Bei einem vorwärts-abwärts gerittenen Pferd gibt es drei Komponenten, die gleichzeitig und immer vorhanden sein müssen, ehe man sagen kann, das Pferd gehe am Zügel. Erstens muß das Pferd geradegerichtet sein (siehe Stufe 4); zweitens muß es sich mit weit untersetzenden Hinterbeinen vorwärtsschieben (siehe Stufe 5), und drittens muß es im Maul nachgeben (siehe Stufe 6). Diese drei Forderungen müssen stets erfüllt sein, welche Lektion auch verlangt wird; erst dann kann man behaupten, das Pferd stünde wirklich am Zügel, und um die Stufen 4, 5 und 6 zu erreichen, muß das in den Stufen 1, 2 und 3 Gelernte gründlich gefestigt sein. Eine senkrecht stehende Nase bedeutet nicht, daß das Pferd wirklich am Zügel steht, obwohl Zuschauer dadurch natürlich oft getäuscht werden. Einen eindeutigen Beweis hat man, wenn das in der Bahn gehorsame Pferd auch im Gelände und beim Springen gehorsam bleibt. Es verblüfft mich immer wieder, wenn Pferde, die in der Dressurprüfung hohe Punktzahlen erreichen, sich beim Springen völlig undiszipliniert verhalten. Dressur und Springen sind untrennbar miteinander verbunden, und Pferde, die in der Lage sind, eine gute Wertung in der Dressur zu erzielen, sollten dies auch beim Springen und beim Geländeritt erreichen können. In den unteren Leistungsklassen ist es bei der Dressur möglich, eine gewisse Anzahl von Fehlern zu kaschieren, weil die Anforderungen wirklich nicht sehr hoch sind, aber in den gehobenen Klassen werden diese Mängel, häufig Resultate einer verkürzten Ausbildung, unweigerlich entdeckt. Es ist ungemein wichtig, das Pferd von Anfang an korrekt auszubilden, damit man nicht eines Tages sagen muß: «In der untersten Leistungsklasse war er sehr gut, aber für die nächsthöhere Klasse hat er einfach zu viele Mängel.» Bei einem korrekt ausgebildeten Pferd sollten solche Mängel überhaupt nicht auftreten und der Ausbildungsstand den Turnieranforderungen stets voraus sein. Sehr wichtig ist, daß das Pferd die schwierigsten Aufgaben nicht immer nur auf einem Turnier bewältigen muß. Es sollte auch zu Hause entsprechend gefordert werden, damit es beim Turnier trotz der unzähligen ungewohnten Dinge seine Arbeit mit der nötigen Selbstsicherheit verrichten kann. Pferde lernen schnell, Turniere mit etwas Unangenehmem zu verbinden, wenn man ihnen bei dieser Gelegenheit stets etwas ungewohnt Schwieriges abverlangt. Damit will ich nicht sagen, daß das Pferd im Training Militarykurse von gewaltigen Ausmaßen überwinden sollte, sondern nur, daß man mit ihm einzelne Hindernisse in ähnlichen Abmessungen springen sollte, damit es Zutrauen in sein eigenes Springvermögen bekommt. Viele Reiter springen nicht gern; meistens liegt es daran, daß sie sich zu wenig zutrauen, und die einzige Möglichkeit, ihre Befürchtungen zu zerstreuen, ist ein sachverständiger Helfer am Boden. Der Reiter muß volles Vertrauen zu ihm haben und das Grundprinzip des Springreitens verstehen, um zu begreifen, daß das Springen die logische Fortsetzung der Dressurarbeit ist.

Wenn die Grundausbildung weit genug fortgeschritten ist, wird das Pferd automatisch im Maul nachgeben. Allerdings tritt im allgemeinen ein Stadium auf, in dem das Pferd versucht, die Zügelhilfe zu ignorieren und «gegen den Zügel» zu gehen. Das Pferd muß die Zügelhilfen ebenso respektieren wie die Schenkelhilfen, denn wenn dies nicht der Fall wäre, würde es auf vermehrtes Treiben hin nur schneller werden, nicht aber weiter untertreten. Wenn das Pferd nicht gehorcht, darf nie am Zügel gezogen werden; statt dessen muß der Schenkeldruck verstärkt werden, während die Zügel den gesteigerten Vorwärtsdrang durch halbe Paraden abblocken. Je schneller das Pferd wird, desto stärker müssen die Schenkelhilfen werden. Die halben Paraden können ebenso kräftig gegeben werden wie der Schenkeldruck, jedoch nie stärker. Je stärker der Reiter treibt, desto stärker können seine Hände verhalten, ohne daß er befürchten muß, rückwärts zu wirken und dadurch neuen Widerstand heraufzubeschwören. Sowie der Reiter beginnt, stärker mit den Händen einzuwirken als mit den Beinen, wird das Pferd hartmäulig, und die Vorwärtsbewegung wird unterbrochen. Die halben Paraden dagegen unterstützen das Gleichgewicht des Pferdes, und mit fortschreitender Ausbildung werden sie auch die Ursache des «Gegen-die-Hand-Gehens» verhindern, nämlich die mangelnde Verlagerung des Gewichtes auf die Hinterhand. Man darf jedoch nie vergessen, daß – wie bereits erwähnt – neunundneunzig Prozent aller Maulschwierigkeiten mit der Hinterhand in Verbindung stehen, und aus diesem Grund erwartet man ein Nachgeben im Maul bei jungen Pferden erst relativ spät mit fortgeschrittener Ausbildung. Bis dahin sollte das Pferd seinen Kopf natürlich hoch halten und sich dabei selbst tragen und nicht auf die Hand legen. Bei einigen Pferden mit Gebäudefehlern allerdings muß diese «natürliche» Kopfhaltung etwas korrigiert werden. Ein Pferd mit einem Hirschhals muß durch verstärktes Treiben dazu angeregt werden, sich zu strecken, wobei die geöffnete innere Hand gleichzeitig ein Senken von Kopf und Hals fordert. Auch Pferde mit kurzen Hälsen müssen dazu veranlaßt werden, sich zu strecken, denn andernfalls würde sich die Halsmuskulatur so entwickeln, daß es ihnen später unmöglich wäre, sich zu versammeln. Solange das Pferd seinen Hals vorwärts-abwärts streckt und das Gebiß leicht trägt, wird es im Verlauf der Ausbildung automatisch die richtige Haltung einnehmen, ohne daß der Reiter sich vornehmen muß: «Heute werde ich ihn an den Zügel reiten.» Ein korrekt aufgebautes Pferd tritt irgendwann von selbst und ohne Widerstand an das Gebiß heran.

Selbsthaltung – Ziel der Stufen 1 bis 6

Mit Abschluß der sechsten Ausbildungsstufe sollte das Pferd gelernt haben, sich selbst zu tragen. Es sollte sich in den Grundgangarten geschmeidig, vollkommen ausbalanciert und harmonisch unter dem Reiter bewegen. Bei einem

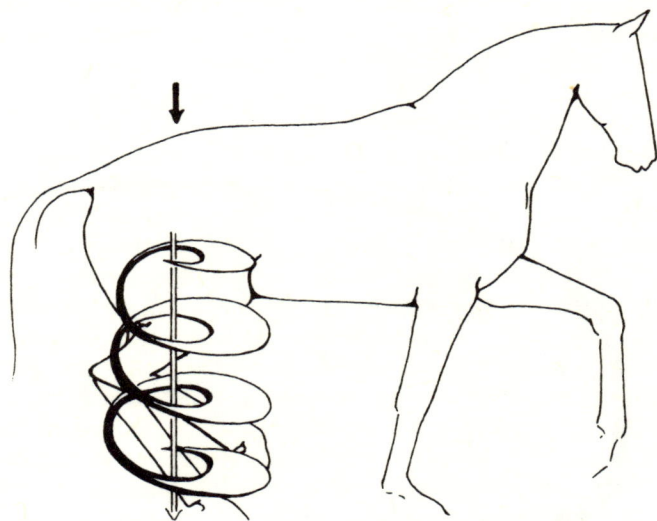

Abb. 12: Das Aufbauen potentieller Energie in der Hinterhand – Die Kruppe senkt sich, wenn die Hinterbeine weiter unter den Körper treten und die Sprunggelenke werden stärker gebeugt. Die Vorhand wird leichter, und die potentielle Energie staut sich auf wie eine zusammengedrückte Spiralfeder.

Pferd, das sich selbst trägt, ist der Kontakt zwischen dem Maul und den Reiterhänden so leicht, daß die Zügel aus einem dünnen Faden bestehen könnten, und dieser leichte Kontakt wird in allen Gangarten und auch bei Tempowechseln stets beibehalten. Die nächsten Ausbildungsschritte sind dann Versammlung und maximaler Raumgriff. Dafür wird die potentielle Energie der Hinterhand benötigt (Abb. 12), die der Reiter mit Hilfe der Zügel bewahrt, bis zum Beispiel eine Trabverstärkung gefordert wird, bei der das Pferd weit untertreten muß, um kraftvoll und weit ausgreifen zu können (Abb. 13).

Dies ist der Punkt in der Ausbildung, an dem der Reiter stets versuchen muß, Schub und potentielle Energie zu erzeugen und zu erhalten. In der Bewegung steigert sich die Anforderung vom Takt zur Kadenz, die man vielleicht als eine Art erhabener Rhythmus bezeichnen könnte. Das bedeutet, daß sich das Pferd federnder bewegt und sich jedes Schrittes voll bewußt ist. Bei jungen Pferden wird sich die Kadenz erst nach geraumer Zeit einstellen, wenn sie genügend gekräftigt sind und das sechste Ausbildungsstadium erreicht haben. Bei älteren Pferden, die ihre Arbeit etwas nachlässig erledigen, wird die Kadenz durch Lektionen erreicht, die die Aktivität fördern − zum Beispiel durch Übergänge, Schulterherein, Schenkelweichen, Traversalen oder andere Übungen, die zum vermehrten Untertreten veranlassen.

Diese Phase des «Sich-selbst-Tragens» darf nicht übergangen werden. Nur allzu oft werden Pferde stark gegen die Hand geritten, bevor sie Gelegenheit hatten, sich selbst auszubalancieren. Dadurch entstehen unkontrolliert vorwärtslaufende Pferde, die, um sich auszubalancieren, auf dem Zügel liegen, anstatt ihre Hinterhand unterzusetzen und sich so eine eigene Balancierstange

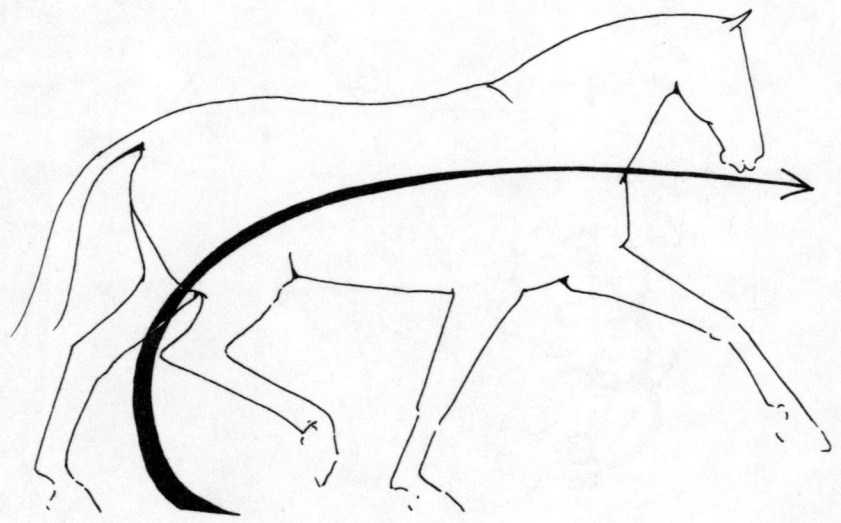

Abb. 13: *Das Verlängern der Tritte ist eine Möglichkeit, die potentielle Energie zu nutzen − die Spiralfeder wird gelöst, und das Pferd bewegt sich mit kraftvollen und langen Tritten vorwärts und tritt dabei weit unter.*

48

zu verschaffen. Man sollte nicht vergessen, daß es das Pferd ist, das den Kontakt zum Gebiß herstellt, und nicht der Reiter; deshalb darf der Reiter auch nie mehr nehmen, als das Pferd von sich aus anbietet. Es besteht ein riesengroßer Unterschied zwischen einem Pferd, das auf dem Zügel liegend vorwärtseilt, und einem, das mit Hilfe der potentiellen Energie in seiner Hinterhand willig an das Gebiß herantritt, und das diese Energie freisetzen kann, wenn sie zum Beispiel für Tempoverstärkungen, Schenkelweichen oder Springen gefordert wird. Je höher die Anforderungen werden, desto mehr Energie muß erzeugt und bewahrt werden, und da diese Energie durch eine Vielzahl von Bewegungen wieder verbraucht wird, muß ständig neue erzeugt werden. Dazu legt der Reiter seine leicht vibrierenden Schenkel am Pferdeleib an und verhindert gleichzeitig mit Hilfe der Zügel, daß die Energie wieder verlorengeht.

Alle Pferde, die in der Lage sind, einen großen Vorrat dieser Energie anzulegen, können sich auch bei absolut leichtem Zügelkontakt selbst tragen. Zu Beginn einer Trainingsstunde wird sich ein gut ausgebildetes Pferd selbst tragen, um dann während der Übungen seine Hinterbeine stärker unterzusetzen und so Energie zu erzeugen, die mit dem Zügel bewahrt wird. Beim Reiten eines gut ausgebildeten Dressurpferdes kann unter Umständen eine recht starke Handeinwirkung erforderlich sein; das liegt jedoch nur daran, daß seine Hinterbeine sehr viel Energie produzieren, die sich entladen würde, wenn die Zügel dies nicht verhinderten.

Die nächste Stufe in der Ausbildung des sich selbst tragenden Pferdes ist die Versammlung, die sich aus dem Bewahren der Energie der Hinterhand ableitet. Um eine Versammlung erreichen zu können, muß die bisherige Schulung des Pferdes ungehindert abgelaufen sein; deshalb konzentriert sich dieses Buch in erster Linie auf die Stadien der Ausbildung, deren Ziel erreicht ist, wenn das Pferd sich selbst trägt.

Einige typische Reitstunden

Vor jeder Reitstunde sollte man sich ein genau umrissenes Ziel setzen. Wenn das Pferd seine Lektion gut lernt und man mit dem Ergebnis zufrieden ist, ist es besser, die Arbeit, selbst nach nur zwanzig Minuten in der Bahn, mit diesem Erfolg abzubrechen und das Pferd auf diese Weise zu belohnen, und dann vielleicht noch etwas anderes zu machen, zum Beispiel über einige Hindernisse zu springen oder ins Gelände zu reiten. Das Weiterarbeiten, obwohl schon ein gutes Ergebnis erzielt wurde, kann zu Problemen führen. Ich will damit nicht sagen, daß man sofort aufhören sollte, sobald das Pferd die gewünschte Aufgabe erledigt hat, aber ein übertriebenes Training ist die häufigste Ursache für mangelnde Begeisterung bei Pferd und Reiter, und gerade diese Begeisterung ist für das gemeinsame Erzielen von Erfolgen ungemein wichtig. Beiden sollte die Arbeit Freude bereiten, und diese Freude entspringt zum Teil aus dem Einvernehmen zwischen Pferd und Reiter. Ein Mitteltrab sollte anregend wirken, ein Übergang von einer Gangart in die nächste ein Gefühl von Harmonie erwecken, das Schenkelweichen einen Eindruck von Eleganz vermitteln und das Springen, selbst über ein Übungshindernis, ein Gefühl von Begeisterung und Freude. Das wundervolle Gefühl auf einem Pferd, das sich über einem Hindernis wirklich «fliegen» läßt, ist kaum zu beschreiben, aber ich weiß, daß es mich immer wieder zum Lächeln bringt; und mit seinem Pferd glücklich zu sein, ist sicherlich einer der wichtigsten Aspekte einer erfolgreichen Partnerschaft.

Das Ziel der Ausbildung eines Pferdes, das die vierte Stufe erreicht hat, liegt darin, es so oft wie möglich zum Untertreten zu veranlassen; deshalb sollten möglichst viele Lektionen verlangt werden, die genau das erfordern. Das bedeutet natürlich nicht, daß alle möglichen Übungen in jeder Stunde wiederholt werden sollten; eine Abwechslung im Trainingsplan führt nicht nur schneller zum Ziel, sondern erhält auch das Interesse des Pferdes, denn es gibt für ein Pferd nichts Langweiligeres, als endlose ermüdende Runden auf dem Zirkel zu drehen, ohne daß damit ein bestimmtes Ziel verfolgt wird. Pferde mögen es, wenn man ihr Interesse wachhält und sollten lernen, Gefallen an ihrer Arbeit zu finden: Wer es schafft, die Begeisterung des Pferdes (und des Reiters!) für die Dressur wachzuhalten, hat die Schlacht schon halb gewonnen. «Ich hasse die Dressur» ist der ewige Verzweiflungsschrei zahlloser Vielseitigkeitsreiter, und ich kann ihre Gefühle sehr gut verstehen, denn für sie bedeutet Dressurreiten stundenlange Zweikämpfe mit einem unwilligen Pferd. Eine halbe Stunde zwei-, drei- oder sogar viermal pro Woche kann sicherlich jedes Pferd und jeder Reiter geistig und körperlich verkraften, aber der Gedanke an ein stundenlanges Fegefeuer mit Aussitzen und zielloser Arbeit lehrt selbst begeisterte Dressurreiter das Fürchten! Ein so großer Teil der «Dressurarbeit» kann in eine Springstunde eingegliedert werden, daß es «dressursaure» Pferde im Grunde überhaupt nicht zu geben braucht, und es ist die Aufgabe des Reiters, dafür zu sorgen, daß auch der Verstand des Pferdes beschäftigt wird und sich in seine Arbeit keine Langeweile einschleicht. Von Ausnahmen abgesehen, wollen Pferde gern gefallen, und als Reiter haben wir dafür zu sorgen, daß das Pferd nicht verärgert wird, sei es durch zu viel oder zu wenig Arbeit oder durch undeutliche Hilfen, die Probleme verursachen, die sich mit ein wenig Nachdenken leicht hätten vermeiden lassen.

Vor der Erläuterung der einzelnen Lektionen möchte ich noch auf die Übergänge und die dazu nötigen Hilfen eingehen – einschließlich der halben Parade. Wie bereits bei Stufe 5 (Untertreten) erwähnt, muß das Pferd beim Übergang in die nächsthöhere oder nächstniedere Gangart mit den Hinterbeinen weit unter den Körper treten. Wenn es das nicht tut, wird es versuchen, Kopf und Hals zu heben, anstatt sein Gewicht zu verlagern – eine Widersetzlichkeit, die der Reiter verhindern muß. Durch das Heben von Kopf und Hals entzieht sich das Pferd natürlich den Zügelhilfen, und wenn der Reiter in diesem Moment nicht energisch genug treibt, um das Pferd zum Untertreten zu veranlassen und gleichzeitig mit der inneren Hand ein Nachgeben im Maul erwirkt, wird der Wechsel der Gangart mißlingen. Der wichtigste Teil eines solchen Übergangs wie überhaupt jeder Bewegung ist die Vorbereitung des Pferdes. Das Pferd muß sich stets zwischen Schenkel und Hand befinden und bereit sein, die geforderten Bewegungen auszuführen, ohne sie jedoch vorauszuahnen. Bei der Ausbildung eines Pferdes sollte man nach Möglichkeit immer verhindern, daß das Pferd ahnt, was als nächstes verlangt werden wird. Dies wird am besten erreicht, indem man sich nicht an einen bestimmten Ablauf hält, sondern die Reihenfolge der Aufgaben variiert. Viele Leute halten sich streng an ihre Schritt-Trab-Galopp-Routine und beenden die Stunde stets nach der Galopparbeit. Man sollte jedoch versuchen, Abwechslung in die Reihenfolge der Lektionen zu bringen. Ein Pferd wird sich die Abfolge der Lektionen in einer Dressurprüfung schnell merken, wenn es sie oft genug auf einem Turnier ausführen muß; deshalb ist es wichtig, dieselben oder ähnliche Lektionen zu Hause in einer anderen Reihenfolge zu üben. Beim Vorbereiten auf eine spezielle Lektion muß das Pferd durch eine Reihe von halben Paraden zu vermehrtem Untertreten angeregt werden, um es kontrollierbarer zu machen und Widersetzlichkeiten auszuschließen, indem man es zum Gehorsam auffordert. (Nicht vergessen: Ein Pferd kann nur gehorchen, wenn es sich zwischen Schenkel und Hand befindet, also «an den Hilfen» ist.) Die verschiedenen Arten der Vorbereitung auf die einzelnen Lektionen werden ausführlich in den jeweiligen Abschnitten über die Probleme beim Gangartwechsel erläutert, doch prinzipiell sollten alle Aufgaben mit einer halben Parade oder mehreren eingeleitet werden, die das Gewicht des Pferdes nach hinten verlagern und so die Vorhand entlasten. Eine halbe Parade ist eine Botschaft zwischen Pferd und Reiter, die für den Zuschauer kaum sichtbar ist, es sei denn, sie wird sehr stark gegeben, so daß das Tempo entschieden verlangsamt wird. (Der Einsatz dieser verstärkten halben Paraden wird in den Abschnitten über verschiedene Probleme noch näher erläutert.) Die halbe Parade ist eine Kombination beziehungsweise eine Folge von Hilfen, in der der Reiter mit ruhig liegendem Bein treibt und gleichzeitig die Zügel so weit annimmt, daß das Pferd anfängt, langsamer zu werden, aber anstatt zur nächstniederen Gangart durchzuparieren, gibt der Reiter mit der Hand nach, ohne den Kontakt aufzugeben und treibt das Pferd erneut vorwärts – sehr entschieden, mit weit untersetzender Hinterhand. Der Reiter muß in der halben Parade darauf achten, daß er die Vorwärtsbewegung nicht durch zu starke Handeinwirkung und zu wenig Treiben unterbricht, weil das Pferd dadurch nur langsamer würde, anstatt sein Gewicht auf die Hinterhand zu verlagern. Wenn der Reiter während des Treibens zu viel mit den Zügeln nachgibt, wird all die Energie, die er durch das Treiben erzeugt hat, und das daraus resultierende Untertreten als Vorbereitung auf den Übergang verlorengehen, und die halbe Parade ist wirkungslos; statt weiter unter den Körper zu treten, bleiben die Hinterbeine des Pferdes, wo sie vorher waren – es wird also nichts erreicht. Je weiter die Ausbildung des Pferdes fortgeschritten ist, desto feiner kann die halbe Parade gegeben werden; ein nahezu ungeschultes Pferd dagegen braucht viel deutlichere Hilfen, oft sogar mehrere kurz hintereinander.

All diese Übergänge und halben Paraden verbessern die Selbsthaltung des Pferdes, doch der Reiter muß unbedingt darauf achten, daß er das Pferd nicht durch undeutliche Hilfen verunsichert, vor allem beim Angaloppieren. Das Angaloppieren aus dem Schritt ist eine gute Übung, die das Untertreten fördert; allerdings muß auch häufig aus dem Schritt angetrabt werden, damit etwaige Widersetzlichkeiten beim Angaloppieren von vornherein vermieden werden. Wenn die Reiterhilfen eindeutig sind, sollte es hier eigentlich keine Probleme geben; Verwirrung sollte auf jeden Fall vermieden werden.

Besonders die Galopphilfen müssen eindeutig sein, denn unklare oder fehlerhafte Hilfen können, wenn später die Traversale eingeführt werden soll, zu Schwierigkeiten führen. Bei der Galopphilfe liegt der äußere Schenkel verwahrend hinter dem Gurt und der innere treibend am Gurt, und da man das Pferd gewöhnlich in der Ecke angaloppieren läßt, ist es bereits korrekt gebogen und gestellt. Bei den Hilfen für eine Traversale ist das Pferd in die Bewegungsrichtung gestellt, und der innere Schenkel liegt am Gurt, der äußere hinter dem Gurt — die Hilfen sind also fast identisch mit denen für den Galopp. Worin unterscheiden sie sich, damit das Pferd versteht, was von ihm erwartet wird?

Als erstes die Hilfen für die Traversale — zum Beispiel vom ersten Wechselpunkt der langen Seite zu X. Der Reiter biegt sein Pferd wie für ein Schulterherein. Dann führt er es mit der inneren Hand in Richtung X, erhält gleichzeitig mit dem inneren Schenkel die Biegung und Vorwärtsbewegung und läßt das Pferd mit dem hinter dem Gurt liegenden Schenkel vorwärt-seitwärts treten, wobei der äußere Zügel die äußere Schulter am Ausfallen hindert. Dabei darf die innere Hand auf keinen Fall über den Mähnenkamm nach außen gedrückt werden; eine bessere Methode, die Biegung zu erhalten, ist der Einsatz des inneren Schenkels. Zu Anfang wird das Pferd nur einige Tritte vorwärts-seitwärts gehen können, dann wird es geradegerichtet, ein Stück vorwärtsgeritten und danach wieder eingestellt und erneut zum Traversieren aufgefordert. Die Stellung des Pferdes ist besonders wichtig, denn die Hinterhand darf weder vorausgehen noch nachschleppen. Sowohl Hände als auch Schenkel des Reiters spielen bei der Traversale eine entscheidende Rolle, und wenn eine Hand oder ein Schenkel falsch einwirkt, kann die Lektion nicht fehlerfrei ausgeführt werden. Wenn das Pferd zum Beispiel versucht, mit der Hinterhand zu führen, muß der Reiter beide Hände einsetzen, um die Vorhand vorzubringen, denn wenn nur der innere Zügel einwirkt, wird das Pferd nur Kopf und Hals biegen und über die Schulter ausfallen. Das Reitergewicht muß gleichmäßig verteilt sein; es darf sich nicht durch Einknicken in der inneren Hüfte nach außen verlagern. Um im Gleichgewicht zu bleiben, müssen Schultern und Hüften des Reiters parallel zu denen des Pferdes stehen, und um die Vorwärtsbewegung zu unterstützen, muß der Reiter nach vorn sehen. Sowie der Reiter nach unten schaut, wird der Schwung des Pferdes beeinträchtigt — dies gilt für alle Sparten der Reiterei. Auch hier kann man zur Verdeutlichung das Reiten mit dem Autofahren vergleichen. Kein Autofahrer käme auf die Idee, das Gaspedal zu treten, ohne gleichzeitig durch die Windschutzscheibe nach vorn zu blicken. Wenn er nicht sehen kann, wo er hinfährt, ist er natürlich kaum gewillt, schneller voranzukommen. Dasselbe trifft auf den Reiter zu, denn selbst wenn er fühlt, daß sein Pferd vorwärtsgeht, besteht doch eine innere Hemmung, das Pferd vorwärtszutreiben, wenn er nicht gleichzeitig nach vorn sieht.

Die Hilfen zum Angaloppieren aus dem Trab sehen folgendermaßen aus: Der Reiter, der den Trab aussitzt, legt sein äußeres Bein ein wenig zurück, ohne dabei einen erhöhten Druck auszuüben (andernfalls würde ein gut ausgebildetes Pferd die Hinterhand nach innen schwenken), und treibt dann entschieden mit dem inneren Schenkel am Gurt, oder, um es besonders deutlich zu machen, sogar etwas vor dem Gurt. Gleichzeitig muß der Reiter sein Gewicht auf den inneren Gesäßknochen verlagert haben, um sicherzugehen, daß sein Pferd richtig anspringt. Mit dieser eindeutigen Hilfe wird es keine Probleme geben, auch dann nicht, wenn das Pferd ohne Anlehnung an die Bande auf der gewünschten Hand anspringen soll. Eine häufige Ursache für falsches Angaloppieren ist ein Ausfallen der äußeren Schulter, wodurch das äußere Vorderbein für den ersten Galoppsprung frei wird; mit diesem Problem werde ich mich (im Abschnitt über den richtigen Galopp) noch ausführlich befassen. Obwohl der Galoppsprung mit dem äußeren Hinterbein beginnt, gibt doch der innere Schenkel die entscheidende Hilfe und treibt das Pferd in den ersten Galoppsprung.

Diese Gangartenwechsel können mit Pferden in jedem Ausbildungsstadium geübt werden, obwohl ein relativ ungeschultes Pferd natürlich wesentlich besser auf sie vorbereitet werden muß und auch länger braucht, um die Übungen auszuführen – das heißt, je weniger das Pferd die Hinterbeine untersetzt (oder sie unterzusetzen weiß), desto länger braucht es, um von einer Gangart in eine andere zu wechseln. Der Wechsel von einer Gangart zur anderen läßt das Pferd untertreten; deshalb sind die Übergänge und die Vorbereitung darauf in jeder Ausbildungsstunde von großem Wert.

Beispiele für eine typische Reitstunde zu geben, ist schwierig, da die Anforderungen stets vom Ausbildungsstand des Pferdes abhängen, aber es gibt einige relativ typische Lektionen, die insgesamt etwa dreißig Minuten dauern und helfen, ein einigermaßen gut gerittenes Pferd geschmeidig und gehorsam zu halten. Für diese Übungsstunden braucht man nicht unbedingt eine Halle oder Reitbahn, obwohl eine seitliche Begrenzung sehr nützlich sein kann und auch nötig ist, um bestimmte Lektionen, zum Beispiel Zirkel, korrekt zu reiten. Doch ein Pferd kann auch an anderen Orten etwas lernen, zum Beispiel auf einem Ausritt oder einem freien Feld, was auf jeden Fall eine Abwechslung von der Bahnarbeit darstellt und das Pferd davon überzeugt, daß es überall gehorsam sein muß.

Jede Trainingsstunde sollte logisch aufgebaut werden. Die ersten zehn bis fünfzehn Minuten dienen der Vorbereitung auf die Arbeit, und die beste Methode, übermütige Pferde zu beruhigen, ist forsches Vorwärtsreiten im Arbeitstrab. Es ist sinnvoll, in dieser Gangart viele Wendungen und Zirkel zu reiten, wodurch das Pferd zu aufmerksamer Mitarbeit angeregt wird. In dieser Phase werden die Muskeln des Pferdes gelöst. Außerdem wird in den Wendungen mit Hilfe des inneren Schenkels und der äußeren Hand Schub entwickelt, weil das Pferd vermehrt untertreten muß. Zu Beginn der Lösungsphase sollte das Pferd seinen Hals ziemlich lang und tief tragen, damit die Muskeln entlang der Oberlinie ebenso gestreckt werden wie sich in einer Wendung die Muskeln der äußeren Körperseite strecken sollen. Das Strecken und Wiederzusammenziehen von Muskeln und die Leichtigkeit, mit der sie es tun, ist die Grundlage jeder Geschmeidigkeit. Am hingegebenen Zügel im Kreis herumzutraben, ist ziemlich sinnlos; das Pferd bewegt sich zwar vorwärts, es wird jedoch nicht von selbst den Rücken hergeben und den Kopf senken, sondern eher die Unterseite des Halses strecken und den Kopf heben. Das Pferd sollte am leicht anstehenden langen Zügel geritten werden, damit es sich selbst trägt; aber beim hingegebenen Zügel hat der Reiter sein Pferd nicht an den Hilfen, es wird nicht untertreten und kann tun, was es will. Abgesehen davon, daß ein sehr übermütiges Pferd am hingegebenen Zügel ohne weiteres buckeln, kurz-kehrtmachen und seinen Reiter absetzen kann, arbeitet es auch nicht und wird sogar dazu angeregt, zu bummeln oder sich zu widersetzen. Irgendwann müssen die Zügel doch aufgenommen werden; deshalb ist es viel besser, von Anfang an einen leichten Kontakt herzustellen und dem Trainingsplan zu folgen.

Nach ungefähr zehn Minuten sollte das Pferd zur Mitarbeit bereit sein und gelöst und taktmäßig auf dem Zirkel vorwärtsgehen. Dann ist die Zeit gekommen, schwerere Lektionen zu verlangen, die den Ausbildungsstand heben. Welche Lektionen am besten dazu geeignet sind, das Pferd geschmeidiger und gehorsamer zu machen, hängt davon ab, wie weit das Pferd bereits geschult ist. Im folgenden werden einige Übungen aufgeführt, die in die Reitstunde eingefügt werden können.

Ein Verkleinern des Zirkels erfordert eine stärkere Biegung und vermehrtes Untertreten; diese verkleinerten Zirkel können mit einem Handwechsel durch den Zirkel verbunden werden, der den Vorteil hat, daß das Pferd stets neu gebogen werden muß. Der Wechsel durch den Zirkel ist schwierig für das Pferd, weil es sich auf relativ engem Raum in die neue Bewegungsrichtung biegen muß, ohne dabei aus dem Takt zu kommen. Solange das Pferd noch nicht vollständig aufgewärmt ist, sollte leichtgetrabt werden. Meiner Ansicht nach bleibt der Rücken des Pferdes um so länger biegsam und entspannt, je länger er nicht mit dem vollen Gewicht des Reiters belastet wird. Ein Pferd, das auf Turnieren vorgestellt werden soll, muß sich natürlich an das Aussitzen gewöhnen, weil in Dressurprüfungen fast auschließlich ausgesessener Trab verlangt wird. Allerdings dauert eine einfache Dressurprüfung nur etwa vier und eine mit höheren Anforderungen etwa sechs Minuten; es ist also wirklich nicht nötig, Stunde um Stunde auszusitzen. Wie lange der Reiter tatsächlich aussitzt, hängt von seinem Pferd ab und vom Gefühl des Reiters, das ihm sagt, auf welche Weise er das gewünschte Ziel am besten erreichen kann.

Auf die Zirkel und Handwechsel können die ausgezeichneten Lektionen Schulterherein und Konterschulterherein folgen. Beide verbessern Geschmeidigkeit und Aktivität des Pferdes ganz entscheidend; sie treiben das Pferd an den äußeren Zügel, wobei der innere Schenkel und der äußere Zügel ein Ausfallen über die äußere Schulter natürlich vermeiden müssen. Abwechselndes Reiten dieser beiden Übungen an den langen Seiten gehört zu den besten lösenden Lektionen, und das Reiten eines zehn bis fünfzehn Meter großen Zirkels, gefolgt von Schulterherein und wieder einer Zirkelrunde, ist harte Arbeit für Pferd und Reiter. Je mehr Aufgaben dieser Art das Pferd bewältigen muß, desto besser wird es sich selbst tragen, denn dazu muß es seine Hinterbeine untersetzen. Auch durch das Reiten von Übergängen kann man das Pferd zum Untertreten anregen. Um das Tempo zu verlangsamen oder zu beschleunigen,

54

muß das Pferd seine Hinterbeine wie Hebel einsetzen; sie sind beim Pferd sowohl Bremse als auch Gaspedal. Eine weitere sehr gute Übung ist es, im Trab auf dem Zirkel zum Schritt durchzuparieren, das Pferd jedoch, kurz bevor es Schritt geht, wieder kräftig vorwärtszutreiben. wobei die runde Oberlinie erhalten bleiben soll und das Pferd nicht aus dem Takt kommen darf. Diese Übung kann mehrere Male wiederholt und auch im Galopp ausgeführt werden; dabei wird mit gleichzeitigem Druck der Unterschenkel und leichtem Annehmen der Zügel Trab verlangt. Das Pferd darf jedoch nicht zum Trab übergehen, sondern wird kurz vorher wieder vorwärtsgetrieben und ist daraufhin leicht in der Hand. Auch hier darf das Pferd sich nicht sperren oder aus dem Takt kommen. Diese Übungen sind von großem Wert, weil sie das Pferd dazu veranlassen, die Kruppe zu senken und die Hinterbeine stärker anzuwinkeln, während es auf den Wechsel der Gangart wartet, und nur in dieser Haltung kann seine Hinterhand wirklich Schub entwickeln, wenn der Reiter es verlangt. Wenn sich die Körperhaltung des Pferdes und der Takt seiner Bewegungen nicht verändert haben, wird es in derselben Gangart weitergeritten, aber mit deutlich weiter untertretender Hinterhand. Außerdem erscheint die Oberlinie des Pferdes jetzt stärker gerundet, weil auch seine Rückenmuskeln stärker eingesetzt werden, was beweist, daß diese Übung die Geschmeidigkeit ungemein fördert. Am einfachsten läßt sie sich auf dem Zirkel durchführen, weil Pferde auf dem Zirkel naturgemäß weiter untertreten. Ich bin sicher, daß der Leser weiß, wieviel einfacher es ist, ein junges Pferd auf dem Zirkel zu reiten als auf einer geraden Linie; das liegt daran, daß das Pferd auf der gebogenen Linie gezwungen ist, seine Hinterbeine weiter unter den Körper zu setzen, wodurch die Tragfähigkeit der Hinterhand natürlich gesteigert wird. Nach ungefähr fünfzehn oder zwanzig Minuten mit Übungen dieser Art sollte die Vorhand stark entlastet sein und das Pferd sich auf der Hinterhand tragen, ohne daß der Reiter denken muß: «Und wann kann ich es an den Zügel reiten?» Das Pferd wird sich von selbst an den Zügel stellen – das heißt, nach der Arbeit auf dem Zirkel und den Wendungen ist es geradegerichtet; Schulterherein, das Wechseln durch den Zirkel und die Übergänge haben es zum Untertreten gebracht, und das ständige Wenden und Biegen läßt es im Maul nachgeben.

Die Hauptarbeit wird im Trab verrichtet, aber auch Galopparbeit ist nötig, wenn auch nicht in jeder Stunde. Das Pferd sollte sich im Galopp bei weicher Anlehnung leichtfüßig bewegen; auf dem Zirkel kann der Reiter über einige Sprünge hinweg die Anlehnung ganz aufgeben, so daß das Pferd sich vollkommen selbst trägt, aber falls es dabei aus dem Takt oder dem Gleichgewicht gerät, müssen einige halbe Paraden folgen. Leider werden viele Pferde im Galopp zu stark zurückgehalten, wodurch die federnde Elastizität dieser Gangart verlorengeht. Wenn sich dieser Fehler erst einmal eingestellt hat, wird das Pferd Schwierigkeiten beim Springen haben, da meistens die Elastizität über dem Hindernis mit beeinträchtigt ist. Während der Grundausbildung sollte das Pferd sein Gleichgewicht im Galopp selbst finden, und es darf nicht zu sehr zurückgehalten werden, weil dies die Gangart verdirbt. Angaloppieren aus dem Trab mit darauffolgendem Wiederdurchparieren in raschem Wechsel aktiviert die Hinterhand und regt das Pferd dazu an, sein Gewicht nach hinten zu verlagern; Steigern und Verringern des Tempos ist ebenfalls hilfreich und besonders beim Training des Springpferdes von entscheidender Bedeutung. Ein Pferd, das nicht in der Lage ist, schneller beziehungsweise langsamer zu galoppieren, ohne auf die Vorhand zu fallen oder sich zu widersetzen, wird es sicherlich auch nicht schaffen, sein Tempo zu ändern, wenn es im Parcours geritten wird. Bei der Dressurarbeit sollte man versuchen, Übungen einzuschieben, die auch der Springausbildung von Pferd und Reiter zugute kommen. Zum Beispiel kann man an einer langen Seite Stangen auf den Boden legen. Darüber hinwegzugaloppieren ist eine ausgezeichnete Übung, die Gleichgewicht und Taktmäßigkeit der Bewegungen verbessert; es ist erstaunlich, wieviele Pferde und Reiter völlig aus dem Takt kommen, wenn sie mit dieser relativ einfachen Aufgabe konfrontiert werden. Wie können sie in der Lage sein, einen ganzen Parcours zu bewältigen, wenn sie nicht einmal imstande sind, ausbalanciert und rhythmisch über am Boden liegende Stangen zu reiten? Diese Übung kann in jede Trainingsstunde einbezogen werden; schon eine einzige Stange am Boden kann zu einer Herausforderung werden, denn der Reiter muß versuchen, die Galoppsprünge gleichmäßig zu erhalten. Diese Übung ist eine gute Schulung für das Auge des Reiters, und es ist interessant zu sehen, wie früh man erkennen kann, ob das Pferd die Stange «richtig» oder «falsch» trifft. Auch das Pferd profitiert davon. Es lernt, die Galoppsprünge zu verlängern oder zu verkürzen, ohne dabei aus dem Takt zu kommen, was ihm nicht schwerfallen sollte, sofern es weit untertritt.

Vergrößern und Verkleinern des Zirkels ist eine Lektion, die die Geschmeidigkeit fördert. Sie kann in jeder Gangart geritten werden, am sinnvollsten ist jedoch der Trab, weil in dieser Gangart beide Körperseiten des Pferdes gleichmäßig beansprucht werden, da die diagonal gegenüberliegenden Beinpaare stets gleichzeitig vorwärtsbewegt werden. Man beginnt mit einem 20-Meter-Zirkel und verringert dann seine Größe, indem man das Pferd mit der inneren Hand nach innen führt, die äußere Schulter mit der äußeren Hand vor dem Ausfallen bewahrt, mit dem äußeren Schenkel hinter dem Gurt seitwärts treibt und die Biegung und den Schwung mit dem inneren Schenkel erhält. Sowie sich das Pferd auf einem Zirkel von zehn Metern Durchmesser bewegt, treibt man es mit dem inneren Schenkel wieder nach außen und reguliert die Bewegung mit der äußeren Hand (auch hier wieder: innerer Schenkel und äußere Hand), kontrolliert die Bewegungsrichtung mit der inneren Hand und bewahrt die Hinterhand mit dem verwahrenden äußeren Schenkel vor dem Ausfallen. Beim Verkleinern des Zirkels muß das Pferd weiter untertreten, da eine erhöhte Aktivität erforderlich ist, um Gleichgewicht und Takt der Bewegung zu erhalten. Der Zirkel wird allmählich verkleinert, damit es dem Pferd nicht allzu leicht gemacht wird, mit der Hinterhand auszufallen; wenn es das versucht, kann der Reiter die Übung unterbrechen, bis er diese Widersetzlichkeit korrigiert hat, und erst dann den Zirkel weiter verkleinern. Wenn das Pferd wieder nach außen auf die ursprüngliche Zirkellinie gedrückt wird, muß das innere Hinterbein ähnlich wie beim Schulterherein ein wenig übertreten. Die gesamte Übung hat also zwei positive Aspekte: das Pferd muß nicht nur beim Verkleinern des Zirkels arbeiten, sondern auch beim Vergrößern. Auf dem verkleinerten Zirkel muß sich das Pferd stärker um den inneren Schenkel biegen, was die Elastizität seines Rückens fördert. Da sich das Pferd nur für kurze Zeit auf so engem Raum bewegen muß, sollte es sich während dieser Übung eigentlich nicht versteifen können. Muß es jedoch länger auf dem 10-Meter-Zirkel gehen, kann es sich leicht verspannen, was den Erfolg der Übung natürlich zunichte macht. Die Dauer des Reitens auf dem verkleinerten Zirkel kann allmählich gesteigert werden, bis das Pferd in der Lage ist, gelöst auf einem 10-Meter-Zirkel zu gehen. Das allmähliche Verkleinern ist eine gute Methode, das Pferd langsam daran zu gewöhnen, ohne es zu verärgern, weil man plötzlich etwas Schwieriges und sehr Anstrengendes von ihm verlangt.

Diese Übung kann auch im Galopp ausgeführt werden; hier dient der verstärkte Einsatz des äußeren Hinterbeins der Verbesserung des Untertretens. Das Überstreichen auf dem 20-Meter-Zirkel in Verbindung mit dem Reiten auf einer spiralförmigen Linie liefert den Beweis dafür, ob das Pferd wirklich untertritt oder sich nur auf das Gebiß stützt. Auch wenn der Zügelkontakt beim Überstreichen kurz aufgegeben wird, soll das Pferd taktmäßig weitergaloppieren, ohne auf die Vorhand zu fallen oder seine Haltung zu verändern. Wenn sich das Pferd auch dann noch selbst trägt, ist es korrekt ausgebildet; wenn es jedoch aus dem Takt kommt oder sogar in den Trab fällt, wird deutlich, daß der Weg zum Ziel noch sehr weit ist. Damit das Pferd korrekt galoppieren kann, muß das äußere Hinterbein besonders weit untertreten. Im Trab trägt das innere Hinterbein das Hauptgewicht, doch beim Angaloppieren lastet das ganze Gewicht auf dem äußeren Hinterbein, und wenn das Pferd nicht weit genug untertritt, leidet die gesamte Gangart darunter, und das Pferd fällt auf die Vorhand. Dies erklärt etwas, was vielen Reitern unbegreiflich ist: Sie verstehen nicht, warum ein Pferd, das zum Beispiel im Trab auf der rechten Hand steif ist, im Rechtsgalopp wesentlich leichter zu reiten ist als im Linksgalopp. Wenn das rechte Hinterbein im Trab schwächer ist, bedeutet das, daß das Pferd nicht weit genug untertritt und Maul und Rücken deshalb steif und unnachgiebig sind. Auf derselben Hand im Galopp trägt das linke Hinterbein das Hauptgewicht, deshalb fällt dem Pferd der Rechtsgalopp leichter als der Linksgalopp, bei dem das schwächere rechte Hinterbein das Gewicht tragen muß. Auf der spiralförmigen Zirkellinie werden beide Hinterbeine gleichmäßig trainiert, was diese Übung besonders wertvoll macht. Beim Verkleinern des Zirkels (wenn der Reiter die Hinterhand des Pferdes mit dem äußeren Schenkel nach innen drückt), werden sowohl das äußere als auch das innere Hinterbein aktiviert, weil das Pferd sie vorwärts-seitwärts bewegt – dieselbe Aktion wird auch bei der Traversale verlangt –, wobei die Hinterbeine besonders weit untertreten müssen. Beim Vergrößern des Zirkels, bei dem das Pferd dem inneren Schenkel weichen muß, wird das innere Hinterbein stärker beansprucht. Wenn diese Übung auf beiden Händen durchgeführt wird, muß das Pferd wirklich hart arbeiten und lernt, wie es seine Hinterbeine untersetzen kann und muß, um sich selbst zu tragen und auszubalancieren.

In diesem Zusammenhang vergleiche ich den Körper des Pferdes gern mit einer Wippe. Damit sich ein Ende der Wippe – in diesem Fall die Vorhand – heben kann, muß sich das andere Ende – die Kruppe – senken (Abb. 14).

Abb. 14: Das Pferd als Wippe

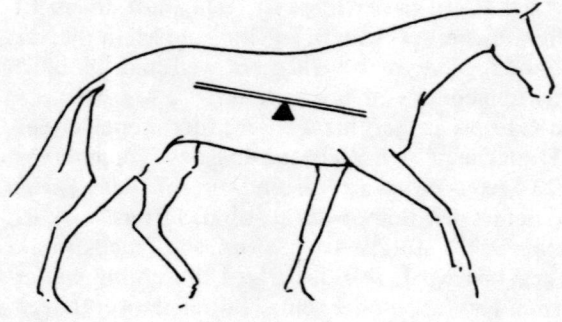

a Pferd auf der Vorhand,
Hinterbeine werden nach-
geschleppt.

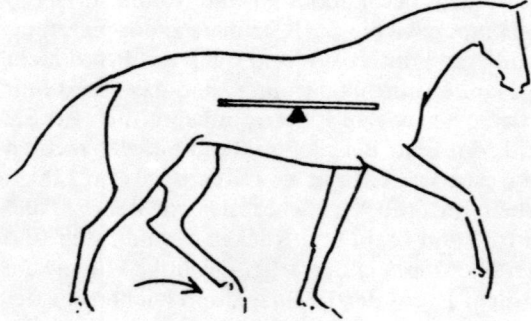

b Das Gleichgewicht ist hergestellt, wenn das Pferd
weiter untertritt und die
Kruppe senkt.

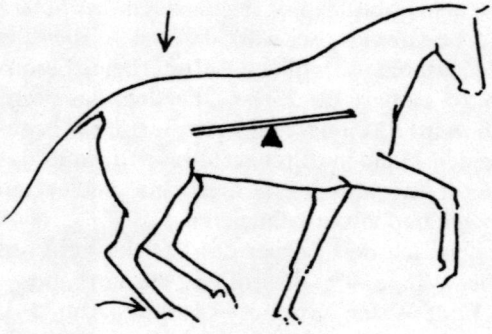

c Zur Versammlung kommt
es, wenn sich die Kruppe
sehr stark senkt und das
Pferd bei leichter Vorhand
und hoher Aufrichtung
von Kopf und Hals weit
untertritt.

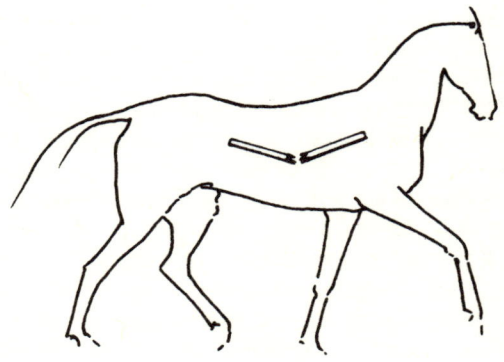

Abb. 15: Wie ein weggedrückter Rücken das Gleichgewicht beeinträchtigt — Wenn das Pferd den Kopf hoch trägt, die Vorhand aber nicht leichter wird und die Hinterhand nicht untertritt, drückt das Pferd den Rücken weg und die Wippe zerbricht.

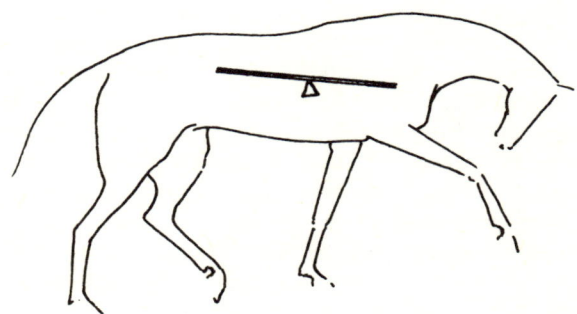

Abb. 16: Wie Hinter-dem-Zügel-Gehen das Gleichgewicht des Pferdes beeinträchtigt — Obwohl das Pferd den Kopf gesenkt und den Hals gerundet hat, steht die Nasenlinie hinter der Senkrechten und die Halsbiegung ist fehlerhaft: Ein Pferd mit solch einem «falschen Knick» läuft auf der Vorhand und tritt deshalb auch nicht unter.

Eine Wippe kann sich nicht biegen, und auch ein Pferd kann seine Vorhand nicht entlasten, ohne sein Gewicht zu verlagern (Abb. 15 und 16). Es muß seine Hinterbeine anwinkeln und weit nach vorn bringen; wenn es weit genug untertritt, senkt sich die Kruppe automatisch. Man führe sich das Bild eines ausgezeichneten Dressurpferdes vor Augen: Seine Kruppe ist sehr tief gesenkt, und Kopf und Hals sind hoch aufgerichtet, denn je leichter die Vorhand ist, desto weiter müssen die Hinterbeine unter den Körper treten.

Eine weitere Übung, von der das Pferd entschieden profitiert, ist das Traben über Stangen, die zuerst am Boden liegen und später leicht erhöht werden. Am besten sind sechs bis acht Stangen in einer Reihe, denn sie regen das Pferd an, taktmäßig und schwungvoll zu treten. Ein junges Pferd sollte allmählich an die Stangen gewöhnt werden; man legt ihm zuerst eine in den Weg, dann zwei und so weiter, bis es eine ganze Reihe bewältigen kann. Der Reiter muß darauf achten, daß er das Pferd über den Stangen nicht stört und ihm volle Rücken- und Halsfreiheit gewährt. Außerdem muß er versuchen, die natürliche Körperhaltung des Pferdes zu erhalten, ohne es in irgendeiner Form zu behindern. Das Pferd darf nicht mit weggedrücktem Rücken über die Stangen traben, weil die Übung so nichts zu seiner Ausbildung beiträgt und die Rückenmuskeln nur unnötig belastet werden. Wie bereits erwähnt, sollte über den Stangen leichtgetrabt oder sogar im leichten Sitz geritten werden, damit das Pferd seinen Rücken aufwölben und untertreten kann. Oft machen Pferde nach einer Reihe solcher Stangen besonders kurze Schritte; damit versuchen sie sich wieder auszubalancieren, wenn sie während der Übung aus dem Gleichgewicht gekommen sind; in diesem Fall kann der normale Rhythmus durch eine Reihe von halben Paraden wiederhergestellt werden, die das Pferd zum Untertreten veranlassen und wieder ins Gleichgewicht bringen.

Die erhöht aufgelegten Stangen erschweren die Übung; sie verlangen eine größere Beweglichkeit und Elastizität. Es sollten immer nur ein oder zwei Stangen auf einmal erhöht werden, wobei mit der vorletzten Stange begonnen wird. Die erste Stange muß immer auf dem Boden liegen, damit das Pferd leichter in die Übung hineinfindet. Wenn die erste und letzte Stange auf dem Boden liegen, kann auf beiden Händen geritten werden, ohne daß Stangen umgelegt werden müssen. Wenn zum Beispiel acht Stangen verwendet werden, erhöht man zuerst die sechste und siebte, dann die fünfte und vierte und so weiter, bis sechs Stangen erhöht liegen, während die beiden äußeren am Boden liegenbleiben. Die Stangen zu erhöhen ist einfach, man braucht nur an den Seiten Balken unterzulegen, in die in Abständen von 1,25 bis 1,50 Meter Kerben gesägt wurden. Man kann natürlich auch Bodenricks benutzen, aber bei ihnen besteht stets die Gefahr, daß sie vorwärtsrollen und zwischen die Pferdebeine geraten, wenn das Pferd sie anstößt, während Stangen, die auf Balken aufliegen, leicht zu Boden fallen. Über den erhöhten Stangen muß das Pferd sehr hart arbeiten, und sie fördern die Ausbildung in vieler Hinsicht. Das Pferd muß jedes Gelenk in seinen Beinen anwinkeln, was eine hohe Kraftanstrengung bedeutet. Es lernt, wie es seine Beine beugen und seine Hinterbeine gebrauchen kann, und kräftigt auf diese Weise alle Muskeln, die zum Untersetzen der Hinterhand nötig sind. Diese Übung darf nicht zu oft verlangt werden, weil sie sehr anstrengend ist. Wenn die Anforderungen dem Trainingszustand des Pferdes angepaßt werden, sind sie für die gesamte weitere Ausbildung von Nutzen. Selbst die faulsten Pferde müssen hart arbeiten, aber den meisten Pferden macht es Spaß, über Stangen zu traben; deshalb ist dies eine gute Übung, um ihren Arbeitseifer wieder zu wecken. Ein Pferd, das gelernt hat, wie es seine Beinmuskeln über den Stangen einsetzen muß, wird diese Erkenntnis weiterverwerten und seine Hinterbeine zum Entwickeln von Schub und zum Bremsen benutzen. Es ist erstaunlich, wie sich der Ausbildungsstand hebt, sobald das Pferd begriffen hat, wie es seinen Körper am sinnvollsten einsetzen kann. Das Stangentraben kann ein- bis zweimal pro Woche verlangt werden; es ist eine Übung, die viele Muskelgruppen trainiert. Die Verbindung von Stangentraben mit Übungen, die — wie zum Beispiel Seitengänge — andere Muskelgruppen beanspruchen, bildet eine solide Ausbildungsgrundlage sowohl für Dressur- als auch für Springpferde.

Es versteht sich von selbst, daß im Verlauf der Ausbildung eines Pferdes Schwierigkeiten auftreten, andernfalls wäre dieses Buch überflüssig, aber wenn der Reiter zumindest den Ablauf des Trainings im Kopf behält, sollte es ihm leichter fallen, Wege zur Lösung der verschiedenen Probleme zu finden, die ich in den folgenden Kapiteln erläutern werde. Natürlich hat jeder Ausbilder seine eigenen Theorien, aber alles, was ich empfehle, habe ich auf den unterschiedlichsten Pferden ausprobiert, und die Korrektur dieser Pferde erfolgte stets nach dem sechsstufigen Ausbildungsprogramm, das in diesem Kapitel erläutert wurde. Meiner Meinung nach kann ein Reiter, dessen Pferd sich am Ende dieser Phase selbst trägt, ohne daß man ihm ständig den Kopf hochhalten muß, sich selbst auf die Schulter klopfen und davon überzeugt sein, sein Pferd korrekt ausgebildet zu haben.

Springen

Das Springen kommt zweifellos auch der Dressurarbeit zugute, weil es die Rückenmuskeln streckt und das Pferd stark fordert. Ein Pferd, das über dem Hindernis den Rücken aufwölbt, trainiert seine Rückenmuskeln auf eine Weise, die beim Dressurreiten nicht zu erreichen ist. Außerdem wird das Pferd durch die Lockerung der Muskeln beim Springen auch in der Dressur wesentlich gelöster gehen. Diese zwei Disziplinen ergänzen sich also ganz beträchtlich.

Auch beim Springtraining muß eine bestimmte Reihenfolge eingehalten werden, und es läuft nach denselben Grundregeln ab wie das Dressurreiten. Auch hier muß das Pferd erst einmal gelassen sein. Wenn es sehr aufgeregt ist, wird es sich über jedem Hindernis verspannen und nicht in der Lage sein, seinen Körper athletisch einzusetzen. Auch das Anreiten eines Hindernisses wird zum Problem, weil es unmöglich sein wird, taktmäßig zu reiten, was die Grundvoraussetzung jeder Reiterei ist. Man sollte jedoch nicht den Fehler machen, die Springbegeisterung des Pferdes mit Aufgeregtheit zu verwechseln. Das Pferd soll das Hindernis «anziehen» und Eifer zeigen − allerdings in kontrollierter Form, sicher am Zügel stehend, ohne aus dem Takt zu kommen. Dies ist das eigentliche Ziel bei der Ausbildung eines Springpferdes. Natürlich versuchen die meisten Reiter, dasselbe auch bei der Dressur zu erreichen, aber es ist nun einmal so, daß ein Hindernis das Pferd dazu anregt, seinen eigenen Schub zu entwickeln, während es sich in der Dressur in dieser Hinsicht nicht nur auf den Reiter verläßt, sondern meistens auch gar keine Veranlassung dazu sieht. Das Hindernis gibt dem Pferd einen Grund, die Schubkraft seiner Hinterhand zu erhöhen, und die meisten Pferde sind viel leichter zu reiten, wenn ihnen ein Hindernis im Weg steht (jedenfalls diejenigen, die nach den richtigen Grundsätzen ausgebildet wurden). Vor dem Absprung muß potentielle Energie vorhanden sein, damit sich das Pferd abschnellen und über dem Hindernis basculieren kann (Abb. 39 und 40).

Das Traben über erhöht aufgelegte Stangen zwingt das Pferd, seine Gelenke stärker zu beugen als beim Traben über am Boden liegende Stangen; bei der Vorbereitung auf das Springen ist eine einzelne Stange auf dem Boden jedoch sinnvoller als eine Stangenreihe, was später noch näher erläutert wird. Beim Traben über Stangen muß das Pferd darauf achten, wo es hintritt; es lernt, nicht auf die Stangen zu treten, was hilfreich ist, wenn es später mit Absprungstangen konfrontiert wird. Der Sinn einer Absprungstange vor dem Hindernis ist, das Pferd ein wenig früher abspringen zu lassen, wobei es sich zusammenziehen und mehr Kraft aufwenden muß (Abb. 44). Steilsprünge ohne Grundlinie wie zum Beispiel Planken sind nur deshalb so schwierig, weil die Pferde sie schlecht taxieren können.

Es ist in jedem Stadium der Ausbildung sinnvoll, über eine einzelne am Boden liegende Stange zu galoppieren und sich dabei auf die Beibehaltung von Takt und Sprunglänge zu konzentrieren. Das Pferd soll lernen, über mehrere in der Bahn verteilte Stangen zu galoppieren, ohne aus dem Takt oder dem Gleichgewicht zu geraten. Verstreut liegende Stangen können aus beiden Richtungen angeritten werden und sind eine große Hilfe für das rhythmische Galoppieren. Normalerweise beginnen wir die Springausbildung mit einem 45 Zentimeter hohen Kreuzsprung, weil er das Pferd dazu ermutigt, genau in der Mitte zu springen. Eine etwa 2 bis 2,75 Meter vor dem Hindernis liegende Stange, die im Trab überwunden wird, hilft dem Pferd, sich zu versammeln und abzuschnellen, weil sie es genau an den Absprungpunkt heranbringt. Beim Anreiten muß sich der Reiter darauf konzentrieren, den Takt zu erhalten und das Pferd kräftig auf das Hindernis zuzuschieben – die Galoppsprünge dürfen dabei nicht flacher werden, sondern das Pferd muß versammelt und zum Abdrücken bereit gemacht werden. Zu beachten ist der Ausdruck «das Pferd auf das Hindernis zuschieben». Der treibende Schenkel verlangt einen verstärkten Impuls aus der Hinterhand, sei es nun vor einem Hindernis oder nur, um das Pferd zu veranlassen, längere beziehungsweise höhere Tritte zu machen; in diesem Fall möchte der Reiter sein Pferd versammeln, so daß es mit den Vorderhufen nur noch leicht und kurz auftritt und sich dann abschnellt, was ihm unmöglich gemacht wird, wenn man es auf das Hindernis zujagt. Ein Stoß mit den Fersen oder ein Schlag mit der Gerte sind Strafen, die beim Springen nur eingesetzt werden, wenn das Pferd verweigern will. Ein Stoß mit den Fersen macht das Pferd nur schneller, wodurch sich sowohl die Galoppsprünge als auch der Sprung über das Hindernis abflachen. Auch der Einsatz der Gerte läßt das Pferd beschleunigen, aber er regt es nicht zum höheren Springen an – im Gegenteil, ein Gertenhieb über dem Hindernis läßt das Pferd flacher springen und eher Fehler machen. Manche Pferde muß man – vor allem, wenn sie noch am Anfang ihrer Springausbildung stehen oder ein besonders schwieriges und auffallendes Hindernis springen sollen – kräftig treiben, aber allmählich sollten sie lernen, einem leichten Schenkeldruck zu gehorchen, bei leichten Hindernissen ebenso wie bei schwierigen. Oft ist auch die Stimme ein wertvolles Hilfsmittel, beim Springen wie in der Dressur, sofern das Pferd an Stimmkommandos gewöhnt ist. Ein Schnalzen in einem schwierigen Moment, zum Beispiel beim Unterlaufen eines Hindernisses, wird das Reaktionsvermögen des Pferdes verbessern, und ein langgezogenes «Ruhig», wenn das Pferd zu schnell wird, verfehlt nur selten seine Wirkung.

Nach der Landung sollte das Pferd so bald wie möglich wieder im selben Takt vorwärtsgehen wie beim Anreiten. Die Landung ist der erste Schritt zum erneuten Anreiten, und je schneller ein Pferd lernt, in seinen alten Rhythmus zurückzufinden, desto einfacher wird es, es im Parcours zu reiten. Den Kreuzsprung kann man zu einem etwa 75 Zentimeter hohen Hindernis umwandeln, indem man eine der Stangen waagerecht auflegt. Das Kreuz zu erhöhen, ist in den frühen Stadien der Ausbildung nicht zu empfehlen, denn wenn das Pferd einen kleinen Fehler macht oder nicht genau die Mitte trifft, kann es leicht verunsichert werden. Wenn das Pferd nicht gerade auf das Hindernis zugeht, sollten Fänge aufgestellt werden (dies wird später noch genauer erläutert). Im allgemeinen müssen Pferde aus dem Galopp springen; deshalb sollte das Pferd so bald wie möglich lernen, kleinere Hindernisse aus dem Galopp zu überwinden. Nachdem das Hindernis erst mit vorgelegter Stange aus dem Trab gesprungen wurde, wird die Stange entfernt und das Hindernis einige Male aus dem Galopp gesprungen. Der Reiter muß stillsitzen, damit sich das Pferd auf das Hindernis konzentrieren kann, darf darüber aber nicht das Vorwärtsreiten und Erhalten des Taktes vergessen. Nach der Landung wird das Pferd immer energisch vorwärtsgeritten, damit es seinen vorherigen Takt sofort wiederfindet. Auch wenn das Pferd noch sehr unerfahren ist, ist das Hindernis doch so niedrig, daß das Pferd es ohne Mühe überwinden kann, wo immer es auch abspringt. Ein kleines breites Hindernis ist für das Pferd einfacher zu bewältigen. Es wird nicht so leicht übersehen und ist leichter zu taxieren, außerdem macht es das Pferd vorsichtiger, weil es massiver aussieht.

Das Hindernis muß gerade angeritten werden, und der Reiter sollte folgendes anstreben: a) genau in der Mitte zu springen und b) auf einer Linie anzureiten, die im rechten Winkel auf das Hindernis trifft (Abb. 17). Diese Linie ist besonders in der Halle wichtig, wo man die Sicherheit der Bande aufgeben muß, um die Hindernisse mittig anzureiten. Die Wendung auf ein Hindernis zu ähnelt dem Abwenden auf die Mittellinie beim Dressurreiten – zu frühes Abwenden läßt das Pferd seitwärts driften, zu spätes Abwenden führt über die Linie hinaus. Die Wendung vor einem Hindernis muß zügig zu reiten sein und weit genug, um Schwung und Takt nicht zu gefährden. Die Korrektheit einer Wendung ist Aufgabe des Reiters; allerdings werden ihm mit einem dressurmäßig schlecht gerittenen Pferd im Parcours bestimmt keine korrekten Wendungen gelingen.

Über dem Hindernis braucht das Pferd vollständige Freiheit. Das bedeutet allerdings nicht, daß die Zügel «weggeworfen» werden sollen, aber wie leicht die Anlehnung sein muß, ist von Pferd zu Pferd verschieden. Manche Pferde haben es am liebsten, wenn die Anlehnung über dem Hindernis ganz aufgegeben wird; ist dies nicht der Fall, springen sie «ohne Rücken», was bedeutet, daß sie leicht Springfehler machen. Andere Pferde sind zufrieden, wenn man über dem Hindernis einen leichten Kontakt zu ihrem Maul aufrechterhält, was meiner Meinung nach auch korrekter ist. Dieser Kontakt darf wirklich nur sehr leicht sein – fast nur das Eigengewicht der Zügel – aber er sorgt doch für

Abb. 17: Die Ideallinie zum Anreiten eines Hindernisses

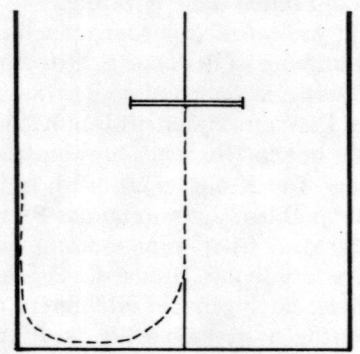 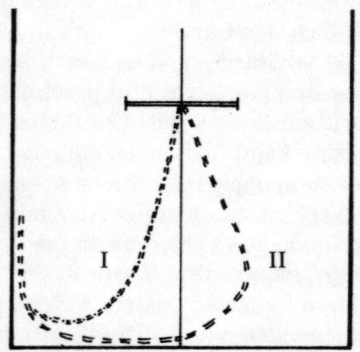

a korrekt − Die Ideallinie
trifft das Hindernis
im rechten Winkel.

b falsches Anreiten:
I zu frühes Abwenden
II zu spätes Abwenden

c Die Auswirkungen der Biegung beim korrekten und beim falschen Abwenden vor einem Hindernis:

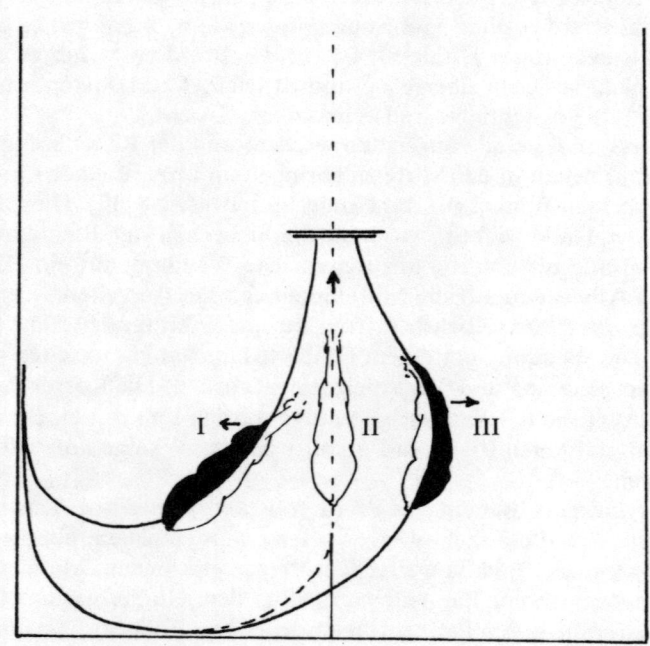

I zu früh − Das Pferd geht über die linke Schulter.
II korrekt − Das Pferd ist geradegerichtet und im Gleichgewicht.
III zu spät − Das Pferd drängt über die rechte Schulter nach außen.

eine gewisse Kontinuität, was bei einem durchhängenden Zügel nicht der Fall ist. Welchen Kontakt zum Pferdemaul man auch bevorzugt, das Pferd muß über dem Hindernis völlige Freiheit haben, denn jedes Zurückwirken mit den Zügeln kann zu Springfehlern führen. Ein Pferd, das Kopf und Hals nicht frei bewegen kann, wird sich steif machen und kann dann nicht flüssig springen, und ein Pferd, das mit weggedrücktem Rücken springt, läßt gewöhnlich die Hinterbeine hängen und macht mit ihnen Fehler. Die Versuchung, das Pferd über das Hindernis zu «heben», ist groß, vor allem, wenn man befürchten muß, daß das Pferd es nicht schafft, doch in Wirklichkeit ist es dann noch unwahrscheinlicher, daß das Hindernis glatt genommen wird. Der Reiter versucht das Pferd «anzuheben», indem er vor dem Absprung die Hände hochreißt, damit das Pferd höher springt. In den meisten Fällen springt das Pferd dann jedoch mit hocherhobenem Kopf und weggedrücktem Rücken, was einen gelungenen Sprung unmöglich macht. Ein Vorteil dieses «Hochreißens» ist allerdings, daß der Reiter das Pferd nicht «fallenläßt», das heißt, vor dem Absprung jeden Zügelkontakt aufgibt, wodurch das Pferd natürlich nicht länger zwischen Schenkeln und Händen des Reiters steht und deshalb im entscheidenden Augenblick auf die Vorhand fallen kann. Ideal ist ein gleichmäßiger Zügelkontakt während des Anreitens, der kurz vor dem Absprung etwas leichter wird, damit das Pferd den Kopf senken und den Rücken «hergeben» kann und bereit ist, in dieser Haltung das Hindernis zu überwinden. Beim Freispringen senken Pferde kurz vor dem Absprung stets den Kopf, und der Reiter muß dem Pferd die Gelegenheit geben, so natürlich zu springen wie möglich. Wenn das Pferd beim Anreiten auf der Vorhand läuft, ist es kein Wunder, daß der Reiter das Gefühl bekommt, er müßte es «hinüberheben». Tatsächlich ist aber die einzig richtige Reaktion, sich aufrecht hinzusetzen, durch halbe Paraden die Hinterbeine heranzuholen und einen ständigen Zügelkontakt zu halten − nur so kann das Pferd korrekt springen. Ein Pferd wird viel eher fehlerfrei springen, wenn man ihm die nötige Freiheit läßt, als wenn man versucht, es «hochzuheben» und es dadurch ohne Rücken springt.

Viele Reiter galoppieren nicht gern auf ein Hindernis zu, weil sie nicht voraussehen können, wo das Pferd (besonders ein noch relativ ungeschultes Pferd) abspringen wird, doch wenn der Reiter Takt und Gleichgewicht erhält, wird sich das Pferd schon irgendwie hinüberretten und aus seinen Fehlern lernen. Trotz allem ist es wichtig, daß das Pferd auch lernt, aus dem Trab zu springen, weil Situationen auftreten können, in denen ein Angaloppieren nicht möglich ist. Einige Militaryhindernisse müssen aus dem Trab gesprungen werden − ein Zaun am Fuße eines steilen Walls zum Beispiel oder ein sehr raffiniertes Hindernis − , aber auch wenn das Pferd aus irgendeinem Grund vor dem Hindernis in den Trab fällt, muß es noch in der Lage sein, sich hinüberdrücken zu können. In der Bahn können einige Übungshindernisse von etwa 60 Zentimetern Höhe aus dem Trab gesprungen werden, ohne daß das Pferd vorher in den Galopp überwechseln darf; wenn man dem Pferd erlaubt, auf den letzten Metern vor dem Hindernis anzugaloppieren, erzieht man es zum Stürmen. Wir müssen jedoch darauf hinweisen, daß diese Übungen nicht zu oft ausgeführt werden sollten, denn junge Pferde fallen von selbst gern in den

Trab, wenn sie sich unsicher fühlen, was nicht immer sehr angenehm ist. Im weiteren Verlauf seiner Ausbildung soll das Pferd sich schwierigen Hindernissen, zum Beispiel überbauten Gräben, in federndem Galopp nähern, was ihm sehr schwerfallen wird, wenn es vorher viel aus dem Trab springen mußte. Grundsätzlich muß das Pferd lernen, sich dem Hindernis in der Gangart zu nähern, die verlangt wurde, und sie auch bis zum Absprung beizubehalten.

Das Freispringenlassen ist bei der Springausbildung ein wichtiges Hilfsmittel. Dabei ist das Pferd ganz auf sich allein gestellt: es kann nicht vom Reiter gestört werden, wird aber von einem Helfer am Boden unterstützt. Das Pferd darf keinesfalls gejagt werden, denn dadurch werden die Sprünge flach. Es ist auch wichtig, daß sich das Pferd völlig auf die Hindernisse konzentrieren kann, und wenn sich der Helfer zu sehr einmischt, wird das Pferd die Hälfte seiner Aufmerksamkeit auf die Person in der Mitte und die andere Hälfte auf das Hindernis richten und deshalb leichter Fehler machen. Der Helfer muß darauf achten, daß das Pferd taktmäßig vorwärtsgeht, und es beim Anziehen eines Hindernisses durch beruhigende Worte bremsen. Eine kleine Reithalle ist für diese Art von Arbeit am besten geeignet. Das Pferd wird schon bald begreifen, was von ihm erwartet wird; allerdings braucht man oft zwei Helfer, die das Pferd daran hindern, die Ecken abzuschneiden.

Am besten benutzt man einzelne Hindernisse ohne Absprungstangen, damit das Pferd wirklich überlegen muß. Man beginnt mit einem Kreuzsprung, damit das Pferd genau in der Mitte springt, und steigert dann die Abmessungen so weit, wie man meint, daß das Pferd in seinem jeweiligen Ausbildungsstadium springen kann. Die meisten Pferde lieben das Freispringen, sofern es ihnen vernünftig beigebracht wurde und sie Vertrauen zu dem Helfer in der Mitte haben. Ein unerschrockenes Pferd wird herankommen, beim Umbau der Hindernisse zusehen und dem Betreuer durch die Bahn folgen, während ängstliche Pferde in einer Ecke stehen oder am Ausgang hin- und herlaufen. Mit der Zeit wird dem Pferd nicht nur das Freispringen Freude bereiten, sondern es wird auch Vertrauen in sein Springvermögen gewinnen. Das Grundprinzip des Springens ist das Selbstvertrauen des Reiters und des Pferdes, und dieses Selbstvertrauen muß im Laufe der Ausbildung unter allen Umständen bewahrt werden. Beim Freispringen machen Pferde wenig Fehler, und es ist eine interessante Beobachtung, daß diese Fehler nur dann auftreten, wenn das Pferd abgelenkt ist, und vor allem dann, wenn es eigentlich gar nicht springen will. Ein Pferd, das gern springt, wird stets eifrig vorwärtsgehen und seine Schrittlänge gegebenenfalls korrigieren. Ein etwas ängstliches Pferd wird nicht vorwärtsgehen und kann deshalb auch nichts mehr ändern, wenn der Absprung nicht paßt. Es ist eine anerkannte Tatsache, daß ängstliche Pferde leichter stürzen als mutige. Beim Springen kleiner Hindernisse haben diese Pferde meist mehr Angst vor dem Reiter als vor dem Hindernis; aber wenn die Hindernisse größer werden, wird der mangelnde Mut zusammen mit dem halbherzigen Sprungversuch über kurz oder lang unweigerlich zum Sturz führen. Es gibt nichts Schlimmeres, als ein Pferd, das dafür eigentlich nicht mutig genug ist, über eine Querfeldeinstrecke mit beachtlichen Hindernissen reiten zu müssen.

Der ängstliche Reiter sollte seinem Pferd beim Freispringen zusehen, damit er erkennt, daß es durchaus in der Lage ist, aus dem Galopp zu springen. Das Pferd muß zwar auch aus dem Trab springen können, aber es treten meistens mehr Probleme auf, wenn das Pferd vor dem Hindernis in den Trab fällt, als wenn es im Galopp bleibt. Ein Sprung ist lediglich eine Art verlängerter Galoppsprung, und deshalb ist der Galopp auch die geeignetste Gangart zum Springen. Im Galopp setzen die Vorderhufe fast gleichzeitig auf und können deshalb leicht nach oben abschnellen, wogegen im Trab – bei dem die diagonalen Beinpaare gleichzeitig vorgebracht werden – die Vorderbeine weiter auseinanderstehen und mehr Last tragen und es für das Pferd wesentlich schwieriger ist, die Vorderbeine für den Absprung nebeneinander zu bringen und sich abzudrücken. Eine Stange, die bei einem Galoppsprung weit vor dem Hindernis auf dem Boden liegt, ermutigt das Pferd, vor dem Hindernis einen Galoppsprung zu machen, was ihm den Absprung entschieden erleichtert. Einige kleine Geländehindernisse müssen zwar aus dem Trab gesprungen werden, aber das Springen aus dem Trab ist für das Pferd wesentlich anstrengender, und in den meisten Fällen ist es einfacher und deshalb auch sicherer, in einem kurzen, federnden Galopp anzureiten.

Aus diesem Grund ist es auch besser, vor das Hindernis keine Stangenreihe zu legen, die im Trab überwunden werden muß, weil die Pferde dadurch ermutigt werden, mit «nur einem Bein» abzuspringen. Die Trabstangen fixieren die Gedanken des Pferdes auf die Trabbewegungen, und es fällt ihm schwer, sich vor einem Hindernis davon zu lösen, vor allem, wenn es sich um ein niedriges Hindernis handelt, was zu Beginn der Ausbildung in der Regel der Fall ist. Außerdem wird das Pferd nicht dazu angeregt, sich abzudrücken, wenn es über die letzte Stange traben muß, weil die Trabstangen ihm nicht erlauben, über die letzte von ihnen zu galoppieren, um dann richtig abspringen zu können. Wenn man dem Pferd von Anfang an beibringt, aus dem Galopp zu springen, wird es sicherlich nicht zum Stürmen erzogen. Dazu führt wahrscheinlich eher häufiges Springen aus dem Trab, denn beim Springen aus dem Galopp lernt das Pferd, sich diszipliniert zu verhalten, weil es begreift, daß Galoppieren und Springen nichts sind, worüber man sich aufregen müßte.

Sobald das junge Pferd ein einzelnes Hindernis aus dem Trab und Galopp sicher springt, kann man es mit einer Reihe niedriger Hindernisse vertraut machen, die im Trab angeritten werden. Diese Übungshindernisse werden stets im Trab angeritten, weil das Pferd so leichter seinen Takt beibehält (Abb. 18). Unserer Meinung nach ist eine Reihe, die aus Kreuzsprüngen und auf dem Boden liegenden Stangen besteht, der Ausbildung am förderlichsten. 2,50 Meter vor dem Kreuzsprung liegt eine Stange, ebenso 2,75 Meter dahinter, und weitere 2,75 Meter dahinter folgt als Abschluß ein kleiner Oxer. Die erste Trabstange sorgt für den richtigen Absprung vor dem Kreuz, das das Pferd dazu auffordert, in der Mitte zu springen. Die zweite Trabstange hält die Tritte in der Mitte der Übung kurz und gleichmäßig und läßt das Pferd eine Vorwärts-abwärts-Haltung einnehmen, weil es nach unten auf die Stange sieht. Der Oxer am Ende lehrt es, sich mit den Hinterbeinen kräftig abzustoßen. Bei dieser Übung kann man feststellen, ob das Pferd eine korrekte Vorderbeintechnik und ein gutes Reaktionsvermögen hat; außerdem lernt es, sich über dem Hindernis zu strecken und testet seine Fähigkeit, die hintere Stange des Oxers zu überwinden, ohne die Hinterbeine zu verkrampfen. Diese Hindernisreihen sind bei der Springausbildung von entscheidender Bedeutung. Um vor dem Oxer abzuspringen, muß das Pferd wesentlich dichter an ihn herantreten als normal, aber es muß seine Körperkraft gezielt einsetzen, was der Sinn aller Übungen ist.

Jetzt ist der richtige Zeitpunkt gekommen, um über den idealen Absprungpunkt und die Distanzen zwischen den Hindernissen zu sprechen, wobei angemerkt werden muß, daß die Distanzen in einer Hindernisreihe absichtlich kürzer sind als im Parcours. Bei einem In-and-out-Hindernis beträgt der Abstand zwischen den beiden Stangen knapp 7,50 Meter, was bedeutet, daß bei einer durchschnittlichen Galoppsprunglänge von 3,65 Metern 1,80 Meter für die Landung und 1,80 Meter für den Absprung verbleiben. Unabhängig von der Höhe der Hindernisse bleibt die Gesamtdistanz immer ungefähr gleich. Bei einer Hindernishöhe unter einem Meter kommt einem die Distanz auf einem durchschnittlichen Pferd reichlich weit vor, aber sowie die Hindernisse höher werden, stimmt sie. Je höher die Hindernisse werden, desto runder muß die Flugkurve des Pferdes sein, und der Absprungpunkt rückt mit zunehmender Höhe immer dichter an das Hindernis heran. Viele Reiter sind der Meinung, daß ein Pferd bei hohen Hindernissen möglichst früh abspringen sollte, aber man braucht sich nur ein Mächtigkeitsspringen mit Hindernishöhen um zwei Meter vorzustellen: Hier versuchen die Reiter, ihre Pferde möglichst dicht an die Hindernisse heranzubringen, weil sie diese Höhen anders gar nicht bewältigen könnten. Um hohe Hindernisse springen zu können, braucht der Reiter ein ausgezeichnetes Auge, weil der Absprungpunkt mit zunehmender Höhe immer exakter bestimmt werden muß. Bei Hindernissen bis zu einer Höhe von etwa 1,40 Metern kann der Absprungpunkt stark variieren; er hängt von der Geschwindigkeit und dem Schub aus der Hinterhand ab. Aus diesem Grund ist das Vielseitigkeitsreiten so beliebt, denn hier spielt das Auge des Reiters keine so entscheidende Rolle wie beim Springen hoher Hindernisse im Parcours.

Der Reiter sollte üben, einen Meter lange Schritte zu machen, damit er in der Lage ist, die jeweiligen Distanzen korrekt abzuschreiten. Solch eine Distanz kann aus einem, aber auch aus fünf, sechs oder sogar sieben Galoppsprüngen bestehen. Sowie eine Distanz von zwei Galoppsprüngen überschritten wird, verringert sich das Maß um 0,9 Meter, weil ein Durchschnittsgaloppsprung etwas kürzer ist als 3,65 Meter. Wenn die Distanz zwischen zwei Hindernissen 21 Meter beträgt, muß das Pferd fünf Galoppsprünge machen; das errechnet man, indem man 3,60 Meter für Landung und Absprung abzieht und die verbleibenden 17,40 Meter durch 3,65 teilt. Beim Reiten solcher Distanzen ist es wichtig, die Galoppsprunglänge seines Pferdes zu kennen, denn nur so kann man abschätzen, ob man nach dem ersten Hindernis energisch vorwärtsreiten oder aber stillsitzen sollte.

All diese Übungen zielen darauf ab, dem Pferd das Überwinden von Kombinationen mit beliebigen Distanzen zu erleichtern; Hindernisreihen machen

Abb. 18: Einfache Hindernisreihen, die im Trab angeritten werden – Alle Distanzen sind nur Vorschläge; wenn das Pferd Schwierigkeiten mit ihnen hat, können sie geringfügig verlängert werden.

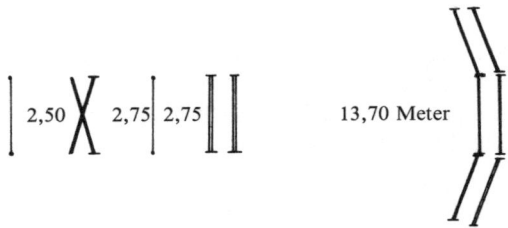

2,50   2,75   2,75   Meter

a   *Eine Reihe, die Takt und Beweglichkeit verbessert; sie fördert die Kraft der Hinterhand sowie die Vorderbeintechnik.*

2,50   2,75 2,75   13,70 Meter

b   *Eine Reihe, auf die in einigem Abstand ein Paralleloxer folgt, der in taktmäßigem Galopp angeritten wird, nachdem die Reihe im Trab überwunden wurde.*

es geistig und körperlich beweglich und lehren es, rhythmisch und ausbalanciert zu springen, was die Grundvoraussetzung für das Springen von Kombinationen ist.

Die Aufgabe des Reiters ist es, das Pferd bei leichtem Zügelkontakt taktmäßig vorwärtszureiten. Er muß das Pferd auf die Übungshindernisse zureiten und dann sehr still sitzen, nicht stören und dem Pferd Kopf und Hals völlig freigeben, damit es sich im Sprung selbst ausbalancieren und den Rücken hergeben kann. Auf keinen Fall darf der Reiter durch grobe Hilfen den Absprung fordern oder versuchen, das Pferd mit den Zügeln «hochzuheben». Das Pferd sollte die Hindernisreihe in ruhigem Tempo überwinden, ohne jedoch den Schub aus der Hinterhand zu verlieren. Leichte Stangen sind für diese Springgymnastik am besten geeignet; an ihnen kann sich das Pferd nicht so leicht verletzen, wenn es einen Fehler macht. Man kann ein Pferd nicht zur Vorsicht erziehen. Die meisten Pferde vermeiden es nach Möglichkeit, ein Hindernis zu reißen, und dem Pferd zu Hause korrektes und rhythmisches Springen beizubringen, verbessert die Aussichten auf eine fehlerfreie Runde im Parcours wesentlich mehr, als ihm schwere Stangen an die Beine zu schlagen, was höchstens zu Verletzungen führt. Abgesehen von den bereits erwähnten Übungsreihen gibt es natürlich noch andere Variationen, die alle dem Training förderlich sind. Die erste ist die einfachste, die das Pferd zugleich sehr beansprucht – es muß die Vorderbeine flink bewegen, abspringen und die Hinterbeine anziehen, was diese Übung zu einem Training für den ganzen Körper macht.

Eine andere Übung, die die Vorderbeintechnik und die Elastizität des Pferderückens verbessert, ist eine am Boden liegende Stange vor einem Steilsprung, dahinter in 2,75 Meter Abstand wieder eine Stange am Boden, dann ein Steilsprung, wieder eine Stange am Boden und schließlich ein Steilsprung am Ende. Diese Übung fördert das Reaktionsvermögen und läßt das Pferd den Rücken hergeben. Zur Abwechslung kann anstelle des mittleren Steilsprunges ein Oxer eingebaut werden, was die Übung erschwert, weil das Pferd die Hinterbeine aktiv einsetzen, aber trotzdem noch reaktionsschnell genug sein muß, um den abschließenden Steilsprung zu bewältigen. Die Stangen auf dem Boden sorgen für gleichmäßige Tritte und erhalten den Rhythmus.

Hindernisreihen können aus einer Vielzahl von Hindernissen mit den unterschiedlichsten Distanzen bestehen, und sie werden den individuellen Schwächen der einzelnen Pferde entsprechend aufgebaut. Um die für jedes Pferd am besten geeigneten Übungsreihen aufzustellen, ist ein Helfer nützlich. Zum einen ist es unpraktisch, jedesmal abzusitzen, wenn man etwas geändert haben möchte, und zum anderen kann der Helfer besser beurteilen, wie das Pferd springt und wie es die Beine anwinkelt, was man von oben unmöglich fühlen kann, obwohl es einem manchmal vorkommt, als ließe das Pferd die Beine hängen, wenn es in übertriebener, aber dennoch unsicherer Manier springt. Eine der wichtigsten Hindernisreihen ist die bereits erwähnte mit Kreuzsprung und Oxer. Diese Reihe läßt sich leicht verlängern, wobei auch kürzere Distanzen eingeplant werden können (Abb. 19). Ein Hindernis in der Reihe mit einer kürzeren Distanz hat den Vorteil, daß das Pferd nicht nur schnell denken und reagieren, sondern auch seine Hinterbeine vermehrt einsetzen muß, um das Hindernis zu überwinden. Das Pferd muß sofort nach der Landung wieder abspringen, es kann also keinen weiteren Galoppsprung machen, sondern muß sich gleich wieder abdrücken.

Vielseitigkeitspferde müssen lernen, mit kürzeren Distanzen zwischen den Hindernissen fertig zu werden, weil sie oft schon in den unteren Leistungsklassen mit ihnen konfrontiert werden. Die meisten Pferde lernen recht schnell, solche Hindernisse zu springen; allerdings müssen sie zu Hause darauf trainiert werden. Derartige Hindernisse lassen das Pferd sicher nicht flüssiger springen, aber sie fordern ein tieferes Untersetzen der Hinterhand und steigern die Beweglichkeit. Um sofort nach der Landung wieder abspringen zu können, muß das Pferd Kopf und Hals nach oben bewegen, damit es seine Schultern heben kann. Es springt flach ab, weil es zwischen den Hindernissen keine Gelegenheit hat, sich zu versammeln. Für den Reiter ist diese Art des Springens nicht sehr bequem, weil die Bewegungen nicht flüssig sind, was es schwer macht, das Gleichgewicht zu halten. Trotzdem muß das Pferd diese Art von Hindernissen kennenlernen; besonders für Vielseitigkeitspferde sind sie ein Muß.

Es ist wenig sinnvoll, Hindernisse mit extrem kurzen Distanzen in das Training eines Springpferdes einzubauen, weil man von ihm erwartet, daß es sich

70

Abb. 19: Schwierigere Hindernisreihen mit verkürzten Distanzen

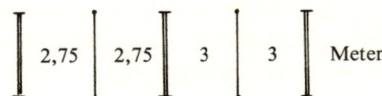

a Eine einfache Reihe für den Galopp mit drei Steilsprüngen – verbessert die Vorderbeintechnik.

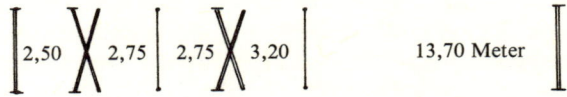

b Gewöhnung an die verkürzte Distanz – wird im Trab angeritten – man beachte die
   leicht verlängerte «letzte» Distanz, die dem Pferd das Überwinden des folgenden
   Hindernisses zunächst erleichtern soll.

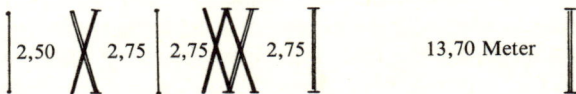

c Eine schwierigere Reihe mit verkürzter Distanz zum letzten Hindernis – der Kreuzsprung ist verbreitert, was die «letzte» Distanz verringert – alle Muskeln des
   Pferdes werden beansprucht und sein Gehorsam auf die Probe gestellt.

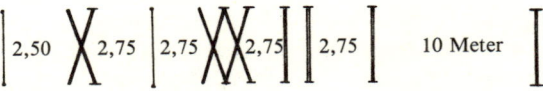

d Eine andere schwierige Reihe mit einer weiteren kurzen Distanz – auch sie ist ein
   guter Test für Geschicklichkeit und Gehorsam des Pferdes.

über dem Hindernis fliegen läßt, was bei den Abmessungen der Hindernisse,
die es springen soll, anders gar nicht möglich ist. Springpferde dürfen nicht zu
dicht an die Hindernisse herangeritten werden, und man sollte nie von ihnen
verlangen, ein In-and-out oder eine Kombination quasi ohne Anlauf zu springen. Das Vielseitigkeitspferd dagegen muß lernen, alle möglichen Hindernisse
auch unvorbereitet zu springen, und muß deshalb jederzeit und ohne Rücksicht auf den ihm zur Verfügung stehenden Anlauf zum Absprung bereit sein.
Die verkürzten Distanzen zwischen den Hindernissen der Übungsreihe lassen

das Pferd schneller denken und zwingen es, sich anzupassen; sie sollten jedoch nicht zu häufig verlangt werden, weil die Springmanier des Pferdes darunter leiden könnte. Einem Pferd mit einer besonders guten Hinterhandtechnik wird diese Übung sehr schwerfallen, weil es das Gefühl bekommt, es müßte mit den Vorderhufen schon wieder abheben, noch ehe die Hinterhufe aufgesetzt haben, während ein Pferd, das ruckartig springt, weniger Probleme haben wird. Auch ein Pferd mit einem verspannten Rücken wird die Übung als schwierig und anstrengend empfinden – es ist also wichtig, sie nicht zu häufig anzusetzen. Es hängt natürlich vom jeweiligen Pferd ab, aber ein- bis zweimal die Woche sollte genügen; dazwischen können einige Hindernisse aus dem Galopp gesprungen werden, wobei sich die Vorteile der Arbeit an den Übungsreihen zeigen werden. Wie oft ein Pferd in der Woche springen soll, bleibt jedem selbst überlassen; ich finde allerdings, daß tägliches Springen eine gute Methode ist, Verweigern auszuschalten. Ein älteres Pferd braucht nur so viel zu springen, daß es nicht aus der Übung kommt und gelöst bleibt, wogegen das junge Pferd zu Beginn seiner Laufbahn viel zu lernen hat und regelmäßig springen muß, um Erfahrungen zu sammeln. Ein Pferd mit einer korrekten Springausbildung wird auch in der Dressur besser gehen, weil das Springen seinen Vorwärtsdrang verbessert.

Die verschiedenen Übungsreihen erziehen das Pferd zum Hinschauen und Mitdenken, und das Verändern der Abmessungen verbessert sein Reaktionsvermögen. Eine Trabstange, auf die nach nur 3,65 Metern ein 60 bis 90 Zentimeter hoher Kreuzsprung und anschließend ein 6,40 Meter weiter aufgebauter Oxer folgt, ist eine gute Übung. Für junge Pferde können die Hindernisse ruhig niedrig sein, für erfahrene Pferde kann man die Stangen so hoch legen, daß sie wirklich arbeiten müssen. Keines dieser Übungshindernisse muß gewaltige Abmessungen haben, aber sie sollten doch hoch genug sein, daß das Pferd sich anstrengen muß. Wenn sie zu niedrig sind, wird das Pferd wenig lernen, wenn sie aber zu hoch sind und das Pferd ängstigen, wird sein Selbstvertrauen schwinden, und die Übung bleibt kontraproduktiv.

Die Übungsreihen trainieren nicht nur den Körper des Pferdes, sondern verbessern auch seine Springmanier. Sowie das Pferd das erste Hindernis überwunden hat, findet es automatisch für jedes weitere den richtigen Absprung, und weil es sich dessen sicher ist, kann es sich voll darauf konzentrieren, fehlerfrei zu springen. Ein Pferd, das die Vorderbeine hängen läßt, braucht offenkundig mehr Steilsprünge in der Reihe. Für ein solches Pferd baut man 2,30 bis 2,75 Meter hinter einer Stange am Boden – die im Trab angeritten wird – drei Steilsprünge auf, zwischen denen jeweils Stangen am Boden liegen, die für eine gleichmäßige Gangart und die Vorwärts-abwärts-Haltung von Kopf und Hals sorgen. Diese Hindernisse gewährleisten, daß das Pferd die Vorderbeine gut anhebt, und es kann sich, da keine Hochweitsprünge gefordert werden, voll darauf konzentrieren (Abb. 20). Bei Pferden mit schlechter Hinterhandtechnik, die die Hinterbeine hängenlassen oder sie verkrampft anziehen, hilft eine Übungsreihe mit Hochweitsprüngen. Das Pferd sollte die Hinterbeine hinter sich hochwerfen (Abb. 21). Die Übungsreihe beginnt mit einer Trabstange vor einem Kreuzsprung, danach folgt eine Reihe von allmäh-

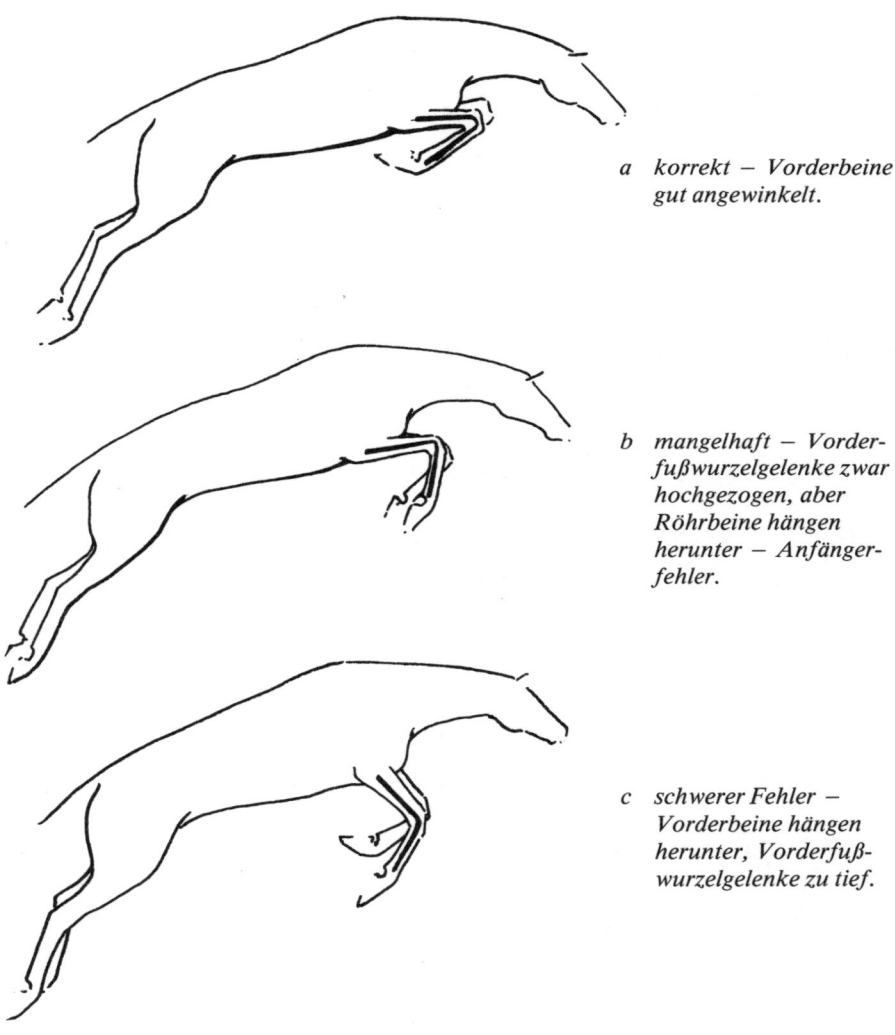

a korrekt – *Vorderbeine gut angewinkelt.*

b mangelhaft – *Vorder-fußwurzelgelenke zwar hochgezogen, aber Röhrbeine hängen herunter – Anfänger-fehler.*

c schwerer Fehler – *Vorderbeine hängen herunter, Vorderfuß-wurzelgelenke zu tief.*

lich ansteigenden Hochweitsprüngen, gleichfalls von am Boden liegenden Stangen unterbrochen.

Die Abstände zwischen den einzelnen Elementen der Übungsreihe können von Pferd zu Pferd leicht variieren, doch kurze Distanzen sind unerläßlich, wenn das Pferd wirklich arbeiten soll – es darf sich unter keinen Umständen ein flaches Springen angewöhnen. Eine durchschnittliche Kombination in einer Geländestrecke erfordert mindestens genauso viel Gewandtheit wie diese Übungsreihe, wenn nicht sogar noch mehr; die Tritte beziehungsweise Sprün-

Abb. 21: Die Springmanier des Pferdes – Hinterhandtechnik

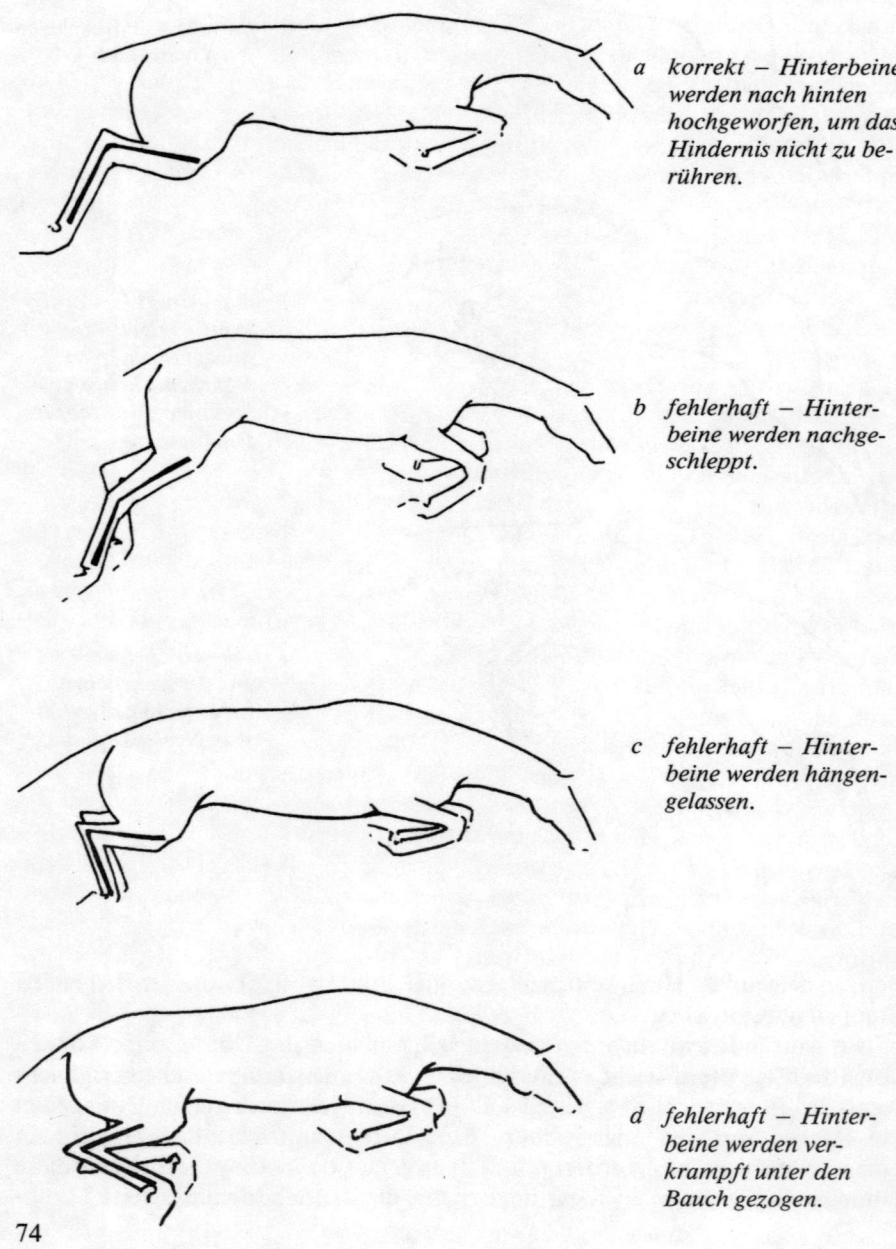

a korrekt – Hinterbeine werden nach hinten hochgeworfen, um das Hindernis nicht zu berühren.

b fehlerhaft – Hinterbeine werden nachgeschleppt.

c fehlerhaft – Hinterbeine werden hängengelassen.

d fehlerhaft – Hinterbeine werden verkrampft unter den Bauch gezogen.

ge müssen verkürzt werden, und das meist auf eng begrenztem Raum. Auf den Geländestrecken sind die Distanzen zwischen den Hindernissen einer Kombination heutzutage oft sehr eng (5,50 Meter sind keine Seltenheit); deshalb ist es wichtig, daß das Pferd von Anfang an lernt, mit ihnen umzugehen. Nur so wird es in der Lage sein, schnell zu reagieren, was ihm in einem Wettbewerb natürlich nur zugute kommt. Pferde, die dazu neigen, die Vorderbeine hängen zu lassen, müssen viele Übungssprünge machen, die ihnen helfen, ihre mangelhafte Technik zu kompensieren; sie müssen lernen, die Vorderbeine besonders schnell anzuheben, um damit das relativ langsame Anwinkeln auszugleichen. Pferde, die ihre Vorderbeine sehr stark hängenlassen und deren Technik sich auch durch die Arbeit an den Übungsreihen nicht verbessert, sollten in einer anderen Disziplin des Reitsports eingesetzt werden, bei der ihr Springvermögen – beziehungsweise ihr nicht vorhandenes Springvermögen – weniger gefordert ist. Ein Pferd, das von Natur aus schlecht springt und außerdem langsam reagiert, wird auch mit dem besten Reiter der Welt nicht in der Lage sein, die Vorderbeine richtig anzuwinkeln, und wenn die natürlichen Fähigkeiten einfach nicht vorhanden sind, ist das Pferd für höhere Anforderungen nicht geeignet.

Auch bei der Springgymnastik müssen Takt, Gleichgewicht und Schwung erhalten bleiben, und zwar nicht nur beim Anreiten und Springen, sondern auch nach der Landung. Viele Reiter neigen dazu, nach der Landung erleichtert aufzuatmen und darüber völlig zu vergessen, wie wichtig es ist, den Takt wiederherzustellen; sie erlauben dem Pferd, ungeregelt dahinzutrotten, während sie ihm eifrig den Hals klopfen! Dieselben Reiter wundern sich dann, daß ihre Pferde im Parcours so schlecht zu lenken sind. Wenn das Pferd von Anfang an sofort nach der Landung wieder im vorherigen Tempo gehen muß, wird es sich automatisch auf das nächste Hindernis einstellen; erlaubt man ihm jedoch, nach jedem Hindernis in den Trab zu fallen, entwickelt sich eine schlechte Angewohnheit, die der Korrektur bedarf. Wenn das Pferd sofort nach der Landung auf die Vorhand fällt, wird es nicht in der Lage sein, sich vor dem nächsten Hindernis wieder auszubalancieren, und ein Springfehler ist nicht mehr zu vermeiden. Pferden mit besonders weiten Bewegungen der Hinterbeine wird das Wiedererlangen des Gleichgewichts schwerer fallen als geschickten Springern, aber es ist nur eine Frage der Zeit und des Trainings, bis auch sie lernen, ihr Gewicht so schnell wie möglich wieder auf die Hinterhand zu verlagern. Auf dieser Grundlage planen die Parcourschefs ihre Parcours, und der Reiter muß beim Abschreiten der Bahn darauf achten. Ein Hochweitsprung, gefolgt von einem Steilsprung, ist ein Paradebeispiel für das hier erläuterte Problem, denn ein Pferd, das über dem Hochweitsprung die Hinterhand «verliert», muß schnell wieder zum Untertreten gebracht werden, damit es den Steilsprung überwinden kann.

Das Pferd zwischen den Hindernissen in gleichbleibendem Tempo zu reiten und es nach jedem Hindernis wieder ins Gleichgewicht zu bringen, gehört zu den elementarsten Dingen der Reiterei. Nach der Landung muß das Pferd gegen die Hand getrieben werden, und eine Reihe von halben Paraden, die den Schwung jedoch nicht stören dürfen, stellt Rhythmus und Gleichgewicht wieder her. Ein Pferd, das gelernt hat, aus einem taktmäßigen Galopp zu springen und nach der Landung im gleichen Rhythmus weiterzugaloppieren, ist leicht zu reiten und wird kaum Springfehler machen. Ebenso wichtig wie das Gleichgewicht des Pferdes ist jedoch das des Reiters, was seinem Springstil eine entscheidende Bedeutung zukommen läßt. Ein Reiter, der sich über dem Hindernis nach vorn oder sogar zur Seite wirft, stört das Gleichgewicht des Pferdes, besonders des jungen Pferdes, empfindlich. Ältere, erfahrene Pferde lassen sich dadurch weniger stören – sie haben sich meistens schon an die Fehler ihrer Reiter gewöhnt. Ein junges Pferd, das genug Schwierigkeiten damit hat, sein eigenes Gleichgewicht zu finden, wird sehr unter einem schlecht ausbalancierten Reiter leiden, und zwar nicht nur über dem Hindernis, sondern auch bei der Landung – dem Moment, in dem ein zügelunabhängiger, ausbalancierter Sitz des Reiters besonders wichtig ist. Sein Gewicht soll auf den Fersen ruhen, der Kopf ist hoch erhoben und die Hüften gut gebeugt, und er muß dem Pferd eine vollkommene Halsfreiheit gewähren. Diese Haltung sollte der Reiter automatisch bei jedem Sprung einnehmen; jede Abweichung bewirkt einen Verlust von Gleichgewicht, der wiederum den Sprung des Pferdes beeinflußt. Aus diesem Grund ist das Reiten über Übungsreihen nicht nur für das Pferd, sondern auch für den Reiter von unschätzbarem Wert, weil er sich auf seinen Sitz ebenso konzentrieren kann wie auf die Landung und das Anreiten des nächsten Hindernisses. Wenn der Reiter nur daran denken muß, daß die Landung nach einem Hindernis der erste Schritt zum Anreiten des nächsten ist, kann ihm das helfen, mehr an der Landungsphase zu arbeiten, anstatt sie in seiner Begeisterung über einen geglückten Sprung einfach zu vergessen.

Kein Reiter würde seinem Pferd auf dem Dressurviereck unsaubere Übergänge von einer Gangart in die andere durchgehen lassen, und es gibt keinen Grund, diese Anforderungen beim Springen zu senken. In Springprüfungen sieht man nur allzu oft Pferde im Kreuzgalopp gehen, und die Reiter bemerken es einfach nicht oder sind zu sehr damit beschäftigt, nach dem nächsten Hindernis Ausschau zu halten. Dieselben Reiter würden nie zulassen, daß ihre Pferde auf dem Dressurviereck solch einen Galopp zeigen, und schon der Gedanke, daß sie dort überhaupt so galoppieren könnten, wäre unfaßbar. Der Sinn des Dressurreitens besteht in der Erziehung zum Gehorsam, und es geht nicht an, daß sich das Pferd völlig undiszipliniert verhält, sobald Hindernisse vor ihm auftauchen. Alle Mängel in der dressurmäßigen Ausbildung zeigen sich auch beim Springen. In der Ausbildung des Pferdes gibt es einfach keine Abkürzungen!

Die Wendung vor einer Übungsreihe oder einem einzelnen Hindernis ist der entscheidende Punkt der Vorbereitung zum Anreiten. Das Pferd muß in der Wendung vorwärtsgehen, und der Reiter muß auf dem ganzen Weg zum Treiben kommen und darf in seinem Bemühen, die Biegung zu erhalten, das Pferd auf keinen Fall am inneren Zügel festhalten (Abb. 22). Von ausschlaggebender Bedeutung ist, daß das Pferd beim Anreiten gut untertritt, damit der nötige Impuls zum Absprung vorhanden ist. Viele Reiter haben mit kleinen Hindernissen keine Probleme; sie treten erst bei höheren Hindernissen auf, denn

Abb. 22: Korrektes Reiten einer Wendung vor dem Hindernis

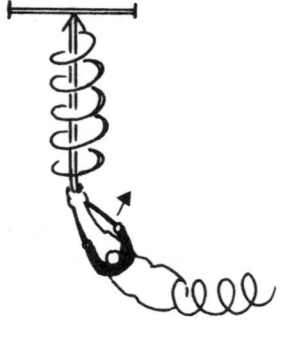

a Das Öffnen des inneren Zügels erlaubt dem Pferd, weiterhin vorwärts zu gehen, erhält Gleichgewicht und Takt und sorgt dafür, daß kontinuierlich Energie erzeugt wird.

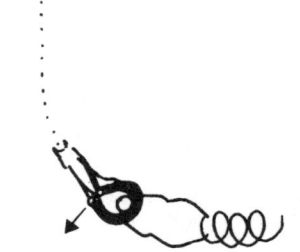

b Wenn die innere Hand über den Mähnenkamm nach außen gedrückt wird, geht das Pferd nicht mehr vorwärts und verliert während des Anreitens allen Schwung.

je höher das Hindernis ist, desto stärker muß der Impuls der Hinterhand sein, und wenn das Pferd in der Wendung zu sehr festgehalten wurde, geht der Impuls verloren. Ein weiteres Problem ist das Augenmaß vieler Reiter. Man hört sie oft verzweifelt sagen, der Geländeritt wäre nicht das Problem, aber beim Parcoursspringen ginge alles schief. Die Geschwindigkeit auf der Geländestrecke gibt dem Pferd genug Schwung, um etwas früher abzuspringen, was jedoch nicht ideal ist, denn irgendwann wird der Tag kommen, an dem sich herausstellt, daß ein Pferd, das zum immer früheren Abspringen aufgefordert wurde, so weit vor dem Hindernis einfach nicht mehr abspringen kann. Es wird so lange Galoppsprünge machen, daß nicht mehr genug Raum bleibt, um einen kürzeren einzuschieben, und deshalb so hart in das Hindernis hineinspringen, daß ein Sturz nicht ausbleibt. Das vergleichsweise geringe Tempo beim Parcoursspringen gibt dem Pferd keine Gelegenheit, früh abzuspringen, denn der mangelnde Schwung schränkt den Absprungbereich ein. Wenn schneller geritten wird, springt das Pferd automatisch flacher und macht Fehler. Das geringere Tempo muß durch mehr Schwung ausgeglichen werden – was auch bei der Dressurreiterei angestrebt wird.

Obwohl bei der Vorbereitung von Pferd und Reiter auf das Springen von unschätzbarem Wert, sind die Übungsreihen doch nur Mittel zum Zweck; das eigentliche Ziel ist das Überwinden von Hindernissen aus dem Galopp. Man macht leicht den Fehler, nur Übungsreihen zu springen, bei denen das Pferd automatisch richtig abspringt. Genausoviel Arbeit müssen Pferd und Reiter in das Überwinden einzelner Hindernisse und schließlich eines Parcours investieren. Manche Reiter geraten in Panik, wenn sie nach der Reihenarbeit zum erstenmal ein einzelnes Hindernis springen sollen, bei dem keine am Boden liegende Stange dem Pferd den richtigen Absprung zeigt. Bei manchen Reitern ist ein gutes Augenmaß eine natürliche Begabung, man kann es aber auch durch Übung erlangen. Obwohl viele Reiter merken, wenn es «nicht paßt», sind sie doch nicht in der Lage, etwas dagegen zu tun; die meisten Fehler entstehen, wenn das Pferd den richtigen Absprungpunkt nicht trifft – dann bleibt es stehen oder reißt eine Stange. Man kann sagen, daß ein Pferd an jedes Hindernis passend herankommt, wenn es sich ihm mit fleißigen, taktmäßigen, mittelgroßen Galoppsprüngen nähert. Wenn sich das Pferd mit weit untersetzenden Hinterbeinen in mittelgroßen Galoppsprüngen vorwärtsschiebt, ist genug potentielle Energie vorhanden, um die Sprünge zu verlängern oder zu verkürzen, ohne daß Gleichgewicht oder Rhythmus beeinträchtigt werden, und es ist immer genug Raum vorhanden, um den Galoppsprung so zu verändern, daß der ideale Absprungpunkt getroffen werden kann. Wenn das Pferd nicht weit genug untertritt, fehlt die Energie, die zum Verändern der Schrittlänge nötig ist, und das Pferd kann den passenden Absprung nicht finden. Die goldene Regel des «Festhaltens und Treibens» gilt auch für das Anreiten eines Hindernisses, allerdings muß die Zügelhand einen Augenblick vor dem Absprung etwas nachgeben. Dadurch erhält das Pferd die Gelegenheit, das Hindernis selbst abzuschätzen, was dem Reiter sehr hilft. Wenn das Pferd vom Reiter gegen die Hindernisse «gefeuert» wird, hat es keine Chance, mitzuentscheiden, und wenn der Reiter dann noch den richtigen Absprungpunkt verpaßt, sind eine Verweigerung, fallende Hindernisteile oder ein Sturz keine Seltenheit. Es ist oft schwierig, beim Anreiten stillzusitzen, aber ein Pferd kann nicht ausbalanciert und rhythmisch galoppieren, wenn der Reiter es dabei stört.

Früher lernten viele Reiter das Springen nach der «Ruhig, ruhig, ruhig, eins, zwei, drei»-Methode, bei der das Pferd fast auf der Stelle galoppierte und erst drei Galoppsprünge vor dem Hindernis vom Reiter förmlich «abgeschossen» wurde. Heute zieht man es in der Regel vor, schwierige Parcours im rhythmischen Grundtempo zu reiten, was für die meisten Reiter und Pferde auch sinnvoller ist. Auf alle Fälle ist es eine wesentlich ökonomischere Art des Springens, und wenn der Rhythmus auf dem ganzen Parcours (sei es nun auf dem Springplatz oder im Gelände) beibehalten wird, ist sie auch wesentlich schneller als die Stop-and-Go-Methode. Es ist zwar gut und schön, wenn der Reiter die Galoppsprünge seines Pferdes so stark variieren kann, daß er den Absprungpunkt ganz allein bestimmt, sofern er wirklich nie einen Fehler macht, aber es ist doch entschieden besser, dem Pferd die Gelegenheit zur Mithilfe zu geben. Ein Pferd, das von seinem Reiter völlig beherrscht wird, wird nie lernen mitzudenken, und da es ein entscheidendes Merkmal eines guten Vielseitigkeitspferdes ist, daß es in schwierigen Situationen mithilft, sollte man ihm schon während der Ausbildung die Gelegenheit dazu geben.

Hier wird besonders deutlich, wie wichtig eine korrekte Grundausbildung ist, denn das Pferd kann nicht mithelfen, wenn es nicht vorwärtsgeht, nicht im Gleichgewicht, steif oder untrainiert ist. Außerdem wird ein Pferd mit einer unzureichenden Dressurausbildung auch nicht gut springen, denn nur wenn es gut vorwärtsgeht und im Gleichgewicht ist, kann es die Länge seiner Galoppsprünge verändern und passend abspringen – vor allem bei der Springprüfung im Vielseitigkeitssport, bei der die Hindernisse nicht sehr hoch sind und die Fähigkeiten eines gut trainierten Pferdes im allgemeinen nicht übersteigen. Reiter, die versuchen, den Absprung allein zu bestimmen, machen oft den Fehler, dabei nicht mehr vorwärtszureiten, wodurch das Pferd natürlich immer mehr auseinanderfällt (es sei denn, es kümmert sich überhaupt nicht um die Befehle des Reiters). Wenn das Pferd dann nicht zufällig den richtigen Absprung findet, fehlt der nötige Schwung zum Verlängern oder Verkürzen der Galoppsprünge. Wenn es ans Springen geht, vergessen allzuviele Reiter ihre Dressurausbildung und denken nicht daran, daß sie auf dem Dressurplatz entschieden treiben würden, um den nötigen Schwung für ein Verlängern oder Verkürzen der Tritte zu erzeugen; sowie sie ein Hindernis vor sich sehen, scheint die ganze Grundausbildung vergessen! Rhythmisches Vorwärtsreiten ist der Schlüssel zu erfolgreichem Springen, sei es im Parcours, im Gelände oder auf der Rennbahn.

Ich erwähnte bereits in der Einführung, daß es für die Ausbildung von Pferden keine festen Regeln gibt, sofern zwischen Pferd und Reiter ein stilles Einverständnis besteht; dies beweisen die völlig unterschiedlichen Reitstile, die es vor allem in Großbritannien gibt, einem Land mit einer sehr alten reiterlichen Tradition, die sich aus der Jagdreiterei herausgebildet hat. Beim Springen erweist sich oft erst die natürliche reiterliche Begabung eines Menschen. Ein gutes Augenmaß ist eindeutig ein entscheidender Vorteil, der den sehr guten Reiter vom Durchschnitt unterscheidet, aber man kann auch dem Pferd beibringen, daß es seinem Reiter hilft, vorausgesetzt, er erhält Takt, Gleichgewicht und Schwung und stört sein Pferd unter keinen Umständen. Ein sehr guter Reiter kann nicht nur die Galoppsprünge über eine weite Strecke abschätzen, sondern auch kleine Anpassungen vornehmen, ohne den Bewegungsrhythmus zu beeinträchtigen. Unsere besten Vielseitigkeitsreiter sind auf diesem Gebiet große Könner, ebenso wie die Springreiter der Spitzenklasse, die immer wieder Bewunderung erregen, weil sie Hindernisse von gewaltigen Abmessungen überwinden, die stets ganz exakt angeritten werden müssen. Sehr oft (vor allem im Stechen) kann man beobachten, daß Springpferde in den Wendungen nicht dressurmäßig, sondern mit den Köpfen nach außen gestellt sind. Das ist nur zu verstehen, wenn man die Situation ganz genau durchdenkt. In der Wendung vor einem Hindernis darf der Reiter die Vorwärtsbewegung des Pferdes auf keinen Fall mit der inneren Zügelhand behindern. Außerdem werden Springprüfungen normalerweise auf Zeit geritten, und damit Rhythmus, Schwung und genügend Energie für den Absprung erhalten bleiben, muß sich die innere Pferdeschulter völlig frei bewegen können – sie muß gewissermaßen vorausgehen, während die Hinterhand kräftig schiebt. Dieser Einsatz der Hinterbeine, durch den Energie erzeugt wird, die im entscheidenden Moment abgerufen werden kann, ist unverkennbar. Wenn das Pferd nicht mehr über die Schulter galoppiert, die Hinterbeine aber noch mit der gleichen Kraft von hinten schieben, würde dasselbe passieren wie bei einem Auto, dessen Lenkung in einer Kurve versagt – das Auto geriete ins Schleudern. Das Pferd wäre nicht länger zwischen Schenkel und Hand, es wäre nicht mehr lenkbar und ein präzises Anreiten unmöglich. Ich will damit nicht sagen, daß es korrekt wäre, eine Wendung in Außenstellung zu reiten, sondern lediglich darauf hinweisen, daß dies die natürliche Haltung des Pferdes in einer Wendung ist. Ein Pferd auf der Koppel wird niemals korrekt gestellt um eine Ecke galoppieren, sondern stets versuchen, sein Gleichgewicht zu halten, indem es über die innere Schulter galoppiert und den Hals in die andere Richtung hält. Auf glattem Boden wird es allerdings ausgleiten, weil sein Körpergewicht nicht gleichmäßig verteilt ist. Rennpferde verhalten sich ebenso. Sie galoppieren in einer völlig natürlichen Haltung mit einem perfekt ausbalancierten Jockey auf dem Rücken; auf einem von vorn aufgenommenen Foto sieht man, daß die Pferde leicht schief, aber trotzdem ausbalanciert sind, und in den Kurven galoppieren sie zwar auf der richtigen Hand, aber doch über die Schulter mit nach außen gestelltem Kopf und Hals. Mit einem Pferd, das gelernt hat, dressurmäßig korrekte Wendungen auszuführen, sollte es allerdings auch möglich sein, im Parcours so zu reiten, ohne daß der Schwung verlorengeht. Ich möchte hier nur die Übertreibungen und Verzerrungen aufzeigen, die bei hochspezialisierten Pferden und Reitern auftreten können, und nochmals betonen, wie wichtig es ist, das Pferd in einer Wendung mit der inneren Hand nicht zu behindern.

Wenn das Pferd voller Selbstvertrauen kleine Hindernisse überwindet, sie zielstrebig ansteuert und in den Übungsreihen gut mitarbeitet, kann man es auf einem Turnier in einer einfachen Springprüfung starten lassen. Das Reiten eines ganzen Parcours, vor allem über unbekannte Hindernisse, macht das Pferd rittiger als das Springen einzelner Hindernisse. Die unbekannten Hindernisse veranlassen das Pferd, seine Galoppsprünge zu verkürzen, während es sie taxiert, wodurch es leichter den richtigen Absprung findet, und der Reiter hat nur noch die Aufgabe, das Pferd vorwärtszureiten und Gleichgewicht und Rhythmus so gut wie möglich zu erhalten. Das Pferd wird wahrscheinlich nervös sein, und der Reiter sollte der Versuchung wiederstehen, zu schnell zu reiten, weil dadurch die Sprünge flach werden. Er muß dem Pferd Zeit zum Mitdenken geben und nur dafür sorgen, daß es vorwärtsgeht und ruhig springt. Vor allem muß er spüren, was das Pferd vorhat, damit er nötigenfalls treibend einsitzen kann, falls das Pferd stehenzubleiben versucht. Ein Pferd, das in seiner ersten Springprüfung schlechte Erfahrungen macht, wird lange Zeit brauchen, um sich auf Turnieren zu entspannen, und wenn es sich verspannt, muß seine Ausbildung wieder bei der ersten Stufe ansetzen, weil weitere Fortschritte nicht zu erzielen sind, solange das Pferd nicht völlig gelassen ist. Bei jeder Arbeit, die das Pferd verrichten soll, stehen Takt und Gleichgewicht an erster Stelle – alles andere folgt. Es ist nie verkehrt, auf einem Turnier mehrmals zu starten. Je öfter das Pferd in die Bahn muß, desto mehr Erfahrungen sammelt es. Es wird zwar wahrscheinlich ein oder zwei Springfehler machen, aber mit wachsendem Selbstvertrauen und zunehmender Erfahrung wird es lernen, sich auf das Springen zu konzentrieren und sich nicht mehr vom Geschehen außerhalb des Parcours ablenken zu lassen. Für den ersten Start empfiehlt sich ein Hallenturnier, weil das Pferd dort während der Prüfung nicht durch andere Pferde abgelenkt wird. Von den anderen Pferden getrennt zu sein und eine ungewohnte Aufgabe lösen zu müssen, kann das Pferd noch unsicherer machen; es ist dann zum Mitdenken nicht mehr in der Lage und auf die Hilfe des Reiters angewiesen. Auch wenn eine goldene Schleife lockt, sollte das junge Pferd keinesfalls «auf Zeit» geritten werden, denn dies ist die beste Methode, die stundenlange, geduldige Trainingsarbeit zu Hause mit einem Schlag zunichte zu machen. Wenn das Pferd soweit ausbalanciert ist, daß es sofort nach einer Wendung springen kann, kann man von ihm verlangen, aus der Wendung heraus zu springen, was sein Reaktionsvermögen sehr fördert. Erst wenn das Pferd einfache Parcours wiederholt fehlerfrei bewältigt hat, kann man anfangen, enge Wendungen auf ein Hindernis zu verlangen. Die beste Methode, ein angehendes Springpferd zu verängstigen, besteht darin, es auf der hinteren Stange eines Hochweitsprunges landen zu lassen, und das wird mit Sicherheit geschehen, wenn man es aus einer engen Wendung heraus springen läßt, bevor es soweit ist. Das Selbstvertrauen des Pferdes muß auf jeden Fall gewahrt bleiben.

Das Parcoursspringen ist ein wichtiger Bestandteil der Vielseitigkeitsreiterei. Fünf Strafpunkte für einen Hindernisfehler sind bei der starken Konkurrenz in den heutigen Wettbewerben nur schwer wieder gutzumachen. Viele Vielseitigkeitsprüfungen werden im Parcours entschieden; deshalb ist es von ausschlaggebender Bedeutung, daß Pferd und Reiter genügend Übung haben. Je schwieriger dem Reiter das Parcoursspringen fällt, desto mehr sollte er es üben. Das Grundprinzip ist bei jedem Hindernis das gleiche, und die Vorstellung, mit einigen der Pferde, die man in der Vielseitigkeits-Springprüfung antrifft, eine Geländestrecke absolvieren zu müssen, erfüllt mich mit einiger Besorgnis! Disziplin ist von entscheidender Bedeutung. Die Ansicht, zu viel Parcoursspringen würde die Leistungsfähigkeit des Pferdes im Gelände beeinträchtigen, weil es im Parcours nicht so früh abspringen kann, ist weit verbreitet. Sie ist jedoch falsch, denn wenn ein Pferd wirklich einmal zu früh abspringen muß, gelingt ihm dies durch die höhere Geschwindigkeit im Gelände ohne weiteres. Regelmäßiges frühes Abspringen ist jedoch kein Anzeichen für gute Geländereiterei. Heutzutage verlangen die Geländestrecken sehr bewegliche Pferde, die auch einmal aus dem Stand springen, und nicht nur solche, die früh abspringen und sich fliegen lassen. Ein Pferd, das nie gelernt hat, anders als flach zu springen, wird viel mehr Schwierigkeiten haben als eines, das auch mit einem tieferliegenden Absprungpunkt fertig wird. Außerdem wird das frühe Abspringen in einer dreitägigen Prüfung seinen Tribut vom Pferd fordern, denn es ist natürlich viel anstrengender, bei jedem Hindernis seine ganze Kraft aufzubieten, als rhythmisch über die Hindernisse hinwegzusetzen. Das macht die Übungen zu Hause so hilfreich, denn sie bringen dem Pferd genau das bei. Ein Pferd in einer Kombination vorwärtszureiten ist viel einfacher, als es zurückzuhalten; deshalb sollten alle Übungssprünge kurze Distanzen haben, die Flinkheit und Geschicklichkeit vom Pferd verlangen. Übungshindernisse mit langen Distanzen sind weniger nützlich und veranlassen das Pferd zu nachlässigem Springen.

Besonders bei jungen Pferden wird regelmäßiges Springen zu Hause von Vorteil sein. Für ein Pferd mit einer abgeschlossenen Grundausbildung ist drei- bis viermaliges Springen pro Woche völlig ausreichend. Man kann zum Beispiel an zwei oder drei aufeinanderfolgenden Tagen springen und den Rest der Woche nicht, aber auch hier müssen die individuellen Bedürfnisse des Pferdes beachtet werden. Wenn zum Beispiel ein Problem auftaucht, kann es nötig sein, täglich zu springen, bis das Problem beseitigt ist, und danach eine Weile Pause zu machen. Manchmal muß man auch das Springproblem zurückstellen, bis das Pferd dressurmäßig weiter ausgebildet ist; wenn man dann wieder springt, verschwindet das Problem oft von selbst. Den Springunterricht für junge Pferde kann man zum Beispiel folgendermaßen einteilen: ein- bis zweimal die Woche Übungsreihen, an den anderen Tagen Einzelhindernisse, die aus dem Galopp gesprungen werden, und hin und wieder einige Geländesprünge. Vor dem Springen muß das Pferd dressurmäßig warmgeritten werden, aber niemals so lange, daß es müde wird; es soll beim Springen seine ganze Kraft einsetzen können, und wenn es zu lange abgeritten wurde, wird es unlustig und schwunglos springen. Dieser Schwung, der beim Springen so wichtig ist, zeigt sich bei jungen Pferden oft nicht von Anfang an. Sie machen vielleicht ein paar schwungvolle Sprünge und beginnen dann, über die Hindernisse zu «klettern» oder zu «plumpsen». Der Schwung kommt erst wieder, wenn ihre Muskeln kräftiger geworden sind und sie gelernt haben, ihre Hinterhand unterzusetzen. Das Reiten über Übungsreihen ist dem schwungvollen Springen sehr förderlich, weil das Pferd jederzeit den richtigen Absprung findet und außerdem mit weit untertretenden Hinterbeinen in einer Vorwärts-abwärts-Haltung geht. Durch diese Übungen wird die Springmanier des Pferdes erheblich verbessert.

Das Pferd sollte allmählich an einzelnstehende Hindernisse gewöhnt werden; am besten beginnt man mit einer am Boden liegenden Stange und einem dahinterstehenden Kreuzsprung, um das Pferd zu lösen und zum schwungvollen Springen anzuregen. Diese kleine Vorübung läßt das Pferd den Rücken hergeben und verhindert bei übermütigen Pferden einen möglichen Riesensatz, der für die Ausbildung nachteilig wäre. Die Trabstange zeigt dem Pferd den richtigen Absprung, und wenn es über den ersten Hindernissen «Dampf ablassen» möchte, kann es dies nur, indem es höher springt, was die einzig korrekte Art ist, überschüssige Energie zu verwerten. Dasselbe Prinzip wird auch in der Dressur angewendet – man läßt ein übermütiges Pferd im Mitteltrab gehen; so kann man die potentielle Energie in einer Weise verwerten, bei der das Pferd gleich etwas lernt – es sollte für seinen Übermut nie bestraft werden. Sowie das Pferd den Kreuzsprung aus dem Trab ruhig überwunden hat, kann man die Stange gerade auflegen und das Pferd mehrmals springen lassen. Dann wird die Trabstange an das Hindernis gelegt und mehrmals aus dem Galopp gesprungen. Eine andere Möglichkeit besteht darin, 2,75 Meter vor dem Hindernis eine Taxierstange auf den Boden zu legen und dann aus dem Galopp zu springen. Dieser Aufbau erhält den Rhythmus und sorgt (wie die Trabstangen in der Übungsreihe) dafür, daß das Pferd vorwärts-abwärts geht. Außerdem macht die Taxierstange die Galoppsprünge des Pferdes passend, was ängstliche Reiter ermutigt, weil das Pferd automatisch den richtigen Absprung findet – der Reiter hat also keinen Grund einzugreifen und womöglich den Vorwärtsdrang seines Pferdes einzuschränken. Er kann unbesorgt vorwärtsreiten, weil er genau weiß, daß es passen wird, während er ohne die Taxierstange oft nicht genug Selbstvertrauen hat, um weiterzureiten. In diesem Stadium ist ein guter Lehrer von entscheidender Bedeutung. Der Reiter muß seinem Lehrer absolutes Vertrauen entgegenbringen, das heißt, wenn dieser sagt, der Reiter könne ein bestimmtes Hindernis überwinden, muß er ihm glauben. Wenn der Reiter erst einmal anfängt, an seinem Lehrer zu zweifeln, ist die Reitstunde vertan. Es kommt natürlich vor, daß ein Lehrer für einen bestimmten Schüler einfach nicht geeignet ist. Den richtigen Reitlehrer zu finden, ist oft sehr schwierig, und jemand, der für einen Schüler ideal ist, ist für einen anderen vielleicht völlig ungeeignet. Man kann nur von jemandem lernen, dem man vertraut. Allerdings ist der beste Reiter nicht unbedingt der beste Lehrer, denn er kann oft nicht genau erklären, was er denn nun genau auf dem Pferd tut. Der beste Lehrer ist derjenige, der genau erklären kann, was er fühlt, und der seine Gedanken anderen verständlich machen kann. Da Springen ohne Selbstvertrauen unmöglich ist, darf der Lehrer von seinem Schüler nie etwas verlangen, was ihn das Vertrauen in sein Pferd oder in sich selbst verlieren läßt. Ein wirklich guter Lehrer kann seinem Schüler sehr viel beibringen, ohne daß dessen Vertrauen verlorengeht.

Ein paar niedrige, in der Bahn verteilte Hindernisse können viele Zwecke erfüllen. Das Springen am langen Zügel aus dem Trab oder Galopp zum Beispiel ist zu empfehlen; hierbei soll das Pferd selbst den richtigen Absprung finden. Schließlich soll das Pferd lernen, seinem Reiter zu helfen, denn selbst der beste Reiter kann Fehler machen, und wenn das Pferd in einer solchen Situation nicht mitdenkt, kann es zu einer Katastrophe kommen. Es ist nicht angebracht, das Pferd beim Springen vollständig beherrschen zu wollen, vor allem im Gelände, wo es einfach unmöglich ist, jedes einzelne Hindernis passend anzureiten, und wo sich Reiter und Pferd gegenseitig helfen müssen. Deshalb sollte man das Springen kleiner Hindernisse üben und das Pferd dabei nur im Gleichgewicht halten und rhythmisch reiten, alles andere bleibt ihm überlassen. Auch schräges Anreiten ist eine gute Übung; das Pferd soll lernen, alles zu springen, was vor ihm auftaucht, auch wenn es dabei schräg oder aus dem Stand springen muß. Auf einer Geländestrecke wird das Pferd oft durch Hindernisse überrascht werden, die plötzlich hinter einer Kurve auftauchen; der Reiter mag zwar die Strecke vorher besichtigt haben, aber das Pferd kennt sie nicht, und es darf nicht plötzlich stehenbleiben, wenn etwas Unerwartetes vor ihm auftaucht. Es ist wichtig, das Tempo beim Anreiten zu variieren, einmal etwas schneller und dann wieder sehr versammelt, damit das Pferd lernt, gehorsam zu sein, und nicht glaubt, nur weil es einmal schnell gesprungen ist, dürfte es nun immer schnell gehen. Zum Training gehören In-and-outs, Kombinationen und Hindernisse, die fast aus dem Stand gesprungen werden müssen; sie machen das Pferd mit einer Vielzahl von Hindernisformen vertraut. Innerhalb der In-and-outs können verschiedene Hindernistypen aufgebaut werden, zum Beispiel zwei Steilsprünge oder ein Paralleloxer und ein Steilsprung. Auch sehr enge In-and-outs sollten gelegentlich geübt werden, weil sie in manchen Parcours auftauchen und das Pferd lehren, beim Springen wachsam und beweglich zu sein.

Wenn das Pferd lernen soll, Geländehindernisse zu überwinden, sollte man hauptsächlich Hindernisse wie Pulvermanns Grab, Wälle und Gräben mit ihm üben. Ein einfaches Geländehindernis ist leicht zu springen, und obwohl ein paar von ihnen zum Aufwärmen gesprungen werden müssen, werden sie selten Probleme aufwerfen. Im Gelände werden die meisten Fehler an Hindernissen gemacht, die vom Pferd Gewandtheit und Kraft verlangen, aber ein Pferd, das viel über Übungsreihen geritten wurde, dürfte hier kaum Schwierigkeiten haben. Es gibt jedoch Hindernisse oder potentielle Gefahren, auf die man vorbereitet sein sollte − Wassereinsprünge zum Beispiel. Gut geeignet für die ersten Übungen sind große Pfützen oder, was noch besser ist, ein breites, seichtes, fließendes Gewässer. Das sehr flache Wasser wird dem Pferd nichts ausmachen − im Gegenteil, es wird wahrscheinlich begeistert darin herumplanschen. Ein kleines Hindernis am Ufer oder in der Mitte läßt es lernen, ins Wasser zu springen. Das Pferd darf sich vor Wasser nie ängstigen, sonst treten nahezu unlösbare Probleme auf. Allerdings darf man auch nicht aufgeben, wenn das Pferd nicht ins Wasser will, auch wenn man es mühsam dazu überreden muß.

Besonderheiten des Springreitens und der damit verbundenen Probleme und ihrer Lösungen werden im Kapitel über Probleme beim Springen behandelt. Im Grunde gehen unsere Ansichten über erfolgreiches Springreiten mit denen über die Dressur Hand in Hand. Drei Dinge sind es, die nicht oft genug betont werden können: Zügiges Vorwärtsgehen, Takt und Gleichgewicht.

3   Dressur — Probleme und Lösungen

Die folgenden Kapitel sind der Dressur und dem Springen im Parcours und im Gelände gewidmet, und in jedem Kapitel werden die Probleme aufgeführt, die mir in den Jahren meiner Ausbildungstätigkeit begegnet sind. Um das ganze so übersichtlich zu machen wie möglich, wurden die einzelnen Abschnitte in *Anzeichen, Ursachen* und *Korrektur* unterteilt. Wenn erforderlich, wird der Leser auf den entsprechenden Abschnitt im Kapitel über die Grundausbildung verwiesen, damit er mit dem normalen Training fortfahren kann, sobald es gelungen ist, das Problem ganz oder zumindest teilweise zu beheben.

Ich bin mir natürlich bewußt, daß dies sehr persönliche Ansichten sind und daß ich möglicherweise einige Probleme ausgelassen habe, unter denen andere Leute zu leiden haben, die bei mir aber noch nicht aufgetreten sind; ich hoffe jedoch, daß meine Erfahrungen auch auf diese Schwierigkeiten übertragbar sind und daß sie dem Leser helfen, mit seinem speziellen Problem fertigzuwerden. Ich möchte keine starren Regeln aufstellen, sondern nur Methoden vorschlagen, die sich bei uns im Laufe der Jahre als sinnvoll erwiesen haben. Wir stehen neuen Vorschlägen und Ideen stets aufgeschlossen gegenüber, denn wir wissen, daß jeder neue Blickwinkel bei der Ausbildung nützlich sein kann; oft führt schon eine einzelne Bemerkung — die nicht unbedingt vom besten oder erfahrensten Reiter zu kommen braucht — zur Lösung des Problems. In diesem Zusammenhang sollte ich vielleicht erwähnen, wie hilfreich es ist, wenn man selbst gelegentlich Unterricht erteilt, denn oft bemerkt man bei anderen Fehler, die man selbst macht, und dem Schüler seine Fehler zu erklären, hilft einem selbst oft weiter. Selbst das Unterrichten von Reitern, die wesentlich weniger Erfahrung haben, hat Vorteile, denn bei ihnen muß man sich auf die überaus wichtige Grundausbildung konzentrieren, und in den allermeisten Fällen ist eine mangelhafte Grundausbildung die Ursache aller Probleme. Durch genaues Zusehen kann man unendlich viel lernen — viel mehr, als je gelehrt werden kann. Ein guter Reiter wird sich immer bemühen, dem Beispiel anderer zu folgen. Genau hinzuschauen, das Gesehene zu verstehen und dann zu fühlen, daß man genau dasselbe tut, wenn man das nächste Mal auf dem Pferd sitzt, ist eine Kunst, die einem kein Lehrer vermitteln kann; man muß sie sich selbst aneignen und trainieren. Natürlich braucht man den anderen Reiter nicht vollständig nachzuahmen, sondern sollte seinen eigenen Stil beibehalten, doch das Übernehmen einiger Details ist eine große Hilfe, sowohl für den Reiter als auch für das Pferd.

Obwohl die Problemkapitel in Dressur und in Springen im Parcours und im Gelände unterteilt sind, wird doch jedes Problem, das in der Dressur auftritt, auch die anderen Disziplinen beeinträchtigen, und bis zu einem gewissen Grade auch umgekehrt. Das Dressurreiten kann nicht von den anderen Disziplinen abgegrenzt werden, sondern muß mit ihnen Hand in Hand gehen. Statt von Dressur spreche ich gern von der «Arbeit ohne Hindernisse», was die Zusammengehörigkeit der Disziplinen verdeutlicht, aber der besseren Verständlichkeit halber belassen wir es hier bei dem Begriff Dressur. Man darf nie vergessen, daß ein Pferd, das nicht in der Lage ist, einfache Dressurlektionen auszuführen, es kaum schaffen wird, kompliziertere Aufgaben zu bewältigen.

Auftretende Probleme

Über dem Zügel gehen

Anzeichen: Dies ist vermutlich das am weitesten verbreitete Ausweichmanöver der Pferde. Ein Pferd, das nicht am Zügel gehen will, geht entweder über dem Zügel oder hinter dem Zügel. Diese beiden Probleme können eine Vielzahl anderer einschließen, doch alle lassen sich auf einen der beiden Grundfehler zurückführen. Ein Pferd, das über dem Zügel geht, trägt seine Nasenlinie vor der Senkrechten (Abb. 24) und geht deshalb nicht mehr rund – das heißt, es drückt den Rücken weg und läßt die Hinterbeine nachschleppen. Dieses Problem tritt oft nur in geringem Maße und bei schwierigen Bewegungen oder Übergängen auf; es gibt aber auch das andere Extrem, bei dem sich das Pferd völlig hohl macht und dann auch nicht mehr in der Lage ist, den Kopf stillzuhalten.

Ein Pferd, das über dem Zügel geht, macht sich nicht nur hohl; sowie der Reiter es nicht mehr zwischen Zügel und Schenkel hat, kann es außerdem tun, was es will. Um ein Pferd vollständig unter Kontrolle halten zu können, muß man es an den Zügel reiten. Geschieht dies nicht, können auch andere Unarten und Widersetzlichkeiten auftreten, die aber mit fortschreitender Ausbildung wieder verschwinden sollten, sobald das Pferd gelöst untertritt. Diese zusätzlichen Widersetzlichkeiten können von allgemeiner Steifheit oder Taktfehlern auf dem Zirkel bis zum verfrühten Abspringen vor einem Hindernis oder mangelnder Regulierbarkeit auf der Geländestrecke führen. Das Grundproblem des Über-dem-Zügel-Gehens kann also in Form einer geringgradigen Widersetzlichkeit auftreten, aber auch als schwerwiegendes Problem, mit dem viele andere Schwierigkeiten zusammenhängen.

Wenn man bedenkt, daß ein Pferd nur am Zügel gehen kann, wenn es geradegerichtet ist, gut untertritt und im Genick nachgibt, wird deutlich, daß das Pferd über den Zügel kommen muß, wenn nur eine dieser Forderungen nicht erfüllt ist. Man kann sich nicht darauf verlassen, daß ein Pferd, das einmal am Zügel ging, dies auch weiterhin tut. Der Reiter muß den Schub aus der Hinterhand und die Gelöstheit des ganzen Pferdes durch korrektes Reiten erhalten, damit das Pferd weich im Maul bleibt (Abb. 23).

Auch bei einem Pferd, das an der Hand vorgeführt wird, kann man beurteilen, wie es geritten wurde – anhand der Bemuskelung des Halses und der Hinterhand. Bei einem korrekt gearbeiteten Pferd sind die Muskeln der Oberlinie – also die von Hals, Rücken und Kruppe – gut ausgebildet und machen die Oberlinie rund. Bei einem Pferd, das mit weggedrücktem Rücken geht, sind diese Muskeln unterentwickelt und die Unterhalsmuskeln oft deutlich verstärkt – manchmal so stark, daß ein Hirschhals entsteht (Abb. 24). Wenn ein solches Pferd korrekt gearbeitet wird, wird die Verstärkung der Unterhalsmuskeln allmählich verschwinden, die Muskulatur am Oberhals wird zunehmen, und der von diesem Pferd ausgehende Gesamteindruck wird sich entscheidend verbessern. Es gibt natürlich auch Pferde mit ausgesprochenen Exterieurfehlern, die sich wohler fühlen, wenn sie sich hohl machen, und bei diesen Pferden muß auf die ersten Stufen der Ausbildung ganz besondere Sorgfalt verwendet werden: Sie müssen dazu angeregt werden, vorwärts-abwärts zu gehen, damit sich eine fehlerhafte Bemuskelung gar nicht erst einstellt, denn es dauert sehr lange, diese wieder wegzureiten.

Die Ursachen für das Über-dem-Zügel-Gehen sind fast immer die gleichen, aber das Problem kann unterschiedlich stark auftreten. Jeder Reiter bemerkt es, wenn sein Pferd völlig über dem Zügel geht, aber ein geringgradiges Über-den-Zügel-Kommen ist wesentlich schwerer zu entdecken: Hier ist ein Helfer in der Bahn nützlich, der oft sieht, was der Reiter nicht fühlt. Einiges sollte der Reiter aber doch selbst bemerken. Von oben gesehen sollte der Pferdehals gerundet sein, und es dürfen sich am Halsansatz hinter dem Widerrist keine Hautfalten bilden, denn sie sind ein sicheres Anzeichen für eine zu hohe und verspannte Haltung des Halses.

Es ist sehr wichtig, den Unterschied zwischen einem Pferd, das sich selbst trägt, und einem, das über dem Zügel geht, zu erkennen. Beim Ausreiten darf

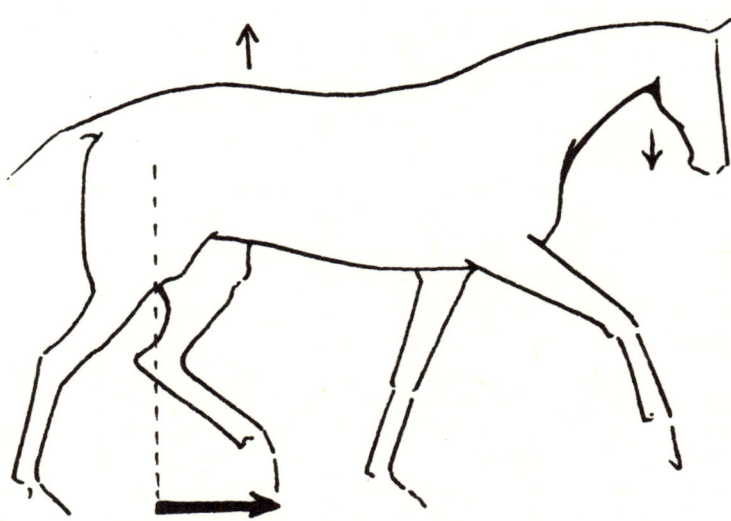

Abb. 23: Korrekte Körperhaltung des jungen Pferdes – *Mit aufgewölbtem Rücken und leichter Vorhand geht das Pferd vorwärts und erzeugt durch das weite Untertreten Schwung und Takt; die Nasenlinie steht leicht vor der Senkrechten, der Unterkiefer ist entspannt.*

Abb. 24: *Fehlerhafte Körperhaltung – über dem Zügel –* Die Hinterhand wird nachgeschleppt, statt unterzutreten, der Kopf ist hoch erhoben, der Rücken weggedrückt und die Nasenlinie steht weit vor der Senkrechten.
Anmerkung: Die korrekte Haltung kann nur erreicht werden, wenn die Hinterhand zum Untertreten gebracht wird.

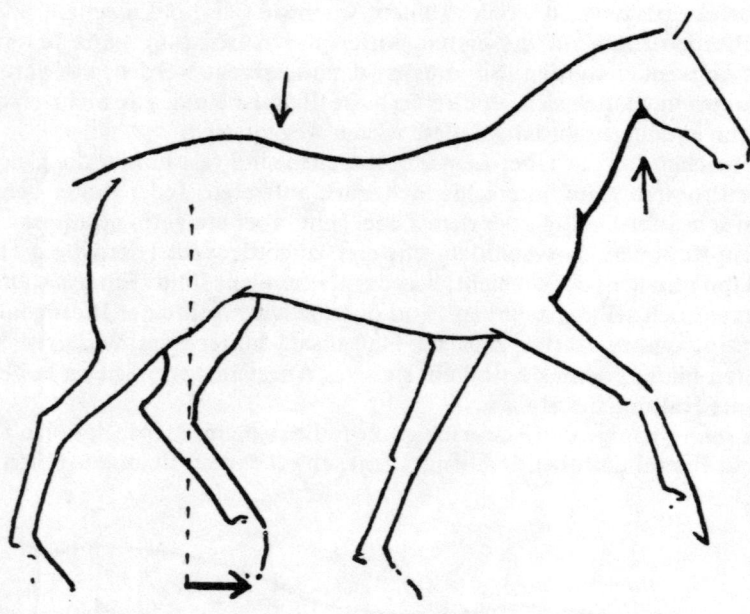

man zum Beispiel nicht verlangen, daß das Pferd auf der Straße am Zügel
geht. Der Grund dafür ist, daß die Straßenoberfläche oft glatt ist und das
Pferd deshalb nicht gern untertritt, weil es ausgleiten könnte (was es vermutlich auch tun wird; das fällt besonders im Schritt auf). Das Pferd wird deshalb
nicht voll ausschreiten und sich leicht verspannen. Wenn der Reiter nun darauf besteht, es «an den Zügel zu stellen», wird es nur in eine bestimmte Haltung gezwungen, die ihm keinerlei Vorteile bringt – es ist also wesentlich
sinnvoller, das Pferd sein Gleichgewicht selbst finden zu lassen und es nur auf
geeignetem Untergrund an den Zügel zu reiten. Aber auch wenn das Pferd
nicht am Zügel steht, sollte es aktiv untertreten und nicht dahinbummeln. In
der Welt des Rennsports bezeichnet man dies als «in die Hand reiten». (Das
bedeutet, daß die Hinterhand des Pferdes gegen den Zügel schiebt, ohne daß
es sich darauf lehnt.) Ein Pferd, das «in der Hand» ist, steht an den Hilfen; es
geht nicht notwendigerweise am Zügel, doch die Hinterhand ist trotzdem aktiv, was der entscheidende Faktor ist. Wenn ein Pferd bei einem Rennen «von
der Hand kommt», bedeutet das, daß es den Kontakt aufgibt, entweder weil es
erschöpft ist oder weil es meint, genug getan zu haben.

Die Haltung, die ein Pferd einnimmt, wenn es über dem Zügel geht, ist wahrscheinlich diejenige, die für das Pferd am bequemsten ist, und wenn man beim Springen zusieht, wird man feststellen, daß viele Pferde sie einnehmen, weil sie auf diese Weise mehr Kopf- und Halsfreiheit für den Sprung haben. In der Dressur ist diese Haltung natürlich ein Fehler, und im Moment beschäftigen wir uns mit der Dressur; die richtige Haltung beim Springen wird im entsprechenden Kapitel behandelt.

Ursachen: Wenn man bedenkt, daß ein Pferd nur am Zügel gehen kann, wenn es geradegerichtet ist, gut untertritt und im Maul entspannt ist, kann man ohne weiteres behaupten, daß sich ein Pferd, das über dem Zügel geht, im Rücken steif macht und/oder nicht genug untertritt, um die gewünschte Lektion ausführen zu können. Bei Pferden, die im allgemeinen gut mitarbeiten, wird dies wahrscheinlich nur eintreten, wenn Lektionen verlangt werden, die ein vermehrtes Untertreten erfordern, wie 10-Meter-Zirkel, Übergänge, Schulterherein oder Traversalen. Ein Pferd, das nicht weit genug untertritt, kann diese Übungen nicht ausführen, ohne sich mit Kopf und Hals auszubalancieren. Dasselbe Problem tritt verstärkt bei völlig ungeschulten Pferden auf, die sich stets mit hoch erhobenem Kopf hohl machen; da ihre Hinterbeine weder ihr eigenes Gewicht noch das des Reiters tragen, müssen sie ihr mangelndes Gleichgewicht mit Kopf und Hals ausgleichen. Je länger man ein Pferd in dieser hohlen Haltung gehen läßt, desto schwieriger wird die Korrektur, denn die entstandene Bemuskelung sorgt dafür, daß das Pferd es als ausgesprochen schwierig und unbequem empfindet, sich vorwärts-abwärts zu strecken. Die Korrektur kann deshalb nur ganz allmählich erfolgen − auch einem Menschen fällt es schwer, mit steifem Rücken eine Rumpfbeuge zu machen. Bei einem frisch eingerittenen Pferd stört der Reiter das Gleichgewicht und läßt es auf die Vorhand fallen, und solange das Pferd nicht gelernt hat, dies durch vermehrtes Untertreten auszugleichen, kann es sich nicht selbst tragen. Natürlich wird es mit dem weit nach vorn verlagerten Körpergewicht nicht über dem Zügel gehen, sondern auf der Vorhand laufen. Das deutet darauf hin, daß der Fehler beim Reiter zu suchen ist, wenn das Pferd über dem Zügel geht: Der Übergang vom Laufen auf der Vorhand zum Über-dem-Zügel-Gehen erfolgt ganz allmählich, aber er ist völlig natürlich, weil das Pferd sein Gewicht verlagert, um mit dem zusätzlichen Reitergewicht fertig zu werden. Hier muß der Reiter eingreifen und dem Pferd beibringen, daß es sich mit der Hinterhand ausbalancieren kann statt mit Kopf und Hals. Wenn dieser Teil der Grundausbildung nicht korrekt durchgeführt wird und der Reiter zum Beispiel mehr mit der Hand einwirkt als mit dem Schenkel (vor allem mit der inneren Hand), wird das Pferd sich gegen diesen Zwang wehren − es kommt über den Zügel, verschiebt den Unterkiefer oder schlägt mit dem Kopf. Die einzige Möglichkeit des Pferdes, sich auszubalancieren, besteht darin, die Hinterhand unterzusetzen, und wenn man ihm das nicht beibringt, wird es sich immer gegen die Zügeleinwirkung wehren.

Auch Ablenkung kann die Ursache dafür sein, daß das Pferd über den Zügel kommt. Es arbeitet vielleicht recht gut mit, bis seine Aufmerksamkeit durch ein weit entferntes Objekt geweckt wird und es den Kopf hebt, um es sich anzusehen. Bestimmt hat jeder schon einmal beobachtet, daß Pferde ihren Kopf heben, um weit entfernte Gegenstände zu betrachten, und ihn senken, um naheliegende Dinge zu begutachten. Das liegt daran, daß Pferde den Kopf heben oder senken müssen, um ihre Augen scharf einzustellen: die Linse im Pferdeauge kann ihre Form nicht ändern, deshalb wird zum Ändern der Brennweite der Kopf bewegt. Das erklärt, warum Pferde plötzlich den Kopf heben, um weit entfernte Dinge zu betrachten, und meiner Meinung nach sind «hellwache» Pferde diejenigen, die weit entfernte Objekte sofort bemerken und natürlich den Kopf heben, um sie zu betrachten.

Korrektur: Sie hängt von der Schwere des Problems ab, und deshalb beginnen wir mit den Pferden, die sich nur gelegentlich hohl machen, und behandeln danach die schwierigeren Fälle. Wir haben festgestellt, daß ein Pferd über den Zügel kommt, wenn die Hinterhand nicht mehr weit genug untertritt, und das passiert meistens bei Lektionen, die ein vermehrtes Untertreten erfordern. Am häufigsten tritt dieses Problem bei Übergängen auf, wenn das Pferd die Hinterhand untersetzen muß, um die Gangart zu wechseln, und dabei trotzdem am Zügel bleiben soll, während die Hinterhand vorwärtsschiebt und gleichzeitig bremst. Es kann in jedem Ausbildungsstadium vorkommen, daß das Pferd dabei über den Zügel gerät, denn dies ist die natürlichste Methode des Pferdes, sich vor der Mitarbeit zu drücken. Bei jedem Wechsel der Gangart ist die Vorbereitung der wichtigste Teil, denn wenn das Pferd kurz vorher nicht genügend untertritt, muß es sich zwangsläufig mit Kopf und Hals ausbalancieren. Um das Pferd vorzubereiten, sind ein, zwei oder sogar noch mehr halbe Paraden erforderlich, von denen jede das Pferd ein wenig weiter untertreten läßt und damit das Gleichgewicht so verändert, daß das Pferd beim Wechsel der Gangart nicht auf die Vorhand fällt. Diese Vorbereitung ist bei Pferden, die in den Übergängen oft über dem Zügel gehen, von entscheidender Bedeutung, und der Reiter muß das Pferd vorher besonders «rund machen», ihm also mehr abverlangen als gewöhnlich, damit es nicht über den Zügel kommen kann, selbst wenn es versucht, den Rücken etwas wegzudrücken.

Die Hilfen müssen sehr deutlich gegeben werden, und das Pferd darf den Wechsel der Gangart nicht vorausahnen; dies ist eine Sache des Gehorsams, und der Reiter hat dafür zu sorgen, daß das Pferd die Gangart nicht wechselt, bevor es die Hilfen dazu erhalten hat. Der Reiter muß spüren, ob das Pferd versucht, die Reaktion auf die Hilfen vorwegzunehmen; außerdem darf er natürlich einen Wechsel der Gangart nicht immer am gleichen Punkt verlangen. Eine Reihe von Übergängen macht dem Pferd unmißverständlich klar, daß es bei diesen Übungen die Hinterhand untersetzen muß; eine sehr nützliche Lektion sind mehrere Schritt-Trab-Übergänge, bei denen das Pferd jeweils nur kurz im Schritt geht, oder Galopp-Trab-Galopp-Übergänge mit nur wenigen Trabtritten. Um diese Übungen auszuführen, muß der Reiter vermehrt treiben, wodurch er die Gangart wechselt und das Pferd gleichzeitig zu stärkerem Untertreten anregt. Die Übergänge werden am besten auf dem Zirkel geritten, weil dann das Hauptgewicht des Pferdes auf dem inneren Hinterbein liegt; durch Handwechsel werden beide Hinterbeine gleichmäßig beansprucht. Auf dem Zirkel fällt dem Pferd die Übung leichter, sofern es gestellt und gebogen ist und taktmäßig geht, weil es mit dem inneren Hinterbein weiter untertritt und sich nur schwer versteifen kann, vor allem, weil die Kopfhaltung es automatisch an die innere Zügelhand stellt. Eine andere Möglichkeit, um die Aktivität der Hinterhand vor einer Parade zu verbessern, besteht darin, einige Tritte im Schulterherein zu reiten; doch während des Übergangs muß das Pferd wieder auf einem Hufschlag gehen, denn sonst würden neue Probleme entstehen.

Der Wechsel der Gangart auf einer geraden Linie sollte vermieden werden, bis das Pferd sie auf dem Zirkel korrekt ausführt, ohne aus dem Takt oder von der Hand zu kommen: Wenn das Pferd immer noch über den Zügel kommt, obwohl der Reiter schon so stark treibt wie nur möglich, muß eine andere Methode gewählt werden. Proportional zum verstärkten Treiben muß auch die Zügeleinwirkung verstärkt werden, sonst würde das Pferd nur schneller. Das bedeutet jedoch nicht, daß der Reiter bei einem Übergang in die nächstniedere Gangart am Zügel ziehen darf, sondern nur, daß er die Vorwärtsbewegung abblocken muß. Der Unterschied zwischen Ziehen und Abblocken ist schwer zu beschreiben – das Gefühl dafür bekommt man nur mit zunehmender Erfahrung. Ich versuche meinen Schülern dieses Gefühl zu vermitteln, indem ich sie die Hände auf den Widerrist legen und dann nach unten drücken lasse. Gleichzeitig liegen die Beine fest und ruhig am Pferdeleib an, und je mehr das Pferd versucht, gegen die Hand zu gehen, desto stärker werden die Hände auf den Pferdehals gedrückt, was ein Ziehen unmöglich macht. Da der Reiter auf diese Weise nur abblockt und nicht zieht, kann das Pferd sich nur durch das Untersetzen der Hinterhand ausbalancieren und nicht durch das Heben von Hals und Kopf. Sowie der Reiter dieses Abblocken auf dem Pferdehals gelernt hat, kann er es auch mit normal gehaltenen Zügeln versuchen, darf aber keinesfalls wieder ins Ziehen verfallen, denn sobald der Reiter zieht, stemmt das Pferd sich sofort dagegen – in diesem Fall, indem es über den Zügel kommt.

Wenn das Pferd immer noch versucht, während eines Übergangs über den Zügel zu kommen, obwohl der Reiter ausreichend treibt und nicht am Zügel zieht, sollte er versuchen, das Pferd am Zügel zu behalten, indem er es einige Tritte vor dem Übergang etwas tiefer einstellt. Dazu muß es sich im Genick etwas stärker biegen, was durch leichtes Annehmen des inneren und dann des äußeren Zügels erreicht wird. Dann kann der Reiter das Pferd nach unten gegen die Anlehnung treiben. Auf keinen Fall darf nur das Gebiß im Pferdemaul hin- und hergezogen werden, um das Pferd zu einer tieferen Kopfhaltung zu zwingen; das Pferd muß stets mit dem Schenkel geritten werden – die Zügelhand dient nur dem Bewahren von Energie. Eine andere Möglichkeit, das Pferd tiefer einzustellen (ohne die Vorwärtsbewegung zu behindern), besteht darin, die innere Hand zu öffnen, das heißt, sie ins Zirkelinnere zu führen, genau auf den Punkt zu, an dem der Longenführer stünde, wenn das Pferd an der Longe ginge (siehe Abb. 11). Diese Handhaltung hält den Zügelkontakt aufrecht – wenn nötig auch recht stark, aber doch gefühlvoll –, verhindert jedoch gleichzeitig das Ziehen, was in Verbindung mit treibenden Hilfen das

Pferd am Zügel hält. Wenn der Reiter versucht, das Pferd durch Annehmen des inneren Zügels daran zu hindern, über den Zügel zu kommen, wird es sich nur um so mehr wehren und versuchen, sich hohl zu machen, weil es in seiner Vorwärtsbewegung behindert wird.

Wenn das Pferd beim Wechsel in die nächsthöhere Gangart über den Zügel kommt, ist meistens die unnachgiebige innere Hand des Reiters daran schuld. Der wichtigste Leitsatz des Dressurreiters lautet: «Innerer Schenkel und äußere Hand; der innere Zügel dient nur zum Anzeigen der Richtung und Erhalten der Stellung.» Beim Übergang in die nächsthöhere Gangart kann der Reiter in Extremfällen auch beide Hände seitlich abstellen, um das Pferd am Zügel zu behalten und versehentliches Zurückwirken der Hände zu vermeiden. Sobald das Problem korrigiert ist, kann die äußere Hand wieder ihre normale Stellung einnehmen, und wenn das Pferd die Übergänge einwandfrei bewältigt, kann auch die innere Hand wieder in die korrekte Position gebracht werden.

Beim Angaloppieren aus dem Trab kommen Pferde oft über den Zügel, weil der Reiter den Bewegungen des Pferdes nicht genügend folgt. Im Trab hält das Pferd den Kopf ruhig, aber im Galopp bewegt er sich im Takt der Gangart auf und ab, und der Reiter muß diesen Bewegungen vom ersten Galoppsprung an folgen. Wenn der Reiter nicht schnell genug reagiert, wird das Pferd sofort den Kopf heben, weil es sich eingeengt fühlt, woraus sich eine Angewohnheit entwickelt, die nur schwer zu korrigieren ist. Um diese Widersetzlichkeit zu verhindern, muß der Reiter dafür sorgen, daß das Pferd im Trab wirklich untertritt. Außerdem sollten der Galopphilfe einige halbe Paraden vorangehen, während das Pferd gleichzeitig etwas tiefer eingestellt wird; wenn nötig, kann auch die Zügelhand etwas zur Seite geführt werden, um den Kontakt zu erhalten. Der Reiter darf diesen Kontakt nicht verstärken oder gar am Zügel ziehen und muß sich darauf einstellen, den Kopfbewegungen des Pferdes schon vom ersten Galoppsprung an zu folgen. Es ist wichtig, daß die Zügelanlehnung während des Angaloppierens nicht verstärkt wird, weil das Pferd dadurch erst recht veranlaßt würde, sich hohl zu machen.

Trab-Galopp-Übergänge am langen Zügel sind eine gute Übung, weil das Pferd dabei lernt, daß es beim Angaloppieren nicht festgehalten wird und es deshalb wagen kann, sich zu strecken. Wenn es sich daran gewöhnt hat, können die Zügel allmählich mehr aufgenommen werden, wobei das Pferd jedoch die Hinterhand aktiv untersetzen muß, denn sonst würde es sich unweigerlich wieder hohl machen. Ein Pferd, das daran gewöhnt ist, beim Angaloppieren festgehalten zu werden, wird sich schon aus Gewohnheit hohl machen, was auch am langen Zügel deutlich wird – auch dann wird das Pferd über den Zügel kommen, und das Problem zeigt sich, ohne provoziert worden zu sein. Hier sind halbe Paraden (die zum Untertreten anregen) und seitlich abgestellte Zügelfäuste (um die Vorwärtsbewegung zu erhalten) angebracht; sie helfen dem Pferd, statt ihm einen Grund für Widersetzlichkeiten zu geben. Sowie das Pferd einmal gelernt hat, seine Hals- und Rückenmuskeln zu entspannen, wird die Arbeit am langen Zügel es nicht nur lehren, die Muskulatur entlang der Oberlinie zu strecken, sondern auch unterzutreten (siehe auch *Probleme beim Reiten am langen Zügel,* S. 130).

Jetzt können wir uns mit den Pferden beschäftigen, die ständig über dem Zügel gehen. Dies ist ein grundlegendes Problem, und um es zu lösen, muß man im Ausbildungsplan des Pferdes mehrere Schritte zurückgehen. Wie bereits erwähnt, muß ein Pferd mit Gebäudefehlern völlig umlernen, was den Gebrauch einiger Muskelgruppen angeht, und dadurch wird sich die Form dieser Muskeln (und wahrscheinlich auch der Gesamteindruck des Pferdes) verändern. Es ist wichtig, das Pferd nicht plötzlich in eine Form zwingen zu wollen, die ihm ungewohnt ist; man muß ihm Zeit geben, sich darauf einzustellen, und das wird nicht über Nacht geschehen.

Es besteht die Versuchung, diesen Prozeß mit Hilfszügeln zu beschleunigen, aber dabei darf man nicht vergessen, daß Körperbewegungen, die unter Zwang erreicht wurden, zu Versteifungen und sogar Schädigungen der Muskeln führen müssen; die einzige Möglichkeit bleibt also die langsame Gewöhnung. Auch die Longenarbeit hat Vorteile, denn an der Longe kann sich das Pferd ohne das Gewicht des Reiters auf dem Rücken strecken und lösen, und außerdem ist es interessant, das Pferd einmal bei der Arbeit zu sehen, denn viele Probleme werden schon bei genauem Hinsehen deutlich. Wir empfehlen die Verwendung eines Chambons (siehe *Weggedrückter Rücken,* S. 121), damit das Pferd lernt, seine Oberlinie zu strecken und unterzutreten. Das Chambon muß zuerst so lang verschnallt werden, daß das Pferd nicht eingeengt wird. (Alle Arten von Hilfszügeln dürfen, vor allem die ersten Male, nicht zu kurz verschnallt werden, denn ein Pferd, das sich plötzlich eingezwängt fühlt, kann unter Umständen extrem reagieren und sich und seinen Ausbilder gefährden, indem es zum Beispiel steigt und sich dabei überschlägt. Das Pferd muß sehr langsam und vorsichtig an Hilfszügel gewöhnt werden, und man muß ihm Zeit geben zu verstehen, wie der Hilfszügel wirkt und welche Reaktion von ihm erwartet wird.) Die meisten Pferde akzeptieren die Hilfszügel beim Longieren anstandslos, sofern sie genug Zeit hatten, sich an sie zu gewöhnen. Auch hier sind Geduld und Vorsicht die Schlüssel zur Verhütung von Unfällen. Bei einem Pferd, das den Rücken wegdrückt und über dem Zügel geht, ziehen wir das Chambon den Ausbindezügeln vor, weil das Chambon den Hals des Pferdes nicht in eine bestimmte Haltung zwingt, sondern es ermutigt, die Muskeln der Oberlinie zu strecken. Das Pferd kann sich so lang machen und so weit abwärtsstrecken, wie es will, und es ist das Ziel des Ausbilders, daß das Pferd in dieser vorwärts-abwärts gestreckten Haltung arbeitet. Ausbindezügel dagegen erlauben keine Streckung, und bei ungeschulten Pferden sind sie sogar oft die Ursache für eine Verkrampfung der Halsmuskulatur (Abb. 25). Dies beeinträchtigt alle Rückenmuskeln, und das Problem wird nicht gelöst, sondern oft noch verschlimmert. Ich möchte die Ausbindezügel nicht verdammen, sondern nur betonen, daß sie wie alle Hilfszügel korrekt angewendet werden müssen, um von Nutzen zu sein. Die Ausbindezügel müssen so lang verschnallt werden, daß das mit der Longierpeitsche vorwärtsgetriebene Pferd ungehindert vorwärts-abwärts gehen kann; sie dürfen das Pferd nicht in eine bestimmte Haltung zwingen, sondern sollen es nur ermutigen, die Anlehnung zu suchen. Pferde, die noch kein Vertrauen zum Gebiß haben, gehen oft verkrampft, was durch die Hautfalten am Halsansatz deutlich wird. Nach der

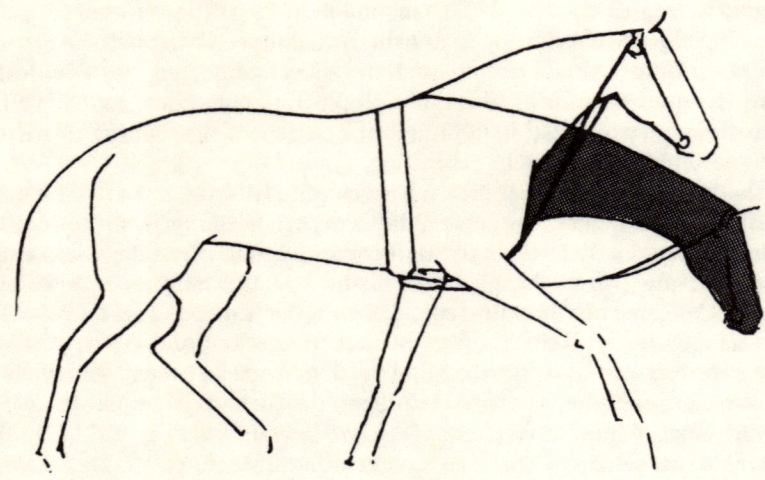

a   Das Chambon regt das Pferd dazu an, sich vorwärts-abwärts zu strecken und läßt es
    ungehindert in dieser Haltung gehen.

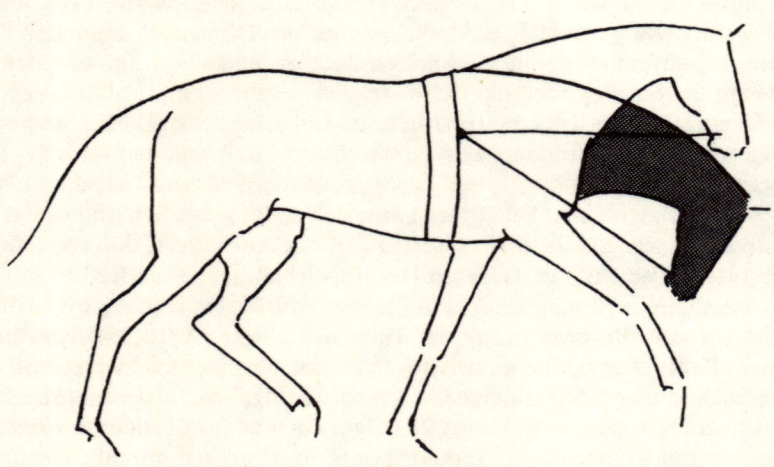

b   Ausbindezügel erlauben dem Pferd nicht, sich nach unten zu strecken, und wenn sie
    nicht so lang verschnallt werden, daß das Pferd in einer runden, aber ungezwunge-
    nen Haltung gehen kann, kann ihre Verwendung zu Verspannungen im Hals oder
    zu Überzäumung führen.

lösenden Arbeit mit dem Chambon, bei der das Pferd gelernt hat, sich zu strecken, kann es mit Hilfe der Ausbindezügel lernen, die Hand des Reiters zu respektieren und verwahrende Zügelhilfen anzunehmen, vor allem in den Übergängen. Das Pferd muß lernen, sich nicht gegen die Hand zu wehren, und die unnachgiebigen, aber nie zurückwirkenden Ausbindezügel zeigen ihm, daß ihm nichts anderes übrigbleibt, als in den Übergängen die Hinterhand unterzusetzen. Ich muß allerdings betonen, daß das Longieren eine Kunst ist. Jeder kann ein Pferd «im Kreis herumlaufen» lassen, aber ein Pferd an der Longe wirklich arbeiten zu lassen, erfordert viel Erfahrung.

Es ist überaus wichtig, korrekt zu longieren, weil falsches Longieren die Ausbildung des Pferdes in keiner Weise voranbringt. Deshalb empfiehlt es sich, sich Gedanken über die beste Methode zu machen und Fehler nach Möglichkeit zu vermeiden, damit das Pferd etwas dazulernt, anstatt nur ohne Sinn und Zweck im Kreis herumzujagen oder zu trödeln. Das Wichtigste ist, daß sich der Longenführer nicht von der Stelle bewegt, damit das Pferd auch wirklich auf einem Kreisbogen läuft. Auf einem nicht ganz runden Zirkel könnte das Pferd die Mitarbeit verweigern, indem es jedesmal, wenn es von der Zirkellinie abweicht, die Hinterhand oder die Vorhand nach innen oder außen wirft und dadurch das Untertreten vermeidet. Das Pferd sollte so an der Longe gehen, wie es auch beim Reiten erwünscht ist − das heißt, taktmäßig, im Gleichgewicht, mit leichter Anlehnung und sich selbst tragend, ohne sich «in die Longe zu hängen». Der Ausbilder muß die Longe annehmen und nachgeben, bis der erwünschte Kontakt hergestellt ist. Wenn man dem Pferd nichts bietet, in das es sich «hineinhängen» kann, dann wird es das auch nicht tun. Es hängt vom Longenführer ab, ob das Pferd taktmäßig vorwärtsgeht, und das ist einfacher, als es klingt: Er muß dem Pferd in Gedanken nur immer einen Schritt voraus sein und es entweder etwas antreiben oder durch ein beruhigendes Wort verhindern, daß der Takt verlorengeht. Im Trab sollten die Hinterhufe genau in die Spuren der Vorderhufe treffen, das heißt, das Pferd muß in seiner Längsachse gebogen sein. Es wird zweifellos versuchen, diese Biegung zu vermeiden, indem es die Hinterhand nach außen schwingt, denn die Biegung verlangt einen starken Einsatz der Hinterbeine. Damit dies nicht geschieht, sollte der Zirkel groß genug angelegt − mit einem Durchmesser von 15 bis 20 Metern − und erst verkleinert werden, wenn das Pferd genügend gelöst ist. Das Verkleinern und Vergrößern des Zirkels ist eine wertvolle Übung. Auch Übergänge sind von Vorteil, weil das Pferd dabei Rücken und Hinterhand einsetzen kann, ohne durch das Reitergewicht gestört zu werden, und es außerdem lernt, sich optimal auszubalancieren. Sowie das Pferd gelernt hat, sich an der Longe auf der Hinterhand auszubalancieren, das Tempo zu verringern und wieder zu steigern, wird ihm dies auch unter dem Reiter leichter fallen. Für ein völlig rohes Pferd sind insgesamt fünfzehn Minuten Longenarbeit völlig ausreichend; die Dauer der Arbeit kann dann allmählich bis zu fünfzehn Minuten auf jeder Hand gesteigert werden. Wie lange ein Pferd vor dem Reiten longiert werden sollte, ist individuell verschieden, aber bei Pferden mit grundlegenden Problemen wie zum Beispiel einem ständig weggedrückten Rücken empfehlen wir etwa eine Woche Arbeit an der Longe, bevor das Pferd wieder geritten wird. Nach einer Woche täglicher Longenarbeit sollte das Pferd verstanden haben, was von ihm erwartet wird, und auch in der Lage sein, etwas härter zu arbeiten. Wir würden ein solches Pferd zehn bis fünfzehn Minuten ablongieren und dann etwa fünfzehn bis zwanzig Minuten reiten. Das Ablongieren vor dem Reiten gibt ihm die Chance, sich zu lösen, vor allem im Rücken, und der Reiter hat nicht gleich nach dem Aufsitzen mit dem festgehaltenen Rücken seines Pferdes zu tun. Um die an der Longe geleistete Arbeit fortzusetzen, sollte hauptsächlich auf dem Zirkel geritten werden, wenn nötig mit seitlich abgestellter innerer Zügelfaust, wobei der innere Schenkel stark treiben muß, um den Impuls aus der Hinterhand zu erhalten. Der äußere Schenkel muß entschieden verwahrend hinter dem Gurt einwirken, damit das Pferd nicht mit der Hinterhand ausfallen kann.

Auch beim Reiten darf die Zielsetzung der Longenarbeit nicht vergessen werden, denn sie ändert sich nicht: Takt, Vorwärtsgehen und Gelöstheit. Dieselben Übungen, die das Pferd an der Longe ausführte, können auch beim Reiten verlangt werden, zum Beispiel Verkleinern und Vergrößern des Zirkels und Übergänge, denn durch sie lassen sich gute Fortschritte erzielen. Schließlich wird sich das Pferd in seiner Vorwärts-abwärts-Haltung so wohlfühlen, daß es sie nicht mehr aufgibt, was auch immer von ihm verlangt wird.

Es gibt allerdings einige Pferde, die auf die oben empfohlenen Methoden einfach nicht reagieren. Ältere, abgestumpfte Pferde kann man mit Sporen dazu bringen, die Schenkelhilfen zu respektieren, und eine Kandarenzäumung kann sie daran erinnern, daß sie auf die Zügelhilfen zu gehorchen haben, obwohl man hier natürlich besonders darauf achten muß, daß man das Pferd zum Untertreten anregt und ihm nicht nur den Kopf herunterzieht. Die Kandare verhindert, daß die durch den Schenkeldruck erzeugte Energie wieder verlorengeht, was das Pferd dazu veranlaßt, in Haltung zu gehen und die Hinterhand unterzusetzen.

Bei Pferden, die über dem Zügel gehen, benutzen viele Leute Schlaufzügel. Dies scheint eine logische Folgerung zu sein – das Pferd trägt den Kopf zu hoch und muß deshalb dazu veranlaßt werden, ihn zu senken. Bei älteren Pferden, die sich im Rücken steif machen, kann der Einsatz von Schlaufzügeln gelegentlich angebracht sein, um ein Wegdrücken des Rückens zu verhindern. Allerdings dürfen Schlaufzügel nicht so kurz aufgenommen werden, daß sie das Pferd in eine unnatürliche Haltung zwingen, sondern sollen erst einwirken, wenn das Pferd versucht, über den Zügel zu kommen und den Rücken wegzudrücken. Das mit Schlaufzügeln «rund» erhaltene Pferd kann zum weiteren Untertreten angeregt werden, was die gewünschte Haltung herbeiführt und es gleichzeitig lehrt, die Hinterhand für Balance und Schub einzusetzen. Die Gefahr beim Gebrauch von Schlaufzügeln besteht allerdings darin, daß der Reiter versuchen könnte, sein Pferd in eine bestimmte Form zu zwingen, statt vermehrt zu treiben und die Schlaufzügel nur zum Bewahren der Haltung einzusetzen. Ein Herunterziehen des Pferdekopfes leistet zahllosen anderen Problemen Vorschub – vom eingeschränkten Vorwärtsdrang bis zu einem völlig steifen, festgezogenen Pferd, dessen natürliche Gangarten verdorben sind. Ein solches Pferd wird, sobald die Schlaufzügel abgenommen werden, wieder genau so gehen wie vorher, und die gesamte Übung hat ihren Zweck verfehlt. Erfolge können Schlaufzügel nur bringen, wenn sie zusammen mit energisch treibenden Hilfen eingesetzt werden, und in den meisten Fällen sind sie überhaupt unnötig. Aufs ganze gesehen sollte man lieber versuchen, Probleme ohne sie zu lösen. Keinesfalls dürfen Schlaufzügel bei jungen Pferden verwendet werden, denn erstens ist es physisch völlig unnötig − jüngere Pferde sind wesentlich beweglicher als ältere − , und zweitens macht die stufenweise Grundausbildung des jungen Pferdes den Einsatz dieser Hilfszügel überflüssig. Im Springsport werden Schlaufzügel oft verwendet, und das offensichtlich mit Erfolg. Es verwundert sicher viele Zuschauer, daß die Pferde auf den Abreiteplätzen großer Turniere die Köpfe fast zwischen den Vorderbeinen tragen. Das hat den Zweck, die Oberlinie des Pferdes so rund zu machen und seine Rückenmuskeln so sehr zu strecken, daß das Pferd möglichst elastisch und gelöst ist, ehe es gewaltige Hindernisse überwinden muß. Durch das Übertreiben der über den Hindernissen erforderlichen Körperhaltung versuchen die Reiter, ihre Pferde so gut wie möglich auf die vor ihnen liegende Aufgabe vorzubereiten.

Bei Pferden, die über dem Zügel gehen, kann auch eine andere Zäumung helfen, und ein Austausch von Reithalfter oder Gebiß kann das Problem lösen. Wir empfehlen anstelle des Olivenkopfgebisses oder eines anderen Gebisses mit unbeweglichen Ringen die Wassertrense; allerdings gibt es auch von dieser Regel einige Ausnahmen (siehe *Hinter dem Zügel gehen,* S. 100). Eine Wassertrense bewegt sich leicht im Pferdemaul, wenn man die Handhaltung etwas verändert, und das Pferd kann sich nicht auf sie aufstützen. Olivenkopfgebisse und vor allem Knebeltrensen mit ihren feststehenden Ringen dagegen bewegen sich nicht. Auf diese Gebisse können sich die Pferde eher aufstützen, was eine leichte Zügelführung unmöglich macht, weil das Pferd schwer auf dem Zügel liegt. Diese Gebisse bewähren sich ausgezeichnet bei Pferden, die erst einen Kontakt zur Reiterhand herstellen sollen, aber es ist unmöglich, ein Pferd, das über dem Zügel geht, mit ihnen zum Nachgeben zu veranlassen.

Auch die Einwirkungen der verschiedenen Reithalfter sollten in Betracht gezogen werden, denn das Reithalfter ist ein wichtiger Bestandteil der Ausrüstung. Ein richtig verschnalltes Hannoversches Reithalfter kann eine tiefere Kopfhaltung bewirken, denn wenn das Pferd versucht, das Maul aufzusperren, drückt das Reithalfter auf der Nase und gleichzeitig im Genick, und das Pferd senkt den Kopf. Das Hannoversche Reithalfter wirkt auch auf die Kinnkettengrube ein und darf deshalb nie so stramm geschnallt werden, daß sich das Pferd dagegen wehren muß. Das Pferd muß sich stets wohlfühlen, sonst arbeitet es nicht mit − und das zu Recht. Man sieht nur allzu oft Pferde, die eingeschnürt sind wie eine Weihnachtsgans und die nicht einmal mehr den Kiefer bewegen können; andererseits dürfen sie aber das Maul auch nicht so weit aufsperren können, daß sie sich den Zügelhilfen entziehen. Meiner Meinung nach ist das Hannoversche Reithalfter bei Pferden, die über dem Zügel gehen, das nützlichste, weil es auf spezielle Punkte einwirkt − Nasenrücken, Kinn und Genick − , was es zum idealen Vorläufer einer Kandarenzäumung macht.

Das Mexikanische Reithalfter verhindert ein Verschieben des Unterkiefers und wirkt fast ausschließlich am Kreuzungspunkt der zwei Riemen auf dem Nasenrücken ein. Da es keinerlei Wirkung auf das Genick ausübt, ist es für ein Pferd, das über dem Zügel geht, wahrscheinlich nicht die beste Lösung. Das Englische Reithalfter mit Zusatzriemen verhindert ein Aufsperren des Maules, wirkt aber auf keinen bestimmten Punkt, ist also für dieses Problem auch nicht ideal. Es ist wichtig, verschiedene Gebisse oder Reithalfter über einen längeren Zeitraum hinweg auszuprobieren und sie nicht sofort als nutzlos zu bezeichnen, nur weil sie keine sofortige Wirkung zeigen. Man muß dem Pferd Zeit lassen, sich an die veränderte Einwirkung zu gewöhnen, und der Reiter muß lernen, abzuschätzen, wie sein Pferd auf die neuen Hilfsmittel reagiert. Er muß sich überlegen, ob eine bestimmte Kombination von Gebiß und Reithalfter auf längere Sicht Vorteile bringen wird. Außerdem kann die Ausrüstung natürlich den Anforderungen entsprechend verändert werden. Der einzig wichtige Aspekt ist die Verschnallung, vor allem die des Hannoverschen Reithalfters. Es darf auf keinen Fall zu tief sitzen, weil es sonst die Atmung des Pferdes beeinträchtigen könnte.

Der Abschnitt über die Korrektur eines über dem Zügel gehenden Pferdes ist ziemlich lang geraten; das liegt daran, daß dieses Problem eine Vielzahl anderer grundlegender Probleme mit einschließt. Mit einem Pferd, das sich hohl macht, müßte man eigentlich bei Stufe 2 der Grundausbildung wieder ansetzen: Ein hohles Pferd tritt nicht richtig unter, sonst würde es sich nicht hohl machen. Zuerst muß das Pferd lernen, fleißig und taktmäßig vorwärts zu gehen, am besten durch häufiges Reiten von Wendungen, Zirkeln und Übergängen, wobei es auf keinen Fall durch die Zügeleinwirkung behindert werden darf. Es ist erstaunlich, in welchem Maße diese Übungen dazu führen, daß sich das Pferd vorwärts-abwärts streckt und schließlich von selbst an das Gebiß herantritt – von hinten und mit schwingendem Rücken. Weitere Fortschritte müßten sich automatisch einstellen, sobald die grundlegenden Probleme gelöst sind.

Hilfen vorwegnehmen

Anzeichen und Ursachen: Da die meisten Dressurprüfungen sehr ähnlich aufgebaut sind, lernen Pferde sehr schnell, daß immer einige Lektionen aufeinander folgen. Aus diesem Grund kommt es häufig vor, daß das Pferd zu wissen glaubt, welche Lektion als nächstes kommt und sich darauf einstellt. Leider macht dieser übertriebene «Eifer» das Pferd eher steif und überempfindlich für die Hilfen. Wenn das Pferd sich verspannt, gehen Takt, Schwung und Gelöstheit verloren. Das Problem ist, daß das Pferd nicht mehr vorwärtsgeht, wenn es zu wissen glaubt, was als nächstes verlangt wird, und wenn der Reiter dann versucht, es vorwärts zu treiben, verwechselt es (in seinem verspannten Zustand) die Hilfen mit solchen, die etwas anderes bedeuten. Am häufigsten tritt dieser Fehler beim Übergang vom Schritt am langen Zügel zum Schritt am aufgenommenen Zügel und dann beim Antraben oder Angaloppieren auf. In praktisch allen Dressurprüfungen wird Mittelschritt am langen Zügel oder auch starker Schritt verlangt, und die Pferde erwarten am Ende dieser Lektion automatisch eine schnellere Gangart. Auch beim Angaloppieren aus dem Schritt kann diese Schwierigkeit auftreten, die nicht leicht zu korrigieren ist, denn im Schritt ist es besonders schwer, den Takt zu erhalten. In der Dressurprüfung der Internationalen Reiterlichen Vereinigung von 1975 (die die zur Zeit gültige ist) werden verschiedene Lektionen verlangt, die die Mittellinie einbeziehen, darunter ganze Paraden aus dem Galopp, 10-Meter-Zirkel, Traversalen und Trab-Galopp-Übergänge. Das führt dazu, daß die Pferde, vor allem wenn sie die Prüfung mehrmals gegangen sind, jedesmal etwas erwarten, wenn sie auf der Mittellinie gehen, vor allem, wenn es sich dabei um intelligentere Tiere handelt. Mit zunehmendem Alter und größerer Erfahrung kann sich dieses Problem verstärken oder abschwächen – das ist von Pferd zu Pferd verschieden; bei zufrieden und entspannt mitarbeitenden Pferden sollte das Problem jedoch kaum auftreten oder zumindest leicht unter Kontrolle zu halten sein. Schließlich handelt es sich dabei nur um eine Frage des Gehorsams, der die Grundlage der gesamten Ausbildung darstellt. Ein Pferd kann jedoch nur gehorsam sein, wenn es richtig geht, denn nur dann steht es korrekt an den Hilfen und kann jeden Wunsch seines Reiters erfüllen.

Korrektur: Ein Pferd, das die nächste Lektion in einer Dressurprüfung vorausahnt, verliert Punkte, und zwar nicht nur in dem Augenblick, in dem dies geschieht, weil es dann verspannt ist, vielleicht auch den Rücken wegdrückt und nicht mehr vorwärtsgeht, sondern auch in der darauffolgenden Bewegung oder Lektion, die verzögert ausgeführt wird, weil die Hinterbeine durch die innere Spannung nicht mehr weit genug untertreten und der Rücken steif ist.

In einem solchen Augenblick muß der Reiter versuchen, das Pferd zu überlisten: er muß das Pferd auf seinem eigenen Feld schlagen und spüren, was es denkt, bevor es Gelegenheit hat, es zu zeigen. Beim Training zu Hause sollten alle Übergänge und Lektionen geübt werden, die auch in der Prüfung verlangt werden, jedoch niemals in derselben Reihenfolge. Wenn das Pferd eine bestimmte Folge von Lektionen immer wieder erwartet und sich nicht davon lösen kann, muß der Reiter sich durchsetzen, wobei er das Pferd nicht unbedingt verwirren muß, sondern ihm nur klarmachen soll, daß es tun muß, was verlangt wird, und zwar dann, wenn es verlangt wird, und nicht schon vorher. Hat das Pferd erst einmal gelernt, daß dem Schritt am langen Zügel nicht immer Trab oder Galopp folgt, sondern auch manchmal Schritt am aufgenommenen Zügel, wird es schon viel entspannter und ruhiger werden. Das Ziel ist, das Pferd in diesem Zustand zu halten, denn ohne Gelassenheit kann nichts erreicht werden (siehe Stufe 1 der Grundausbildung). Es ist außerdem wichtig, daß der Reiter vor einer Lektion oder einem Übergang völlig ruhig bleibt. Er sollte entspannt weitertreiben und die Zügel so vorsichtig aufnehmen, daß es das Pferd kaum wahrnimmt, denn ein ruckartiges Aufnehmen ist für die meisten Pferde das Startzeichen. Am Ende jeder Trainingsstunde oder auch mitten in der Stunde – das spielt keine Rolle – sollten die Zügel im Schritt hingegeben und wieder aufgenommen werden, damit sich das Pferd an die Bewegungen der Hände am Zügel gewöhnt. Dieselbe Übung kann man auch im Trab und Galopp machen, ohne daß sich dabei etwas ändert. Manche Pferde verspannen sich, wenn der Reiter zum Angaloppieren aussitzt; in diesem Fall sollte man abwechselnd leichttraben und aussitzen, bis das Pferd nicht mehr bei jedem Aussitzen eine Galopphilfe erwartet.

Immer, wenn das Pferd beim Training der Meinung zu sein scheint, es wüßte, was als nächstes verlangt wird, sollte man diese spezielle Lektion vermeiden und sie am besten während der ganzen Stunde nicht reiten. Man muß dem Pferd immer einen Schritt voraus sein.

Hinter dem Zügel gehen

Auch dies ist ein häufig auftretendes Problem, das meiner Meinung nach sehr schwer zu korrigieren ist. Wenn ein Pferd erst einmal gelernt hat, sich vor der Arbeit zu drücken, indem es hinter dem Zügel geht, kann nur harte und beharrliche Arbeit zum Erfolg führen.

Anzeichen: Ein Pferd, das hinter dem Zügel geht, weigert sich, einen Kontakt zur Hand des Reiters herzustellen und trägt die Nasenlinie hinter der Senkrechten, wodurch der Schwung seiner Bewegungen verlorengeht (Abb. 26). Außerdem verändern sich die Gangarten nachteilig und die Trittlänge verkürzt sich. «Überzäumt» ist ein anderes Wort für diesen Fehler, obwohl ein überzäumtes Pferd durchaus noch Kontakt zur Hand des Reiters haben kann, und nur etwas zu tief eingestellt ist. Bei einem Pferd, das ständig hinter dem Zügel geht, ist es unmöglich, eine stete Anlehnung aufrechtzuerhalten, denn der Reiter hat das Gefühl, am anderen Ende der Zügel befände sich gar nichts – was ihm natürlich auch jede Einwirkungsmöglichkeit nimmt. Es kommt oft vor, daß ein Pferd eine Zeitlang hinter dem Zügel geht, so daß der Reiter wenig oder gar nichts in der Hand hat, um dann plötzlich den Kopf zu heben und schneller zu werden (siehe *Nicht vorwärtsgehen* Seite 134). Das liegt daran, daß das Pferd sich nicht auf der Hinterhand tragen kann und infolgedessen außerdem oft noch schief ist. Das Pferd kann sich auf verschiedene Weise weigern, einen Kontakt zur Hand des Reiters herzustellen; in den meisten Fällen wird es jedoch auf dem Gebiß herumbeißen und den Kopf dabei leicht schief halten: die meisten Widerstände im Maul, wie Hochziehen oder Herausstrecken der Zunge, Herumwirtschaften mit dem Gebiß (das leicht mit Kopfschlagen verwechselt werden kann) und ständiges Kauen sind Beispiele für eine fehlende Anlehnung von seiten eines Pferdes, das hinter dem Zügel geht.

Ursachen: Daß ein Pferd hinter dem Zügel geht, liegt generell daran, daß es nicht vorwärtsgeht und nicht untertritt. Man darf dabei nicht vergessen, daß jede Widersetzlichkeit im Maul in direkter Verbindung zur Hinterhand steht: Wenn das Pferd nicht ausreichend untertritt, sei es aus Faulheit oder wegen eines mechanischen Problems in Hinterhand, Rücken oder allgemein am «Motor», wird sich dieses Problem im Pferdemaul manifestieren. Diese Widersetzlichkeit kann verschiedene Formen annehmen, aber das Aufgeben der Anlehnung ist eine der häufigsten: ein stetiger Kontakt läßt sich nur aufrechterhalten, wenn das Pferd gut untertritt.

Auch Schmerzen im Maul können eine Ursache für Widersetzlichkeiten sein; deshalb sollte man besonders bei Pferden, die das Gebiß nicht annehmen und überhaupt sehr maulempfindlich sind, das Maul genau untersuchen. Scharfe Haken an den Backenzähnen können bei eingelegtem Gebiß zu Verlet-

100

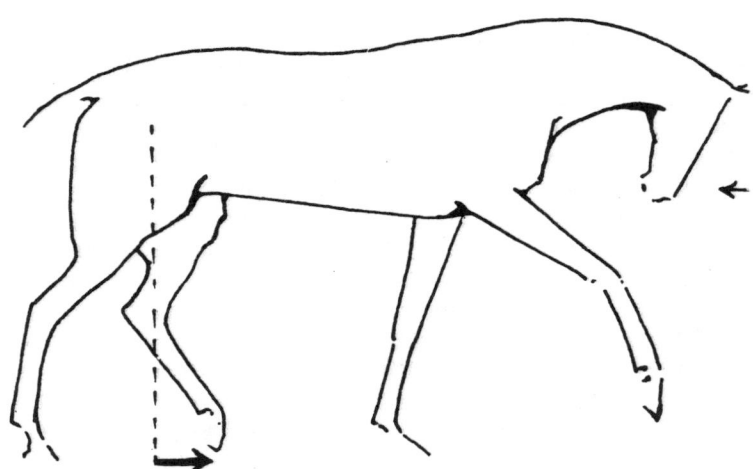

zungen der Maulhöhle führen. Auch die Wolfszähne (Zähne mit kurzen Wur-zeln, die direkt vor den oberen, gelegentlich auch vor den unteren Backen-zähnen sitzen) können schmerzen, wenn das Gebiß sie berührt. Dies fällt be-sonders in einer Wendung auf, denn dann wird sich das Pferd am stärksten widersetzen. Geschwüre oder Wunden im Maul sind ein guter Grund für jedes Pferd, die Anlehnung zu verweigern, hinter dem Zügel zu gehen oder sich maulempfindlich zu zeigen.

Wenn ein Pferd hinter dem Zügel geht, ist dies meistens nicht die Schuld des Reiters, wie es bei anderen Fehlern oft der Fall ist. Ein Pferd, das den Kontakt zur Hand des Reiters aufgibt, ist nun einmal so veranlagt, und daran ändert sich auch nichts, wenn es von einem unerfahrenen Reiter oder einem mit har-ten Händen geritten wird. Dagegen wehren sich Pferde im allgemeinen eher durch Über-dem-Zügel-Gehen, Auf-dem-Zügel-Liegen oder auch Kopfschla-gen, aber wenn ein Pferd hinter dem Zügel geht, ist dies meistens seine eigene Entscheidung. Ein schlechtsitzendes Gebiß, das zu hoch oder zu tief ver-schnallt ist oder eine falsche Größe hat, kann ein Pferd veranlassen, den Kon-takt aufzugeben, vor allem, wenn es ohnehin dazu neigt, hinter dem Zügel zu gehen.

Korrektur: Ist man zu dem Schluß gekommen, daß das Pferd hinter dem Zü-gel geht, weil es nicht weit genug untertritt, ist die offensichtliche Lösung des Problems eine verstärkte Aktivierung der Hinterhand. Allerdings würde das Problem bei einem Pferd, dessen Grundgangarten mangelhaft sind, durch eine

101

Überforderung nur verstärkt. Wenn man versucht, die Gänge eines solchen Pferdes durch wesentlich stärkeres Treiben zu verbessern, könnte es passieren, daß das Pferd noch stärker hinter dem Zügel geht, weil es nicht versteht, was verlangt wird, und sich deshalb verspannt. Man sollte deshalb lieber mit der Grundausbildung von vorn beginnen; Erfolge werden fast nur durch sanfte Überredung und ruhiges Reiten erzielt, denn das Pferd muß zum Ausschreiten und Untertreten angeregt werden und schließlich auch dazu, die Anlehnung wiederherzustellen. Eine große Hilfe ist die Arbeit am langen Zügel, ebenso wie Trabarbeit auf dem Zirkel mit vielen Übergängen, die das Pferd lösen und beim Beschleunigen und Verlangsamen des Tempos zum Untertreten veranlassen. Bei dieser Arbeit muß der Reiter sehr auf seine Zügelführung achten; die Anlehnung muß so ruhig und gleichmäßig beibehalten werden wie möglich, damit das Pferd wieder Vertrauen zur Hand gewinnt. Der Reiter muß jeder Versuchung widerstehen, das Gebiß im Pferdemaul zu bewegen, denn jedesmal, wenn dies geschieht, wird das Pferd den Kontakt wieder aufgeben. Ein Pferd mit einem harten Maul wird durch das Annehmen und Nachgeben des inneren Zügels zur Mitarbeit veranlaßt, wobei sich das Gebiß geringfügig im Maul bewegt; ein Pferd, das hinter dem Zügel geht, erfordert eine entgegengesetzte Behandlung und wird bei jeder Bewegung der Zügelhand den Kontakt aufgeben. Welches Gebiß für ein solches Pferd am besten geeignet ist, erfordert einige Überlegung. Auf jeden Fall sollte es richtig passen und ziemlich dick sein. Damit das Pferd das Gebiß leichter annimmt, sollte man ein relativ unbewegliches wählen, zum Beispiel ein Olivenkopfgebiß, eine Knebeltrense, ein ungebrochenes Gebiß (aus Metall, Gummi oder Kunststoff) oder die Französische Scharniertrense, ein zweifach gebrochenes Gebiß mit einer Verbindungsplatte in der Mitte. All diese Gebisse regen das Pferd dazu an, den Kontakt wieder aufzunehmen, weil sie ihm durch ihre Unbeweglichkeit Vertrauen einflößen. Wenn der Reiter nach einiger Zeit das Gefühl bekommt, das Pferd würde mit einem dieser Gebisse hartmäulig, kann er immer noch zu einer beweglicheren Form greifen, zum Beispiel zu einer gewöhnlichen Wassertrense. Wenn man meint, die beste Zäumungsart gefunden zu haben, das Pferd aber immer noch hinter dem Zügel geht – obwohl der Reiter die Zügel absolut ruhig hält, und allen lösenden Lektionen zum Trotz –, muß der Reiter ein wenig energischer werden, denn das Pferd muß lernen, sich nicht länger vor der Mitarbeit zu drücken. Um die Vorwärtsbewegung zu erhalten und das Pferd trotzdem in der Hand zu behalten, ohne zu ziehen, sollte man mit seitlich abgestellter Hand reiten. In diesem Fall wird nicht nur die innere Hand zur Seite geführt, sondern beide Hände, denn nur so kann man das Pferd energisch vorwärtstreiben und trotzdem die Anlehnung erhalten, ohne den Vorwärtsdrang zu gefährden. Man sollte nicht vergessen, daß ein Pferd, das hinter dem Zügel geht, nicht mitarbeitet; man muß ihm beibringen, daß es zu arbeiten hat und daß es sich auf lange Sicht das Leben dadurch wesentlich leichter machen kann. Je weiter das Pferd hinter den Zügel kommt, desto breiter müssen die Hände geführt werden, damit das Pferd immer zwischen Hand und Schenkel bleibt und die von den Hinterbeinen erzeugte Energie von den Zügeln bewahrt wird – die Energie, die vorher überhaupt nicht vorhanden war. Wenn das

Pferd den Kontakt nicht sofort wieder aufgibt, kann die äußere Hand allmählich wieder in ihre alte Position zurückgeführt werden. Dies geschieht am besten auf dem Zirkel, weil das Pferd dort den Rücken am ehesten losläßt. Einige Tritte Schulterherein sowie das Verkleinern und Vergrößern des Zirkels sind nützliche Übungen, die das Pferd an den äußeren Zügel herantreiben, denn bei diesen Lektionen sind der innere Schenkel und die äußere Hand gefordert. Je stärker das Pferd gegen den äußeren Zügel getrieben wird, desto stetiger wird die Anlehnung werden, und das Pferd hat kaum noch Gelegenheit, hinter dem Zügel zu gehen.

Hinter-dem-Zügel-Gehen ist immer mit einer gewissen Schiefe verbunden – das heißt, das Pferd geht entweder gelegentlich oder ständig auf zwei Hufschlägen (siehe *Schiefe* Seite 106). Ein Pferd, das keinen Schub aus der Hinterhand entwickelt und die Anlehnung an die Zügelhand vermeidet, befindet sich nicht zwischen Zügel und Schenkel und ist deshalb unkontrollierbar. Man könnte hier eine Parallele ziehen zu einem Auto, das mit hoher Geschwindigkeit um eine Kurve fährt, dessen Fahrer aber den Fuß vom Gaspedal nimmt; der Fahrer hat das Auto nicht unter Kontrolle, und es kann sich selbständig machen und rutschen und schleudern. Hier müßte der Fahrer den Fuß auf dem Gaspedal lassen (wie der Reiter das Pferd durch treibende Hilfen zum Untertreten veranlassen muß), und das Lenkrad festhalten (einen stetigen Zügelkontakt erhalten), um das Auto in der Kurve vor dem Wegrutschen zu bewahren (das Pferd auf einem Hufschlag zu halten). Wenn das Pferd seine Schiefe trotzdem beibehält, muß der Reiter zurückgehen bis zu Stufe 2 der Grundausbildung; erst danach können sich Erfolge einstellen. Ein Pferd, das nicht geradegerichtet ist, kann nicht vorwärtsgehen; andererseits kann man ein Pferd, das nicht vorwärtsgeht, nicht geraderichten. Hier empfehlen sich alle Übungen, die dem Pferd ein «Vorwärtsdenken» vermitteln, seien es nun fröhliche Ausritte, die das Pferd aufmuntern und positiv einstellen, bevor die Bahnarbeit beginnt, oder entschlossenes Vorwärtsreiten während der Trainingsstunde, in verstärkten Gangarten aus dem Zirkel heraus und allgemein energischerem Reiten.

Wenn der Reiter merkt, daß das Pferd auf zwei Hufschlägen geht, muß er sofort mit der Hand nachgeben (natürlich ohne dabei den Kontakt völlig aufzugeben) und energisch treiben. Als nächstes werden einige Übungen verlangt, die die Hinterhand wieder zum Untertreten veranlassen, und schließlich die Lektion, die vorher nicht geklappt hatte. Nachdem wir festgestellt haben, daß Pferde ebensooft mit der Schulter ausfallen wie mit der Hinterhand, wird jeder Reiter herausfinden, daß es einfacher ist, die Schultern wieder in eine Linie mit der Hinterhand zu bringen als umgekehrt. Wenn der Reiter zu viel Zeit damit verbringt, die Hinterhand des Pferdes mit dem Schenkel herumdrücken zu wollen, kann es passieren, daß das Pferd zu stark reagiert und mit der Hinterhand zur anderen Seite ausfällt, ohne dabei vorwärtszugehen. Hierdurch entsteht ein neues Problem – sowie der Reiter energisch treibt, wirft das Pferd seine Hinterhand von einer Seite zur anderen, anstatt unterzutreten und die Kruppe zu senken. Ein schiefes Pferd wird diesen Ausweg gern annehmen, denn ihm geht es ja vor allem darum, das Untertreten zu vermeiden! Das Ziel muß sein, das Pferd gegen den äußeren Zügel zu treiben, denn wenn dies gelingt, tritt das Pferd wirklich unter, und der äußere Zügel kontrolliert die Vorhand. Diese beiden Probleme − Hinter-dem-Zügel-Gehen und Schiefe − sind so miteinander verwoben, daß ich sie hier ausführlich zusammen abgehandelt habe, obwohl im folgenden das Problem der Schiefe noch separat besprochen wird.

Hat man das Pferd erst einmal dazu überredet, einen Kontakt zur Hand des Reiters herzustellen, sollte man es in tiefer Vorwärts-abwärts-Haltung reiten, wobei es seine Oberlinie streckt; der Kontakt darf jedoch nicht verlorengehen, damit das Pferd lernt, daß es auch beim Reiten am langen Zügel aktiv untertreten muß. Energisches Treiben bei gleichzeitigem Aufrechterhalten des Kontaktes regt das Pferd an, seinen Rahmen zu vergrößeren und lockert seine Rückenmuskeln.

Herumbeißen auf dem Gebiß

Anzeichen: Sie verstehen sich von selbst und treten auf, wenn das Pferd sich weigert, eine stetige Anlehnung aufrechtzuerhalten; es beißt während des Reitens oder Longierens ständig oder gelegentlich auf dem Gebiß herum. Oft wird dabei auch der Kopf schiefgehalten; diese beiden Probleme treten häufig zusammen auf. Der Reiter hat keine gleichmäßige Anlehnung, und da das Pferd nicht am Zügel geht, ist es unmöglich, es zwischen Zügel und Schenkel zu haben. Mit anderen Worten: Das Pferd geht hinter dem Zügel, um sich vor der Arbeit zu drücken.

Ursachen: Es gibt viele nebensächliche Gründe für das Herumbeißen auf dem Gebiß, aber die Hauptursache ist, daß das Pferd sich weigert, am Zügel zu gehen und nicht untertritt. Dieser Fehler kann am Reiter liegen, der das Pferd zu sehr festhält und ihm keine Gelegenheit gibt, sich selbst auszubalancieren. Ein Pferd, das sich vollkommen zwischen Zügel und Schenkel befindet, würde korrekt gehen und wäre gar nicht in der Lage, sich auf diese Weise vor der Arbeit zu drücken. Heftiges Herumbeißen auf dem Gebiß zeigt sich vor allem bei Pferden, die aufgeregt sind und losstürmen möchten. In der Dressur soll das Pferd völlig entspannt und gelassen sein, und ein heftiges Herumbeißen auf dem Gebiß gilt als Fehler, weil es ein Zeichen für Verspannung und Aufgeregtheit ist.

Eine andere Ursache für übermäßiges Herumbeißen auf dem Gebiß können Schmerzen im Maul sein, zum Beispiel durch schlechtsitzende Gebisse, Zahnhaken, Geschwüre oder Wolfszähne. Manche Jungpferde werden auch mit Gebissen eingeritten, an denen Spieler befestigt sind, die zum Kauen anregen sollen, was den Speichelfluß fördert, denn ein feuchtes Maul soll angeblich weicher sein. In Wirklichkeit aber hängt die Weichheit des Pferdemauls ausschließlich vom Gleichgewicht des Pferdes und seiner natürlichen Beweglichkeit ab. Ein trockenes oder hartes Maul deutet auf ein schlecht ausbalanciertes und mangelhaft ausgebildetes Pferd hin. Ein Reiter, der ständig im Zügel hängt, wird sein Pferd schon bald hartmäulig machen, aber die indirekte Ursache ist, daß das Pferd nicht untertritt. Ein Pferd, das korrekt geht und weit untertritt, wird ein sehr gutes Maul haben, ganz gleich, wie es in der Vergan-

104

genheit eingesetzt wurde. Wenn das Pferd erst einmal gelernt hat, sein Gleichgewicht zu finden und es ausreichend gelöst geht, wird es auch ein weiches Maul haben. Aus diesem Grund bin ich der Meinung, daß Spieler an einem Gebiß nicht nur unnötig sind, sondern überdies zum ständigen Herumbeißen auf dem Gebiß verleiten können. Ein zu tief verschnalltes Gebiß wird das Pferd sicherlich auch zu dieser Unart verleiten, denn es muß das Gebiß ständig wieder «neu fassen», um zu verhindern, daß es ihm gegen die Zähne schlägt, wogegen ein zu hoch verschnalltes Gebiß wahrscheinlich eher dazu führt, daß das Pferd den Unterkiefer zur Seite schiebt, um sich vor dem Druck des Mundstückes oder seines Gelenks zu schützen.

Korrektur: Da ein Pferd, das auf dem Gebiß herumbeißt, ganz offensichtlich hinter dem Zügel geht und sich weigert, einen Kontakt zur Hand des Reiters herzustellen, verweise ich auf den Abschnitt *Hinter-dem-Zügel-Gehen* Seite 100 und außerdem auf die Abschnitte *Verkürzte Trittlänge* Seite 142 und *Nicht-vorwärts-Gehen* Seite 186. Damit das Pferd am Zügel bleibt und das Gebiß in seinem Maul etwas besser akzeptiert, kann man ein ungebrochenes Gebiß aus Metall oder Gummi verwenden oder auch ein Olivenkopfgebiß oder eine Knebeltrense. Da sich diese Gebisse im Pferdemaul weniger bewegen, nimmt das Pferd sie meistens lieber an als beweglichere Ausführungen wie zum Beispiel die Wassertrense. Auch ein engsitzendes englisches Reithalfter, das den Maulbereich gar nicht berührt, sondern weiter oben liegt, kann einem Pferd das Gebißkauen verleiden.

Es bedeutet überhaupt nichts, wenn das Pferd im Galopp nicht mehr auf dem Gebiß herumbeißt, denn in dieser schnellen Gangart gehen die meisten Pferde am Zügel. Daraus ersieht man, daß das Problem darin besteht, das Pferd in den langsameren Gangarten an den Zügel zu reiten. Das kann nur erreicht werden, wenn das Pferd von hinten an die Hand herangetrieben wird. Übermäßiges Gebißkauen ist schwer zu bekämpfen; das Pferd muß energisch vorwärtsgetrieben werden und darf dabei nicht aus dem Gleichgewicht kommen, und der Reiter muß einen sehr ruhigen, leichten Kontakt zum Pferdemaul haben. Wenn das Pferd das Gebiß annimmt, wird es dadurch belohnt, daß dieser leichte Kontakt aufrechterhalten wird, der noch stabiler und gleichmäßiger wird, wenn das Pferd gelernt hat, in jeder Gangart gut unterzutreten. Der Reiter muß Geduld haben und sich mit kleinen Fortschritten begnügen, denn andernfalls wird sich überhaupt kein Erfolg einstellen. Sowie das Pferd den Kontakt wieder aufgibt und beginnt, auf dem Gebiß herumzubeißen, werden die Zügel vorgegeben und das Pferd wird vorwärtsgetrieben, bevor die Zügel wieder angenommen werden. Nachdem das Pferd dazu ermutigt wurde, sich vorwärts-abwärts zu strecken, kann man versuchen, einen etwas dauerhafteren Kontakt aufzunehmen (siehe *Probleme beim Reiten am langen Zügel,* Seite 130). Das Endziel besteht darin, daß das Pferd das Gebiß und die Anlehnung akzeptiert, und wenn dies der Fall ist, muß es sofort belohnt werden; dazu sitzt der Reiter völlig still, ist beinahe passiv und verlangt nichts weiter, bis das Pferd konstant mitarbeitet und einen zufriedenen Eindruck macht. Wenn das Pferd nicht von sich aus die Anlehnung sucht, ist es unmöglich, es weiter auszubilden als bis zu den Stufen Takt und Geraderichten, doch meistens tritt das Problem überhaupt erst auf, weil diese Stadien vernachlässigt wurden.

Bei einem Pferd mit diesem Problem fällt oft auf, daß es beim Traben auf dem Hufschlag den Kontakt zwar erhält, bei einem Wechsel der Gangart oder einem Abwenden vom Hufschlag das Gebiß jedoch sofort fallen läßt. Beim Abwenden auf den Zirkel ist es entscheidend, daß die innere Hand das Gebiß im Pferdemaul nicht bewegt. Die Zügelhilfe muß so sanft sein, daß sie das Pferd dazu ermutigt, am Zügel zu bleiben, obwohl es sich dem Gebiß entziehen möchte. Falls es das Gebiß doch fallen läßt, geht die innere Zügelhand vor, die Schenkel treiben und die äußere Hand bleibt still stehen, und wenn das Pferd den Kontakt am äußeren Zügel akzeptiert hat, wird der innere Zügel wieder angenommen. Dies muß man unter Umständen oft wiederholen; das Prinzip dabei ist, das Pferd sofort vorwärts zu treiben und den inneren Zügel so vorzugeben, daß es sich den Kontakt selbst suchen muß.

Um Rücken und Hinterhand des Pferdes richtig zu aktivieren, läßt man es aus einer Ecke heraus ungefähr ein halbes Dutzend Tritte im Schulterherein gehen, reitet dann auf dem Zirkel und wiederholt das Schulterherein; darauf folgen einige Übergänge, dann wieder Zirkel und Schulterherein, damit das Pferd korrekt mitarbeitet. Als Belohnung folgt etwas leichtere Arbeit — Traben um die ganze Bahn, wobei nur der Takt und der ganz leichte Kontakt zum Pferdemaul wichtig sind —, bei dem der Reiter ganz still sitzt, damit das Pferd versteht, was von ihm verlangt wird. Das Pferd kann schließlich nicht wissen, warum es nicht auf dem Gebiß herumbeißen soll, und wir Reiter und Ausbilder können ihm nur durch korrigierende Schulung beibringen, es zu lassen.

Beim Wechseln der Gangart muß der Reiter darauf achten, nicht am Zügel zu ziehen; der Kontakt zum Pferdemaul darf sich nicht ändern. Das Pferd muß auf die Schenkelhilfen reagieren und die Hinterhand untersetzen; wenn es während der Parade den Kontakt aufgibt, geht der Reiter sofort mit beiden Zügelfäusten vor und läßt das Pferd sich selbst ausbalancieren; danach wird die Übung so lange wiederholt, bis das Pferd sie verstanden hat. Zu Anfang kann es nötig sein, die Hand in den Paraden einige Male entschlossen stehen zu lassen, damit das Pferd nicht gegen den Zügel geht, aber danach muß die Hand stets sehr weich sein und darf auf keinen Fall zurückwirken.

Wie das Hinter-dem-Zügel-Gehen ist auch dieses Problem sehr schwer zu beseitigen, denn sobald ein Pferd eine Möglichkeit gefunden hat, nicht mehr untertreten zu müssen, führen nur Geduld und harte Arbeit zum Erfolg.

Schiefe
Dieses Problem ist eng mit dem Nicht-Vorwärtsgehen und dem Hinter-dem-Zügel-Gehen verbunden.

Anzeichen: Das Pferd ist nicht gerade, sondern tritt mit den Hinterhufen neben die Spur der Vorderhufe. Das kann davon abhängen, auf welcher Hand geritten wird, aber meistens tritt dieses Problem auf beiden Händen auf. Der Reiter wird die Schiefe des Pferdes spüren und fühlen, daß er das Pferd nicht vollkommen zwischen Zügel und Schenkel hat, da entweder die Schulter oder die Hinterhand zur einen oder anderen Seite ausfallen und das Pferd ständig zu einer Seite gebogen ist. Diese Schiefe macht es unmöglich, das Pferd an den Hilfen zu haben, was besonders bei schwierigeren Lektionen auffällt. Da das Pferd nicht im Gleichgewicht ist und die Hinterhand nicht schiebt, tritt es auch nicht an den Zügel heran; das zeigt sich vor allem beim Zulegen im Trab und Galopp, bei dem das Pferd noch stärker aus der Hinterhand schieben sollte, um Takt und Schwung zu erhalten. Die Schiefe im Pferd ist fast immer mit einer schiefen Kopfhaltung verbunden, was bedeutet, daß das Pferd nicht vorwärtsgeht und hinter dem Zügel ist.

Ursachen: Das Pferd weicht von der geraden Linie ab, weil die Hinterbeine nicht gleichmäßig schieben. Mangelnder Schub bei einem Pferd läßt sich mit einem Fahrrad vergleichen, das nicht genügend Schwung hat – es läßt sich nur schwer geradehalten, und wenn der Fahrer nicht einen ausgezeichneten Gleichgewichtssinn hat, beginnt das Fahrrad unweigerlich zu schwanken und die gerade Linie zu verlassen. Ein Pferd, bei dem der Schub aus der Hinterhand fehlt, befindet sich in derselben Situation; es wird mit der Schulter oder der Hinterhand ausfallen, um sich wieder auszubalancieren, und dem Reiter damit ein Gefühl des Schwankens vermitteln. Dies kommt besonders häufig bei jungen Pferden vor, die noch nicht gelernt haben, sich auf der Hinterhand auszubalancieren. Auch Pferde mit physischen Problemen im Rücken oder in den Hinterbeinen können nicht auf einem Hufschlag gehen und werden deshalb die Hinterhand zur Seite schwingen, um nicht untertreten zu müssen. Bis zu einem gewissen Grad sind die meisten Pferde einseitig; sie müssen von Anfang an lernen, gerade zu gehen, damit sie sich eine schiefe Haltung gar nicht erst angewöhnen. Bei manchen Pferden stellt sich die Schiefe nur gelegentlich ein. Das fällt besonders im Mitteltrab oder starkem Trab auf, weil die Hinterhand dabei stärker schieben muß, und durch ihre mangelnde Aktivität kommt es zu einer Abweichung von der Geraden. Auch im Galopp wird die Schiefe oft deutlich; das Pferd wirft die Hinterhand nach innen, um sich auszubalancieren, weil es weder im Gleichgewicht ist, noch von hinten schiebt. Es ist interessant, sich einmal ein von vorn aufgenommenes Foto von einem Flachrennen anzusehen, denn man sieht darauf deutlich, wie die Rennpferde ihr Gleichgewicht halten: sie werfen die Hinterhand nach innen und halten die Köpfe nach außen – sie bewegen sich auf natürliche Weise, doch in der Dressur müssen die Pferde die Hinterhand gerade untersetzen.

Korrektur: Eine der grundlegenden Korrekturmaßnahmen ist dieselbe, die auch auf das schwankende Fahrrad zutrifft: Das Pferd muß energisch vorwärtsgetrieben werden, wobei es, wenn nötig, auch etwas schneller werden darf. Dies ist zweifellos die beste Methode, um ein Schwanken auf der Mittellinie zu verhindern; das etwas höhere Tempo richtet das Pferd gerade, und eine halbe Parade dient dann zum Regulieren des Tempos und zum Erhalten des notwendigen Gleichgewichts. Aufs ganze gesehen ist es einfacher, die Schiefe zu korrigieren, indem man die Schulter der Hinterhand angleicht, und nicht umgekehrt. Um das Ausfallen der Schulter zu verhindern, muß der äußere Zügel stärker einwirken, und das Pferd muß zum Vorwärtsgehen angeregt werden, ohne daß der dabei entwickelte Schwung über die Schulter verlorengehen darf. Wenn der Reiter zu sehr versucht, das Pferd mit Hilfe eines

Schenkels geradezurichten, wird das Pferd das Treiben mit einem Hin- und Herwerfen der Hinterhand verbinden statt mit dem Vorwärtsgehen, was ein neues Problem aufwirft. Obwohl das Pferd natürlich lernen muß, seitwärts zu treten, zum Beispiel beim Schulterherein oder bei der Traversale, sollte es die Schenkelhilfen in erster Linie mit dem Vorwärtsgehen assoziieren; für die Seitengänge werden dann spezielle Hilfen gegeben. Ein Reiter, der ständig seitwärts treibt, um sein Pferd gerade zu halten, wird es zweifellos schwer haben, sich seinem Pferd verständlich zu machen, wenn er Seitengänge reiten möchte. Viel Zirkelarbeit, lösende Lektionen und Handwechsel, vor allem auf Schlangenlinien, helfen beim Geradehalten des Pferdes. Wenn ein Pferd zum Beispiel auf einer Hand auf dem Zirkel über die Schulter ausfällt, ist nach einem Handwechsel die Schulter auf dem anderen Zirkel gefangen, ebenso wie beim nächsten Handwechsel. Ein Ausfallen der Hinterhand wird genauso korrigiert. Der Rücken des Pferdes muß gelöst sein, damit es korrekt gebogen auf der Zirkellinie gehen kann, und hierbei helfen Vergrößern und Verkleinern des Zirkels, Schulterherein und andere lösende Lektionen. Konterschulterherein entlang der langen Seite hilft mit, das Ausfallen der Schulter zu verhindern und fördert gleichzeitig das Untertreten; es kann auch einige Tritte lang auf der Zirkellinie verlangt werden. Diese Übung ist besonders nützlich, wenn das Pferd über die Schulter nach außen drängt.

Man sollte immer feststellen, ob das Pferd auch ohne Reiter schief ist, denn dann hat es mit Sicherheit ein körperliches Problem, und man muß unbedingt herausfinden, worum es sich dabei handelt. Dazu braucht man einen guten, auf Pferde spezialisierten Tierarzt, der in einem solchen Fall helfen kann. Der Tierarzt muß wissen, welche Anforderungen an Turnierpferde gestellt werden, denn nur dann ist er in der Lage, auch kompliziertere Probleme zu erkennen. Die Ursache von Schiefe ist oft ein Rückenleiden, für das Muskeln ebenso verantwortlich sein können wie Wirbel; deshalb empfiehlt es sich, einen Spezialisten mit der Untersuchung zu beauftragen, damit Rückenprobleme entweder behandelt oder ausgeschlossen werden können.

Rücken sind ein unerschöpfliches Thema, deshalb bat ich unseren Tierarzt Peter Green um seine fachmännische Meinung:

Was den alten Hut mit dem «ausgerenkten Wirbel» angeht, so ist die einleuchtendste Theorie die, daß es sich um ein Muskelproblem handelt, das einen ungleichmäßigen Zug an den Dornfortsätzen der betroffenen Wirbel zur Folge hat (Abb. 27–29).

Man stelle sich mehrere Wirbel hintereinander vor – aufgereiht wie Perlen auf einer Schnur –, deren Dornfortsätze sich ebenfalls auf einer Linie befinden, was dem Idealbild entspräche. Jeder Wirbel hat auf beiden Seiten seine eigene Muskulatur, und es ist offensichtlich, daß sich ein einzelner Wirbel leicht verdrehen kann, wenn die Muskeln auf einer Seite einen stärkeren Zug ausüben. Dadurch wird der Aufbau der Wirbelsäule in der Länge nicht verändert – es ist also kein Wirbel «ausgerenkt», aber die Dornfortsätze befinden sich nicht mehr in einer Linie.

Allem Anschein nach kann der Muskelkrampf, der den Wirbel zur Seite zieht, in einigen Fällen durch Massage gelöst werden, wonach sich der Wir-

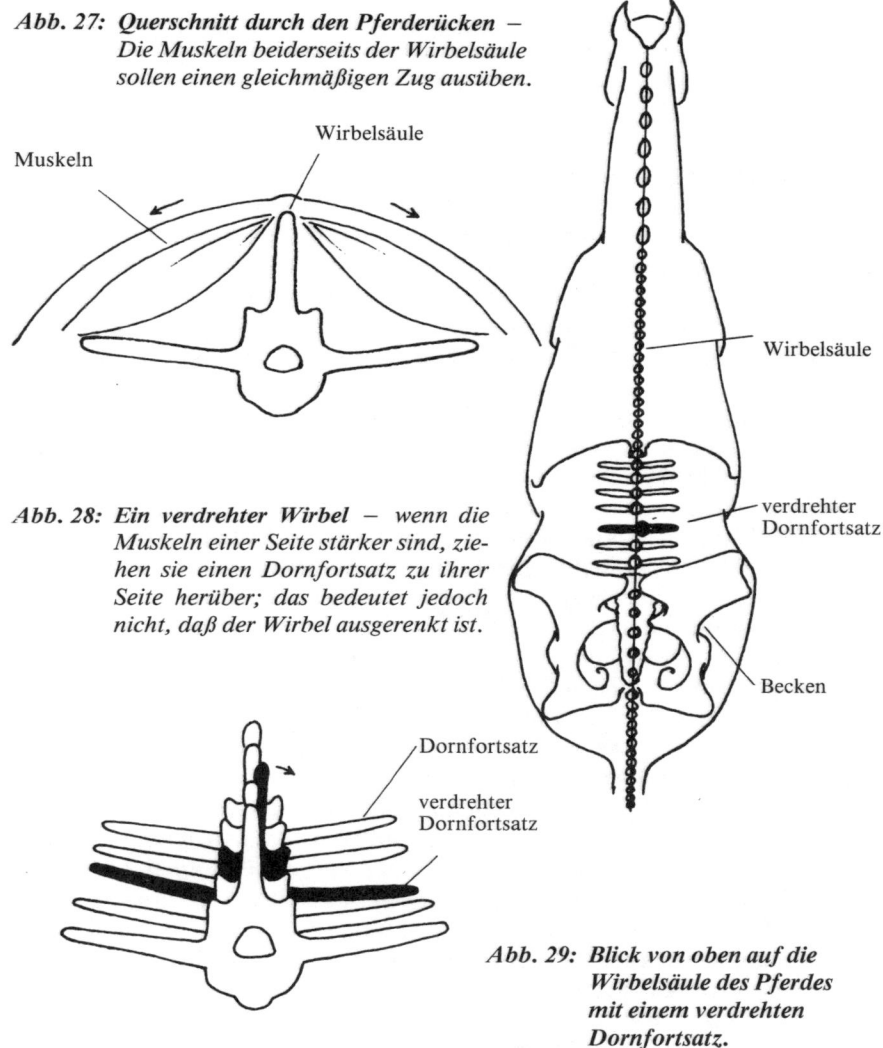

Abb. 27: *Querschnitt durch den Pferderücken –*
Die Muskeln beiderseits der Wirbelsäule
sollen einen gleichmäßigen Zug ausüben.

Muskeln

Wirbelsäule

Wirbelsäule

Abb. 28: *Ein verdrehter Wirbel – wenn die*
Muskeln einer Seite stärker sind, zie-
hen sie einen Dornfortsatz zu ihrer
Seite herüber; das bedeutet jedoch
nicht, daß der Wirbel ausgerenkt ist.

verdrehter
Dornfortsatz

Becken

Dornfortsatz

verdrehter
Dornfortsatz

Abb. 29: *Blick von oben auf die*
Wirbelsäule des Pferdes
mit einem verdrehten
Dornfortsatz.

bel wieder geradestellt. Es kommt bei Pferden relativ häufig vor, daß ein Dornfortsatz aus der Reihe geraten ist, und bei einigen kann er wie gesagt durch Massage wieder geradegerichtet werden.

Eine physiotherapeutische Behandlung kann dem Pferd also zu einer gewissen Muskelentspannung verhelfen; deshalb sollte man den Rücken auf jeden Fall von einem erfahrenen Spezialisten untersuchen lassen. Eine Wunderheilung darf jedoch nicht erwartet werden, und oft muß die Behandlung auch mehrmals wiederholt werden. Natürlich braucht die Tatsache, daß das Pferd schief ist, nichts mit seinem Rücken zu tun zu haben – die Ursache für die

Steifheit und Arbeitsunwilligkeit kann auch im Knie, im Sprunggelenk oder sogar in der Fessel liegen. Auch hier kann der Tierarzt helfen, denn das Pferd ist nicht ohne Grund schief, und dieser Grund muß erst entdeckt werden, ehe man ihn behandeln kann.

Verschieben des Unterkiefers

Anzeichen: Bei diesem Problem öffnet das Pferd das Maul und schiebt den Unterkiefer zur Seite oder bewegt ihn hin und her, um der Einwirkung des Gebisses zu entgehen. Ein gewöhnliches Trensengebiß wirkt auf die Zunge, die Laden, die Maulwinkel und — zusammen mit einem Hannoverschen Reithalfter — auch auf das Genick ein. Die Kandare wirkt zusätzlich noch auf den Gaumen und die Kinnkettengrube. Um dieser Einwirkung zu entgehen, schiebt das Pferd den Unterkiefer zur Seite und weicht so dem Druck des Gebisses und damit natürlich auch den Zügelhilfen des Reiters aus. Der Reiter fühlt ein schweres, totes Gewicht am Ende der Zügel und kann natürlich entsprechend schlecht einwirken.

Ursachen: Wenn man bedenkt, daß Maulschwierigkeiten stets mit der Tragfähigkeit der Hinterhand in Verbindung stehen, wird deutlich, daß das Pferd den Unterkiefer nur zur Seite schiebt, um auszudrücken, daß es die Wünsche des Reiters nicht erfüllen kann, weil es sich nicht im Gleichgewicht befindet und seine Hinterbeine nicht weit genug untertreten. Das Problem tritt im allgemeinen nur auf, wenn der Reiter die Zügel kurz nimmt — wenn es am langen Zügel geritten wird, findet das Pferd nichts, wogegen es sich wehren müßte und wird deshalb den Unterkiefer nicht verschieben. Dies ist der Beweis dafür, daß das Pferd nicht in der gewünschten Haltung gehen kann, weil es seine Hinterhand nicht weit genug untersetzt, um sein eigenes Gewicht und das des Reiters so zu tragen, daß es außerdem noch auf die Hilfen reagieren kann. Um auch in Wendungen und in Übergängen weich im Maul zu bleiben, müssen Vorwärtsbewegung, Gleichgewicht und Tempo von der Hinterhand bestimmt werden. Ein Pferd, das in diesen Bewegungen nicht weit untertritt, muß Kopf und Hals als Balancierstange benutzen, und wenn es dabei durch die Hand des Reiters gestört wird, wird es sich widersetzen, in diesem Fall durch ein Verschieben des Unterkiefers. Wenn das Pferd den Unterkiefer zur Seite schiebt, sagt es: «Laß mir den Kopf frei, ich muß mich ausbalancieren», und der Reiter muß einsehen, daß das Pferd wegen der Inaktivität seiner Hinterbeine in diesem Moment nicht in der Lage ist, die Anweisungen korrekt zu befolgen.

Ein Pferd, das sich generell unbehaglich fühlt, wenn es ein Gebiß im Maul hat, wird seinen Unterkiefer verschieben. Ob dieses Problem ständig auftritt oder nur dann, wenn der Reiter die Zügel kurz nimmt, kann man sofort nach dem Aufzäumen feststellen, denn ein Pferd, das ständig den Unterkiefer verschiebt, wird dies sofort tun und nicht erst, wenn der Reiter die Zügel aufnimmt. Auch hier muß man die *Ursache* des Problems erkennen, bevor man etwas dagegen unternehmen kann.

Korrektur: Ehe man sich überlegt, wie das Problem am besten zu korrigieren ist, sollte man genau beobachten, wann es überhaupt auftritt. Bei einem Pferd, das sofort nach dem Aufzäumen den Unterkiefer zur Seite schiebt, sollte zuerst überprüft werden, ob die Trense richtig paßt, das Gebiß die richtige Größe hat und nicht zu hoch im Maul liegt (durch das Verschieben des Kiefers wehren Pferde sich eher gegen zu hoch verschnallte Gebisse als gegen zu tiefliegende). Ein zu tief verschnalltes Gebiß kann andere Probleme verursachen: Das Pferd kann zum Beispiel die Zunge über das Gebiß nehmen oder allgemein maulempfindlich werden, weil das Gebiß ständig gegen seine Zähne schlägt. Eine andere wichtige Frage ist, ob das verwendete Gebiß für das betreffende Pferd überhaupt das richtige ist. Wenn das Pferd sich damit nicht wohlzufühlen scheint, muß man herausfinden, warum das so ist. Manche Pferde haben zum Beispiel ziemlich dicke Zungen; sie können die Nußknackerwirkung der normalen Trensen kaum ertragen. Bei ihnen wäre eine französische Scharniertrense, die doppelt gebrochen und in der Mitte mit einer flachen Platte versehen ist, wesentlich angebrachter. Es gibt keine festen Regeln, welches Gebiß das richtige ist. Das richtige Gebiß für ein Pferd läßt sich nur durch Ausprobieren finden. Es ist natürlich ratsam, nur Gebisse zu benutzen, die in Dressurprüfungen erlaubt sind, denn sonst kann es passieren, daß ein Pferd großartig geht, aber mit einem Gebiß, das nicht erlaubt ist, und wenn man an einer Prüfung teilnehmen möchte, muß man wieder von vorn anfangen, um den Schlüssel zum Pferdemaul zu finden. Es gibt eine Vielzahl verschiedener erlaubter Gebisse, die die Bedürfnisse der meisten Pferde erfüllen. Die meisten guten Reitsportgeschäfte helfen gern, und auch reitende Freunde verleihen Gebisse meist bereitwillig, denn sie gehören zu den wenigen Dingen, die nicht kaputtgehen (von Gummigebissen abgesehen, die manchmal kaum zwei Minuten halten). Vor dem Auswechseln des Gebisses sollte man jedoch das Maul des Pferdes untersuchen und sicherstellen, daß keine Wunden von Geschwüren, Zahnhaken oder Wolfszähnen vorhanden sind. Solche Probleme werden vom Tierarzt behandelt, aber es empfiehlt sich, das Maul des Pferdes zweimal jährlich untersuchen zu lassen. Es ist bekannt, daß Maulverletzungen schnell abheilen, und nach ein paar Tagen ohne Gebiß sollten sie sich deutlich gebessert haben. Wenn man ein Pferd mit einer Wunde im Maul trotzdem mit Gebiß weiterreitet, gibt man ihm nur um so mehr Veranlassung, sich dagegen zu wehren. Die Geduld zahlt sich aus, denn sobald die Wunden geheilt sind, hat das Pferd keine Entschuldigung mehr. Es wird allerdings Zeit brauchen, bis es die erlittenen Schmerzen vergessen hat, und der Reiter muß sich darauf einstellen, wenn er wieder reiten kann.

Bei einem Pferd, das den Unterkiefer verschiebt, besteht die erste Reaktion des Reiters meistens darin, ihm ein Reithalfter umzuschnallen, entweder ein Hannoversches, ein Englisches mit Zusatzriemen oder ein Mexikanisches. Obwohl ich dieser Handlungsweise bis zu einem gewissen Grad zustimme – schließlich gibt es das alte Sprichwort «Pferde sind wie Frauen, schließt ihnen den Mund, dann folgen sie euch überallhin!» (welch chauvinistische Einstellung!) – beseitigt sie doch nicht die Ursache des Problems, die darin besteht, daß das Pferd nicht weit genug untertritt. Hat ein Pferd sich jedoch erst einmal angewöhnt, sofort den Kiefer zu verschieben, sobald der Reiter die Zügel aufnimmt, ist es sehr schwer, es von hinten an das Gebiß heranzutreiben; es wird den Unterkiefer zur Seite schieben und schneller werden, wodurch es dem

Reiter unmöglich wird, die erzeugte Energie zu bewahren. Mit einem Reithalfter, das das Verschieben des Unterkiefers verhindert, kann man dem Pferd das Untertreten beibringen, ohne in einen Teufelskreis zu geraten, in dem keine Fortschritte erzielt werden und in dem das Pferd zwar weiter untertritt, aber hartmäulig ist und stürmt. Das Reithalfter darf auf keinen Fall so eng geschnallt werden, daß das Pferd den Unterkiefer überhaupt nicht mehr bewegen kann, denn dadurch würde es sich unbehaglich fühlen, sich noch mehr widersetzen und vielleicht sogar noch härter im Maul werden. Das Reithalfter sollte nur der Abschreckung dienen − das heißt, es soll das Pferd daran hindern, das Maul zu öffnen und den Unterkiefer zur Seite zu schieben, aber es soll ihm das Maul nicht zusperren − da besteht ein feiner Unterschied. Welches Reithalfter benutzt werden sollte, ist von Pferd zu Pferd verschieden. Die verschiedenen Reithalfter eignen sich für unterschiedliche Pferde, und eine feste Regel gibt es nicht. Welche Ausführung im Endeffekt benutzt wird, spielt eigentlich keine Rolle, die Hauptsache ist, daß Pferd und Reiter damit zufrieden sind.

Wenn das Pferd den Unterkiefer nur verschiebt, wenn der Reiter die Zügel aufnimmt, und wir festgestellt haben, daß die Ursache dafür in der mangelnden Aktivität der Hinterhand liegt, sind alle Übungen, die das Pferd zum Untertreten veranlassen und seinen Rücken und die Gelenke der Hinterhand lösen, von großem Nutzen. Der Reiter muß herausfinden, wann genau sein Pferd beginnt, sich zu widersetzen; die Reihenfolge der Übungen muß in jeder Stunde exakt die gleiche sein (siehe Zweites Kapitel), und dann wird sich herausstellen, in welchem Stadium dem Pferd die Arbeit zu schwierig wird. Wenn das Pferd zum Beispiel immer dann den Unterkiefer verschiebt, wenn der Reiter vom Hufschlag auf den Zirkel abwendet, bedeutet dies, daß das Pferd sich auf einem Zirkel dieser Größe nicht ausbalancieren kann − entweder, weil es zu steif ist, um seinen Körper entsprechend zu biegen, oder weil es nicht weit genug untertritt, um sich selbst zu tragen. In jedem Fall muß mit dem inneren Schenkel vermehrt getrieben werden, damit sich das Pferd biegt und mit dem inneren Hinterbein weiter untertritt, wobei es gleichzeitig gegen den äußeren Zügel getrieben wird. Der innere Zügel wird abwechselnd angenommen und wieder nachgegeben. Zum Ziehen gehören immer zwei, und wenn der Reiter dem Pferd am inneren Zügel sofort «Luft gibt», wenn sich ein Widerstand bemerkbar macht, und dann mit dem inneren Schenkel verstärkt treibt, merkt das Pferd, daß es nicht am inneren Zügel festgehalten wird und sich deshalb auch nicht zu wehren braucht. Würde der Reiter bei jedem Widerstand am inneren Zügel ziehen, würde sich das Problem verschlimmern − und der Teufelskreis beginnt. Annehmen und Nachgeben, Fordern und Belohnen sind die Schlüsselworte zur Lösung dieses Problems: Wenn man dem Pferd nichts bietet, wogegen es sich wehren müßte, wird es sich auch nicht wehren; aber gleichzeitig muß natürlich vermehrt getrieben werden, um einen Erfolg zu erzielen. Das Pferd muß an den Zügel geritten werden, was nur erreicht werden kann, wenn der innere Schenkel es an den äußeren Zügel treibt, denn nur so kann das Pferd fleißig vorwärtsgehen.

Das Verschieben des Unterkiefers ist keine natürliche Handlungsweise des

Pferdes, sondern eine, die reiterbedingt ist – die Ursache ist eine unnachgiebige Hand in Verbindung mit mangelndem Gleichgewicht beim Pferd.

Kreuzgalopp

Anzeichen: Anstatt in der korrekten Fußfolge zu galoppieren – zum Beispiel hinten außen, hinten innen und vorn außen zusammen und dann das innere Vorderbein als Führungsbein –, springt das Pferd hinten oder vorn um, und es ergibt sich die Fußfolge hinten innen, hinten außen und vorn außen zusammen und dann vorn innen. Anders ausgedrückt: Im korrekten Galopp setzen zwei diagonal gegenüberliegende Hufe gleichzeitig auf, während im Kreuzgalopp das gleichzeitig auffußende Beinpaar auf einer Seite liegt. Dadurch kommt das Pferd aus dem Gleichgewicht und ist sehr unbequem zu sitzen. Im Kreuzgalopp kann die Hinterhand des Pferdes nicht schieben; der Beweis dafür ist, daß ein Pferd vor einem Hindernis stets wieder in den «richtigen» Galopp umspringt; aus dem Kreuzgalopp kann es nicht abspringen, weil es nicht im Gleichgewicht ist und der Schub aus der Hinterhand fehlt.

Ursachen: Ein Pferd geht nur im Kreuzgalopp, wenn es nicht im Gleichgewicht ist und nicht untertritt. Die wenigsten Pferde galoppieren im Kreuzgalopp an; meistens springen sie entweder vorn oder hinten um und gehen dann im Kreuzgalopp. Ein Pferd wird hinten umspringen, wenn es ihm nicht gelingt, das äußere Hinterbein so weit vorzuschwingen, daß es sich ausbalancieren kann, oder wenn die Hinterhand so weit zur Seite ausfällt, daß ihm gar keine andere Wahl mehr bleibt. Vorn springen Pferde im allgemeinen bei Richtungswechseln um, weil sie nicht weit genug untertreten. Besonders im Kontergalopp kommt dies oft vor, wenn die Hinterhand nicht genug schiebt und das Pferd über die Schulter ausfällt.

Korrektur: Wenn ein Pferd hinten umspringt, muß der hinter dem Gurt liegende Schenkel stärker verwahrend eingesetzt werden, damit die Hinterhand nicht ausfällt. Das Pferd kann nicht umspringen, wenn es untertritt, vorwärtsgeht und geradegerichtet ist. Wenn einem Pferd das Galoppieren auf einer Hand schwerer fällt als auf der anderen, kann es versuchen, sich durch Umspringen vor längeren Galoppreprisen zu schützen. In diesem Fall darf die Dauer der Galopparbeit nur ganz allmählich gesteigert werden, bis das Pferd kräftig genug ist, um das Gewicht auf dem äußeren Hinterbein tragen zu können.

Wenn das Pferd umspringt, wird durchpariert zum Trab und sofort neu angaloppiert und wieder zum Trab durchpariert, wenn das Pferd im «richtigen» Galopp gegangen ist. Viele Pferde versuchen, in den Übergang vom Galopp zum Trab einen Galoppsprung im Kreuzgalopp einzuschieben, weil sie auf diese Weise ihre Hinterhand beim Durchparieren entlasten können. Aus diesem Grund muß der Übergang durch eine Reihe von halben Paraden vorbereitet werden, die die Hinterhand des Pferdes so weit unter seinen Schwerpunkt bringen, wie es sein Ausbildungsstand erlaubt. Dabei darf die Hinterhand jedoch nicht nach außen schwingen, weil das Pferd dann in den Kreuzgalopp umspringen könnte. Dann wird das Pferd in den Trab hineingetrieben, damit die Hinterhand weiterarbeitet und der Reiter nicht in die Versuchung gerät, das Pferd einfach in den Trab «fallen zu lassen», wobei der Schwung natürlich verlorenginge. Da ein Pferd nicht im Kreuzgalopp gehen wird, wenn es gut untertritt, ist es wichtig, die Vorwärtsbewegung stets zu erhalten.

Ausfallen der Hinterhand

Anzeichen: Anstatt geradegerichtet zu sein (wobei die Hinterhufe in die Spur der Vorderhufe treten), biegt sich das Pferd auf dem Zirkel nicht um den inneren Schenkel, und die Hinterhand weicht nach innen oder außen ab (siehe Abb. 8). Der Körper des Pferdes scheint entgegen der Bewegungsrichtung gebogen zu sein, und der Kopf zeigt nach außen, was zu Taktfehlern führt.

Ursachen: Eine mangelhafte Ausbildung und fehlende Durchlässigkeit für den inneren Schenkel und die Hilfen für Biegung und Stellung. Diese Mängel wiederum werden durch Steifheit verursacht. Das Pferd kann auch mit der Hinterhand ausfallen, wenn es vor etwas scheut, denn es gerät aus dem Gleichgewicht, wenn es plötzlich zur Seite springt, und dabei ist ein Ausfallen der Hinterhand unvermeidbar.

Korrektur: Der Reiter muß versuchen, das Pferd beweglicher zu machen und mit dem inneren Schenkel durchzukommen (siehe *Steifheit* und *Scheuen),* und alle Übungen, die das Pferd lösen, tragen zur Korrektur dieses Problems bei (siehe Stufe 4 der Grundausbildung – *Geraderichten).* In schwierigen Fällen, wenn das Pferd vom inneren Schenkel einfach keine Notiz nimmt, kann die offene Zügelführung zum Erfolg führen. Vor einer Ecke wird die äußere Hand in Richtung Bande abgestellt, das Pferd wird mit dem inneren Schenkel und dem inneren Zügel in die Ecke geritten und gleichzeitig mit der äußeren Hand so in die Ecke geführt, daß es in der Wendung nicht ausfallen kann. Der innere Schenkel muß energisch genug treiben, damit der Takt erhalten bleibt, aber auch, damit das Pferd lernt, sich um den Schenkel zu biegen und sich nicht nur auf die Zügelhilfen zu verlassen. Diese Übung kann auch auf dem Zirkel geritten werden, wobei sich das Pferd vom inneren Schenkel wegbewegen soll. Dabei muß aber der äußere Schenkel verwahrend wirken, damit das Pferd nicht, anstatt sich zu biegen, einfach die Hinterhand vom inneren Schenkel weg zur Seite schwingt. Das nächste Ziel des Reiters ist es, die äußere Hand wieder normal zu halten und dafür die innere Hand zu öffnen, denn sonst könnte das leider häufige Problem entstehen, daß die innere Hand über den Mähnenkamm nach außen geführt wird, um die Biegung zu *erzwingen.*

Auf die Vorhand fallen

Anzeichen: Statt bei der Parade vom Galopp zum Trab die Hinterhand unterzusetzen, fällt das Pferd auf die Vorhand; sein Gleichgewicht ist so weit nach vorn verlagert, daß es sogar stolpern kann, jedenfalls aber geht der Takt des Trabes verloren. Der Trab wird erst nach einigen Tritten wieder taktmäßig werden, weil das Pferd erst dann wieder im Gleichgewicht ist und wieder mehr Gewicht mit der Hinterhand trägt, und bevor es soweit ist, wird es schwerfällig und übereilt auf der Vorhand laufen.

Ursachen: Alle Mängel in der Ausbildung des Pferdes werden in den Paraden besonders deutlich, denn das Pferd muß dabei die Hinterhand untersetzen, und gerade beim Durchparieren vom Galopp zum Trab wird die Hinterhand stärker gefordert als beim Übergang vom Trab zum Schritt. Aus diesem Grund werden alle Mängel im Übergang vom Galopp zum Trab besonders deutlich. Wenn das Pferd in den Trab «hineinfällt», bedeutet das, daß es nicht genug untertritt und sich deshalb auch nicht im Gleichgewicht befindet und dadurch wiederum gegen die Hand geht (siehe *Gegen die Hand gehen* Seite 225): All diese Mängel sind Ursache für eine nur mittelmäßige Parade. Der Grund dafür kann eine lückenhafte Grundausbildung sein, aber auch mangelnde Vorbereitung des Pferdes vor der Parade. Wenn der Reiter das Pferd nicht schon im Galopp mit halben Paraden zum Untertreten bringt, wird es kaum eine Möglichkeit haben, erst dann die Hinterhand unterzusetzen, wenn es schon in den Trab übergeht; es wird sich auf das Gebiß legen, um sein Gleichgewicht zu halten, oder aus dem Gleichgewicht geraten und auf die Vorhand fallen. Ein Reiter, der nicht die Schenkel anlegt und die Vorwärtsbewegung mit der Hand abblockt, um sein Pferd vom Galopp zum Trab durchzuparieren, sondern nur am Zügel zieht, muß damit rechnen, daß sich das Pferd gegen die harte Einwirkung im Maul wehrt, aus dem Gleichgewicht kommt, auf die Vorhand fällt und einen fürchterlichen Anblick bietet. All diese Probleme und ihre Ursachen hängen eng zusammen, und wenn die Hauptursache erst einmal ausgeräumt ist, werden sich nicht nur die Paraden vom Galopp zum Trab verbessern, sondern auch viele andere Bewegungen, bei denen gutes Untertreten, Gleichgewicht und der daraus resultierende Takt unerläßlich sind.

Korrektur: Ungeachtet der Ursache dafür, daß das Pferd beim Durchparieren aus dem Galopp auf die Vorhand fällt, ist die Korrektur stets die gleiche: Das Pferd muß lernen, die Hinterhand unterzusetzen; außerdem muß darauf geachtet werden, daß korrekte Hilfen gegeben werden. Der Reiter gibt schon im Galopp eine Reihe energischer halber Paraden, damit das Pferd weiter untertritt und dadurch in der Lage ist, beim Durchparieren sein Gewicht auf die Hinterhand zu verlagern. Der Reiter sollte das Pferd auf etwa den letzten sechs Galoppsprüngen so stark versammeln wie möglich, dann energisch durchparieren und sofort weitertreiben, wobei das Pferd allerdings nicht gegen die Hand gehen darf. Der Reiter darf nicht den Fehler machen, das Pferd beim Übergang zum Trab zu sehr festzuhalten; es soll zwar sein Gewicht auf der Hinterhand tragen, dabei aber gleichzeitig fleißig vorwärtsgehen. Die Paraden vom Galopp zum Trab sollten in jeder Reitstunde mehrmals geübt werden, denn selbst bei einer nicht ganz perfekten Parade muß das Pferd bis zu einem gewissen Grade seine Hinterhand untersetzen; ein gut vorbereiteter Übergang, der vielleicht auch noch recht gut gelingt, bedeutet in der Ausbildung des Pferdes einen weiteren Schritt nach vorn. Wenn das Pferd gelernt hat, seine Hinterbeine sinnvoll einzusetzen, und genügend Kraft hat, dies immer zu tun, wird es durchlässiger werden. Bei den Pferden, die beim Durchparieren auf die Vorhand fallen, handelt es sich in vielen Fällen um dieselben, die beim Angaloppieren in den Galopp «hineinlaufen» und beim Durchparieren den Rücken wegdrücken; dies sind Anzeichen für eine mangelnde Aktivität der Hinterhand, die durch häufiges Üben von Paraden verbessert wird. Außerdem wird die Korrektur von Fehlern bei der Parade die allgemeine Durchlässigkeit des Pferdes verbessern, denn wenn es gelernt hat, bei einer Parade die Hinterhand unterzusetzen, wird es dies auch in anderen Lektionen tun.

Über die Schulter ausfallen

Anzeichen: Das Pferd schwingt die Schulter nach außen, vor allem in Wendungen, wodurch natürlich der Takt und die Biegung verlorengehen. Der Reiter hat das Gefühl, das Pferd schlecht lenken zu können, und außerdem den Eindruck, daß das Pferd von der gewünschten Richtung wegstrebt.

Ursachen: Der äußere Zügel wirkt nicht begrenzend auf die äußere Schulter ein; deshalb ist das Pferd schwer abzuwenden. Ein Pferd, das zum Stall oder zu anderen Pferden strebt, wird sich so verhalten (oder mit der Hinterhand ausfallen). Das Pferd steht nicht an den Hilfen und biegt sich nicht in den Wendungen.

Korrektur: Das Pferd muß durch verstärkten Einsatz des äußeren Zügels und des äußeren Schenkels geradegerichtet werden. Wenn es über die Schulter geht, muß es energisch korrigiert werden, indem die Schultern wieder auf eine Linie mit der Hinterhand gebracht werden, was durch ein Öffnen des inneren Zügels bei gleichzeitigem Annehmen des äußeren erreicht wird. Wenn nötig, kann der äußere Schenkel etwas nach vorn gebracht werden, um die äußere Hand zu unterstützen, bis das Pferd geradegerichtet ist; erst dann nimmt er seine Position hinter dem Gurt wieder ein.

Es ist sinnvoller, diesem Problem vorzubeugen, als es zu korrigieren. Das Pferd darf gar nicht erst anfangen, über die Schulter auszufallen; der Reiter muß verhindern, daß die Schulter nach außen schwingt. Das ist relativ einfach und wird durch häufiges Reiten von Wendungen und Handwechseln bewirkt, weil das Pferd durch sie lernt, gerade zu bleiben. Falls das Pferd beim Wechseln durch den Zirkel oder bei einer Schlangenlinie durch die Bahn auf einer Seite mit der Schulter ausweicht, wird der Fehler sofort durch den gegenüberliegenden Zügel, der sich dann auf der Innenseite befindet, korrigiert. Andere hilfreiche Übungen sind einige Tritte Konterschulterherein auf der Zirkellinie oder einfaches Nach-außen-Biegen des Pferdes auf dem Zirkel. Bei einem Pferd, das mit dem inneren Schenkel gegen den äußeren Zügel getrieben wird, beweist die Tatsache, daß es versucht, über die äußere Schulter auszufallen, zumindest, daß es am äußeren Zügel steht und daß dort nur noch verwahrende Hilfen nötig sind.

Viertaktgalopp

Anzeichen: Anstatt im Dreitakt zu galoppieren, setzt das Pferd den äußeren Vorderhuf kurz *vor* dem inneren Hinterhuf auf, wodurch ein Viertakt entsteht. (Der Renngalopp ist zwar auch eine Gangart im Viertakt, aber hier verändert sich die diagonale Fußfolge in umgekehrter Weise.) Die Schaukelbewegung des Galopps geht verloren, der Rücken ist steif und läßt den Reiter schlecht sitzen, und für einen Betrachter wirkt der Galopp hölzern. Es verkürzt sich nur die Schrittlänge der Vorderbeine, nicht aber die der Hinterbeine, und der Schwung des Galopps geht verloren, weil die Hinterhand nicht genügend arbeitet.

Ursachen: Der Viertaktgalopp entsteht, wenn das Pferd nicht genügend vorwärtsgeht und nicht untertritt; das liegt grundsätzlich daran, daß der Reiter es zu sehr festhält und nicht genug treibt. Das passiert vor allem, wenn der Reiter einen versammelten Galopp anstrebt, obwohl er noch nicht erfahren genug ist, eine derart schwierige Lektion korrekt zu reiten; das Ergebnis ist eine Änderung der Fußfolge und damit der Galopp im Viertakt.

Korrektur: Da das Pferd nicht vorwärtsgeht und nicht genug untertritt, ist der erste Schritt zur Korrektur ein energisches Vorwärtstreiben, möglicherweise sogar ein Erhöhen des Tempos, damit sich ein Dreitakt einstellt. Die Hinterhand muß zum Schieben und zum Aufnehmen von Gewicht gebracht werden. Der Galopp selbst sollte elastischer und entschiedener werden, und meiner Meinung nach kann man dies am ehesten im leichten Sitz erreichen. Auf diese Weise kann das Pferd energisch von hinten herangetrieben werden, und die Entlastung seines Rückens löst die verkrampften Rückenmuskeln und läßt das Pferd untertreten. Sowie das Pferd in dieser verstärkten Gangart im Dreitakt galoppiert, kann man allmählich das Tempo verringern und wieder verstärken und auch häufig zum Trab durchparieren und wieder angaloppieren, damit das Pferd so gut untertritt wie möglich; wenn der Viertaktgalopp wieder auftritt, muß sofort wieder vorwärtsgeritten werden. Wie lange es dauert, um den Viertaktgalopp zu korrigieren, hängt im Einzelfall davon ab, wie stark das Pferd ihn sich angewöhnt hat. Wenn ein junges Pferd diesen Fehler zeigt, muß der Reiter schnell reagieren und sofort die Zügel vorgeben und energisch vorwärtsreiten, denn bekanntermaßen fallen Pferde nur in den Viertaktgalopp, wenn sich die Schrittlänge der Vorderbeine verkürzt – was bedeutet, daß der Reiter das Pferd zu sehr festhält.

In manchen Fällen kann der Viertaktgalopp auch durch das Reiten von Kontergalopp korrigiert werden. Er macht das Pferd beweglicher und läßt es untertreten. Andererseits kann das Problem dadurch aber auch verstärkt werden, denn die meisten Pferde fallen in den Viertaktgalopp, wenn sie die Galopparbeit als zu schwierig empfinden, und da der Kontergalopp eine schwierige Übung ist, kann er die gegenteilige Wirkung haben.

Probleme beim Halten

Anzeichen: Bei einer korrekten ganzen Parade sollte das Pferd gleitend in einen Zustand der Unbeweglichkeit übergehen, bei dem beide Beinpaare parallel stehen, ohne daß es während der Parade die Haltung verliert, aus dem Takt kommt oder sich wehrt, und mit gut untersetzten Hinterbeinen. Häufig vorkommende Fehler sind ungleichmäßiges Belasten der Beine im Stand; Ruhen auf einem Hinterbein; auf die Vorhand fallen, was zum Stolpern führen kann; Hochreißen des Kopfes; auslaufendes Halten oder Nicht-stillstehen-Wollen.

Ursachen: Die oben genannten Fehler sind symptomatisch für eine ganze Parade, bei der das Pferd die Hinterhand nicht untersetzt. Um korrekt anzuhalten, muß das Pferd die Kruppe senken und die Hanken beugen: Die Unfähigkeit, dies zu tun, kann ihre Ursache in einer schlechten Ausbildung haben oder in einer Schwäche der Hinterhand. Probleme beim Stehen – zum Beispiel Unaufmerksamkeit, Unruhe, Aufgeregtheit oder Verspannung – können temperamentsbedingt sein, ihre Ursache aber auch in der Jugend des Pferdes, einer schlechten Ausbildung oder Schmerzen vor allem im Rücken oder im Maul haben. Möglich ist auch, daß der Reiter das Halten zu abrupt verlangt und das Pferd damit überfordert hat.

Korrektur: Hier muß betont werden, daß dieses Problem nur in dem Maße geringer wird, in dem sich der Ausbildungsstand des Pferdes verbessert. Das Pferd wird sich nicht korrekt durchparieren lassen, bevor es durch einfachere Übergänge – zum Beispiel vom Trab zum Schritt – gelernt hat, die Hinterhand unterzusetzen. Der Reiter sollte quasi nebenbei auf die ganze Parade hinarbeiten, denn wenn er zu viel Aufhebens davon macht, wird sich das Pferd schon bald verkrampfen, und die Probleme werden nur größer.

Durch das Üben von Übergängen wird das Pferd lernen, auf die angelegten Schenkel des Reiters und die «blockierenden» Zügel zu reagieren, und der Grundstein für korrekte Paraden zum Halten ist gelegt. Nach dem Durchparieren sollte das Pferd auch zu Beginn der Ausbildung durch sanfte und ruhige Hilfen dazu gebracht werden, sich korrekt hinzustellen, selbst wenn die Parade noch nicht perfekt war. Außerdem sollte das Pferd eine Zeitlang unbeweglich stehen und sich nicht sofort wieder in Bewegung setzen. Sowie das Pferd steht, geben Zügel und Schenkel nach, und das Pferd wird gelobt und geklopft – und zwar nicht nur am Hals, sondern auch hinter dem Sattel. Das erfüllt noch einen zweiten Zweck, denn durch das Klopfen hinter dem Sattel gewöhnt es sich daran, daß sich eine Hand vom Zügel löst, was eine gute Vorbereitung für die Grußaufstellung bei einer Dressurprüfung ist.

Um mit seiner ganzen Parade durchzukommen, muß der Reiter das Pferd durch eine Reihe von halben Paraden vorbereiten und es, wenn es sich widersetzt, auch etwas tiefer einstellen. Dann wird das Pferd energisch gegen die verwahrenden Zügel getrieben und kommt zum Halten. Wenn der Reiter am Zügel zieht, wird sich das Pferd sofort widersetzen, was eine Kettenreaktion auslöst – steifer Rücken, schwunglose Hinterhand –, und die ganze Parade mißglückt. Mit fortschreitender Ausbildung und viel Geduld wird das Pferd schließlich beim Halten von selbst so stehen, daß alle vier Beine gleichmäßig belastet werden – vorausgesetzt, die Parade wurde korrekt vorbereitet und es wurden die richtigen Hilfen gegeben.

Es ist von entscheidender Wichtigkeit, daß das Pferd beim Durchparieren zum Halten geradegerichtet ist – und ebenso bei jedem Wechsel der Gangart –, denn jede Abweichung von der gerade Linie deutet darauf hin, daß das Pferd nicht untertritt und sich deshalb auch nicht im Gleichgewicht befindet. Wenn das Pferd während der Parade von der geraden Linie abweicht, muß energisch vorwärtsgeritten werden, um die Hinterhand zu aktivieren. Gleichzeitig kann der Reiter auch versuchen, das Pferd mit dem verwahrenden

Schenkel geradezurichten, dabei muß er aber darauf achten, daß es nicht über die Schulter ausfällt.

Zu Beginn der Ausbildung muß das Pferd nicht sofort zum Stehen kommen, aber im fortgeschrittenen Stadium kann man erwarten, daß es sich aus jeder Gangart zum Halten durchparieren läßt.

Die Konsequenz des Reiters ist besonders wichtig. Er muß immer darauf bestehen, daß das Pferd korrekt steht und darf nie erlauben, daß es sich «irgendwie» hinstellt. Das Pferd wird allmählich lernen, die Beinpaare nebeneinander zu stellen, was die Aufgabe des Reiters natürlich erleichtert.

Da Pferde sich nur korrekt zum Halten durchparieren lassen, wenn ihre Grundausbildung ohne Fehler war, reicht es wohl aus, zu erklären, warum Fehler entstehen, anstatt endlose Korrekturvorschläge zu machen; wenn die vorhergehende Ausbildung schon mangelhaft war, kann man wenig tun.

Kopfschlagen

Anzeichen: Sie reichen vom gelegentlichen Hochwerfen des Kopfes bis zum ständigen Schiefhalten, Hochwerfen oder Schütteln. Es ist unmöglich, eine stetige Anlehnung zu erhalten, weil sie bei jedem Hochwerfen oder Nach-unten-Reißen gestört wird.

Ursachen: Durch eine Veränderung der Kopfhaltung entzieht sich das Pferd der Einwirkung des Gebisses und damit auch der Mitarbeit. Für das Kopfschlagen können auch Probleme in der Halsregion verantwortlich sein oder Schmerzen im Maul, im Gesicht oder in den Ohren, aber auch äußere Einflüsse wie zum Beispiel Fliegen. Das Pferd wird mit dem Kopf schlagen, damit sich keine Fliegen auf seinem Gesicht niederlassen, manchmal handelt es sich dabei um winzige Tierchen, die man kaum sieht und deshalb nicht begreift, warum Pferde auf sie so heftig reagieren. Verkrampfte Muskeln im Hals machen es dem Pferd unmöglich, den Kopf ruhig zu halten – durch Kopfschlagen versucht es die Verspannung zu lösen. Ein schlechtsitzendes oder für ein bestimmtes Pferd ungeeignetes Gebiß oder Wunden im Maul bereiten dem Pferd Schmerzen und geben ihm einen guten Grund, sich zu wehren. Außerdem können auch Pferde unter Ohrmilben leiden, was natürlich zum Kopfschlagen führt, das so extreme Formen annehmen kann, daß das Pferd praktisch unreitbar ist.

Korrektur: Ehe das Problem korrigiert werden kann, muß die Ursache erkannt werden. Zuerst wird festgestellt, ob äußere Einflüsse die Ursache sind – ob das Gebiß nicht paßt, oder ob das Pferd irgendwelche Wunden im Maul hat, die eine Erklärung für das Kopfschlagen sein könnten. Dann wird überprüft, ob das Pferd sehr fliegenempfindlich ist, und der Tierarzt muß feststellen, ob Anzeichen für Ohrprobleme oder Schäden im Hals vorliegen. Obwohl sich Ursachen dieser Art relativ leicht diagnostizieren lassen, sind sie doch nicht einfach zu korrigieren. Bevor das Pferd nicht von seinen Schmerzen im Maul erlöst ist, wird es den Kopf nicht stillhalten, und selbst wenn es eigentlich keinen Grund mehr hätte, mit dem Kopf zu schlagen, wird es eine Weile dauern, es von dieser Angewohnheit abzubringen, zumal das Pferd schnell merken wird, daß es sich auf diese Weise vor der Arbeit drücken kann. Gegen

Fliegen helfen Fliegenschutzmittel und in schweren Fällen ein Fliegennetz vor den Augen. Es darf allerdings bei Dressurprüfungen nicht benutzt werden. Im Idealfall sollte sich das Pferd bei der Arbeit natürlich so stark konzentrieren, daß es die Fliegen überhaupt nicht wahrnimmt, aber das ist leichter gesagt als getan! Es empfiehlt sich, vor dem Kauf eines Pferdes herauszufinden, ob es mit dem Kopf schlägt oder gegen Pollenstaub allergisch ist, denn trotz wissenschaftlicher Untersuchungen auf diesem Gebiet konnte bisher noch kein Gegenmittel gefunden werden. Jede Reizung der Ohren führt zum Kopfschlagen, doch die dadurch gewonnene Erleichterung ist nur von kurzer Dauer; um das Problem lösen zu können, muß man einen Tierarzt zu Rate ziehen.

Wenn das Pferd nur gelegentlich den Zügelkontakt unterbricht und entweder über oder hinter den Zügel kommt (vor allem in den Übergängen oder bei schwierigeren Bewegungen), sollte der Reiter ein wenig stärker treiben, um die Hinterhand zu vermehrtem Untertreten zu veranlassen, was zu einem stetigen Zügelkontakt führt. Das Pfed wird schnell gelernt haben, daß es sich durch Kopfschlagen, selbst durch leichtes, vor der Arbeit drücken kann, und in diesem Fall muß der Reiter sich durchsetzen. Verstärkter Schenkeldruck bei seitlich abgestellter Zügelhand zeigt dem Pferd, daß es selbst während des Kopfschlagens den Kontakt zur Reiterhand nicht los wird. Wenn es das begriffen hat, wird es auch verstehen, was von ihm erwartet wird. Der Reiter muß jedoch vorsichtig sein und darf das Pferd auf keinen Fall zu sehr festhalten; dadurch würde das Kopfschlagen nur verschlimmert. Wenn das Pferd jedoch so mit dem Kopf schlägt, daß die Zügel durchhängen, kommt es hinter den Zügel (siehe *Hinter dem Zügel gehen* Seite 100).

Nachschleppen der Hinterhand

Anzeichen: Das Pferd weigert sich, die Hinterhand unterzusetzen und läuft auf der Vorhand. Die Sprunggelenke sind steif und werden nur unwesentlich gebeugt. Direkt betroffen von dieser Inaktivität ist der Kontakt zwischen dem Pferdemaul und der Hand des Reiters: Das Pferd wehrt sich gegen die Einwirkungen, indem es auf der Vorhand läuft, sich auf das Gebiß legt, über dem Zügel geht, den Rücken wegdrückt, den Unterkiefer zur Seite schiebt und so weiter.

Ursachen: Die Fähigkeit zum Untertreten hängt in großem Maße vom Körperbau des Pferdes ab. Einem Pferd mit einer rückständigen Stellung der Hinterbeine wird es natürlich schwerfallen, sie so weit unter den Körper zu bringen, daß sie ausreichend Gewicht tragen können; einem kurzen, steilen Hinterbein fehlt die Hebelwirkung, die nötig ist, um das Sprunggelenk zu beugen und das Bein nach vorn zu schwingen, aber auch ein langes, schwaches Hinterbein ist eher ungünstig zu beurteilen. Das Pferd muß sich wesentlich mehr anstrengen, um ein langes Hinterbein im Sprunggelenk abzubeugen, und meistens haben diese Pferde auch einen ungeregelten, schleppenden Gang — auch wenn es heißt, daß sie gute Springer wären. Natürlich beeinträchtigen auch Verletzungen und Beschwerden in den Hinterbeinen und in der Becken- oder Rückenregion die Fähigkeit des Pferdes, die Hinterbeine unter den Körper zu setzen.

Korrektur: Ehe der Reiter beginnt, an der Tragfähigkeit der Hinterbeine zu arbeiten, muß er sicherstellen, daß sein Pferd alle vorhergehenden Ausbildungsstufen zufriedenstellend absolviert hat. Das Untersetzen der Hinterhand lernt es in Stufe 5 der Grundausbildung, und es kann erst in Angriff genommen werden, wenn die vorhergehenden Ausbildungsstadien abgeschlossen sind. Das Pferd muß unbedingt gelöst sein, denn steife Muskeln machen es ihm nur unnötig schwer, die Hinterhand unterzusetzen (siehe Stufen 1 bis 5 der Grundausbildung, für dabei entstehende Probleme siehe die entsprechenden Stichworte).

Trabstangen – erst auf dem Boden, dann etwa 30 Zentimeter erhöht aufgelegt – veranlassen ein Pferd mit schleppenden Gangarten dazu, alle Gelenke zu beugen und machen es beweglicher. Über den Stangen lernt das Pferd, daß es seine Beine beugen kann, und auch wenn sich kein sofortiger Erfolg einstellt, wird das Pferd doch lernen, besser unterzutreten. Mit Hilfe anderer Übungen wie Übergänge, Schulterherein, Vergrößern und Verkleinern des Zirkels und Kontergalopp wird sich der Gang allmählich verbessern.

Wenn das Pferd trotz all dieser Lektionen immer noch nicht in der Lage zu sein scheint, die Hinterbeine unter den Körper zu bringen, sollte der Tierarzt feststellen, ob vielleicht ein tiefsitzendes körperliches Problem die Ursache dafür ist. Man kann ein Pferd natürlich nicht zwingen, mit den Hinterbeinen weit unter den Körper zu treten, aber man kann es lehren, wie es sie am sinnvollsten einsetzt und seine natürliche Fortbewegungsweise so ummodeln, daß es die verlangte Arbeit ausführen kann – aber das braucht seine Zeit!

Weggedrückter Rücken

Anzeichen: Dies ist eines der häufigsten Probleme bei untrainierten Pferden, deren Hinterbeine nicht bei entspannt schwingendem Rücken und gebogenem Hals untertreten. Statt dessen ist der Rücken verspannt und nach unten weggedrückt, und die Hinterbeine schleppen nach. Die Oberlinie des Pferdes erscheint hohl, es trägt den Kopf hoch erhoben und geht somit über dem Zügel. Ein Pferd, das längere Zeit in dieser Haltung gegangen ist, wird ungünstig bemuskelt sein, mit einer ausgeprägten Unterentwicklung der Muskeln entlang der Oberlinie, dafür aber mit einem deutlichen Unterhals, der sich infolge der hohen, verspannten Kopfhaltung entwickelt hat. Ein Pferd mit diesem Problem sieht immer aus, als wäre sein Rücken zu lang und sein Hals zu kurz, doch das gibt sich relativ schnell, sobald es korrekt geritten wird.

Ursachen: Ein Pferd, das sich unter dem Reiter hohl macht, verkrampft seine Rückenmuskeln und trägt den Kopf hoch, weil es von Anfang an falsch ausgebildet wurde. Ein Pferd mit einer von Natur aus hohen Kopfhaltung wird eher dazu neigen, unter dem Reiter den Rücken wegzudrücken, weil es seiner Natur entspricht und wahrscheinlich auch bequemer ist; ein solches Pferd muß von Anfang an in eine runde Form gebracht werden, damit sich die entsprechenden Muskeln, vor allem im Rücken, richtig entwickeln.

Korrektur: Ein Pferd, das unter dem Reiter längere Zeit mit weggedrücktem Rücken gegangen ist, wird eine ganze Weile brauchen, um die für die korrekte Haltung nötigen Muskeln zu entwickeln, denn die Muskeln seiner Oberlinie

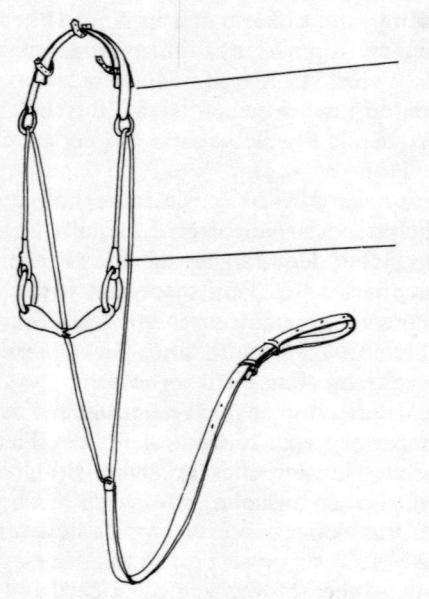

Genickstück mit drei Befestigungsschnallen, die für einen gleichmäßigen Druck auf das Genick sorgen

Die glatte Seite der Haken zeigt zum Pferdekopf

haben sich verkrampft und müssen langsam wieder gestreckt und gelockert werden. Erst dann wird das Pferd in der Lage sein, weiter unterzutreten und sich und seinen Reiter leichter zu tragen. Auch die Arbeit am langen Zügel hat eine lösende Wirkung und ist sehr zu empfehlen, ebenso das Longieren mit einem Chambon, denn damit geht das Pferd ohne die Belastung durch das Reitergewicht vorwärts-abwärts gestreckt, und die Muskeln werden an den richtigen Stellen gekräftigt, so daß das Pferd imstande ist, sein eigenes Gewicht und das des Reiters auf der Hinterhand zu tragen.

Das Chambon ist ein Hilfszügel, der nur zum Longieren verwendet wird. Es besteht aus einem Genickstück, das in zwei Ringen endet. An einem zwischen den Vorderbeinen hindurchführenden und am Sattelgurt befestigten Riemen sitzen zwei Schnüre; sie werden durch die Ringe am Genickstück geführt und dann in die Trensenringe eingehakt (Abb. 30). Wenn das Pferd den Kopf hebt, entsteht Druck im Maul und im Genick, der jedoch wieder verschwindet, wenn es Kopf und Hals senkt. Die Bewegungsfreiheit des Kopfes ist nur nach oben eingeschränkt, und wenn es will, kann das Pferd den Kopf bis auf den Boden senken. Das Pferd muß allmählich an diesen Hilfszügel gewöhnt werden, denn ehe das Chambon kürzer geschnallt werden darf, muß es genau verstanden haben, was von ihm erwartet wird; verkürzt man es, bevor das Pferd damit umgehen kann, riskiert man, daß es in Panik gerät, steigt und sich womöglich rückwärts überschlägt. In all den Jahren, in denen wir das Chambon mit großem Erfolg eingesetzt haben, ist es nie zu einem Unfall gekommen, aber wir sind stets sehr vorsichtig und geduldig damit umgegangen. (Allerdings sollte man nie den Tag vor dem Abend loben!) Um das Pferd an das Chambon zu gewöhnen, haken wir die Schnüre beim ersten Mal nicht in die Gebißringe ein, sondern nur in die Ringe am Genickstück (Abb. 31a), damit das Pferd den Druck im Genick kennenlernt und Kopf und Hals senkt, ohne daß auf das Maul eingewirkt wird. Wenn das Pferd zufrieden damit geht, kann das Chambon auch in die Trensenringe eingehakt werden (Abb. 31b). Das Chambon muß so locker sitzen, daß es nur sehr leicht einwirkt, wenn das Pferd den Kopf über eine bestimmte Höhe hebt. Der Punkt, an dem die Wirkung des Chambons einsetzen soll, ist natürlich von Pferd zu Pferd verschieden – im Zweifelsfall empfiehlt es sich also, die Gewöhnung an das Chambon jemandem mit viel Erfahrung zu überlassen. Dann kann man sicher sein, daß das Pferd ohne Risiko an die Wirkung dieses Hilfszügels gewöhnt wird. Mögliche Gefahren lassen sich mit ein wenig gesundem Menschenverstand vermeiden, und wie in sämtlichen Stadien der Ausbildung ist Geduld das Schlüsselwort. Das Pferd sollte an der Longe gut vorwärtsgetrieben werden, damit es nicht nur lernt, vorwärts-abwärts gestreckt zu gehen, sondern auch, daß die Rundung der Oberlinie ihm das Untertreten entschieden erleichtert. Schließlich wird das Pferd in Vorwärts-abwärts-Haltung mit elastisch schwingendem Rücken und gut untersetzenden Hinterbeinen an der Longe gehen, und wenn es das erst einmal gelernt hat, wird es ihm wesentlich leichter fallen, diese Haltung auch mit Reiter einzunehmen (Abb. 32).

Während der Umschulung kann das Pferd abwechselnd geritten und longiert werden, obwohl ich der Meinung bin, daß das Chambon die beste Wirkung zeigt, wenn das Pferd mindestens eine Woche lang täglich damit longiert wird – unter Umständen auch noch länger; das hängt davon ab, wie schwach das Pferd bemuskelt ist und wie schnell es lernt. Die Kräftigung der Muskeln dauert natürlich länger als eine Woche; sie braucht Monate, aber bei der Longenarbeit können sich die Muskeln zumindest etwas dehnen und werden gelöst. Wenn das Pferd wieder geritten wird, sollte die Dehnungsarbeit fortgesetzt werden, wobei die Muskeln nicht nur vorwärts-abwärts gedehnt werden, sondern durch Biegung und Stellung in den Ecken auch seitwärts: Um wirklich beweglich sein zu können, muß der Rücken in beiden Richtungen gelöst sein. Pferde können nicht sagen, daß ihre Muskeln schmerzen, aber einige von ihnen zeigen es, zum Beispiel, indem sie sich aufregen, und wir als Reiter müssen verstehen, was in ihnen vorgeht und versuchen, sie beweglicher zu machen, ohne ihnen zu schaden, indem wir ihnen zu viel abverlangen, ehe sie dazu imstande sind.

Zackeln

Anzeichen: Anstatt im Schritt geht das Pferd in einem kurzen Zuckeltrab.

Ursachen: Für das Zackeln gibt es eine Vielzahl von Ursachen; eine der häufigsten ist Aufregung. Im Übereifer trabt das Pferd fast auf der Stelle, und seine Energie, die eigentlich die Vorwärtsbewegung erzeugen sollte, entlädt sich in gespannten Tritten. Eine andere Ursache für das Zackeln ist das Vorwegnehmen der Reiterhilfen: Das Pferd versucht schon anzutraben, bevor es

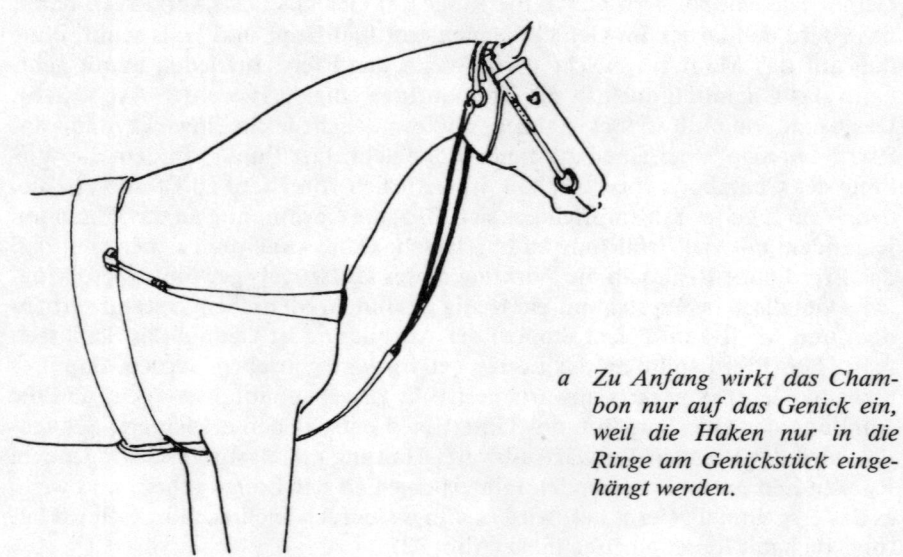

a Zu Anfang wirkt das Chambon nur auf das Genick ein, weil die Haken nur in die Ringe am Genickstück eingehängt werden.

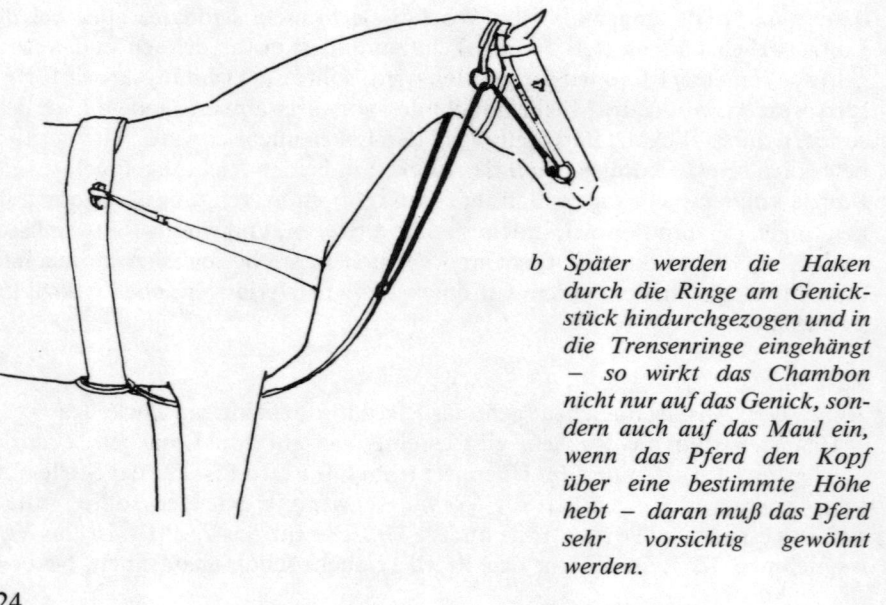

b Später werden die Haken durch die Ringe am Genickstück hindurchgezogen und in die Trensenringe eingehängt – so wirkt das Chambon nicht nur auf das Genick, sondern auch auf das Maul ein, wenn das Pferd den Kopf über eine bestimmte Höhe hebt – daran muß das Pferd sehr vorsichtig gewöhnt werden.

Abb. 32: Wie das Chambon die Haltung des Pferdes beeinflußt

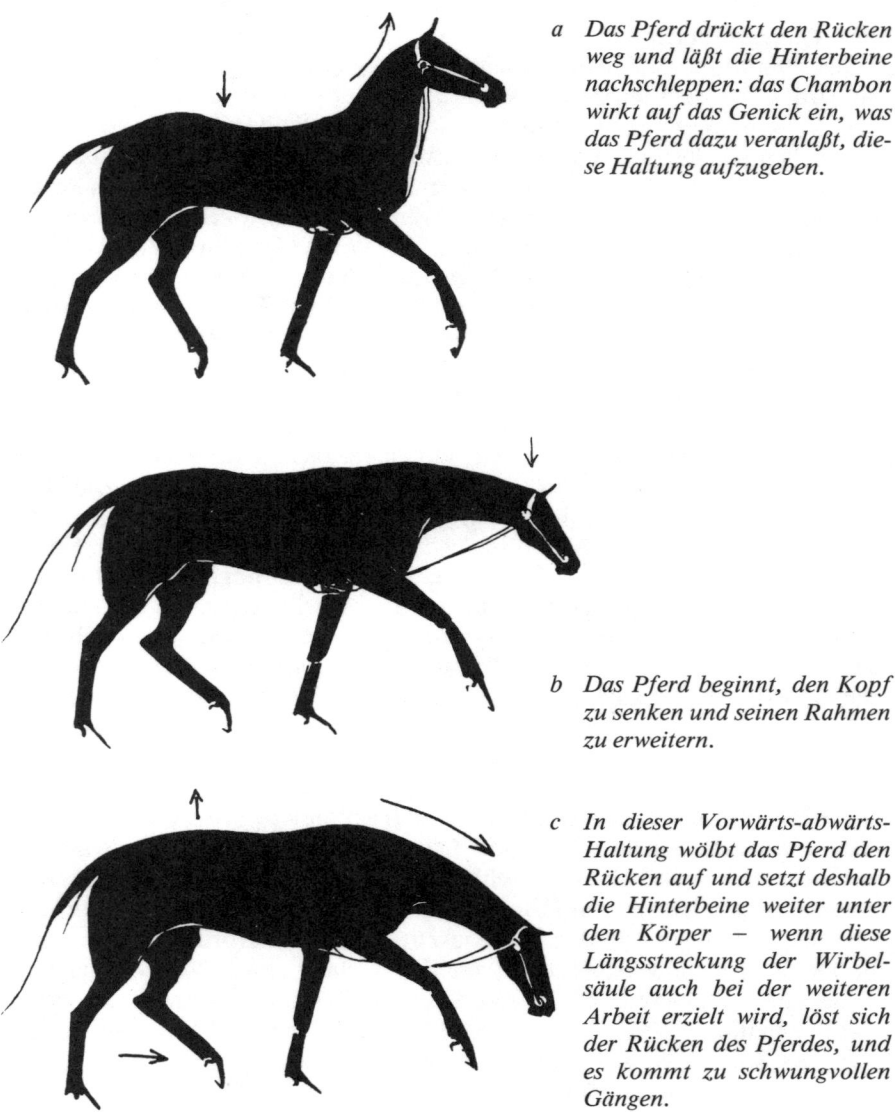

a Das Pferd drückt den Rücken weg und läßt die Hinterbeine nachschleppen: das Chambon wirkt auf das Genick ein, was das Pferd dazu veranlaßt, diese Haltung aufzugeben.

b Das Pferd beginnt, den Kopf zu senken und seinen Rahmen zu erweitern.

c In dieser Vorwärts-abwärts-Haltung wölbt das Pferd den Rücken auf und setzt deshalb die Hinterbeine weiter unter den Körper – wenn diese Längsstreckung der Wirbelsäule auch bei der weiteren Arbeit erzielt wird, löst sich der Rücken des Pferdes, und es kommt zu schwungvollen Gängen.

die Hilfen dazu erhält. Möglich ist auch, daß das Pferd die Hilfen für einen raumgreifenderen Schritt mit denen für den Trab verwechselt und deshalb anzutraben versucht. Es kann natürlich auch sein, daß das Pferd einfach nur zackelt, weil es nicht richtig vorwärtsgeht. Alle Energie wird durch die Auf- und Abbewegungen verschwendet, statt der Vorwärtsbewegung zugute zu kommen, vor allem bei einem.aufgeregten Pferd.

125

Korrektur: Der Schritt ist eine Gangart im Viertakt und die letzte, an der während der Ausbildung des Pferdes gearbeitet wird. Der Trab, ein Zweitakt, ist die Gangart, in der am meisten geritten wird, weil es im Trab am leichtesten ist, das Pferd taktmäßig vorwärtszureiten, wogegen der Schritt leicht verdorben wird, wenn man ihn zu sehr verkürzt oder übereilt reitet (das passiert vor allem Reitern, die zu viel auf einmal verlangen); deshalb sollte man den Schritt so natürlich erhalten wie möglich. Es ist wichtig, die Schrittarbeit nicht zu vernachlässigen, damit das Pferd lernt, bestimmte Lektionen im fleißigen Schritt zu absolvieren. Es muß sich an die treibenden Hilfen im Schritt gewöhnen, ohne jedesmal anzuzackeln, und wenn es dies von Anfang an gelernt hat, sollte das Zackeln eigentlich kein Problem sein. Wenn das Pferd vor Aufregung zackelt, ist es wahrscheinlich das beste, es in flottem Trab vorwärtszureiten, bis es sich wieder beruhigt hat, und erst dann wieder Schritt zu reiten. Unter Umständen muß der Reiter dem Pferd klarmachen, daß es nicht zackeln darf, indem er die Schenkel anlegt und die Vorwärtsbewegung mit den Händen abblockt, und dann wieder nachgibt, was so oft wiederholt werden muß, bis das Pferd verstanden hat. Der Reiter darf auf einem zackelnden Pferd nie die Geduld verlieren, denn wütendes Rucken am Zügel nützt überhaupt nichts, es macht das Pferd höchstens noch «aufgedrehter», weil es sich dann obendrein noch vor der Hand des Reiters fürchtet. Sobald das Pferd gelassen im Schritt geht, muß der Reiter es so stark vorwärtstreiben wie möglich, damit es weit ausgreift und wirklich arbeitet. Wenn es anzuzackeln versucht, gibt man eine halbe Parade und treibt es erneut vorwärts. Bei einem Pferd, das zackelt, weil es eine Reiterhilfe vorwegnimmt, lese man den Abschnitt *Hilfen vorwegnehmen;* dort finden sich auch Hinweise auf die Korrektur eines solchen Pferdes.

Ein Pferd, das aus dem starken Schritt anzackelt, tut dies wahrscheinlich, weil sein Reiter zu viel von ihm verlangt. Die Hilfen für den starken Schritt müssen sehr deutlich gegeben werden. Immer wenn ein Vorderbein vorschwingt, sorgt der gleichzeitige Schenkeldruck auf derselben Seite für eine Verlängerung der Schritte, und da im Schritt wechselseitig getrieben wird, unterscheidet sich diese Hilfe doch sehr von der im Trab. Es ist wichtig, Mißverständnisse gar nicht erst aufkommen zu lassen, denn nur dann kann man sicher sein, daß das Pferd nur anzackelt, weil es überfordert wurde, nicht aber, weil es nicht versteht, was von ihm verlangt wird. Wie viel man im Schritt «herausreiten» kann, ist eine Sache des Gefühls; man muß also üben, sowohl zuhause als auch auf Turnieren, bis das Pferd im Schritt genauso gelassen am Zügel steht wie in den anderen Gangarten. Der Schritt wird häufig vernachlässigt, deshalb empfiehlt es sich, nach der Trab- und Galopparbeit nicht sofort die Zügel hinzugeben, sondern noch einige Zeit am aufgenommenen Zügel im Schritt zu reiten: Das Pferd muß lernen, im Schritt genauso am Zügel zu gehen wie in jeder anderen Gangart; außerdem muß es sich zum Schritt durchparieren lassen und aus dem Schritt antraben und angaloppieren, ohne dabei von der Hand zu kommen.

Den Schritt zu verbessern, gelingt am besten im Gelände, weil das Pferd dort ein Ziel hat; später kann man es dann auch in der Bahn im fleißigen Schritt reiten. Im Gelände lernt das Pferd, am aufgenommenen Zügel ungehindert auszuschreiten, ohne zum Zackeln zu neigen, und wenn man es jedesmal, wenn es nur eiren unerwünschten Trabtritt macht, sofort korrigiert, wird es diese schlechte und entnervende Gewohnheit hoffentlich gar nicht erst annehmen.

Faulheit

Anzeichen: Ein völliger Mangel an Arbeitswillen und zögerndes Gehorchen auf die treibenden Hilfen. Der Reiter muß ständig treiben, nur um das Pferd in Bewegung zu halten, und selbst dann reagiert es nur unwillig. Das Pferd trottet schwunglos dahin und setzt die Hinterhand − wenn überhaupt − nur minimal unter. Es entsteht ein Gesamteindruck von harter Arbeit, Schwerfälligkeit und einem entschiedenen Mangel an Harmonie zwischen Reiter und Pferd.

Ursachen: Wir beginnen mit dem jungen Pferd, bei dem Anzeichen von Faulheit auftreten werden, wenn es die ersten Male unter dem Reiter geht. Die Ursache dafür ist, daß das junge Pferd die Bedeutung der Schenkelhilfen einfach noch nicht versteht. Es weiß nicht, was es bedeutet, wenn der Reiter die Unterschenkel anlegt − woher sollte es auch? Was es versteht, sind Kommandos oder die Zeichen mit der Longierpeitsche, aber Schenkelhilfen bedeuten ihm nichts.

Ein älteres Pferd kann genauso reagieren wie ein ganz junges, aber deswegen muß es nicht unbedingt ein Faulpelz sein. Möglicherweise weiß es nur nicht, was halbwegs feine Hilfen wirklich bedeuten; vielleicht hat es bisher nur gelernt, daß ein kräftiger Stoß in die Rippen «vorwärts» bedeutet oder auch «schneller», und ein kräftiges Ziehen an den Zügeln «Halt».

Allerdings gibt es auch Pferde, die (ebenso wie manche Menschen) wirklich stinkfaul sind. Sie tun einfach so, als verstünden sie die Hilfen nicht, ähnlich wie manche Menschen, die «auf dem Ohr taub sind», wenn man etwas von ihnen verlangt!

Es kann natürlich sein, daß ein Pferd nur faul ist, weil es sich nicht wohl fühlt. Ein Pferd kann nicht sagen, daß es ihm miserabel geht − das kann es nur durch völlige Lethargie ausdrücken −, und oft wird es dann für seine vermeintliche Faulheit auch noch bestraft.

Korrektur: Das junge Pferd muß lernen, genau zu verstehen, was die Schenkelhilfen bedeuten. Nach dem Longieren, bei dem es nur auf die Stimme und die Peitsche reagiert, muß es sich zuerst an das Gewicht des Reiters gewöhnen und dann an den Druck seiner Schenkel. Der Wechsel vom Gehen an der Longe zum freien Reiten ist natürlich gravierend, aber wenn das Pferd vom Boden aus am langen Zügel ausgebildet wurde, wird die Führung keine Probleme mehr aufwerfen, doch an die Schenkelhilfen muß das Pferd vorsichtig gewöhnt werden. Die Stimme ist in diesem Stadium noch sehr wichtig − sie wird zusammen mit den Schenkelhilfen eingesetzt, bis das Pferd versteht, ob der Schenkeldruck «vorwärts» oder «langsam» bedeutet, was von der speziellen Hilfe abhängt − ein leichtes Vibrieren der angelegten Schenkel bedeutet «vorwärts», ein gleichbleibender stetiger Druck dagegen «langsam». Ein junges Pferd zu reiten ist harte Arbeit, denn davon abgesehen, daß es die Schenkelhilfen noch nicht kennt, hat es auch keine Veranlassung, sich überhaupt irgendwohin reiten zu lassen. Es sieht wenig Sinn darin, in der Bahn herumzutraben, und noch weniger, in die Ecken hineinzugehen, wo es doch viel leichter ist und schneller geht, sie abzuschneiden! Dem jungen Pferd klarzumachen, was man von ihm erwartet, erfordert sehr viel Geduld und energisches Reiten. Ein junges Pferd zu reiten, das schon bald übersensibel auf die Schenkel reagiert, mag zwar zu Anfang relativ einfach sein, aber im weiteren Verlauf der Ausbildung wird aus ihm wahrscheinlich ein neurotisches, leicht erregbares Tier von wenig angenehmem Temperament werden. Ich persönlich ziehe es vor, ein junges Pferd auf dem Hufschlag «herumbolzen» zu müssen, denn dann kann ich sicher sein, daß es sich an die Schenkelhilfen gewöhnt und sie vorbehaltlos akzeptiert. Sowie das Pferd ein Stimmkommando mit der dazugehörigen Schenkelhilfe assoziiert, kann die Hilfe allmählich immer feiner gegeben werden und das Pferd wird mehr und mehr darauf reagieren. Es ist sehr befriedigend, jungen Pferden diese Anfangsgründe beizubringen, und wenn dies korrekt geschehen ist, sollte es später beim Wechseln in die nächsthöhere oder nächstniedere Gangart keine Probleme geben.

Das ältere Pferd, das auf die Schenkelhilfen schlecht reagiert, weil es sie nicht versteht − nicht weil es ungehorsam ist −, muß die Bedeutung der Hilfen neu erlernen. Bei ihm hilft die Drücken-Schnalzen-Gerte-Methode (siehe *Nicht vorwärtsgehen,* S. 134). Da ein faules Pferd nicht vorwärtsgeht, können die Empfehlungen in diesem Abschnitt sehr nützlich sein.

Ein Pferd, das einfach nur faul ist, muß aufgeweckt werden! Es muß lernen, daß es zu arbeiten hat, wenn der Reiter es von ihm verlangt. Sehr oft hört man: «Der wacht schon auf, wenn er ein Hindernis sieht ...» Faulheit bei der Dressurarbeit hat ihre Ursache in Langeweile, ausgelöst durch Routine und ziellose Arbeit in Form von Zirkeln und noch mehr Zirkeln, und das stundenlang. Aus diesem Grund muß jede Reitstunde ein Ziel haben, damit Reiter und Pferd hinterher wirklich das Gefühl haben, etwas erreicht zu haben. Bei einem Pferd, das keine Lust hat zu arbeiten und deshalb faul ist, können Sporen oder eine Gerte nützlich sein. Diese Hilfsmittel müssen jedoch sinnvoll eingesetzt werden. Das Pferd ignoriert die Schenkelhilfen ähnlich wie ein Mensch eine nörgelnde Stimme − eine kurze scharfe Bemerkung ist wesentlich wirksamer als eine lange Tirade. Bei einem Pferd, das nicht auf die Hilfen reagiert, ist es ebenso: Wenn das Pferd auf Schenkeldruck nicht vorwärtsgeht, wird es durch einen scharfen Sporenstich oder einen Hieb mit der Gerte in Bewegung gesetzt, darf dabei aber auf keinen Fall zurückgehalten werden. Das Pferd muß völlig frei vorwärtsgehen können, denn wenn es gleichzeitig festgehalten würde, wird die Hilfe undeutlich und kann vom Pferd nicht verstanden werden. Wenn der Reiter ständig mit den Unterschenkeln klopft oder dauernd die Gerte benutzt, wird sich das Pferd schnell an diese ständige «Störung» gewöhnen, und der Reiter wird ermüden und das Pferd überhaupt nicht mehr vorwärtsreiten können. Das Pferd muß wissen, daß der Reiter von ihm verlangt, daß es mitarbeitet. Das bedeutet jedoch nicht, daß man es bestrafen oder aufregen sollte; es sollte nur die Reiterhilfen beachten und wissen, daß es andernfalls auf eine Weise daran erinnert wird, die zwar nicht weh tut oder ihm

Angst macht, es aber erschreckt. Außerdem sollte man versuchen, die Reitstunden für das Pferd interessant zu gestalten, indem man es eine Vielzahl verschiedener Lektionen absolvieren läßt, darunter ruhig auch einige schwierige, damit sich das Pferd gefordert fühlt.

Ich persönlich ziehe faule Pferde solchen vor, die stets kurz vor dem Überkochen zu stehen scheinen, denn faule Pferde lassen sich leichter reiten; zumindest kann man gegen ihre Faulheit etwas tun.

Auf dem Zügel liegen

Anzeichen: Ein Pferd, das auf dem Zügel liegt, verläßt sich auf die Hände des Reiters, um im Gleichgewicht zu bleiben. Dies kann ein Dauerproblem sein, aber auch nur gelegentlich auftreten, nämlich immer dann, wenn das Pferd weiter untertreten müßte, um sich auszubalancieren, sich statt dessen aber auf den Zügel stützt. Der Reiter spürt eine schwere Last auf dem Zügel und hat das Gefühl, das Pferd könnte auf die Nase fallen, wenn er es nicht festhielte (Abb. 33)! Das Pferd läßt sich mit einer Wippe vergleichen – ehe sich das Hinterteil nicht senkt, kann das Vorderteil nicht hochkommen.

Ursachen: Bei diesem Problem spielt der Körperbau des Pferdes eine große Rolle, denn einem Pferd mit schwachen Schultern und Vorderbeinen und einer steifen Hinterhand fällt es zweifellos schwer, sich auszubalancieren. Diese Unfähigkeit, sich auf der Hinterhand selbst zu tragen, ist die Ursache

Abb. 33: Fehlerhafte Körperhaltung – auf dem Zügel liegen – Das Pferd verläßt sich darauf, vom Reiter gestützt zu werden, und tritt nicht ausreichend weit unter (siehe auch Abb. 23, 24 und 26).

dafür, daß das Pferd sich auf die Hand des Reiters stützt, um sich auszubalancieren und so die geforderten Aufgaben zu erfüllen. Die anderen Hauptursachen sind offenkundig Jugend und Schwäche, und sobald ein Pferd gelernt hat, daß es sich nur auf den Zügel zu legen braucht, um das Untertreten zu vermeiden, wird es sicherlich nicht von selbst darauf kommen, die Hinterhand unterzusetzen – das muß ihm erst beigebracht werden.

Korrektur: Der Schwerpunkt des Pferdes muß nach hinten verlagert werden, damit das Hauptgewicht nicht länger von der Vorhand getragen wird, sondern ausschließlich von der Hinterhand. Damit das Pferd lernt, auf diese Weise ins Gleichgewicht zu kommen, muß als erstes die Anlehnung leichter werden – dem Pferd muß die Stütze genommen werden –, und es wird nur noch ein feiner Kontakt zum Pferdemaul aufrechterhalten. Bei einem Pferd, das pullt, also gegen den Zügel angeht, sagt man: «Zum Ziehen gehören immer zwei»; ähnlich ist es beim Aufstützen auf den Zügel – es wird unmöglich, wenn man dem Pferd einfach keine Stütze bietet. Es bedarf einiger Überlegung, für ein solches Pferd das beste Gebiß zu finden. Relativ unbewegliche Gebisse wie Knebeltrense oder Olivenkopfgebiß sind nicht zu empfehlen, weil sie dem Pferd das Aufstützen erleichtern und weil sie, unabhängig von der Handhaltung des Reiters, ihre Lage im Maul nicht verändern. Bevor das Pferd im Maul nicht empfindlicher geworden ist, wird der Reiter nicht in der Lage sein, das Pferd zum Untertreten zu bewegen – er kämpft eine Schlacht, die er nicht gewinnen kann. Besonders gut geeignete Gebisse sind eine Wassertrense oder vielleicht auch ein Rollengebiß, auf dem das Pferd sich nicht festbeißen kann. Zu Beginn der Umschulung ist sicher ein Gebiß angebracht, das das Pferd wirklich vom Aufstützen abhält, aber sowie sich die ersten Erfolge einstellen, kann wieder zu einem milderen übergegangen werden.

Alle Lektionen, die das Untertreten fördern, helfen dem Pferd, sein Gleichgewicht zu finden; so sind zum Beispiel Übergänge vor allem in niederere Gangarten sehr nützlich, vorausgesetzt, der Reiter verhindert, daß sich das Pferd beim Durchparieren wieder auf den Zügel legt. Dem Tempowechsel müssen einige energische halbe Paraden vorausgehen, damit das Pferd vorher und auch während dessen gut untertritt. Wenn das Pferd versucht, sich auf den Zügel zu legen, müssen die Zügelfäuste annehmen und nachgeben und das Gebiß dabei, wenn nötig, auch ein wenig seitwärts bewegen, damit das Pferd das Aufstützen läßt, aber gleichzeitig muß so energisch wie möglich getrieben werden, damit das Pferd untertritt und sein Gewicht auf die Hinterhand verlagert. Das Reiten auf dem Zirkel, über am Boden liegende Stangen und andere Übungen, die die Tragkraft der Hinterhand erhöhen (siehe Stufe 5 der Grundausbildung), helfen dem Pferd, sein Gleichgewicht zu finden. Das Auf-dem-Zügel-Liegen fällt in die gleiche Kategorie wie das Auf-der-Vorhand-Laufen, obwohl sich das Pferd im ersteren Fall auf die Zügel stützt, während «auf der Vorhand» lediglich der Schwerpunkt des Pferdes zu weit vorn liegt.

Probleme beim Reiten am langen Zügel

Anzeichen und Ursachen: Um korrekt am langen Zügel zu gehen, muß das Pferd seinen Hals vorwärts-abwärts strecken; dadurch werden seine Muskeln gedehnt und vorteilhaft trainiert. Diese Haltung erlaubt dem Pferd unterzutreten und «rund» zu gehen. Im Schritt am langen Zügel sollte sich das Pferd dehnen und gelöst und zügig ausschreiten. Ein Pferd, das sich nicht vorwärtsabwärts streckt, drückt den Rücken steif weg und macht kurze Schritte. Dasselbe trifft für Trab und Galopp am langen Zügel zu, obwohl bei Dressurprüfungen das Reiten am langen Zügel in diesen Gangarten nicht verlangt wird. Als Trainingsübung ist es allerdings von unschätzbarem Wert, weil sich die Muskeln in die richtige Richtung dehnen, wodurch das Pferd vor der eigentlichen Arbeit gelöst wird. Jedes Pferd sollte lernen, mit gedehntem und deshalb schwingendem Rücken zu gehen, und wenn es gleichzeitig zum Untertreten angeregt wird, lernt es, auch in einer gestreckteren Haltung sein Gleichgewicht zu finden. Auf welche Weise sich ein Pferd auch widersetzt – ob es den Rücken wegdrückt und über dem Zügel geht, Taktfehler macht oder verspannt und aufgeregt ist – die Arbeit am langen Zügel wird es besser lösen und entspannen als jede andere Methode, und sie ist ein Muß sowohl für Dressur- als auch für Springpferde.

Korrektur: Damit das Pferd den Kopf senkt, ohne dabei hinter den Zügel zu kommen und die Anlehnung in einer längeren, gestreckteren Haltung aufrechterhält, muß der Reiter dem Pferd die Zügel «anbieten» und gleichzeitig treiben. Die Hände sollten seitlich abgestellt werden; entweder wird nur die innere Hand seitlich in Richtung Bahnmitte geführt, oder beide Hände werden vom Pferdehals wegbewegt, bieten dem Pferd an, den Kopf zu senken, und geben natürlich sofort nach, wenn es sich vorwärts-abwärts streckt. Wenn das Pferd gleichzeitig vorwärtsgetrieben wird, wird es schon bald verstehen, was von ihm erwartet wird. Sowie das Pferd versucht, den Kopf zu heben, wird die Hilfe wiederholt. Am besten ist es, wenn das Pferd seinen Kopf dicht über dem Boden trägt, aber trotzdem noch eine leichte Anlehnung hat, taktmäßig geht und sich natürlich auch in den Ecken korrekt biegt.

Der Schritt am langen Zügel ist Bestandteil jeder Reitstunde und muß auch als solcher angesehen werden. Er ist eine wichtige Lektion, das heißt, es genügt nicht, einfach am Ende der Stunde die Zügel hinzuwerfen und das Pferd im Schritt herumtrödeln zu lassen. Der Reiter muß sich etwas ausdenken, damit sein Pferd nicht denkt, daß jedesmal nach dem Schritt am langen Zügel angetrabt oder angaloppiert wird. Am besten nimmt man die Zügel allmählich auf und reitet weiter im Schritt, damit das Pferd nicht jedes Aufnehmen der Zügel mit einer schnelleren Gangart assoziiert.

Auch das Longieren mit einem Chambon zeigt dem Pferd den Weg in die Vorwärts-abwärts-Haltung (siehe *Weggedrückter Rücken*) und kräftigt seine Muskeln ohne die Belastung durch das Reitergewicht.

Probleme bei Mitteltrab und Mittelgalopp

Anzeichen: Anstatt die Tritte oder Sprünge zu verlängern und taktmäßig zu gehen, wird das Pferd nur schneller oder kommt aus dem Takt, und die gewünschte Verstärkung wird nicht erreicht. Es kann auch vorkommen, daß ein Pferd seine Tritte im Mitteltrab verlängert und auch im Takt bleibt, aber dafür mit den Hinterbeinen extrem breit tritt.

Ursachen: Damit das Pferd die Tritte verlängern kann, muß in seiner Hinterhand genügend potentielle Energie erzeugt und bei Bedarf freigesetzt werden (Abb. 12 und 13). Wenn der Impuls (die potentielle Energie) fehlt, können die Tritte nicht verlängert werden, und Gleichgewicht (und auch Takt) gehen verloren. Das Pferd wird auf die Vorhand fallen und nur schneller werden. Wenn ein Pferd im Mitteltrab sehr breit tritt, bedeutet das, daß es nicht untertritt, und obwohl für einige verlängerte Tritte genügend potentielle Energie vorhanden war, tritt das Pferd doch während des Mitteltrabs nicht weit genug unter. (Wir haben in diesem Zusammenhang eine interessante Beobachtung gemacht: Pferde, die im Mitteltrab hinten breit treten, fahren schlecht im Pferdeanhänger – sie versuchen, sich auszubalancieren, indem sie die Hinterbeine weit zur Seite stellen, statt sie unter den Körper zu setzen.)

Korrektur: Manchen Pferden fällt der Mitteltrab von Natur aus relativ leicht, und sie können «hochschalten», ohne aus dem Takt oder dem Gleichgewicht zu kommen; andere Pferde brauchen eine gewisse Zeit, bis sie ihre Tritte verlängern können und versuchen bis dahin, auf der Vorhand laufend schneller zu werden. Jedes Pferd kann etwas Mitteltrab gehen, obwohl es bei einigen Pferden sehr lange dauert, diesen herauszureiten; und gerade bei den verstärkten Gangarten wird deutlich, wie wichtig eine korrekte Grundausbildung ist, denn um Mitteltrab und Mittelgalopp gehen zu können, muß das Pferd gelernt haben, unterzutreten und sich in Übergängen ohne Widerstand reiten lassen. Es ist Sache des Reiters, das Pferd vor dem Mitteltrab oder Mittelgalopp so vorzubereiten, daß ausreichend Energie erzeugt wird. Dazu gibt er eine Reihe halber Paraden, vor allem in der Ecke, während er gleichzeitig energisch treibt, damit das Pferd so weit untertritt, wie es sein Ausbildungsstand erlaubt. Bevor das Pferd vorwärtsgetrieben wird, muß es völlig geradegerichtet sein, und beide Zügel müssen gleichmäßig anstehen; die Vorwärtsbewegung darf nicht durch den inneren Zügel behindert werden. Die Zügelhände müssen etwas vorgehen, damit das Pferd seine Tritte verlängern kann – die Anlehnung darf jedoch nicht aufgegeben werden, denn dann würde das Pferd auf die Vorhand fallen. Es ist wichtig, daß der Rücken des Pferdes schwingt, und wenn der Reiter während der Mitteltrab-Übungen aussitzt, könnte sich das Pferd verspannen und ist dann nicht mehr in der Lage mitzuarbeiten. Es wird seinen Rücken festhalten, was die Freiheit der Bewegungen beeinträchtigt und zu kurzen, eiligen Tritten führt. Es ist deshalb wesentlich einfacher, zumindest die ersten Male leichtzutraben. In einer Dressurprüfung sollte die letzte Ecke vor der Diagonalen, auf der die verstärkte Gangart meistens gezeigt werden soll, dazu genutzt werden, das Pferd weit untertreten zu lassen und dadurch so viel Energie wie möglich zu erzeugen – Energie, die dann im Mitteltrab oder im Mittelgalopp freigesetzt werden kann.

Eine gute Übung, um dem Pferd beizubringen, daß es mit der Hinterhand untertreten und die Vorhand frei vorschwingen soll, ist es, den Mitteltrab auf einer Linie zum Beispiel von E bis C zu verlangen. Der Reiter treibt sein Pferd fast gegen die Bande (die sehr hoch sein soll, am besten in der Halle), und um nicht dagegenzustoßen, wird das Pferd weit untertreten, und die Vorhand hebt sich. Dadurch und durch die vom Reiter erzeugte Energie wird das Pferd vorn weiter ausgreifen und besser untertreten. Das hört sich zwar merkwürdig an, aber mit dieser Methode bringt man dem Pferd nicht nur bei, mit den Vorderbeinen auszugreifen, sondern auch seine Hinterbeine zu gebrauchen. Diese Übung kann auch in Rautenform in der ganzen Bahn geritten werden (Abb. 34), denn die engen Wendungen lassen das Pferd noch weiter untertreten, was die Schubentwicklung aus der Hinterhand erleichtert. Beim Übergang zum Arbeitstrab muß das Pferd weiterhin zum Untertreten angeregt werden, ebenso wie in der Wendung, denn nur dann ist es in der Lage, einen noch besseren Mitteltrab zu zeigen. Der ständige Wechsel zwischen Mittel- und Arbeitstrab ist sehr anstrengend und sollte nicht zu oft hintereinander verlangt werden; wie oft man ihn verlangen darf, hängt von der Kondition des Pferdes ab. Sobald das Pferd gelernt hat, wie es sich im Mitteltrab bewegen soll, kann man ihn auch an der langen Seite fordern. Zuerst werden nur einige Tritte verlangt, wobei Takt und Gleichgewicht erhalten bleiben müssen; dann können die Anforderungen allmählich gesteigert werden. Eine weitere Übung, die das Pferd lehrt, sein Gewicht auf der Hinterhand zu tragen, ist das mehrmalige Überwechseln vom Mitteltrab in den Arbeitstrab auf der langen Seite. Dabei muß energisch getrieben werden, damit das Pferd untertritt und sofort in den Mitteltrab überwechselt, ohne irgendwelche kurzen oder übereilten Zwischentritte zu machen. Der Mitteltrab auf dem Zirkel ist eine sehr schwierige Übung: Das Pferd muß sich sehr anstrengen, um nicht nur die Tritte zu verlängern, sondern auch noch gebogen und im Gleichgewicht zu bleiben. Anfangs sollte man nur einige Tritte verlangen, dann können die Anforderungen allmählich gesteigert werden, bis das Pferd gelernt hat, sich längere Zeit selbst zu tragen.

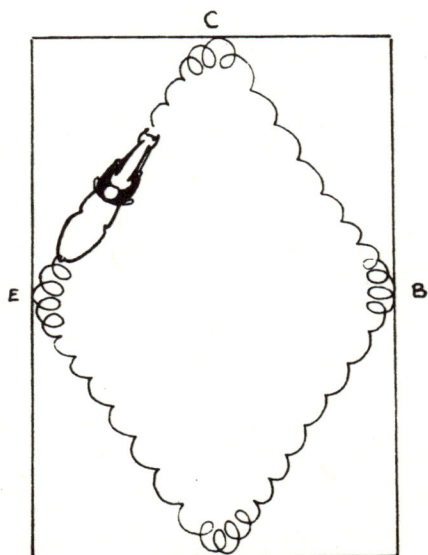

Abb. 34: Übung in Rautenform – Die Wendungen vor der Bande helfen, den Mitteltrab zu entwickeln.

133

Auch der Übergang von einer Traversale zum Mitteltrab wird einen bereits guten Mitteltrab noch verbessern, da das Pferd vorher sehr versammelt geht. Bei der Traversale muß es weit untertreten, und die dadurch erzeugte Energie kann für den Mitteltrab genutzt werden. Auf diese Weise lernt das Pferd, wozu es tatsächlich fähig ist, und wird deshalb einen besseren Mitteltrab zeigen, wenn er wieder wie gewohnt auf der Diagonalen gefordert wird. Die Traversale stellt nur eine Methode dar, das Pferd vor der Trabverstärkung zu versammeln. Im Galopp kann eine Methode mit ähnlicher Wirkung versucht werden; sie ist besonders zu empfehlen bei Pferden, die im Mittelgalopp nicht genug untertreten, auf die Vorhand fallen und schneller werden. Das Pferd wird im Kontergalopp durch die Ecke geritten und dann auf die Diagonale abgewendet. Dabei muß das äußere Hinterbein (das beim Kontergalopp natürlich das innere ist) in der Ecke Schwerarbeit leisten, kann dann aber das Pferd in einem taktmäßigen und ausbalancierten Mittelgalopp vorwärtsschieben. All diese Übungen zielen darauf ab, Takt und Gleichgewicht zu erhalten und durch die Hinterhand Energie zu erzeugen und zu bewahren, die dann für die Verstärkung genutzt werden kann. Allerdings muß der Reiter immer darauf achten, daß das Pferd bei diesen Übungen völlig geradegerichtet ist.

Viele Pferde zeigen einen sehr guten Mitteltrab, wenn sie übermütig oder aufgeregt sind. Der Reiter hat sein Pferd dabei zwar vielleicht nicht völlig unter Kontrolle, aber zumindest weiß er, daß das Pferd — mit viel Training — diesen Schwung und Raumgriff irgendwann einmal auch auf Wunsch des Reiters zeigen wird. Es ist sinnvoll, ein Pferd, das sowieso gerade «gute Laune» hat, im Mitteltrab alles zeigen zu lassen, was in ihm steckt, denn das Pferd lernt dadurch, Schultern und Hinterhand frei zu bewegen. Im Gelände fällt es vielen Pferden leichter, «Gänge zu zeigen» als in der Enge der Reitbahn, und auch hier empfiehlt es sich, alles herauszureiten, weil es dem Pferd dann auch in der Bahn leichter fallen wird, einen freien Mitteltrab zu gehen.

Ein Pferd, das versucht, im Mitteltrab den Rücken wegzudrücken, tritt nicht richtig unter und wird keinen echten Mitteltrab zustandebringen — sein Rücken schwingt nicht, und die Hinterhand kann nicht schieben. Der Reiter sollte ein solches Pferd vor dem Mitteltrab ein wenig tiefer einstellen und es dann energisch vorwärtstreiben; er kann aber auch die Hände seitlich abstellen (um ein Zurückwirken oder Behindern der Vorwärtsbewegung auszuschließen) und damit verhindern, daß das Pferd die korrekte Haltung aufgibt. Natürlich dürften diese Probleme eigentlich gar nicht auftreten, wenn das Pferd bis zu diesem Punkt korrekt ausgebildet wurde!

Nicht vorwärtsgehen

Anzeichen: Das Pferd geht nicht zügig vorwärts und die Hinterhand schiebt nicht. Das Pferd ist nicht geradegerichtet und weicht vom Hufschlag ab, wann immer ihm danach ist. Dem Reiter ist zumute, als wäre kein Benzin im Tank und außerdem der Gashebel kaputt — er hat das Gefühl, als arbeitete das Pferd einfach nicht mit.

Ursachen: Es kann sich um ein grundsätzliches Problem handeln, das wahrscheinlich bei allen frisch eingerittenen Pferden auftritt; es kann aber auch auftreten, weil der Reiter versucht, sein Pferd auf fehlerhafte Weise – das heißt von vorn – zu versammeln; er behindert die Vorwärtsbewegung mit der Hand, anstatt das Pferd von hinten heranzutreiben. «Zu viel Hand und zu wenig Schenkel» ist ein Ruf, den man oft hört, doch in den meisten Fällen zeigt das Pferd dann schon weniger Gehwillen. In weniger offensichtlichen Fällen hält der Reiter das Pferd am inneren Zügel fest und bewirkt auf diese Weise, daß es nicht mehr vorwärtsgeht; dieser Reiter versucht, Stellung und Kopfhaltung des Pferdes am inneren Zügel zu erzwingen, anstatt das Pferd mit dem inneren Schenkel gegen den äußeren Zügel zu treiben.

Korrektur: Ein rohes Pferd, das noch nicht begriffen hat, daß es vorwärtsgehen soll, reitet man energisch vorwärts; es soll auch oft in der Gruppe im Gelände gehen, damit es Freude am Laufen bekommt und Veranlassung zum Vorwärtsgehen hat. Es muß lernen, sich auf eine treibende Hilfe – ein leichtes Anlegen der vibrierenden Schenkel, also kein gleichbleibender Druck – sofort in Bewegung zu setzen. Hier kommt die Drücken-Schnalzen-Gerte-Methode ins Spiel. Wenn das Pferd auf einen sanften Schenkeldruck nicht reagiert, wird er verstärkt. Erfolgt immer noch keine Reaktion, wird der Schenkeldruck wiederholt, und der Reiter schnalzt gleichzeitig mit der Zunge; nützt auch das nichts, bekommt das Pferd einen leichten Schlag mit der Gerte, während der Reiter treibt und schnalzt. Das Pferd wird lernen, die Mißachtung einer Schenkelhilfe mit der Bestrafung zu assoziieren – ich brauche wohl nicht zu betonen, daß das Pferd dabei nicht aufgeregt werden soll –, und auf diese Weise wird ihm Gehorsam beigebracht. Der Schlag mit der Gerte sollte dem Pferd nicht weh tun, er sollte, ähnlich wie der Gebrauch von Sporen, nur die Schenkelhilfe unterstützen.

Der Reiter muß überprüfen, ob er versucht, Stellung und Kopfhaltung des Pferdes mit der inneren Hand zu erhalten, und wenn dies der Fall ist, muß er sich darüber im klaren sein, daß er die Vorwärtsbewegung des Pferdes behindert und daß er sein Pferd falsch ausbildet. Wenn das Pferd beim Überstreichen mit der inneren Hand seine Kopfhaltung beibehält, ist alles in Ordnung. Wenn es aber sofort über den Zügel kommt oder in der Ecke über die Schulter ausfällt, dann hat man den Beweis, daß das Pferd mit der inneren Hand zu sehr festgehalten wurde und daß es nicht mit weit untersetzenden Hinterbeinen vorwärtsgeht. Dies ist ein grundlegendes Problem, das häufig auftritt und zu einer Vielzahl von Schwierigkeiten führt, in der Dressur und vor allem beim Springen, und überdies eines, das leicht vermieden werden kann.

Einseitigkeit

Anzeichen: Das Pferd biegt sich auf einer Seite leichter als auf der anderen und ist auf einer Seite hartmäuliger. Aus diesem Grund fallen ihm gewisse Lektionen, zum Beispiel Schulterherein, Zirkel, Übergänge und Traversalen auf einer Hand leichter als auf der anderen.

Ursachen: Neunundneunzig Prozent aller Widerstände im Maul stehen mit der Tragkraft der Hinterbeine in direktem Zusammenhang; man kann also sagen, daß das Pferd einseitig hart im Maul ist und sich auf dieser Seite schlecht biegt, weil sein Hinterbein nicht weit genug untertritt. Wie stark sich das Pferd in einer Ecke biegen kann, hängt nicht von seiner seitlichen Elastizität ab, sondern davon, wie weit es sein inneres Hinterbein unter den Körper bringen kann. Dies wird im Trab deutlicher als im Schritt, denn im Trab muß das innere Hinterbein besonders weit vorschwingen, um in der Spur des Vorderhufs zu bleiben. Die Wirkung eines «faulen» Hinterbeins wird bei einem Pferd mit einer Verletzung am Hinterbein besonders deutlich: Ein Pferd, das vorher auf beiden Seiten gleich gut ging, wird plötzlich sehr einseitig und ist wesentlich steifer, wenn sich das verletzte Hinterbein innen befindet. Die meisten Pferde sind auf einer Seite steifer, und in der Regel ist rechts die «schlechte Seite». Ich fragte unseren Tierarzt über seine Meinung zu der Theorie, die besagt, daß die Lage des Fohlens in der Gebärmutter seine natürliche Beweglichkeit beeinträchtigt. Er antwortete darauf folgendes:

Man nimmt an, daß die Lage des Fohlens im Mutterleib seine spätere seitliche Beweglichkeit beeinflußt. Vom sechsten Monat der Trächtigkeit an liegt das Fohlen mit angewinkelten Beinen auf dem Rücken, und der Kopf zeigt zum Becken der Stute. Es ist unvermeidlich, daß der Körper des Fohlens etwas gedreht und seitlich gebogen ist — das hängt davon ab, in welchem Gebärmutterhorn die Trächtigkeit begonnen hat und wie stark die Gebärmutter durch die inneren Organe verdrängt wurde. Bei einem Großteil der Stuten liegt die Gebärmutter auf der rechten Seite, und daraus folgt, daß das auf dem Rücken liegende Fohlen nach links gebogen ist — das heißt, zur Wirbelsäule und zum Becken der Stute hin. Dies könnte die Ursache dafür sein, daß es dem Pferd später leichter fällt, sich nach links zu biegen; allerdings ist es mir nicht gelungen, irgendwelche einleuchtenden Bestätigungen für diese Theorie zu finden.

Eine andere mögliche Erklärung besteht darin, daß man bei Pferden alles von links macht — man führt sie vom Fohlenalter an von links, sattelt und zäumt sie von links und so weiter, und vielleicht ist dies der Grund dafür, daß sich die meisten Pferde nach links leichter biegen.

Eine andere mögliche Ursache für die Einseitigkeit ist ein Problem im Maul. Zahnhaken oder Wolfszähne zum Beispiel können Schmerzen verursachen, denn besonders bei Wolfszähnen kommt es vor, daß das Gebiß gegen sie schlägt.

Korrektur: Scharfe Haken an den Backenzähnen können leicht durch Abraspeln entfernt werden. Wolfszähne werden vom Tierarzt gezogen, und da sie nur sehr flache Wurzeln haben, ist eine örtliche Betäubung nicht unbedingt erforderlich. Nach dem Ziehen der Zähne sollte das Pferd einige Tage lang kein Gebiß tragen, aber Wunden im Maulbereich heilen im allgemeinen sehr schnell. Man darf allerdings nicht erwarten, daß das Problem sofort nach der Zahnbehandlung zu verschwinden beginnt, denn das Pferd wird einige Zeit brauchen, um die Schmerzen zu vergessen.

Abgesehen von den normalen lösenden Lektionen, die natürlich mehr auf der steifen Seite geritten werden sollten, gibt es kein Patentrezept, um ein Pferd dazu zu bringen, ein schwaches Hinterbein genauso weit unterzusetzen wie ein kräftiges. Um das Problem zu verringern, sollte der Reiter auf jeden Fall versuchen, sich auf der steifen Seite nicht festzuziehen. Damit das Pferd nichts hat, wogegen es hartmäulig sein könnte, muß die Zügelhand auf der steifen Seite annehmen und nachgeben, was das Problem zwar nicht löst, aber zumindest verhindert, daß es zum Dauerzustand wird. Wenn das Pferd erst einmal merkt, daß es sich auf der steifen Seite auf den Zügel legen kann, wird es das auch tun, und sich mehr und mehr darauf verlassen, sein Gleichgewicht auf diese Weise erhalten zu können, anstatt seine Hinterbeine unterzusetzen. Es ist auffallend, wie leicht sich das Pferd auf der guten Seite vom inneren Schenkel gegen den äußeren Zügel treiben läßt, wogegen es auf der schlechten Seite nicht am äußeren Zügel steht, sondern versucht, sich am inneren anzulehnen. Um das Problem so weit wie möglich zu verringern, muß der Reiter konsequent sein und immer wieder Schulterherin, Zirkel verkleinern und vergrößern, Konterschulterherein, einige Tritte in Konterstellung auf dem Zirkel, Schenkelweichen, Schlangenlinien und anderes reiten, damit das innere Hinterbein aktiviert wird und das Pferd sich vom inneren Zügel löst.

Interessant ist, daß ein Pferd, das im Trab auf der rechten Hand steif ist, im Galopp auf der rechten Hand besser geht als auf der linken. Das liegt daran, daß das innere Hinterbein im Trab auf der rechten Hand im Galopp auf der linken Hand zum äußeren Hinterbein wird, und das äußere Hinterbein trägt im Galopp die Hauptlast. Beim ersten Takt des Galoppsprunges trägt es das gesamte Körpergewicht, und wenn es nicht weit untergesetzt wird, leidet der ganze Galopp darunter. Das äußere Hinterbein kann zum Untertreten angeregt werden, wenn der Reiter beim Galoppieren auf dem Zirkel mit dem äußeren Schenkel vermehrt treibt. Er sollte versuchen, das Pferd mit der Hinterhand auf einem kleineren Zirkel galoppieren zu lassen als mit der Vorhand. Dadurch wird das äußere Hinterbein aktiviert und kann mehr Gewicht tragen. Auch der Kontergalopp erhöht die Tragkraft des äußeren Hinterbeins. Zu Beginn sollten diese Übungen jeweils nur kurz durchgeführt werden, weil die ungewohnte Arbeit die Schwäche des Pferdes noch stärker hervortreten lassen kann, denn das Pferd wird versuchen, sich in die ihm bequemere Richtung zu biegen, um das Unbehagen bei schwierigerer Arbeit zu vermeiden. Es wird einige Zeit dauern, bis das Pferd so kräftig und beweglich ist, daß sich die Einseitigkeit verringert, und es darf auf keinen Fall längere Zeit an dieser Schwäche gearbeitet werden. Kurze Trainingsperioden sind wesentlich wirksamer und verringern außerdem das Risiko einer Verletzung von Muskeln oder Bändern. Bevor irgendwelche der hier empfohlenen Lektionen geritten werden, muß das Pferd sich natürlich warmgearbeitet haben, denn andernfalls kann man nicht erwarten, daß es seinen Fähigkeiten entsprechend mitarbeitet.

Pullen
Anzeichen: Das Pferd will nicht in dem vom Reiter gewünschten Tempo gehen, sondern versucht, schneller zu werden. Das Pullen kann verschieden stark ausgeprägt sein − der Reiter kann sich auf dem entschlossen vorwärtsgehenden Pferd recht wohlfühlen (eine bessere Bezeichnung dafür ist «gut in der Hand»). Andererseits kann der Reiter auch das Gefühl haben, das Pferd reiße ihm die Arme aus. Das Endziel ist auf jeden Fall, das Pferd gut in der Hand zu haben, es möglicherweise sogar festhalten zu müssen, besonders

beim Springen, was jedoch nicht mit aktivem Pullen verwechselt werden darf, denn das ist ein Zeichen für eine fehlerhafte Ausbildung des Pferdes. Das Pullen darf auch nicht mit dem Auf-dem-Zügel-Liegen verwechselt werden, bei dem das Pferd sich schwer auf das Gebiß stützt, weil es auf der Vorhand läuft (siehe *Auf dem Zügel liegen*, S. 129).

Ursachen: Pferde pullen aus verschiedenen Gründen. Der erste ist Übereifer und die Neugier, was als nächstes verlangt wird, doch das kommt bei der Dressurarbeit kaum vor. Ein lebhaftes Pferd wird aus lauter Übermut pullen, das gibt sich jedoch, sobald der erste Überdruck weg ist. Eine andere, weniger erfreuliche Ursache kann sein, daß das Pferd vor Schmerzen davonzulaufen versucht, was einer der häufigsten Gründe dafür ist, daß Pferde pullen. Auch Schmerzen im Rücken veranlassen ein Pferd zum Davonlaufen. Im Regelfall versuchen Pferde, die mit angelegten Ohren pullen, vor Schmerzen davonzulaufen, wogegen Pferde, die dabei die Ohren spitzen, einfach nur übereifrig sind.

Korrektur: Sie hängt von der Ursache ab. Um ein Pferd beruhigen zu können, das aus Übermut oder Aufregung pullt, sollte die Umerziehung anhand von Stufe 1 der Grundausbildung erfolgen. Bei Pferden, die bisher immer pullen durften, die also undiszipliniert sind, sollte man nicht vergessen, daß «zum Ziehen immer zwei gehören» (siehe *Auf dem Zügel liegen,* S. 129) und daß das Pferd lernen wird, sich nicht länger auf die Hand zu legen, wenn man seine Hinterhand herantreibt und die Zügeleinwirkungen verfeinert.

Die erste Lektion ist, daß man ein Pferd nicht am Pullen hindern kann, indem man einfach am Zügel zieht. Die einzige Methode, das Pferd daran zu hindern, weiter auf der Vorhand zu laufen, ist energisches Treiben bei gleichzeitigem Annehmen und Nachgeben der Zügel, weil das dem Pferd jede Möglichkeit zum Pullen nimmt. Eine Reihe von halben Paraden und viele Übergänge und der ruhige, feste Entschluß, das Pferd nicht mehr pullen zu lassen, sind die ersten Schritte. Ein Ruck im Maul verschlimmert das Problem nur und gibt dem Pferd einen Grund, sich aufzuregen, was zusätzliche Schwierigkeiten heraufbeschwört. Während der halben Paraden sagt man im Geiste «Nein», indem man energisch treibt, und die Vorwärtsbewegung mit der Hand abblockt, sich dann entspannt und mit leichter Anlehnung stillsitzt; die halben Paraden werden wiederholt, bis der Groschen gefallen ist. Das kann eine Weile dauern, aber Geduld zahlt sich wesentlich mehr aus als das Verlieren der Beherrschung, und da das Pferd korrekt ausgebildet wird, wird sich das auch in Zukunft günstig auswirken. Man darf nie vergessen, daß das Pferd wahrscheinlich gar nicht weiß, daß es nicht pullen soll, und daß der Reiter ihm das erst deutlich machen muß.

Ein Polopony, das einmal zu uns gebracht wurde, weil wir es für die nächste Saison fit machen sollten, ist ein gutes Beispiel für ein Pferd, das vor dem Schmerz in seinem Maul davonlief. Wir bekamen auch das Zaumzeug, das es angeblich tragen mußte, weil es mit jeder anderen Zäumung durchgehen würde. Es handelte sich um ein gedrehtes Kandarenmundstück mit sehr langen Anzügen, kombiniert mit einem Englischen Reithalfter mit Zusatzriemen, und das Pony, das ein Stockmaß von 1,44 Metern hatte, war sehr nervös. Um eine lange Geschichte abzukürzen: Wir ritten das Pony mit einer ungebrochenen Gummitrense und Englischem Reithalfter, und es hatte ein sehr weiches Maul. Es ging nur gegen die Hand, wenn man es zu sehr festhielt, weil es dann sofort fürchtete, das Gebiß würde ihm wehtun. Mit der Kandarenzäumung versuchte es ständig durchzugehen, was für sich selbst spricht. In vielen Fällen führt ein schärferes Gebiß nur dazu, daß das Pferd noch mehr pullt – es bedarf also einiger Überlegung, für jedes Pferd das richtige Gebiß zu finden. Bei der Dressurarbeit gibt es keinen Grund, das Pferd nicht mit einem einfach oder doppelt gebrochenen Trensengebiß zu reiten. Wenn ein Pferd aus Angst pullt, sollte ein milderes Gebiß ausprobiert werden – in einer geschlossenen Reitbahn kann ein durchgehendes Pferd schließlich nicht weit laufen. Das Davonlaufen vor Schmerzen geht oft Hand in Hand mit Verspannungen, und wenn die Hauptursache erst einmal beseitigt ist, lösen sich verwandte Probleme oft von selbst.

Pferde, die versuchen, vor Rückenschmerzen oder dem Gewicht des Reiters davonzulaufen, können nur mit viel Verständnis, und im ersteren Fall mit Hilfe des Tierarztes, korrigiert werden, der vielleicht eine Methode weiß, um die schmerzhaft verkrampften Muskeln zu lockern. Außerdem sollte man sich vergewissern, daß der Sattel nicht auf der Wirbelsäule oder dem Widerrist aufliegt; hier helfen eventuell mehrere Satteldecken, die den Druck gleichmäßiger verteilen. Manche Pferde sind von Natur aus empfindlicher als andere, und das Gewicht des Reiters bereitet ihnen solches Unbehagen, daß sie sich aufregen. Diese Pferde reitet man am besten eine Zeitlang nur im leichten Sitz, um festzustellen, ob sich dadurch etwas ändert. Interessant ist es auch, diese Pferde an der Longe zu beobachten. Wir hatten einmal ein Pferd, das an der Longe ausgezeichnet ging, ruhig, taktmäßig und freudig in allen Gangarten; doch sobald ein Reiter aufsaß, verspannte es sich, versuchte durchzugehen, knirschte mit den Zähnen und war überhaupt sehr schwierig. Schließlich mußten wir das Tier einschläfern lassen, weil Röntgenaufnahmen ergeben hatten, daß die Dornfortsätze des Widerristes so schwer beschädigt waren – offensichtlich durch einen länger zurückliegenden Sturz –, daß das Pferd das Gewicht des Reiters nicht mehr ertragen konnte. Wie viel einfacher wäre doch unsere Aufgabe, wenn Pferde sprechen könnten!

Schlecht zu biegen

Anzeichen: Das Pferd ist, vor allem in den Ecken und auf dem Zirkel, nicht geradegerichtet und biegt sich nicht um den inneren Schenkel, sondern schwingt die Hinterhand nach außen. Ähnlich wie ein Autofahrer, dem das Heck des Wagens in einer scharfen Kurve wegrutscht, hat auch der Reiter sein Pferd in dieser Situation nicht mehr voll unter Kontrolle.

Ursachen: Die Hinterhand schwingt nach außen, weil das Pferd im Rücken steif und außerdem mangelhaft ausgebildet ist. Es ist nicht bereit, sich auf dem Zirkel so um den inneren Schenkel zu biegen, daß die Hinterhufe in die Abdrücke der Vorderhufe treten können. Wenn der äußere Schenkel hinter dem Gurt nicht entschieden verwahrend wirkt, kann die Hinterhand nach außen schwingen, und das Pferd vermeidet es, sich zu biegen.

Korrektur: Viele lösende Lektionen bringen das Pferd dazu, geradegerichtet zu gehen, wobei der Reiter natürlich an der richtigen Stelle mit dem äußeren Schenkel einwirken muß – also hinter dem Gurt (*siehe* Stufe 4 der Grundausbildung – Geraderichten, Seite 37). In chronischen Fällen empfiehlt es sich, auf dem 20-Meter-Zirkel zu reiten, wobei die Hinterhand auf einer engeren Zirkellinie gehen soll als die Vorhand, das Pferd aber trotzdem nach innen gebogen bleibt. Das streckt die Muskeln auf der Außenseite, und da sie es sind, die eine Biegung überhaupt erst ermöglichen, ist es sinnvoll, sie durch diese Übung zu kräftigen. Wenn der Reiter versucht, diese Muskeln zu strecken, indem er einen verkleinerten Zirkel reitet, wird das Pferd die Hinterhand nur noch weiter nach außen schwingen, denn da es schon auf einem normalen Zirkel Probleme hat, wird ihm das korrekte Gehen auf einem kleineren unmöglich sein. Die Muskeln des Pferdes müssen trainiert werden, um es biegsam zu machen, und es hat keinen Sinn, Lektionen zu reiten, in denen sich das Pferd leicht vor der Arbeit drücken kann. Die Hinterhand kann nicht nach außen schwingen, wenn der Reiter sie ins Innere des Zirkels drückt, ohne ihn dabei zu verkleinern, und auf diese Weise werden auch die für die Biegung nötigen Muskeln richtig trainiert (siehe *Steifheit* Seite 145).

Probleme beim Rückwärtsrichten

Anzeichen: Das Pferd geht nicht rückwärts, steigt, sperrt das Maul auf und/ oder wirft den Kopf hoch, tritt untaktmäßig rückwärts, tritt übereilt oder weicht von der geraden Linie ab.

Ursachen: Es gibt zwei Hauptursachen für fehlerhaftes Rückwärtsrichten. Entweder versteht das Pferd nicht, was von ihm verlangt wird, weil es noch nicht weit genug oder unkorrekt ausgebildet ist, oder der Reiter gibt falsche Hilfen: Diese beiden Ursachen sind eng miteinander verbunden, denn wenn der Reiter falsche Hilfen gibt, bedeutet das, daß er die Hilfen und ihren Einsatz noch nicht recht verstanden hat, wodurch möglicherweise die Grundausbildung des Pferdes gelitten hat. Eine weitere mögliche Ursache ist, daß dem Pferd das Rückwärtsrichten unangenehm ist, entweder weil es Schmerzen hat oder steif ist. Das Rückwärtsrichten sollte als Mittel zum Zweck betrachtet werden und nicht als Selbstzweck, das heißt, es soll die Aktivität der Hinterhand verstärken. Um rückwärtsgehen zu können, muß das Pferd gelöst und gut durchtrainiert sein, und diese Lektion ist für Pferde naturgemäß sehr schwierig. Aus diesem Grund ist es auch kein Wunder, daß Pferde, die irgendwo hinter dem Widerrist – und dazu zählen auch alle Teile der Hinterbeine – Schmerzen haben, sich den Hilfen zum Rückwärtsrichten widersetzen, da die zusätzliche Anstrengung sie noch verschlimmern würde.

Korrektur: Das Pferd muß die Hinterhand untersetzen, um taktmäßig und im Gleichgewicht rückwärtszutreten und auf Wunsch sofort wieder vorwärtsgehen zu können. Außerdem muß es die grundlegenden Reiterhilfen verstehen – das heißt, es muß die Schenkelhilfen kennen und die Anlehnung respektieren. Ein Pferd, bei dem das noch nicht der Fall ist, wird sich gegen die Hilfen zum Rückwärtsrichten wehren. Der Reiter treibt das Pferd aus dem Halten vorwärts, blockiert die Bewegung aber gleichzeitig mit den Zügeln, und die erzeugte Energie läßt das Pferd nicht vorwärtsgehen, sondern die geforderte Anzahl Tritte rückwärts machen. Anfangs sollte man sich mit ein oder zwei Tritten begnügen und dann wieder vorwärtsreiten.

Das Rückwärtsrichten sollte nicht zu oft geübt werden, weil das Pferd sonst jedes Halten damit verbindet und ein neues Problem entsteht. Manchmal ist es nötig, einen Helfer zu bitten, das Pferd rückwärts zu schieben und «Zurück» zu sagen, während der Reiter die nötigen Hilfen gibt. Wenn das Pferd versteht, was von ihm erwartet wird, wird der Helfer allmählich immer weniger gebraucht. Sofern diese Lektion korrekt und geduldig eingeführt wurde, sollte das Pferd sie völlig gelassen als einen Teil seines Trainingsprogramms akzeptieren; allerdings ist das Rückwärtsrichten eine Übung, die zu Verspannungen führen kann, wenn das Pferd die Hilfen mißversteht oder schon zurückzutreten beginnt, bevor die Hilfen dazu gegeben wurden.

Auf keinen Fall darf zum Rückwärtsrichten am Zügel gezogen werden; je mehr das Pferd sich weigert, desto stärker muß getrieben werden. Ein übereiltes Zurücktreten kann man korrigieren, indem man immer nur einen oder zwei Tritte verlangt und dann sofort vorwärtsreitet, bevor das Pferd weiter rückwärtsgehen kann. Sobald das Pferd gelernt hat, auf die Hilfen des Reiters hin rückwärts zu gehen, anstatt aus eigenem Antrieb, ist das Problem gelöst. In diesem Fall empfiehlt sich ein Helfer am Boden, der das Pferd beim Rückwärtstreten beruhigt.

Ein Pferd, das beim Rückwärtsrichten den Kopf hochwirft, hat dies wahrscheinlich bei einem Reiter gelernt, der mehr mit den Händen einwirkte als mit den Schenkeln, denn das führt dazu, daß das Pferd den Rücken wegdrückt und den Kopf hebt. Die Zügelhilfe darf nur so stark sein, daß das Pferd nicht vorwärtsgeht und die Anlehnung sollte sich − von der vorherigen Gangart zum Halten über das Rückwärtsrichten bis zum Wiederanreiten − nur so weit ändern, daß die Vorwärtsbewegung herausgelassen oder abgeblockt wird. Der Unterschied zwischen diesem Herauslassen und dem Abblocken ist eine Sache des Gefühls, das sich erst mit zunehmender Erfahrung einstellt, aber auch der unerfahrene Reiter kann sich und seinem Pferd damit helfen, wenn er immer daran denkt, daß er niemals am Zügel ziehen darf und daß das Pferd im Idealfall nur am Vorwärtsgehen gehindert anstatt gebremst, zum Halten gebracht oder rückwärtsgetrieben werden soll.

Ein wichtiger Aspekt, der in Betracht gezogen werden muß, wenn man versucht, ein widersetzliches Pferd rückwärtszurichten, ist die Gefahr des Steigens. Wenn das Pferd steigt, muß der Reiter sofort die Zügel lockerlassen und sein Gewicht nach vorn verlagern, was die Gefahr des Überschlagens verringert. Aber auch ein Pferd, das zum Steigen neigt, kann das Rückwärtsrichten lernen: Dazu sitzt der Reiter ab und übt das Rückwärtsrichten vom Boden aus. Er steht an der Schulter des Pferdes, schiebt es zurück und gibt wiederholt das Kommando «Zurück». Wenn das Pferd darauf reagiert, kann der Reiter wieder aufsitzen und es noch einmal versuchen − aber mit einem Helfer am Boden, der so lange dabeibleibt, bis das Pferd die Hilfen kennt. Diese Übung sollte in einer Stunde nicht zu oft wiederholt, aber regelmäßig verlangt werden, allerdings nicht unbedingt jeden Tag, und es empfiehlt sich, das Pferd zwischendurch auch anhalten zu lassen, ohne daß ein Rückwärtsrichten verlangt wird.

Verkürzte Trittlänge

Anzeichen: Das Pferd greift unter dem Reiter nicht normal weit aus, sondern macht kurze, eilige Schritte und geht untaktmäßig. An der Longe oder beim Freilaufen greift es wesentlich weiter aus.

Ursachen: Eine mögliche Ursache ist eine Störung in einem früheren Abschnitt der Ausbildung: Der Reiter könnte versucht haben, das Pferd zu «versammeln», bevor es so weit war, und das Pferd hat daraufhin, anstatt die Hinterhand unterzusetzen und sich von hinten her zusammenzuschieben, nur seine Trittlänge verkürzt. Es kann auch sein, daß das Pferd übereilt geht und nicht im Gleichgewicht ist und aus diesem Grund nicht weiter ausgreifen kann. Die Hinterhand wird nachgeschleppt, und das Pferd läuft auf der Vorhand, weil der Schub von hinten fehlt, was natürlich zu ungeregelten Gängen führt. Es kann aber auch sein, daß das Pferd überhaupt nicht vorwärtsgeht; es kann so weit hinter dem Zügel gehen, daß der Raumgriff darunter leidet. Verspannung kann ebenso zu kurzen, übereilten Tritten führen wie Aufregung. Auch Schmerzen im Rücken können die Ursache dafür sein, daß das Pferd keine gleichmäßigen, langen Tritte macht. Probleme im Maul können ebenfalls dazu führen, denn das Pferd wird nur widerwillig an das Gebiß herantreten und deshalb nicht ausgreifen. Das Problem sollte auch vom veterinärmedizinischen Aspekt her betrachtet werden, denn ein «Klammgehen» der Vorderbeine kann auf das Anfangsstadium einer Huferkrankung wie Hufrollenentzündung oder Entzündung der Hufbeinäste hindeuten, aber auch auf eine Prellung im Schulter- oder Widerristbereich oder auf «Schienbeine» (eine Entzündung der Sehnenscheiden an der Vorderseite des Röhrbeines, hervorgerufen durch das Reiten auf hartem Boden).

Korrektur: In jedem Fall besteht die einzige Möglichkeit darin, zur Grundausbildung zurückzukehren. Zuerst muß sichergestellt werden, daß das Pferd gelöst und zügig vorwärtsgeht. Als nächstes wird an Takt und Geschmeidigkeit gearbeitet, denn je besser sich das Pferd vorwärts-abwärts streckt und in den Ecken biegt, desto freier werden seine Bewegungen. Bei einem steifen Pferd werden auch die Gänge in Mitleidenschaft gezogen, sofern es nicht von Natur aus sehr gute Bewegungen hat, aber selbst dann werden sich die Gänge noch verbessern, wenn das Pferd geschmeidiger wird. Die Methode zur Korrektur eines Pferdes mit mangelndem Raumgriff ist im Kapitel über die Grundausbildung nachzulesen; weitere Einzelheiten über Verspannungen *(Auf die Vorhand fallen/Nicht vorwärtsgehen* Seite 114) und *Steifheit* Seite 145 sind in den entsprechenden Abschnitten zu finden. Dies ist ein Musterbeispiel für ein Problem, das eng mit einem anderen, grundsätzlicheren, verbunden ist, und dafür, daß nach dem Lösen des grundsätzlichen Problems die nebensächlicheren von selbst verschwinden. Schmerzen im Rücken sind ein Fall für den Tierarzt, ebenso wie Schienbeine, Prellungen und Huferkrankungen; der Tierarzt sollte immer gerufen werden, wenn man vermuten muß, daß die verkürzten Tritte eine körperliche Ursache haben. Er wird festlegen, welche

Arbeit das Pferd in der nächsten Zeit tun darf, oder ob es vielleicht eine Weile überhaupt nicht geritten werden sollte, damit keine weiteren Schäden angerichtet werden. Ich bin entschieden der Meinung, daß wir es den Pferden, die uns ja nicht sagen können, wo es ihnen weh tut, schulden, einen Fachmann hinzuziehen, wenn ihnen etwas fehlt, anstatt selbst herumzudoktern. Da die Pferdehaltung ohnehin ein teures Hobby ist, sollte es auf die Tierarztkosten auch nicht mehr ankommen.

Scheuen

Anzeichen: Das Pferd sieht etwas, vor dem es sich fürchtet, und weigert sich, daran vorbeizugehen, versucht, es in großem Bogen zu umgehen oder macht auf der Hinterhand kehrt. Es kann sein, daß der Gegenstand des Scheuens weit entfernt liegt und der Reiter das Scheuen schon voraussieht, es kommt aber auch vor, daß das Pferd plötzlich aus dem Augenwinkel heraus etwas wahrnimmt und blitzschnell zur Seite springt, worauf der Reiter natürlich nicht vorbereitet ist.

Ursachen: Einige Pferde sind von Natur aus schreckhafter als andere und scheuen, sehr zum Ärger des Reiters, vor den lächerlichsten Dingen, gehen aber ungerührt an dröhnenden Lastwagen vorüber oder springen auf Wunsch riesige Hindernisse, ohne zu wissen, was sie auf der anderen Seite erwartet. Es scheint keine feste Regel zu geben, warum Pferde so unterschiedlich reagieren, abgesehen davon vielleicht, daß ältere und reifere Pferde Dinge, vor denen sie in ihrer Jugend sehr viel Angst hatten, im allgemeinen gelassen akzeptieren. Es kommt allerdings auch oft genug vor, daß sich ältere Pferde bei bestimmten Dingen völlig albern aufführen, was aber wohl eher eine Art Spiel ist, das schnell wieder aufgegeben wird, wenn man es ignoriert!

Korrektur: Sie hängt stark vom Charakter des Pferdes ab. Ich habe herausgefunden, daß man das Scheuen stets bis zu einem gewissen Grad ignorieren sollte, weil sich Pferd und Reiter auf diese Weise am wenigsten aufregen. Ein gutes Beispiel dafür ist ein Pferd, das Tag für Tag vor einer Stange scheut, die in einer Ecke der Reitbahn liegt. Wenn man dieses Pferd jedesmal mit Sporen oder Gerte für sein Scheuen bestrafen würde, würde sich die Situation nur verschlimmern: Das Pferd würde sich vor der Ecke automatisch verspannen, weil es das Scheuen nicht nur mit der gefährlichen Stange in der Ecke, sondern auch mit einer Strafe verbindet. Sowie sich das Pferd verspannt, geht alles verloren − Gelöstheit, Takt, Schwung und so weiter −, und aus der Mücke ist ein Elefant geworden − nur damit das Pferd an einer auf dem Boden liegenden Stange vorbeigeht. Es ist viel sinnvoller, die Ecke leicht abzurunden, Takt und Haltung des Pferdes beizubehalten und erst dann allmählich tiefer in die Ecke hineinzureiten, wenn das Pferd vernünftig mitarbeitet. Man darf nicht vergessen, daß das Scheuen ein Zeichen dafür ist, daß das Pferd falsche Prioritäten setzt, denn eigentlich sollte es mehr auf den Schenkel des Reiters achten, der es in die Ecke treibt, als auf die Stange oder das, wovor es sonst gerade scheut. Anstatt sich um das Scheuen zu kümmern, sollte der Reiter sich also mehr darauf konzentrieren, das Pferd gehorsamer zu machen; dazu dienen Übungen, bei denen das Pferd vom inneren Schenkel seitwärts getrieben wird, zum Beispiel Zirkel vergrößern, Schulterherein und Schenkelweichen. Die energisch eingesetzte, verstärkte Schenkelhilfe korrigiert das Scheuen, ohne das Pferd aufzuregen.

Es gibt einige Pferde, die sich vor der Arbeit drücken, indem sie buchstäblich vor allem und jedem scheuen, und die man vielleicht wirklich hart anfassen muß, aber ich bin der Ansicht, daß das Scheuen, obwohl es ein Ausweichverhalten darstellt, dennoch eng mit mangelndem Selbstvertrauen des Pferdes in Verbindung steht. Wenn der Reiter Geduld hat und Disziplin verlangt, wird das Pferd allmählich mehr Vertrauen zu sich selbst und seinem Reiter bekommen und dann auch aufhören zu scheuen. Ein beruhigendes Klopfen ist meiner Meinung nach in den meisten Fällen eher angebracht als ein Stoß mit den Fersen, und ich ziehe es vor, ein scheuendes Pferd sehr entschieden und energisch zu reiten, anstatt es zu strafen.

Wenn ein Pferd sehr viel scheut und auch nicht damit aufhört, könnte es sein, daß es nicht gut sieht. Das kann besonders bei Pferden, die sehr plötzlich scheuen, der Fall sein, denn sie nehmen aus dem Augenwinkel etwas wahr, was sie nicht identifizieren können und wovor sie dann natürlich erschrecken. (Eine Augenuntersuchung durch den Tierarzt wird hier Klarheit schaffen.) Aus dem Pferd ist im Laufe seiner Evolution ein sehr schreckhaftes Tier geworden, das in seiner natürlichen Umgebung viele Feinde hatte und das sich als Herdentier allein sehr unsicher fühlt. Das Scheuen ist ebenso wie das Kleben ein Teil dieser Unsicherheit, und wir als Reiter und Ausbilder müssen versuchen, das zu verstehen; es ist natürlich ärgerlich, aber noch ärgerlicher ist die Kombination von Scheuen und Verspanntheit, mit der man es zu tun hat, wenn man an das ursprüngliche Problem falsch herangegangen ist.

Rutschen

Anzeichen: Das Pferd rutscht entweder mit den Vorder- oder Hinterhufen weg, nicht nur in den Wendungen, sondern auch auf geraden Linien. Ein Pferd, das sich nicht im Gleichgewicht befindet, wird eher ausgleiten als eines, das sein Gewicht auf der Hinterhand trägt. Dressur- und Springprüfungen werden oft auf Rasenplätzen abgehalten, auf denen es sich vielfach schlecht reiten läßt – es sei denn, der Boden ist ideal, das heißt, das Pferd kann eindeutige Hufabdrücke hinterlassen, ohne in irgendeine Richtung wegzurutschen.

Ursachen: Jede Oberfläche, von Sand vielleicht einmal abgesehen, kann rutschig sein, und je härter sie ist, desto schlimmer wird es – man denke zum Beispiel an Asphalt. Vielfach wird angenommen, Pferde müßten nur auf nassem Boden mit Stollen gehen, doch es kann genauso schwierig sein, auf trockenem Boden einen Halt zu finden; wahrscheinlich ist es sogar noch schwieriger, weil sich die Hufe nicht in den Boden eindrücken.

Pferde hassen es, wenn sich der Boden unter ihnen bewegt, und verlieren dann sofort ihr Selbstvertrauen. Ein Pferd kann in jede Richtung rutschen, nicht nur seitwärts, und selbst das geringste Ausgleiten wird seine Haltung beeinträchtigen. Beim Gehen auf vereistem Boden hält sich ein Mensch leicht steif und macht kürzere Schritte, um nicht auszurutschen. Pferde reagieren genauso, und sobald ihre Muskeln angespannt sind, können sie nicht mehr korrekt gehen: Sie halten den Rücken fest, können nicht mehr untertreten und geben im Maul nicht nach. Das Pferd kann sich nicht klarmachen, daß es nur unterzutreten braucht, um nicht mehr zu rutschen, und so entsteht ein Teufelskreis: Wenn das Pferd rutscht, wird es immer schwieriger, es zum Untertreten zu veranlassen, und weil es nicht untertritt, wird es immer stärker rutschen. Aus diesem Grund sind Stollen für die Dressur genauso wichtig wie für das Springen.

Korrektur: Bei Pferden, die das Dressurviereck aus alter Gewohnheit für eine Rutschbahn halten – weil der Boden entweder trocken und glatt oder naß und schmierig war –, muß das Selbstvertrauen gestärkt werden, und damit sie sich völlig sicher fühlen können, werden in jedes Hufeisen vier Stollen eingedreht. Zwei davon befinden sich in der normalen Position am Ende der Hufeisenschenkel, die beiden anderen am Zehenteil. Beim Springen sollten nie vier Stollen pro Eisen verwendet werden, weil die Verletzungsgefahr bei der Landung zu groß ist, beim Dressurreiten dagegen ist sie relativ gering.

Wenn das Pferd erst einmal Vertrauen zu den Bodenverhältnissen gewonnen hat, wird es sich entspannen und gelöst und gehorsam gehen; fürchtet es sich jedoch weiterhin, auszurutschen und hält sich deswegen steif, muß der Reiter mit Stufe 1 der Grundausbildung von vorn beginnen.

Steifheit

Anzeichen: Steifheit wird im allgemeinen mit einem Mangel an Beweglichkeit im Rücken in Verbindung gebracht. Um sich in den Ecken biegen zu können oder die Hinterhand unterzusetzen, muß das Pferd, besonders im Rücken, elastisch und beweglich sein, denn nur so kann es die Muskeln in die eine oder andere Richtung strecken. Steifheiten können zwar überall auftreten, aber wenn auf dem Wertungsbogen einer Dressurprüfung der Kommentar «steif» erscheint, ist im allgemeinen der Rücken gemeint. Ein Pferd mit einem steifen Rücken wird sich nicht biegen, den Rücken wegdrücken, die Hinterbeine nachschleppen und in den Ecken über die Schulter ausfallen.

Ursachen: Entweder mangelndes Training oder Schmerzen im Rücken, die unter Umständen auch erst auftreten, wenn das Pferd untertritt. Auch die Länge des Pferderückens beeinflußt seine Biegsamkeit: Einem Pferd mit einem kurzen Rücken fällt es viel schwerer, sich in den Ecken zu biegen, da seine Wirbelsäule von Natur aus steifer ist als die eines Pferdes mit einem längeren Rücken. Man kann eine Parallele ziehen zu zwei Stöcken – einem kurzen und einem längeren. Der kurze Stock ist wesentlich unflexibler als der längere, aber ein zu langer Stock bricht leicht und ist nicht sehr belastbar.

Korrektur: Da Beweglichkeit bei einem Sportpferd eine überaus wichtige Rolle spielt, müssen Steifheiten so weit korrigiert werden wie irgend möglich. Die Korrektur ist unabhängig von der Ursache: Die Flexibilität muß durch eine Vielzahl von Übungen, die die Muskeln beanspruchen und strecken, gesteigert werden. Bei allen Steifheiten darf man jedoch einen wichtigen Faktor nicht außer acht lassen: Das Pferd muß immer genügend Zeit bekommen, um sich aufzuwärmen, bevor eine härtere Arbeit von den Muskeln gefordert werden kann. Das Pferd zur Arbeit zu zwingen, bevor es warm ist, kann nur zu Schäden führen; Muskelfasern können reißen, und das Pferd wird dadurch nur noch steifer.

Bei steifen Pferden treten oft noch verwandte Probleme auf, zum Beispiel gehen sie untaktmäßig, vor allem beim Verkleinern des Zirkels und natürlich bei schwierigeren Lektionen wie Schulterherein oder Traversalen. Sie sind nicht in der Lage, so weit unterzutreten, daß sie sich wirklich selbst tragen, und die gesamte Ausbildung kommt zum Stillstand (*siehe* Stufe 4 der Grundausbildung – Geraderichten, Seite 37). Es gibt kein Patentrezept, um ein Pferd biegsamer zu machen – die einzige Möglichkeit ist ein logisch aufgebauter Trainingsplan mit Übungen, die Dehnung und Streckung verlangen, wie zum Beispiel Zirkel, Schlangenlinien, Zirkel verkleinern und vergrößern, Übergänge, Schulterherein, Schenkelweichen und die Arbeit über Bodenricks. All diese Lektionen fordern die Muskeln, die trainiert werden sollen, und wenn die Anforderungen von Tag zu Tag nach der Aufwärmperiode gesteigert werden, wird das Pferd allmählich beweglicher werden. Etwas lösende Arbeit sollte auch im Schritt verrichtet werden. Einfaches Biegen um den Schenkel auf kleinen Zirkeln bei einer gleichzeitigen starken Innenstellung des Kopfes streckt die Muskeln der Seite und das Reiten in Vorwärts-abwärts-Haltung die der Oberlinie. Auch das Longieren mit Chambon (siehe *Weggedrückter Rücken*) kommt diesen Muskeln zugute; außerdem wird das Pferd dabei nicht durch das Reitergewicht belastet. Gerade Pferde mit sehr steifen Rücken sollten möglichst wenig Gewicht zu tragen haben, und bevor ein Pferd nicht in der Lage ist, das Gewicht des Reiters auf einem entspannten Rücken zu tragen, sollte man das Problem nicht noch durch häufiges Aussitzen im Trab und Galopp vergrößern. Ein Pferd mit einem gelöst schwingenden Rücken erträgt das Aussitzen, ohne sich zu verspannen, aber je mehr der Reiter versucht, ein Pferd, das sich im Rücken festhält, durch schweres Einsitzen zu lösen, desto schwerwiegender wird das Problem. Man sollte damit rechnen, daß das Pferd versuchen könnte, das Gewicht des Reiters loszuwerden, indem es sich sofort verspannt, wenn der Reiter aussitzt, und manchmal muß man durch diese Stadien hindurch einfach weiter aussitzen, dabei aber unbedingt darauf achten, daß man sich selbst im Rücken nicht verkrampft, weil dadurch ein Teufelskreis entstünde. Sowohl das Pferd als auch der Reiter sollten stets zum Nachgeben bereit sein; allerdings gibt es keine zwei Pferde, die einander in dieser Beziehung gleich sind. Man muß ausprobieren, welche Methode am besten wirkt. Wenn eine nicht funktioniert, probiert man eine andere aus und versucht herauszufinden, warum das Pferd in einer bestimmten Weise darauf reagiert.

Es versteht sich von selbst, daß der Sattel gut passen muß und daß eine Sattelunterlage verwendet werden sollte, die den Druck gleichmäßiger verteilt und den Sattel noch zusätzlich abpolstert. Schmerzen in der Sattellage führen unweigerlich zu Verspannungen des Rückens; es empfiehlt sich also, die Ausrüstung daraufhin zu überprüfen.

Probleme beim Angaloppieren

Anzeichen: Sie können sehr unterschiedlich sein. Das Pferd kann aus einem übereilten Trab anspringen, wobei es über dem Zügel geht – manchmal sogar so stark, daß es buchstäblich in den Galopp hineinspringt. Es kommt auch vor, daß Pferde sich weigern, auf einer bestimmten Hand zu galoppieren.

Ursachen: Das erste Problem hat seine Ursache in mangelndem Training: Das Pferd fällt auf die Vorhand und tritt beim Angaloppieren nicht unter. Das Hochwerfen des Kopfes liegt am Reiter, der das Pferd im Moment des Angaloppierens zu sehr festhält. Ein Hineinspringen in den Galopp ist eine Verstärkung dieses Fehlers: Das Pferd möchte angaloppieren, wird aber so stark zurückgehalten, daß es einen Sprung macht. Oft ist auch der Reiter Schuld daran, daß das Pferd falsch angaloppiert. Er hat dann entweder undeutliche Hilfen gegeben oder sein Gewicht nach außen verlagert, was das Gleichgewicht des Pferdes stört und ihm gar keine andere Wahl läßt, als falsch anzuspringen. Es kann natürlich auch sein, daß der Reiter sein Pferd so schlecht ausgebildet hat, daß es gar nicht weiß, was von ihm erwartet wird.

Oft galoppieren Pferde auf einer Hand schlechter als auf der anderen und manchmal ist es sehr schwierig, ein Pferd auf einer Hand überhaupt in den richtigen Galopp zu bekommen. Das liegt entweder daran, daß das äußere Hinterbein (das bei jedem Galoppsprung zuerst aufsetzt) nicht untertritt, oder daran, daß das Pferd über die Schulter nach außen drängt und dann natürlich falsch angaloppiert.

Korrektur: Um aus dem Trab anzugaloppieren, gibt man kurz vor einer Ecke eine halbe Parade, biegt das Pferd in der Ecke und fordert es mit dem äußeren Schenkel hinter dem Gurt (der ohnehin dort liegt, um die Biegung zu erhalten) auf, im richtigen Galopp anzuspringen; dabei liegt der treibende innere Schenkel etwas weiter vorn als beim normalen Durchreiten einer Ecke. Der Reiter muß sein Gewicht deutlich auf den inneren Gesäßknochen verlagern, um das Gleichgewicht des Pferdes zu unterstützen. Die Hilfen zum Angaloppieren müssen natürlich sehr deutlich gegeben werden, denn halbherzige Andeutungen lassen das Pferd in den Galopp hineinpoltern. Wenn das Pferd beim Angaloppieren auf die Vorhand fällt, wird es durch eine Reihe energischer halber Paraden zum Untertreten gebracht und erst dann angaloppiert, denn ein Pferd, das im Trab auf der Vorhand läuft, wird dies zweifellos auch im Galopp tun. Häufiges Angaloppieren aus dem Trab lehrt das Pferd, seinen Körper richtig einzusetzen, und eine Verbesserung des Trabes wird automatisch auch dem Galopp zugute kommen.

Obwohl das Pferd beim Angaloppieren nicht übereilt traben sollte, darf der Reiter auch nicht den Fehler machen, es zu sehr zurückzuhalten, denn um sich dagegen zu wehren, wird das Pferd über den Zügel kommen oder sogar in den Galopp hineinspringen, was schnell zur Gewohnheit werden kann. In diesem Fall kämpft das Pferd darum, Kopf und Hals freizubekommen, statt Schub aus der Hinterhand zu entwickeln. Während des Angaloppierens sollte sich die Anlehnung nicht verändern; um das zu erreichen, muß das Pferd durch halbe Paraden so weit vorbereitet werden, daß es gut untertritt und genügend potentielle Energie für den Schub nach vorn vorhanden ist. Sollte das Pferd jedoch auch bei leichtester Anlehnung noch über den Zügel kommen, bleiben dem Reiter zwei Möglichkeiten. Entweder kann er sein Pferd vor dem Angaloppieren tiefer einstellen oder bei breit geführten Händen am langen Zügel angaloppieren, denn so kann das Pferd die Anlehnung nicht vermeiden, wird aber auf keinen Fall zurückgehalten. Sobald das Pferd gelernt hat, daß es in den Galopp hineingetrieben und nicht festgehalten wird, aber trotzdem am Zügel bleiben muß, kann der Reiter die Hände wieder in der normalen Stellung halten und die innere Hand nur noch seitlich abstellen, wenn es nötig ist.

Falsches Angaloppieren wird korrigiert, indem eine korrekte Hilfe gegeben wird; das allein reicht jedoch manchmal nicht aus: Gelegentlich weigern sich Pferde beharrlich, auf einer bestimmten Hand anzugaloppieren, und wenn sie es wirklich nicht wollen, werden sie vermutlich auch alle Tricks kennen, um es zu vermeiden. Falls das Pferd sich zum Beispiel weigert, Linksgalopp zu gehen, kann man es mit einer der folgenden Methoden dazu bringen; sie haben das Ziel, das Pferd zu überlisten, und sind nach der Schwere des Problems geordnet.

(a) Trab auf der rechten Hand auf dem Zirkel, dann aus dem Zirkel wechseln und im gleichen Moment links angaloppieren. So überlistet man ein Pferd, das mit der Schulter oder der Hinterhand ausfällt, denn der Zügel, der auf der rechten Hand der äußere ist, wird durch den Handwechsel zum inneren Zügel und umgekehrt, und das genügt vielleicht schon, um das Ausfallen der Schulter oder der Hinterhand aufzufangen und das Pferd im Linksgalopp anspringen zu lassen.

(b) Wenn das Pferd nur über die Schulter ausfällt, wird der äußere Zügel stärker angenommen – so stark, daß das Pferd schon fast nach außen gestellt ist. Das verhindert, daß das Pferd falsch angaloppiert, weil es über die Schulter drängt.

(c) Wenn das Pferd mit der Hinterhand ausfällt, muß der äußere Schenkel verstärkt einwirken, um die Hinterhand nach innen zu schieben, wobei gleichzeitig die Schulter vor dem Ausfallen bewahrt werden muß.

Diese relativ einfachen Methoden helfen oft in weniger hartnäckigen Fällen, aber es gibt einige Pferde, bei denen sie nicht zum Erfolg führen. Wenn der Reiter sich jedoch darauf konzentriert, das Pferd im Trab völlig schenkelgehorsam zu machen – es dem Schenkel weichen zu lassen und sich um den inneren Schenkel zu biegen –, sollten sich auch beim Angaloppieren Fortschritte einstellen; ständig falsches Angaloppieren auf einer Hand ist nur eines von vielen Anzeichen für mangelnden Gehorsam gegenüber den Schenkelhilfen.

Es hat den Anschein, als entwickelten manche Pferde eine Art geistiger Hemmschwelle, wenn es darum geht, auf einer bestimmten Hand richtig anzugaloppieren, und je öfter man es mit ihnen übt, desto schlimmer wird es. Ich habe herausgefunden, daß Hindernisstangen, die in bestimmter Weise angeordnet sind, eine große Hilfe sein können, denn sie lassen das Pferd richtig angaloppieren, ohne daß es Theater macht oder sich aufregt. Eine Stange wird auf das letzte Viertel der Diagonalen gelegt, und man läßt das Pferd genau in dem Moment angaloppieren, in dem es über die Stange springen will. Dies ist der kritische Augenblick, denn da das Pferd sieht, in welche Richtung es nach

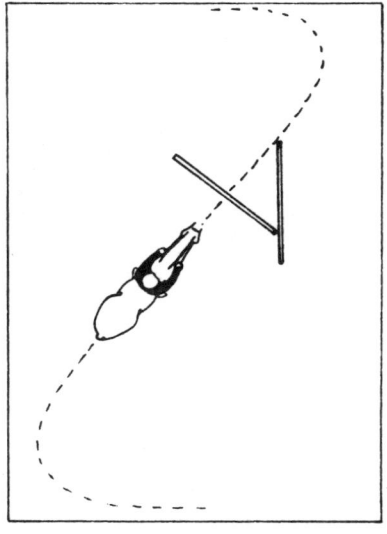

Abb. 35: Damit das Pferd im richtigen Galopp anspringt − nutzt man die fließende Bewegung eines Handwechsels sowie ein oder zwei Stangen auf dem Boden, die das Pferd in eine Position bringen, aus der es ihm fast unmöglich ist, falsch anzugaloppieren. Die Stangen liegen neben der Mittellinie, kurz hinter der Linie von E nach B.

dem Überwinden der Stange abwenden muß, wird es in den allermeisten Fällen richtig angaloppieren. Wenn das Pferd jedoch im Sprung die Schulter nach außen schwingt und im falschen Galopp landet, kann eine zweite Stange im Winkel an die Außenkante der ersten gelegt werden, die das Pferd in die richtige Richtung leitet (Abb. 35). Der Reiter muß darauf achten, daß er absolut eindeutige Hilfen gibt, das Pferd im Augenblick des Absprungs vorwärtstreibt und erst einige Runden galoppieren läßt, bevor ein neuer Versuch unternommen wird. Sobald das Pferd die Stange mit der Galopphilfe assoziiert, kann sie an eine beliebige Stelle gelegt werden, damit das Pferd überall in der Bahn richtig angaloppiert.

Schweifschlagen

Anzeichen: Das Pferd schlägt entweder gelegentlich mit dem Schweif, meistens dann, wenn eine bestimmte Hilfe gegeben wird, oder während der gesamten Zeit, in der ein Reiter im Sattel sitzt.

Ursachen: Das Pferd reagiert auf diese Weise, um seinen Unwillen zu erkennen zu geben. Der Grund dafür könnten die Hilfen oder auch das Gewicht des Reiters sein; es kommt aber auch vor, daß das Pferd nur unwillig reagiert, wenn der Reiter es vermehrt fordert oder eine bestimmte Bewegung verlangt, zum Beispiel das Angaloppieren oder eine Traversale, denn beide Übungen verlangen nicht nur eindeutige Hilfen, sondern auch besondere Anstrengungen vom Pferd. Ständiges Schweifschlagen kann ein Zeichen dafür sein, daß das Pferd Schmerzen hat, die ihm jede Freude an der Arbeit nehmen. Diese Schmerzen haben ihren Sitz normalerweise irgendwo hinter dem Schulterbereich. In der Regel handelt es sich um Rückenschmerzen, denn Schmerzen vor dem Schulterbereich führen im allgemeinen eher zu einer unruhigen Kopfhaltung.

Korrektur: Man kann wenig tun, um ein Pferd am Schweifschlagen zu hindern, und für ein gelegentliches Wedeln sollte es in einer Dressurprüfung eigentlich keinen Punktabzug geben. Wenn das Pferd keine Sporen mag, die in den höheren Leistungsklassen vorgeschrieben sind, sollte man sehr kurze auswählen, die das Pferd nur in Ausnahmefällen berühren. Pferde, die ständig mit dem Schweif schlagen und auf diese Weise zu erkennen geben, daß sie etwas stört, sollten vom Tierarzt untersucht werden, der feststellen kann, ob sie unter Rückenbeschwerden leiden oder, falls es sich um eine Stute handelt, vielleicht unter einer Eierstockzyste. Manche Pferde wehren sich lediglich gegen die treibenden Schenkel, und der Reiter kann hier nichts anderes tun, als sehr vorsichtig zu treiben, um das Pferd nicht noch mehr zu verstimmen.

Zähneknirschen

Anzeichen: Diese Widersetzlichkeit tritt auf, wenn das Pferd seine Schneidezähne aufeinander reibt, indem es den Unterkiefer von einer Seite zur anderen schiebt. Es kann auch mit den Backenzähnen knirschen, was jedoch seltener vorkommt. Während des Zähneknirschens gibt das Pferd die Anlehnung auf und kommt so hinter den Zügel.

Ursachen: Unwillen oder Verspannung, hervorgerufen durch Unbehagen, Aufregung, schlechte Laune oder Angst, führen zum Entstehen dieser Angewohnheit. Das Unbehagen kann seinen Ursprung im Maul haben, aber auch durch Schmerzen verursacht werden, die ihren Sitz meistens in den Rückenmuskeln haben, die für die Elastizität des Pferdes verantwortlich sind. Vor einigen Jahren mußten wir uns mit einer Hautkrankheit herumplagen, die unsere Pferde vorzugsweise in der Sattellage befiel. Ein besonders dünnhäutiges Pferd begann daraufhin, mit den Zähnen zu knirschen, um sich gegen das Unbehagen zu wehren, das Sattelgurt und Schenkel ihm an den befallenen Stellen verursachten, doch nachdem die «Pickel» abgeheilt waren, hörte auch das Zähneknirschen wieder auf. Dieses Pferd neigte offenbar besonders dazu, seinen Unwillen kundzutun, und zeitlebens fing es immer wieder an, mit den Zähnen zu knirschen, wenn ihm etwas nicht paßte; außerdem zeigte es ein gewisses Maß an Gereiztheit. Hätten wir es im Laufe seiner Ausbildung verärgert, wäre ohne Zweifel ein eingefleischter Zähneknirscher aus ihm geworden, doch da wir es mit viel Verständnis erzogen, wurde das Zähneknirschen nicht zur ständigen Gewohnheit. Die meisten Pferde knirschen mit den Zähnen, wenn sie sich aufregen, und das ist ihre Art, dem Reiter zu sagen, daß ihnen irgend etwas mißfällt. Diese Reaktion wird oft ausgelöst, wenn man versucht, die Ausbildung voranzutreiben, indem man etwas verlangt, was dem Pferd schwerfällt oder ihm unbehaglich ist; es wehrt sich eben auf diese Weise und nicht auf eine andere. Wenn ein Pferd sehr aufgedreht ist und vermutet, daß es gleich etwas Aufregendes tun soll, knirscht es unter Umständen auch mit den Zähnen, ähnlich einem Menschen, der sich in einer solchen Situation erst einmal eine Zigarette ansteckt!

In diesem Fall handelt es sich weniger um eine Widersetzlichkeit, sondern eher um eine nervöse Angewohnheit, die aber trotzdem lästig werden kann: Es kann einen zum Wahnsinn treiben, wenn man auf einer Jagd ein Pferd reiten muß, das ständig mit den Zähnen knirscht, denn das Geräusch geht einem nach einiger Zeit ganz schön auf die Nerven!

Korrektur: Das Zähneknirschen muß im Keim erstickt werden, denn wenn das Pferd es sich erst einmal angewöhnt hat, kann man kaum noch etwas dagegen tun, selbst wenn man die Ursache beseitigt hat. Zuerst muß die Ursache ermittelt werden. Nur wenige Pferde knirschen im Stall mit den Zähnen – das Problem zeigt sich gewöhnlich nur unter dem Reiter. Das läßt vermuten, daß sich das Pferd mit einem Reiter auf dem Rücken unwohl fühlt; deshalb sollte als erstes abgeklärt werden, ob das Pferd Schmerzen im Rücken hat, vor allem in der Sattellage. Es muß überprüft werden, ob der Sattel richtig paßt und nicht auf Widerrist oder Wirbelsäule aufliegt und ob der Druck gleichmäßig verteilt wird. Falls tatsächlich das Gewicht des Reiters oder der Druck des Sattels die Ursache sind, können ein oder sogar zwei dicke Satteldecken vielleicht Abhilfe schaffen. Ein dickes Schaumgummipolster verteilt den Druck; es wird zwischen den Sattel und eine dicke Schaffelldecke gelegt, die weich und warm ist. Die Ursache des Problems kann auch in der Gurtlage liegen; mögliche Störfaktoren sind ein zu harter Gurt oder schlechte Pflege, die zu Gurtdruck geführt hat, was besonders bei Pferden im Fellwechsel passieren kann. Die Zähne des Pferdes müssen gründlich untersucht werden, wobei auch auf mögliche Wunden in der Maulhöhle geachtet werden muß, die dem Pferd einen Grund geben, sich gegen das Gebiß zu wehren. Wenn ein Pferd, das normalerweise gelassen mitarbeitet, anfängt mit den Zähnen zu knirschen, wenn es stärker gefordert wird, muß der Reiter sich fragen, warum das so ist. Fühlt das Pferd sich unwohl oder überfordert? Versteht es nicht, was von ihm verlangt wird und regt sich deshalb auf? Oder liegt es an seinem Charakter, daß es einfach nicht härter arbeiten mag? Nach Klärung dieser Fragen muß sich der Reiter entsprechend verhalten und wenn nötig geduldiger vorgehen, bis sich das Pferd an die gestiegenen Anforderungen gewöhnt hat. Das Zähneknirschen ist zweifellos eine unangenehme Angewohnheit, die schwer zu korrigieren ist, aber wenn der Reiter es trotzdem schaffen will, sollte sein Ziel ein zufriedenes und entspanntes Pferd sein, denn nur in dieser Gemütsverfassung wird es nicht mit den Zähnen knirschen (siehe auch *Verspannung*).

Verspannung

Anzeichen: Das Pferd erscheint unzufrieden; es geht häufig mit angelegten Ohren und kurzen gebundenen Tritten, es geht nicht vorwärts und scheint sich unwohl zu fühlen und mit seinem Reiter überhaupt nicht zu harmonisieren. In extremen Fällen kommt es vor, daß das Pferd bestimmte Dressurlektionen verweigert; es steht zum Beispiel nicht still, zackelt, statt Schritt zu gehen, und galoppiert, statt zu traben. Die innere Unruhe läßt das Pferd stark schwitzen, und es macht einen angespannten und aufgeregten Eindruck. Bevor ein Pferd nicht sowohl geistig als auch körperlich entspannt ist, wird es nicht in der Lage sein, weich und gelöst zu gehen, und es können keine Fortschritte erzielt werden, solange das Pferd nicht gelassen geht (*siehe* Stufe 1 der Grundausbildung, Seite 23 und Einige typische Reitstunden, Seite 49).

Ursachen: Wenn sich das Pferd verspannt, läßt dies darauf schließen, daß ihm irgend etwas nicht paßt; das kann der Reiter sein oder auch die geforderte Aufgabe. Auch äußere Einflüsse können die Ursache sein, zum Beispiel eine aufregende Umgebung oder eine beängstigende Atmosphäre. Das Pferd kann übermütig oder unruhig sein oder nicht genug Vertrauen in seine Fähigkeiten haben, was es natürlich beunruhigt. Es kann auch Schmerzen haben – verursacht durch das Gebiß, den Sattel, das Gewicht des Reiters oder anderes. Auch ein nervöser Reiter kann seine Angespanntheit auf das Pferd übertragen, selbst auf ein sehr phlegmatisches. Wenn ein Pferd sich verspannt, hat es kein Vertrauen zu sich selbst oder seinem Reiter und ist deshalb ängstlich oder wird es werden.

Korrektur: Da Pferde so verschieden sind, kann keine allgemeingültige Methode empfohlen werden, um die Verspannung zu lösen; man muß ausprobieren, welche Methode für ein bestimmtes Pferd am besten geeignet ist. Die Möglichkeiten, um ein Pferd zu entspannen, reichen vom Reiten am langen Zügel – an dem es sich vorwärts-abwärts streckt und damit seine Muskeln entspannt, was vielleicht auch seiner Gemütsverfassung zuträglich ist – bis zum energischen Vorwärtsreiten. Aufs ganze gesehen liegt die Schuld an diesem Problem ursprünglich beim Reiter, und je besser er die Ursache versteht, desto eher wird er in der Lage sein, es zu korrigieren. Je unerfahrener der Reiter ist, desto stärker tritt das Problem auf; allerdings gibt es auch viele erfahrene Reiter, die vor einer Dressurprüfung sehr nervös sind, worunter die Vorführung natürlich leidet.

Zuerst sollte man versuchen, die Ursache der Verspannung herauszufinden. Man muß sich fragen, was dem Pferd zu schaffen macht – natürlich muß man sein Pferd gut kennen, um sein Verhalten und seine Launen zu verstehen. Wenn das Pferd Unbehagen empfindet oder Schmerzen hat, muß nach Möglichkeit die Ursache beseitigt werden – zum Beispiel, indem man ein milderes Gebiß einschnallt, einen besser sitzenden Sattel verwendet oder einen weicheren Gurt. Der Tierarzt sollte herauszufinden versuchen, ob das Pferd Schmerzen hat oder warum es sonst so aufgeregt ist. Erst wenn alle Möglichkeiten überprüft wurden, kann man versuchen, das Pferd zu einer gelassenen und gefestigten Mitarbeit zu bewegen.

Der Reiter muß wissen, wie viel Aufwärmzeit sein Pferd benötigt, und auch herausfinden, wie er es am besten entspannen kann, ehe er ihm eine volle Leistung abfordert. Man könnte es zum Beispiel auf dem Turnierplatz herumführen, es longieren, bis es sich beruhigt hat, oder es einfach über die Verspannung hinwegreiten, bis es so weit ist, daß es sich voll auf seine Arbeit konzentrieren kann. Gelassenheit ist die erste Stufe in jedem Trainingsprogramm, und es ist von entscheidender Wichtigkeit, daß das Pferd in jeder Hinsicht entspannt ist, ehe man in der Ausbildung fortschreitet. Wenn das Pferd schon beim Training zu Hause nicht gelassen geht, wird es das auf einem Turnier erst recht nicht tun; das heißt, das Pferd muß erst im Training gut gehen, bevor man auf einem fremden Platz eine gute Leistung von ihm erwarten darf. Man sollte nie vergessen, daß Pferde im Prüfungsviereck nie so gut gehen wie anderswo, denn sowohl die äußeren Einflüsse als auch die starre Abfolge der Lektionen führen meistens zu kleinen Fehlern; es ist also wichtig, daß das

Pferd so gut ausgebildet ist wie nur irgend möglich, damit diese kleinen Fehler während der Prüfung wieder ausgeglichen werden. Pferde gehen oft ausgezeichnet auf dem Abreiteplatz, was sich aber sofort ändert, wenn sie sich im Viereck befinden; je mehr man also zwischen den weißen Begrenzungen eines Dressurvierecks üben kann, desto besser ist es. Auf diese Weise gewöhnt sich das Pferd daran, auf einem turniermäßig hergerichteten Dressurplatz zu arbeiten. Wenn der Reiter sich zu Beginn der Prüfung verspannt, wird sich dies auf das Pferd übertragen, und es wird in Zukunft den Turnierplatz mit Verspannung assoziieren. Vor Turnieren sind alle Reiter nervös, aber sie sollten lernen, ihre Nerven unter Kontrolle zu behalten, damit sich ihre Anspannung nicht auf die Pferde überträgt. Erfahrung ist die beste Methode, um dieses Problem zu bewältigen; außerdem sollte die Vernunft stets die Oberhand behalten. Ich habe festgestellt, daß auch tiefes Durchatmen oft hilft, ebenso leises Singen, denn es ist sehr schwer, gleichzeitig zu singen und verspannt zu sein – außerdem lenkt es die Gedanken ein wenig von der bevorstehenden Prüfung ab! Auch Lächeln ist eine gute Therapie – man muß nur darauf achten, daß das Lächeln nicht zur Grimasse wird!

Ein Pferd muß Zutrauen zu der Arbeit haben, die von ihm verlangt wird, denn wenn ihm zu viel abverlangt wird, ehe es geistig und körperlich reif genug ist, wird es sich widersetzen oder verspannen. Wenn das Pferd sich verspannt, muß der Reiter entscheiden, ob das Pferd seine Aufregung nur vortäuscht, um sich vor der Arbeit zu drücken, oder ob es den Anforderungen wirklich noch nicht gewachsen ist. Im letzteren Fall sollte der Reiter zu leichteren Aufgaben zurückgehen und die schwierigeren Lektionen erst dann allmählich und vorsichtig wiedereinführen, wenn er meint, daß das Pferd für einen neuen Versuch bereit ist. Das kann schon in derselben Stunde sein, aber auch erst eine Woche später – das hängt vom jeweiligen Pferd ab. Die Gelassenheit muß sorgfältig bewahrt werden, denn es ist sehr schwierig, ein verspanntes Pferd wieder zu beruhigen. Sowie sich ein Pferd verspannt, verkrampfen sich die Muskeln, vor allem die des Rückens; deshalb helfen alle Übungen, die diese Muskeln strecken und lösen, die Verspannung zu beseitigen. Zu diesen Übungen gehört das Reiten am langen Zügel sowie das Reiten von Zirkeln, Übergängen, Schulterherein und Konterschulterherein, und der Reiter muß beruhigend einwirken, sanfte Hilfen geben, mit dem Pferd sprechen und seinen Hals klopfen oder streicheln. Manchmal ist es jedoch auch nötig, energisch einzuwirken, damit das Pferd sich mehr anstrengt, um seine Muskeln entspannen zu können, und um dies zu erreichen, muß der Reiter absoluten Gehorsam verlangen.

Wenn möglich sollte das Pferd lernen, daß es seine Trainingsarbeit konzentriert und gelassen absolvieren muß. Wenn es in der gewünschten Weise mitarbeitet, wird es vom Reiter belohnt, der aber nicht zuviel verlangen oder sich selbst verspannen darf. Verspannung ist ein weitverbreitetes Problem, das um so deutlicher zutage tritt, je älter und erfahrener das Pferd wird; die meisten jungen Pferde bewegen sich auf dem Dressurplatz relativ gelassen, und erst wenn sie die Abfolge der Lektionen auswendig wissen, neigen sie dazu, Hilfen vorwegzunehmen.

Zungenstrecken

Anzeichen: Das Pferd streckt die Zunge entweder seitlich heraus und verdreht sie dabei, oder es läßt sie entspannt und locker heraushängen. Manchmal wird die Zunge auch gerade herausgestreckt, so daß nur die Zungenspitze zu sehen ist. Wenn die Zunge entspannt heraushängt, kann das Pferd trotzdem noch am Zügel stehen, aber wenn es sie bewegt, kommt es unweigerlich hinter den Zügel (siehe auch *Hinter dem Zügel gehen*, Seite 100).

Ursachen: Ebenso wie bei einem Pferd, das die Zunge über das Gebiß nimmt, ist auch hier Unbehagen die Ursache. Meistens will das Pferd dem unangenehmen Druck des Gebisses ausweichen, indem es versucht, die Zunge vom Gebiß wegzunehmen. Locker heraushängende Zungen sieht man oft bei erschöpften Rennpferden, zum Beispiel am Ende eines schweren Rennens, aber bei Dressurpferden sind meistens möglicherweise schon länger zurückliegende Schmerzen im Maul die Ursache.

Korrektur: Als erstes wird das Maul auf Wunden untersucht. Dann kann man ausprobieren, ob ein anderes Gebiß das Problem löst; es empfiehlt sich ein Gebiß, das weniger Druck auf die Zunge ausübt, also zum Beispiel eine französische Scharniertrense oder eine Fillistrense. Man muß einfach so lange probieren, bis das richtige Gebiß für das jeweilige Pferd gefunden ist. Bei der Ausbildung eines Pferdes muß darauf geachtet werden, daß der Reiter sein Pferd nie so sehr festhält, daß es einen Grund hat, sich zu wehren, indem es die Zunge vom Gebiß wegstreckt. Wenn das Pferd sich bei leichter Anlehnung selbst trägt und das richtige Gebiß gefunden wurde, sollte es keinen Grund haben, sich im Maul unbehaglich zu fühlen und die Zunge herauszustrecken.

Zunge über das Gebiß nehmen

Anzeichen: Das Pferd weigert sich, die Einwirkung des Gebisses auf seiner Zunge zu akzeptieren; es zieht sie nach oben und legt sie über das Gebiß, wodurch der Reiter schlechter einwirken kann. Der Reiter spürt diese Veränderung; entweder hat er plötzlich «nichts mehr in der Hand», oder das Pferd liegt schwer auf dem Zügel, und er kann nicht mehr einwirken, etwa um das Pferd zu beruhigen oder abzuwenden. Manchmal kommt es vor, daß das Pferd sich so sehr ängstigt, wenn es die Zunge über dem Gebiß hat, daß es plötzlich ohne erkennbaren Grund steigt; unter Umständen fühlt es sich dabei dermaßen unbehaglich, daß es so hoch steigt, daß es sich überschlägt. Dies ist die schlimmste Art des Steigens, denn der Reiter ist völlig unvorbereitet und stürzt (unweigerlich) unter das Pferd, wenn es sich überschlägt.

Ursachen: Diese Angewohnheit entsteht, wenn das Gebiß zu tief im Pferdemaul liegt, was zwar das Spielen mit dem Gebiß anregt, dem Pferd aber auch erlaubt, die Zunge darüber zu nehmen. Es kann aber auch sein, daß das Pferd versucht, sich vor Schmerzen im Maul zu schützen, die durch ein schlecht verpaßtes Gebiß oder den Druck des Gebisses auf die Zunge verursacht werden. Vielleicht hat es auch ein Problem im Maul, das durch das bloße Vorhandensein des Gebisses verschlimmert wird.

Korrektur: Wenn das Gebiß wirklich zu tief liegt, muß das Kopfstück kürzer geschnallt werden, unter Umständen sogar etwas zu kurz, damit es dem Pferd unmöglich gemacht wird, die Zunge über das Gebiß zu nehmen. Außerdem darf das Gebiß nicht zu breit sein, denn sonst würde das Gelenk in der Mitte zu tief hängen, obwohl das Gebiß an den Maulwinkeln korrekt anliegt. Pferde müssen nicht unbedingt das Maul öffnen, um die Zunge über das Gebiß zu nehmen – man kann sie mit einem enggeschnallten Reithalfter also nicht daran hindern, aber man kann es ihnen zumindest erschweren. Das kann sich allerdings auch nachteilig auswirken, denn wenn das Pferd es trotzdem geschafft hat, die Zunge über das Gebiß zu nehmen, gelingt es ihm vielleicht nicht, sie wieder in die normale Position zu bringen, und dann könnte es steigen. Bei Pferden mit sehr großer Zunge, bei denen das Gebiß entsprechend scharf einwirkt, könnte man eine andere Zäumung ausprobieren, die weniger Druck ausübt; oft hilft der Übergang von der Wassertrense zur doppelt gebrochenen Scharniertrense, deren Nußknackerwirkung weniger stark ist. Man kann es auch mit einer Fillistrense versuchen, die ebenfalls doppelt gebrochen ist und außerdem eine Zungenfreiheit hat. Viele Pferde hassen die Nußknackerwirkung der Wassertrense, und für sie kann die doppelt gebrochene Trense die ideale Lösung sein (vorausgesetzt, die Platte in der Mitte ist flach und glatt). Falls das Problem aber schon so sehr zur Gewohnheit geworden ist, daß diese Methoden nicht helfen, kann ein über das Gebiß geschlaufter Zungenstrecker aus Gummi das Pferd daran hindern, die Zunge über das Gebiß zu nehmen. Es kann zwar weiterhin die Zunge zurückziehen, ist aber nicht mehr in der Lage, sie über das Gebiß zu legen, und mit der Zeit wird das Pferd vielleicht lernen, daß es angenehmer ist, das Gebiß in der richtigen Lage zu tragen, und dann kann der Zungenstrecker wieder entfernt werden.

Wunden oder Geschwüre im Maul geben dem Pferd Grund genug, sich der Einwirkung des Gebisses zu entziehen, und sie müssen natürlich ausgeheilt sein, bevor man erwarten kann, daß das Pferd seine schlechte Angewohnheit aufgibt. Schließlich weiß das Pferd nicht, daß es die Zunge nicht über das Gebiß legen soll; das einzige, was es begreift, ist, daß es sich auf diese Weise der Einwirkung des Gebisses entziehen kann, und es liegt an uns, ihm das Leben so angenehm wie möglich zu machen, damit es gar nicht in Versuchung kommt.

Stolpern

Anzeichen: Das Pferd stolpert über irgend etwas und fängt sich dann wieder oder stürzt auf die Vorderfußwurzelgelenke. Ein Pferd kann auch mit einem Hinterbein stolpern, wenn es mit der Hufspitze hängenbleibt, was bedeutet, daß es den Huf zuerst mit der Spitze aufsetzt, anstatt mit der flachen Sohle aufzutreten.

Ursachen: Jugend, Schwäche oder mangelndes Gleichgewicht führen zu häufigem Stolpern der Vorhand. Auch Erkrankungen wie Hufrollenentzündung müssen in Betracht gezogen werden. Für ein Stolpern der Hinterbeine sind meistens Schwäche oder Nachlässigkeit verantwortlich.

Korrektur: Das Pferd muß umerzogen werden, um sein Gleichgewicht zu finden, nicht länger auf der Vorhand zu laufen und sein Gewicht mehr auf der Hinterhand zu tragen (siehe *Auf die Vorhand fallen* und *Auf dem Zügel liegen).* Bei einem stolpernden Pferd besteht immer die Gefahr, daß es stürzt oder zumindest auf die Vorderfußwurzelgelenke fällt und sich dabei verletzt. Junge Pferde neigen eher zum Stolpern, weil sie noch nicht gelernt haben, im Gleichgewicht zu gehen und stark auf der Vorhand laufen; aus diesem Grund tragen unsere jungen Pferde, wenn sie auf der Straße geritten werden, stets Knieschützer an den Vorderfußwurzelgelenken. Die Entscheidung, von welchem Zeitpunkt an auf die Schützer verzichtet werden kann, fällt jedoch nicht immer leicht; man muß immer befürchten, daß der Tag, an dem man sie nicht benutzt, genau der sein wird, an dem das Pferd auf die Nase fällt. Aber schließlich können Pferde nicht ihr ganzes Leben Knieschützer tragen; und wenn sie über längere Zeit hinweg täglich benutzt werden, können Scheuerstellen und Verhornungen auftreten, die dann zu einem neuen Problem werden. Die Knieschützer müssen so eng geschnallt werden, daß sie nicht herunterrutschen, aber andererseits kann auch der Druck oberhalb des Gelenks zu Schäden führen.

Wenn das Pferd nach einiger Zeit besser ausgebildet ist und sich im Gleichgewicht befindet, wird es nur noch selten stolpern, aber der Reiter muß sich dieser Gefahr doch stets bewußt sein; deshalb ist das Reiten am hingegebenen Zügel nicht zu empfehlen. Am langen Zügel dagegen kann man das Pferd ruhig gehen lassen, denn damit hat es die nötige Bewegungsfreiheit, und der Reiter kann trotzdem schnell genug eingreifen, wenn es wirklich stolpert oder plötzlich aus irgendeinem Grund davonschießt. Das Pferd sollte lernen, daß es falsch ist, die Füße nicht hochzuheben, und ein leichter Stoß mit den Fersen — der es nicht aufregen, sondern es nur aufmerksamer machen soll — ist ein probates Mittel. Man muß aber aufpassen, daß das Pferd das Stolpern nicht mit etwas assoziiert, vor dem es sich fürchtet — zum Beispiel einem Gertenhieb oder einem Tritt in die Rippen — denn dann wird es sich angewöhnen, sofort davonzuschießen, und man hat ein neues Problem geschaffen.

Zügellahmheit

Anzeichen: Das Pferd macht ungleichmäßige Tritte. Das fällt im Trab am stärksten auf, ist aber auch im Schritt zu spüren. Das Pferd muß nicht unbedingt mit dem Kopf nicken wie bei einer echten Lahmheit, bringt aber trotzdem ein Bein nicht so weit nach vorn wie das andere.

Ursachen: Das Problem ist weit verbreitet und löst immer wieder hitzige Diskussionen aus. Ist das Pferd lahm oder nur zügellahm? Diese Frage ist oft sehr schwer zu beantworten. Manche Pferde scheuen sich so sehr davor, an das Gebiß heranzutreten, daß ihre Trittlänge ungleichmäßig wird. Es kann auch vorkommen, daß ein Pferd bei einem Reiter mit gefühlloser Hand den Kopf hin- und herschwingt, was gleichfalls zu unregelmäßigen Tritten führen kann.

Korrektur: Zuerst muß natürlich die Ursache für die Zügellahmheit ermittelt werden. Ich beobachte das Pferd am liebsten beim Freilaufen, um zu sehen, wie es sich bewegt. Wenn ich bei genauem Hinsehen irgendeine Unregelmäßigkeit feststellen kann, weiß ich, daß das Problem eine physische Ursache hat und versuche dann noch herauszufinden, ob die Lahmheit hinten oder vorn, rechts oder links auftritt, dann überlasse ich das Feld dem Tierarzt.

Wenn das Pferd nur unter dem Reiter ungleichmäßig tritt, muß herausgefunden werden, ob das Gewicht des Reiters der auslösende Faktor ist, oder ob das Pferd durch den Reiter (der vielleicht längere Zeit zu stark mit der Hand eingewirkt hat) gestört wird und sich deshalb angewöhnt hat, mit einem diagonalen Beinpaar kürzer zu treten. In diesem Fall kann man durch das Reiten am langen Zügel die Ursache ermitteln; allerdings wird ein Pferd, das sich am langen Zügel nicht vorwärts-abwärts dehnt, vermutlich immer noch unregelmäßig gehen. Wenn es sich jedoch dehnt und immer noch untaktmäßig geht, handelt es sich wieder um einen Fall für den Tierarzt. Geht es am langen Zügel jedoch korrekt, liegt die Schuld wahrscheinlich beim Reiter, und die Ausbildung sollte bei Stufe 2 neu ansetzen. Wenn es gelingt, das Problem auf diese Weise zu lösen, lag die Zügellahmheit daran, daß das Pferd nicht mit beiden Hinterbeinen gleichmäßig geschoben hat; möglicherweise war die Muskulatur des Pferdes auf einer Seite so unterentwickelt, daß es ihm schwerfiel, gleichmäßig unterzutreten. Mit fortschreitender Ausbildung bessert sich das Problem zwar, aber wenn ein Pferd so einseitig ist, muß man vermuten, daß irgendeine ererbte Schwäche vorliegt.

Es gibt unzählige Pferde, vor allem Vielseitigkeitspferde, die nicht ganz gleichmäßig gehen, im Gelände und Parcours aber trotzdem sehr erfolgreich sind: Ganz offensichtlich kompensieren sie ihre Schwäche auf irgendeine Weise und fühlen sich wohl dabei, denn wenn sie sich nicht wohlfühlten, würden sie nicht so gute Leistungen bringen. In der Dressur zeigt sich jede Unregelmäßigkeit jedoch überdeutlich, und es treten wahrscheinlich neue Probleme auf, denn ein unregelmäßiger Gang erschwert Traversalen und enge Wendungen ganz außerordentlich. Es ist sinnlos, das Pferd aufzuregen, indem man von ihm verlangt, bei diesen Übungen gleichmäßig zu gehen, wenn es ihm einfach unmöglich ist. Es ist viel besser, die Aufgabe so gut zu reiten, wie es eben geht, und dabei nur darauf zu achten, daß das Pferd gelassen und taktmäßig geht; es hilft, das Pferd dabei korrekt gebogen zu haben. Außerdem kann jede Schwäche durch entsprechendes Training bis zu einem gewissen Grad behoben werden, und jedes Pferd kann lernen, die Anforderungen der niedrigsten Leistungsklasse zu erfüllen. Man muß ihm nur die Gelegenheit geben, zu lernen und seine Muskeln so weit zu kräftigen, daß es die geforderte Arbeit leisten kann.

Zügel aus der Hand reißen

Anzeichen: Das Pferd streckt den Kopf bei geöffnetem Maul nach unten und zieht den Reiter nach vorn oder reißt ihm sogar die Zügel aus der Hand. Diese Unart verbindet man im allgemeinen mit kleinen struppigen Ponys, die dann entweder davonstürmen oder ein oder zwei Bissen Gras abrupfen; aber sie ist auch bei Pferden weit verbreitet und kann nur als Ungezogenheit bezeichnet werden.

Ursachen: Das Pferd ist mangelhaft ausgebildet und benimmt sich deshalb so schlecht. Dieses Problem gehört im allgemeinen nicht zu denen, die während der Grundausbildung auftreten, sondern hat seine Ursache gewöhnlich in mangelnder Disziplin und schlechtem Reiten. Es tritt bei sehr jungen Pferden nur selten auf, sondern entwickelt sich erst, wenn das Pferd an das Reitergewicht gewöhnt ist und allmählich herausfindet, wie es seinen Kopf durchsetzen kann. Das Nach-unten-Bohren und Zügel-aus-der-Hand-Reißen kann durch das Jagdreiten noch verschlimmert werden, denn ein Pferd, das auf keinen Fall den Anschluß verlieren will, versucht alles mögliche, um seinen Willen zu bekommen, und wenn der Reiter es bremsen will, reißt es ihm mit einem kurzen Ruck die Zügel aus der Hand, was dem Reiter natürlich jede Einwirkungsmöglichkeit nimmt. Sowie das Pferd sich diese Unart erst einmal angewöhnt hat, wird sie immer·dann auftreten, wenn das Pferd zurückgehalten wird und sich dadurch gestört fühlt – ein kräftiger Ruck nach unten, und das Pferd hat den Kopf frei. Eine häufige Ursache dafür ist Ermüdung: Ein müdes Pferd versucht, seinen Hals lang zu machen, und wenn der Reiter dies nicht zuläßt, reißt es ihm die Zügel so weit aus der Hand, daß es die verkrampften Halsmuskeln strecken kann. Es empfiehlt sich nicht, ein Pferd auf einer Jagd am langen Zügel zu reiten, weil es dann leichter stolpert, und in den meisten Fällen sind die Pferde bei all dem Trubel sowieso nicht daran interessiert, sich am langen Zügel zu strecken. Dem Pferd reicht ein gelegentliches kurzes Strecken des Halses aus, um seine schmerzenden Muskeln zu lockern, und so entsteht die Unart des Zügel-aus-der-Hand-Reißens. Unter Umständen fängt das Pferd dann auch beim Dressurreiten an, mit dem Kopf zu schlagen, und man hat mit einem Problem zu tun, das korrigiert werden muß – allerdings auch mit einem, das überhaupt nicht hätte auftreten müssen.

Korrektur: Ein Pferd, das eine Unart an den Tag legt, die eindeutig nicht mit einer Steifheit oder mangelnden Aktivität der Hinterhand zusammenhängt, muß lernen, daß es sich zu beherrschen hat und daß sein Verhalten falsch ist. Es ist daher eine Sache der Kraft, die Zügel so festzuhalten, daß das Pferd sie nicht wegreißen kann, damit es lernt, daß ihm sein Verhalten keinen Vorteil bringt. Das ist natürlich leichter gesagt als getan, denn Pferde sind sehr stark, vor allem bei ruckartigen Bewegungen; aber der Reiter muß versuchen, dem Pferd den Eindruck zu vermitteln, daß es nichts erreicht, wenn es am Zügel reißt, sondern höchstens auf unnachgiebigen Widerstand stößt. Das Pferd soll sich fühlen, als wenn es Ausbindezügel trüge; sie geben nicht nach, ziehen aber auch nie zurück, was wichtig ist, denn ein Ziehen oder Rucken am Zügel wird das Problem nur verschlimmern. Wenn der Reiter nicht kräftig genug ist, um diesen Widerstand herzustellen, kann er mehr Kraft einsetzen, indem er sich am Sattelblatt festhält, eine Falte der Reithose etwa in Hüfthöhe mit in die Hand nimmt (falls sie nicht zu eng sitzt!) oder beim Galoppieren im leichten Sitz mit den Zügeln eine Brücke bildet (Abb. 36); das Pferd wird dann schon bald merken, daß seine Versuche nutzlos sind und sie aufgeben. In schweren Fällen kann das Longieren mit Ausbindezügeln mit häufigem Wechsel der Gangart dem Pferd einen gewissen Respekt vor dem Gebiß beibringen; außerdem lernt es dadurch, in korrekter Haltung zu gehen und diese Haltung auch in den Übergängen beizubehalten, denn in den Übergängen tritt das Zügel-aus-der-Hand-Reißen am häufigsten auf. Beim Dressurreiten muß darauf geachtet werden, daß das Pferd sofort energisch vorwärtsgeritten wird, wenn es anfängt, sich auf den Zügel zu legen oder nach unten zu bohren. Dabei darf es jedoch nicht schneller werden oder gegen die Hand gehen. Schenkel- und Kreuzeinwirkung des Reiters müssen stark genug sein, um einen gleichmäßigen Takt zu erhalten; das gilt auch, wenn das Pferd wieder einmal versucht, die Zügel wegzureißen. Dies alles lehrt das Pferd die grundlegende Disziplin, ohne die Fortschritte in der Ausbildung nicht zu erzielen sind. Ein Pferd, das dem Reiter die Zügel aus der Hand reißt, kann nicht taktmäßig gehen und wird deshalb nicht einmal die Stufe 3 der Ausbildung hinter sich bringen.

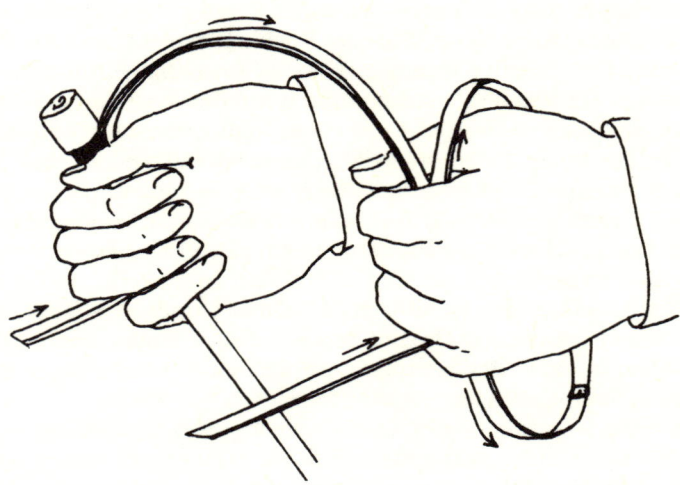

Abb. 36: Die korrekte Methode, um eine Zügelbrücke zu halten — *Die Gerte kann problemlos mitgeführt werden.*

4 Springen im Parcours

Bevor ich auf die einzelnen Probleme eingehe, die beim Springen im Parcours auftreten können, möchte ich noch einmal betonen, daß für das Springen – ganz gleich, wie hoch die Hindernisse auch sein mögen oder aus welcher Gangart sie angeritten werden – dieselben Grundsätze gelten wie für das Dressurreiten. Wenn das Pferd in der Lage ist, in jeder Geschwindigkeit vorwärtszugehen, ist es korrekt ausgebildet worden, und das Springen ist eine natürliche Folge dieser Ausbildung. Das wichtigste beim Springen ist jedoch die Erfahrung, und die bekommt ein Pferd erst im Laufe der Zeit, durch korrektes Reiten und Vertrauen zu seinem Reiter. Ein gut ausgebildetes Pferd sollte nicht nur in der Dressur, sondern auch über eine Vielzahl von Hindernissen angenehm zu reiten sein.

Bei Vielseitigkeitsprüfungen fällt es mir immer wieder schwer, zu verstehen, warum einige Pferde in der Dressur hohe Punktzahlen erzielen, im Gelände und im Parcours aber nur sehr mittelmäßige Leistungen zeigen. Meiner Ansicht nach ist der einzige Sinn des Dressurreitens, das Pferd gelöst und gehorsam zu machen, damit es für andere Aufgaben bereit ist, sei es nun höhere Dressur, Springen oder Jagdreiten, um nur drei Möglichkeiten aufzuzählen. Der Reiter sollte zwar Gehorsam verlangen, damit meine ich jedoch nicht, daß er das Pferd zu einem Roboter ohne jede Eigeninitiative machen sollte – im Gegenteil, denn ein gehorsames Pferd ist ein Pferd, das im Gleichgewicht ist und taktmäßig und gelöst vorwärtsgeht. Nur so kann es mit seinem Reiter harmonieren und ist körperlich in der Lage, seinem Reiter in vielen Situationen zu helfen. Man beachte, daß ich hier von körperlicher Fähigkeit spreche, denn hier liegt der Unterschied zwischen einem guten und einem hervorragenden Pferd. Praktisch alle Pferde lassen sich zu guten Pferden erziehen, aber das hervorragende Pferd ist sehr weit ausgebildet und stets begierig darauf, seine Arbeit zu tun; es ist sehr aufmerksam und entschlossen, das Richtige zu tun, und gibt sein Bestes, um die Wünsche des Reiters zu erfüllen, so schwierig sie auch sein mögen. Ein gutes Pferd mag genauso weit ausgebildet sein, aber unter Streß reagiert es anders – es wird eher aufgeben, als seine Aufgabe anzupacken.

Das Pferd muß so durchtrainiert sein, daß es die Forderungen seines Reiters nicht nur in der Dressur, sondern auch beim Springen voll erfüllen kann, und Fehler, die auf eine mangelhafte Grundausbildung zurückzuführen sind, werden beim Springen besonders deutlich zutage treten. Deshalb werde ich beim Erörtern der beim Springen auftretenden Probleme häufig auf die entsprechenden Abschnitte im Kapitel über das Dressurreiten oder auf die Grundausbildung verweisen.

Da es beim Springreiten keinen Richter gibt, der eine Stilnote vergibt, arbeiten die meisten Leute nicht hart genug an der Springtechnik ihres Pferdes;

160

ihnen genügt es, möglichst oft mit null Fehlern nach Hause zu kommen. Wenn das Springtraining nicht mit der Dressurausbildung Hand in Hand geht, kann es das Pferd einmal böse erwischen, vor allem, wenn es in höhere Leistungsklassen aufsteigt – oder besser, *falls* es in höhere Leistungsklassen aufsteigt. Selbst die Geländestrecken von Vielseitigkeitsprüfungen mittleren Schwierigkeitsgrades sind so kompliziert geworden, daß sie sehr viel Präzision von Reiter und Pferd verlangen. Ich bin entschieden der Ansicht, daß ein Pferd, das noch nicht gelernt hat, einen Parcours mit etwa einem Meter hohen Hindernissen sauber zu überwinden, nicht mit hohem Tempo über die Geländestrecke gejagt werden darf, aber wenn ich mir das Parcoursspringen einer normalen eintägigen Vielseitigkeitsprüfung ansehe, habe ich den Eindruck, daß ich mit meiner Meinung ziemlich allein dastehe. Ein Hindernis im Parcours fällt, wenn es zu einem Rumpler kommt, ein Geländehindernis aber nicht, und das ist der Punkt, der zu Unfällen führt; je kontrollierter das Pferd im Parcours geht, desto besser wird sein Reiter es auch im Gelände in der Hand haben. Es erscheint mir sinnvoll, die Springmanier des Pferdes erst in ruhigem Tempo zu perfektionieren, ehe man sich an die höheren Geschwindigkeiten wagt. Bevor das Pferd nicht gelernt hat, diszipliniert aus dem Trab und dem Arbeitsgalopp zu springen, bringt man Pferd und Reiter in Gefahr, wenn man es aus höherem Tempo springen läßt.

Man sollte auch nicht vergessen, daß Strafpunkte für abgeworfene Stangen, Verweigerungen oder Stürze beim Parcoursspringen fast immer die Folge einer fehlerhaften Ausbildung sind, obwohl man gelegentlich auch einfach nur Pech haben kann.

Auftretende Probleme

Ständiges Landen auf demselben Vorderbein

Anzeichen: Das Pferd landet immer auf demselben Vorderbein, ohne Rücksicht auf die Richtung, die es nach der Landung einschlagen soll.

Ursachen: Mit welchem Vorderbein das Pferd nach einem Hindernis zuerst aufsetzt, hängt von seinem Gleichgewicht ab, und wenn das Pferd sieht, daß es nach dem Hindernis nach rechts abwenden soll, wird es normalerweise den rechten Vorderhuf zuerst aufsetzen, und bei einer Wendung nach links den linken. Wenn es immer wieder auf dem gleichen Vorderhuf landet, kann dies mehrere Gründe haben. Zum Beispiel kann es sein, daß das Pferd seinen Körper in der Luft verdreht und deshalb schon aus Gleichgewichtsgründen gezwungen ist, auf einem bestimmten Vorderbein zu landen; wenn das Pferd die Hinterhand über dem Hindernis zum Beispiel nach rechts wirft, muß es automatisch mit dem linken Vorderhuf zuerst auffußen, was bedeutet, daß es im Rechtsgalopp weiterlaufen wird, obwohl es bei Sprüngen aus höherem Tempo auch vorkommt, daß die Drehung der Hinterhand weniger stört, was eine Landung auf dem einen oder anderen Vorderbein ermöglicht. Ein Pferd, das langsam springt und nicht energisch geritten wird, geht bei der Landung nicht mehr vorwärts und wird dann natürlich mit seinem bevorzugten Vorderbein zuerst auffußen. Wenn das Pferd dagegen gleich bei der Landung wieder vorwärtsgeritten wird, wird es sein Gleichgewicht der neuen Bewegungsrichtung automatisch anpassen.

Auch das Gleichgewicht des Reiters über dem Hindernis kann das des Pferdes beeinflussen; das heißt, wenn der Reiter sein Gewicht ständig zu einer Seite verlagert, muß das Pferd das ausgleichen, indem es sein Gewicht auf die andere Seite verlagert. Ein Pferd, das sich einem Hindernis nicht ganz gerade nähert, also über die Schulter geht, ist schon in sich schief und wird natürlich auch so springen – und setzt mit dem inneren Vorderhuf zuerst auf, um dann im Außengalopp weiterzugehen. Eine andere mögliche Ursache ist, daß das Pferd bei der Landung Schmerzen in einem Bein hat, es deshalb vermeidet, dieses Bein zuerst aufzusetzen und den Aufprall mit dem gesunden Bein abfängt.

Korrektur: Ich habe festgestellt, daß man sich mit einem Pferd, das ständig auf demselben Vorderhuf landet, regelrecht verrückt machen kann. Im Training fällt das meistens viel mehr auf als bei einem Turnier, denn in einer Prüfung reitet man im allgemeinen zügiger, das Pferd scheint sich in der Luft weniger zu «verdrehen» und immer mit dem richtigen Bein zu landen. Dieser Fehler tritt am häufigsten bei der Trainingsarbeit zu Hause auf, weil die meisten Pferde dabei irgendwie landen dürfen und nicht sofort wieder vorwärtsgetrieben werden. Ein Sprung muß eine gleichmäßige Bewegungsfolge sein; das Gefühl einer fließenden Bewegung sollte nicht nur beim Anreiten zu spüren sein, sondern auch über und hinter dem Hindernis; man sieht nur allzu oft Pferde, die nach der Landung «einschlafen» und während der nächsten paar Galoppsprünge keinerlei Schub aus der Hinterhand zeigen. Der Reiter muß von Anfang an darauf bestehen, daß das Pferd nach der Landung sofort weitergeht – das heißt, daß es landet, den vorherigen Takt sofort wieder aufnimmt und sich zügig und im Gleichgewicht auf das nächste Hindernis zubewegt. Es ist wichtig, das Pferd in diesem Moment energisch vorwärtszutreiben und es auf keinen Fall festzuhalten, denn dadurch würde es nur veranlaßt, bei der Landung den Rücken wegzudrücken, was auch den Sprung selbst beeinträchtigen könnte – das Pferd bereitet sich auf die Störung durch den Reiter vor und hat so keine Gelegenheit, auf der Landeseite sein Gleichgewicht wiederzufinden. Dieses Gleichgewicht ist besonders wichtig, wenn im Gelände gesprungen und das Pferd auf der Landeseite mit unerwarteten Bodenverhältnissen konfrontiert wird. Wenn es nie die Gelegenheit hatte, sich bei der Landung auszubalancieren, wird es sicherlich Probleme bekommen (bei Tiefsprüngen zum Beispiel), weil es nicht gelernt hat, bei der Landung die Hinterhand unterzusetzen. Das Landen auf dem falschen Vorderhuf ist ein Symptom für das mangelnde Gleichgewicht bei der Landung, und der Reiter sollte sich der möglichen Konsequenzen bewußt sein, wenn er überlegt, ob das Problem korrigiert werden sollte oder nicht.

Es gibt eine ausgezeichnete Übung (die ich von Pat Burgess übernommen habe), die nicht nur das Weitergehen im richtigen Galopp fördert, sondern auch die gesamte Springtechnik des Pferdes verbessert. Der Aufbau selbst ist simpel, denn er besteht nur aus einer kleinen Hindernisreihe in einer Wendung

(Abb. 37), aber er erfordert genaues Reiten und vollen Einsatz von Pferd und Reiter, um richtig überwunden zu werden. Aufgebaut wird ein Kreuzsprung mit einer 2,50 bis 2,75 Meter entfernt liegenden Absprungstange und einer 2,75 bis 3 Meter entfernt liegenden Stange auf der Landeseite. Fänge auf beiden Seiten verhindern, daß das Pferd nach der Landung die Zirkellinie verläßt. Die Übung wird im Trab geritten, wobei der Reiter den Zirkel oder die Wendung so eng anlegen kann, wie er möchte; ein 20-Meter-Zirkel ist wahrscheinlich ideal, obwohl er natürlich auch größer sein kann. Das einzig Wichtige ist, daß die Absprungstange gerade angeritten wird, das heißt, der Winkel der Absprungstange bestimmt die Zirkelgröße. Das Pferd muß sich im Gleichgewicht befinden und taktmäßig gehen; es soll über der ersten Stange Kopf und Hals strecken dürfen, über dem Hindernis völlige Freiheit haben und bei der Landung wieder vorwärtsgetrieben werden, damit es untertritt und Takt und Gleichgewicht wieder hergestellt werden. Über dem Hindernis sollte der Reiter die innere Hand geringfügig zur Seite führen, um das Pferd schon auf die gewünschte Bewegungsrichtung einzustellen; dabei muß er aber darauf achten, das Pferd nicht zu stören. Die Unterschenkel des Reiters bleiben in der für eine Wendung erforderlichen Lage, damit das Pferd auf der Zirkellinie bleibt und im richtigen Galopp landet. Diese Übung ist deshalb so wertvoll, weil sie viele kleine Fehler von Pferd und Reiter deutlich macht. Für Pferde, die in der Luft die Hinterhand zur Seite werfen und deshalb bei der Landung nicht im Gleichgewicht sind, gibt es keine bessere Übung, und sowie das Pferd seine Technik über diesem Hindernis verbessert hat, kann man den Winkel verkleinern und einige der Fänge entfernen, bis das Pferd schließlich korrekt einen einzeln stehenden Steilsprung überwindet. Ohne die Fänge, die ihm den Weg zeigen, kann das Pferd natürlich wieder schief oder mit zur Seite gedrehter Hinterhand springen, aber wenn man diese Übung ab und zu ansetzt, um korrekte Sprünge zu erzielen, wird sich die Springtechnik des Pferdes auch allgemein verbessern.

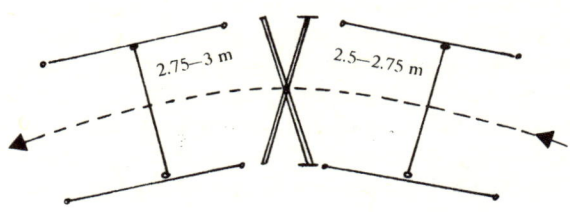

Abb. 37: Die Hindernisreihe in einer Wendung von Pat Burgess – *Sie wird auf der Zirkellinie im Trab angeritten: Fänge auf der Landeseite sorgen dafür, daß das Pferd nicht von der Ideallinie abweicht und im richtigen Galopp landet.*

Beim Anreiten eines Hindernisses muß der Reiter dieselbe Einstellung haben wie beim Überwechseln in eine höhere Gangart, zum Beispiel beim Angaloppieren aus dem Trab. Er muß das Pferd energisch in die neue Gangart hineintreiben und darf es dabei nicht festhalten, damit es untertritt. Beim Springen ist das Prinzip dasselbe; das Pferd wird genauso zügig an das Hindernis heran, darüber hinweg und hinterher weitergetrieben wie beim Angaloppieren. Vom Pferd wird eine ähnliche Reaktion verlangt: Es soll in einem bestimmten Augenblick, in dem es rund, taktmäßig und ausbalanciert geht, potentielle Energie freisetzen, ohne dabei an Impuls zu verlieren, damit es richtig angaloppieren oder springen kann. Der fließende Bewegungsablauf bei dieser Übung sorgt dafür, daß sich das Pferd im Gleichgewicht befindet, und das Problem des Landens auf dem falschen Vorderhuf sollte nicht mehr auftreten.

Übermäßig hohes Springen

Anzeichen: Das Pferd springt viel höher als nötig und verschwendet dabei Kraft und Zeit; oft läßt es auch die Beine hängen anstatt sie anzuwinkeln.

Ursachen: Jugend und Unsicherheit lassen ein Pferd «auf groß springen» – das Pferd hat noch nicht gelernt, das Hindernis einzuschätzen, und springt deshalb besonders hoch und weit. Auch Pferde, die nicht sehr mutig sind, springen manchmal besonders hoch, weil sie auf keinen Fall anstoßen wollen: das kann bedeuten, daß das Pferd besonders vorsichtig ist (was bei Springpferden ein Vorteil ist), aber unter Umständen kann es auch dazu führen, daß es vor größeren Hindernissen stehenbleibt, weil es sie nicht übermäßig hoch überspringen kann.

Ein Pferd mit einer fehlerhaften Vorderbeintechnik muß höher springen als eines, das die Vorderbeine korrekt anwinkelt. Wenn die Hindernisse höher werden, wird das Pferd vielleicht lernen, die Vorderbeine anzuziehen und sich das überhöhte Springen im Laufe seiner Ausbildung abgewöhnen.

Korrektur: Ich reite entschieden lieber Pferde, die zu hoch springen, als solche, die von vornherein nicht hoch genug springen! Ein junges Pferd darf ruhig übermäßig hoch springen – allerdings bei guter Technik, das heißt, mit angewinkelten Beinen und nicht etwa mit einem herunterhängenden und einem angewinkelten Bein; mit zunehmendem Alter wird es lernen, beim Springen mit seinen Kräften hauszuhalten. Natürlich wird ein Pferd, das besonders hoch springt, weniger Fehler machen, und das übermäßig hohe Springen beweist außerdem, daß das Pferd Springvermögen und Kraft hat, gut durchtrainiert ist und bereit, ein Hindernis «anzupacken». Wenn ein Pferd jedoch nur zögernd an ein Hindernis herangeht und dann übermäßig hoch springt, kann es eine kleine Ermunterung mit der Gerte vertragen, damit es seine Halbherzigkeit ablegt. Mit der Zeit wird sich herausstellen, ob das Pferd wirklich mutig genug ist, aber im Anfangsstadium kann man noch nichts darüber sagen, denn jegliche Ungeduld von seiten des Reiters kann das Vertrauen des Pferdes erschüttern. Selbst ein erfahrenes, ausgewachsenes Pferd kann plötzlich Angst bekommen und dadurch das Vertrauen verlieren; deshalb sollte man sich hüten, dem Pferd zu früh zu schwierige Sprünge abzuverlangen, und darauf achten, daß das Pferd den erhöhten Anforderungen geistig und körperlich gewachsen ist.

Ein Pferd kann zum Beispiel beim ersten Versuch einen Nationenpreis-Parcours überwinden, aber es ist danach nie mehr dasselbe: Das läßt vermuten, daß es das Adrenalin war, das ihm über die Sprünge geholfen hat, aber wenn das Pferd Gelegenheit hatte, darüber nachzudenken, verschwinden sein Mut und sein Vertrauen. Wenn das Vertrauen des Pferdes zu seinem Reiter sehr erschüttert ist, kann es vermutlich nie vollständig wiederhergestellt werden, aber um dem Pferd so viel Zuversicht wie möglich zu vermitteln, sollte man nur kleine, anspruchslose Parcours mit ihm springen, damit es wieder Freude am Springen bekommt.

Wenn das Pferd übermäßig hoch springt, weil ihm das Springen Freude macht, und nicht, weil es besonders vorsichtig ist, würde ich es nicht als Problem empfinden, denn das Pferd wird mit der Zeit von selbst flacher springen. Man sollte sich nie beschweren, wenn ein Pferd zu hoch springt, denn einem Pferd, das flach springt, eine gute Technik beizubringen, ist viel schwieriger!

Aus dem Stand springen

Anzeichen: Die Vorwärtsbewegung wird im Moment des Absprungs unterbrochen – das heißt, das Pferd bewegt sich nicht flüssig in der normalen Flugkurve vorwärts, sondern springt fast senkrecht in die Luft. Oft scheint es mit den Hinterhufen zuerst wieder aufzusetzen, und es landet unweigerlich in der Nähe des Absprungpunktes, unter Umständen sogar direkt im Hindernis. Im günstigsten Fall ist ein solcher Sprung sehr unangenehm zu sitzen.

Ursachen: Ein Pferd wird aus dem Stand springen, wenn es unpassend an ein Hindernis herangeritten wurde, nicht taktmäßig geht und sich nicht im Gleichgewicht befindet, denn ein Pferd, bei dem diese Voraussetzungen gegeben sind, wird auch ein Hindernis, bei dem es eigentlich «nicht paßte», in gutem Stil überwinden können, indem es die Länge seiner Galoppsprünge den Distanzen anpaßt. Auch äußere Einflüsse können die Ursache sein, zum Beispiel ein Reiter, der das Pferd zu früh abspringen lassen will, ein rutschiger Untergrund, der es dem Pferd schwermacht, sein Gleichgewicht zu halten, während es die Länge seiner Galoppsprünge den Gegebenheiten anpaßt, oder eine mangelhafte Grundausbildung, die zur Folge hat, daß das Pferd seine Galoppsprünge vor einem Hindernis nicht verkürzen oder verlängern kann. Das Pferd weiß einfach nicht, wie es das bewerkstelligen soll und kann es deshalb natürlich auch nicht. All diese Faktoren führen unweigerlich dazu, daß das Pferd jedes Vertrauen in sein Springvermögen verliert, und ein Sprung aus dem Stand ist zweifellos ein deutlicher Beweis für den mangelnden Einsatz des Pferdes und wahrscheinlich auch des Reiters. Auch schlechtes Reiten kann eine Ursache für dieses Problem sein: Wenn das Pferd zum Beispiel bei jedem Sprung im Maul gerissen wird, kann es sich leicht angewöhnen, nur noch aus dem Stand zu springen.

Korrektur: Die einzige Möglichkeit: zurück zur Grundausbildung. Das Pferd muß erst wieder Vertrauen gewinnen, das heißt, es sollte so lange nur einfache Hindernisse springen, bis es wieder Freude am Springen hat und Begeisterung zeigt. In der Dressur sollte darauf hingearbeitet werden, daß das Pferd ins Gleichgewicht kommt und lernt, seine Galoppsprünge mühelos zu verlängern oder zu verkürzen. Um das Vertrauen des Pferdes auch auf rutschigem Boden zu erhalten – wobei man nicht vergessen sollte, daß ein harter Untergrund ebenso glatt sein kann wie ein weicher – sollten notfalls Stollen verwendet werden, damit das Pferd beim Absprung nicht ausgleitet. Der Reiter muß dafür sorgen, daß das Pferd über jedem Hindernis völlige Hals- und Kopffreiheit hat, vor allem wenn es falsch abgesprungen ist und sich sehr anstrengen muß, um das Hindernis überhaupt zu überwinden. Wenn es dabei auch noch einen Ruck im Maul erhält, weil der Reiter sich am Zügel festhält, wird es beim nächsten Mal sicher nicht mehr korrekt springen wollen.

Schräges Springen

Anzeichen: Das Pferd weicht von der geraden Linie ab, die im Winkel von neunzig Grad auf das Hindernis trifft und wendet sich beim Absprung entweder nach rechts oder nach links. Das erschwert natürlich das Anreiten des nächsten Hindernisses, und bei Kombinationen kann es sogar passieren, daß das Pferd am nächsten Hindernis vorbeiläuft.

Ursachen: Die verbreitetste Ursache ist die, daß das Pferd im Rücken nicht beweglich genug ist, um über dem Hindernis eine korrekte Flugkurve zu beschreiben. Durch das Abweichen zur Seite schafft sich ein Pferd mit einem steifen Rücken mehr Platz und kann deshalb flacher springen. Manchmal ist es ganz nützlich, wenn das Pferd schräg abspringt, vor allem, wenn der Absprung nicht paßte, denn dadurch wird die Flugkurve flacher, was dem Pferd den Sprung erleichtert.

Auch die Verteilung des Reitergewichts über dem Hindernis hat einen großen Einfluß auf das Erhalten der geraden Linie, und durch das Verlagern seines Gewichts kann der Reiter die Richtung bestimmen, in die das Pferd sich über dem Hindernis und nach der Landung bewegen soll.

Pferde, die zum Scheuen neigen, springen oft schräg, wenn sie das Hindernis nicht genau einschätzen können oder wenn sie versuchen, sich von einem furchterregenden Objekt wegzubewegen, zum Beispiel einem Graben neben einem Hindernis oder einem leuchtendbunten Unterbau.

Pferde springen manchmal auch schräg, weil sie Schmerzen haben und versuchen, von der schmerzenden Stelle wegzuspringen; wenn das Pferd zum Beispiel eine Muskelzerrung im Rücken hat, wird es schräg springen, um den schmerzenden Bereich so wenig wie möglich zu belasten. Ein Pferd, das auf die Hindernisse zustürmt, verhält sich ähnlich, aber in diesem Fall bewegt sich das Pferd zur Seite, um den Schmerzen zu entgehen, anstatt vor ihnen davonlaufen zu wollen.

Korrektur: Die Ursache des Problems muß natürlich ermittelt werden, aber in jedem Fall muß das Pferd lernen, gerade und nicht länger schräg abzuspringen. Ein Pferd, das häufig schräg abspringt, wird über kurz oder lang Schwierigkeiten bekommen. Schon von den ersten Bodenricks und kleinen Hindernissen an muß der Reiter unbedingt darauf achten, daß das Pferd nicht von der geraden Linie abweicht, und um das zu erreichen, schaut er am besten selbst

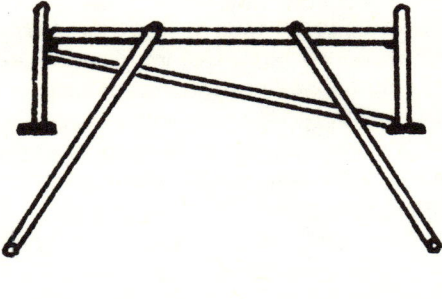

a Zu Anfang liegen die Stangen weit auseinander.

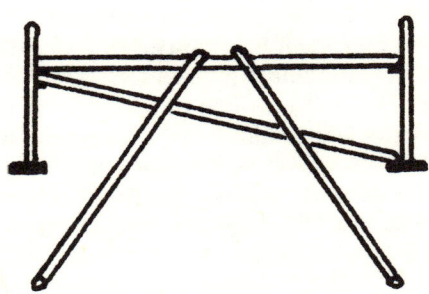

b Wenn das Pferd verstanden hat, daß es gerade springen soll, können die Arme des «V» dichter zusammenge-schoben werden.

genau nach vorn über das Hindernis und auf den darauffolgenden Weg, denn nur so kann er sein Pferd auf gerader Linie vorwärtstreiben. Man sollte nie vergessen, daß die Landung nach einem Hindernis zum Anreiten des nächsten gehört. Deshalb ist dieses gerade Vorwärtsreiten überaus wichtig, denn es regt das Pferd dazu an, seinen Körper voll einzusetzen und die dafür nötigen Rük-kenmuskeln zu lockern. Sehr hilfreich ist regelmäßige Arbeit über Hindernis-reihen – ein Kreuzsprung, gefolgt von einem Paralleloxer, ist in diesem Fall besonders nützlich, denn über dem Oxer muß sich das Pferd strecken, wo-durch sein ganzer Körper gelöst wird. Wenn das Pferd allen Bemühungen zum Trotz weiterhin schräg abspringt, kann ein «V» es wieder geraderichten. Dazu werden Stangen, die dem Pferd die gerade Linie anzeigen, V-förmig vor dem Hindernis auf den Boden gelegt oder an die vordere (bzw. hintere) Stange ge-lehnt (Abb. 38). Wenn das «V» zum erstenmal benutzt wird, sollten die Stan-gen nicht zu eng zusammengelegt werden, weil das Pferd vielleicht nicht gleich versteht, daß es zwischen ihnen hindurchspringen soll. Sowie es das jedoch begriffen hat, kann der Winkel des «V» allmählich spitzer werden, bis das Pferd gerade springt. Da das Pferd nicht mehr zur einen oder anderen Seite ausweichen kann, muß es mehr Kraft einsetzen, und sobald es gelernt hat, eine korrekte Flugkurve zu beschreiben, wird es eher in der Lage und bereit sein, in dieser Manier verschiedene Hindernisse zu überwinden. Wenn das Pferd nicht von Natur aus besonders athletisch und beweglich ist, muß der Reiter ihm mit den entsprechenden Übungen dazu verhelfen; er darf dabei jedoch nicht ungeduldig werden und dem Pferd Dinge abverlangen, denen es noch nicht gewachsen ist. Schwierige Dinge sind zum Beispiel hohe Hindernisse oder komplizierte Sprünge, die eine so große Beweglichkeit fordern, daß ein steifes Pferd einfach überfordert ist, was ihm natürlich Grund genug gibt, schräg zu springen. Ohne Rücksicht auf den Grund, aus dem ein Pferd schräg abspringt, sollte man es mit der obengenannten Methode versuchen, denn sie wird nach einiger Zeit deutliche Fortschritte erkennen lassen. Pferde mit sehr steifem Rücken (siehe *Steifer Rücken*) werden auch bei intensiver Ausbildung nie so beweglich werden wie Pferde, die diese Begabung von Natur aus mitbringen. Sie sollten jedoch mit der Zeit lernen, die Wünsche des Reiters erfüllen zu können, vorausgesetzt, sie sind dressurmäßig gut ausgebildet und können ihre Kraft gezielt einsetzen.

Es kommt vor, daß sich Pferde mehr Platz für den Absprung verschaffen, indem sie leicht zu einer Seite ausweichen. Das kann beim Springen aus großem Tempo ein Vorteil sein und darüber entscheiden, ob ein fehlerfreier Sprung oder ein schwerer Rumpler folgt. Das sollte jedoch nur in Notfällen erforderlich sein, denn ein gut durchtrainiertes Pferd muß in der Lage sein, ein Hindernis aus jedem Tempo korrekt zu überwinden. Die Stunden des Trainings über Hindernisreihen und kleine Hindernisse sollten dem Pferd beigebracht haben, wie es springen muß, damit ihm auch das Springen höherer Hindernisse aus größerem Tempo nichts mehr ausmacht.

Schwierigkeiten beim Abwenden vor oder nach einem Hindernis

Anzeichen: Das Pferd mißachtet die Hilfen für eine Wendung. Dadurch verfehlt es oft die gerade Linie beim Anreiten, was unweigerlich zu Problemen beim Absprung führt. Das Pferd wehrt sich entweder durch ein Hochreißen des Kopfes, durch Nach-unten-Bohren oder durch das Ausfallen von Schulter oder Hinterhand.

Ursachen: Das Pferd ist dressurmäßig nicht gut genug ausgebildet. Wenn es nicht in der Lage ist, in der Dressur im Gleichgewicht zu gehen, kann es sich auch beim Springen nicht ausbalancieren; dazu müßte es untertreten, und wenn es das nicht gelernt hat, kann es beim Springen unmöglich wendig sein.

Korrektur: Zurück zur Grundausbildung! Der Reiter muß sich auf Wendungen und die Arbeit auf dem Zirkel konzentrieren und sollte besonders darauf achten, das Pferd nach einer Wendung geradeaus zu reiten. An diesem Punkt entsteht das Problem nämlich − genau dann, wenn das Pferd den Bogen zu weit nimmt und über die Ideallinie hinausgerät. Ich stelle mir immer vor, auf die Mittellinie abwenden zu müssen, wenn ich auf ein Hindernis zureite, denn auf diese Weise denke ich nicht nur daran, mein Pferd geradezuhalten, sondern auch an die Hilfen, die dazu nötig sind. Äußere Hand und äußerer Schenkel verrichten hierbei die Hauptarbeit, aber gleichzeitig muß darauf geachtet werden, daß die innere Hand das Pferd nicht am Vorwärtsgehen hindert, denn dadurch würden neue Probleme entstehen.

Manche Pferde lassen sich vor oder hinter einem Hindernis schlecht abwenden, weil sie kleben und sich nicht vom Stall oder anderen Pferden entfernen wollen. Manchmal kann man diesen Ungehorsam mit einem Gertenhieb auf die Schulter korrigieren, aber im Endeffekt wird das Problem nur gelöst, wenn das Pferd bereit ist, die Wünsche des Reiters zu erfüllen. Das wiederum wird nur durch korrekte Dressurarbeit erreicht, denn nur sie ermöglicht es dem Pferd, auf die Wünsche seines Reiters einzugehen.

Stürzen

Anzeichen: Stürze im Parcours kommen eigentlich nur vor, wenn dem Pferd eine Stange zwischen die Vorderbeine gerät und es sich dadurch nicht mehr ausbalancieren kann. Eine Stange zwischen den Hinterbeinen verursacht nur selten einen Sturz.

Ursachen: Es kommt zu Stürzen, wenn ein Pferd ein Hindernis aus dem einen oder anderen Grund nicht glatt überspringt. Stürze sind bei Steilsprüngen möglich, wenn das Pferd im Moment des Absprungs völlig unentschlossen ist und fast durch das Hindernis hindurchgaloppiert, ohne dabei nennenswert an Höhe zu gewinnen. Dasselbe kann bei In-and-outs passieren, meistens kommt es aber bei Hochweitsprüngen zu Stürzen, bei denen das Pferd mit den Vorderhufen auf der hinteren Stange aufsetzt oder ihm die Stange zwischen die Vorderbeine gerät. Das bedeutet, daß das Pferd mit der Stange zwischen den Beinen landet und durch sie zu Fall gebracht wird.

Die ausschlaggebenden Aspekte beim Springen sind der genaue Absprungpunkt und der Impuls aus der Hinterhand, aber die Beweglichkeit und das Springvermögen des Pferdes entscheiden darüber, ob es stürzt, wenn es einmal falsch abgesprungen ist. Ein überaus bewegliches Pferd wird es immer schaffen, ein Hindernis irgendwie zu überwinden, und sei es nur durch die enorme Kraft seiner Hinterbeine. Ein weniger begabtes Pferd dagegen, das gegen einen Hochweitsprung geritten wird und dem der zum Absprung nötige Schwung fehlt, wird entweder stehenbleiben oder abspringen, wobei es unweigerlich in das Hindernis hineinspringen wird. Auch Pferde, die eigentlich gar nicht springen wollen, ihrem Reiter aber bis zu einem gewissen Grad gehorchen, haben oft am Absprungpunkt keinerlei Schwung; sie springen dann zu früh und zögernd ab, was dazu führen kann, daß sie zu kurz springen und stürzen. Solch ein Erlebnis macht diese Pferde natürlich noch zaghafter, was das Problem verschlimmert.

Korrektur: Glücklicherweise kommt es vor allem beim Springen niedriger Hindernisse relativ selten zu Stürzen, aber ganz ausschließen kann man sie nie. Das wichtigste ist es, erneute Stürze zu verhüten und sie nach Möglichkeit von Anfang an auszuschließen! Das Pferd möchte genausowenig zu Boden gehen wie der Reiter, und wenn man ihm die Gelegenheit gibt, das Hindernis sicher zu überwinden, wird es sein Bestes tun. Das Pferd muß sich im Gleichgewicht befinden und taktmäßig vorwärtsgehen, denn wenn diese Voraussetzungen erfüllt sind, wird kein Pferd stürzen; sobald jedoch einer dieser Aspekte fehlt, besteht die Gefahr, daß das Pferd an einem Hindernis scheitert. Diese drei Voraussetzungen sind natürlich nur gegeben, wenn das Pferd dressurmäßig so weit ausgebildet ist, wie es seinem Leistungsstand im Springen entspricht. Natürlich kommt es bei Hindernissen von 1,50 Metern leichter zu einem Sturz als bei solchen von 90 Zentimetern, aber es ist die Aufgabe des Reiters, sein Pferd so weit auszubilden, daß es die nächstschwierige Aufgabe erfüllen kann. Der allgemeine Ausbildungsstand des Pferdes sollte der Leistung entsprechen, die beim Turnier gefordert wird; man darf also niemals den Fehler machen, das Pferd rennen zu lassen, bevor es laufen gelernt hat. Bei einer korrekten Ausbildung wird es nur selten zu Unfällen kommen, aber der Reiter muß geduldig und sorgfältig arbeiten, um sein Pferd dressurmäßig so weit zu fördern, wie es nötig ist.

Der Reiter muß versuchen, Situationen, bei denen es zu einem Sturz kommen könnte, schon frühzeitig zu erkennen. Er muß zum Beispiel überlegen, was er tun kann, wenn sich das Pferd einem Hindernis im falschen Galopp nähert – was die häufigste Ursache für Stürze ist. Welche Geschwindigkeit und welcher Schwung auf verschiedenen Distanzen nötig sind, können nur erfahrene Reiter abschätzen, aber durch taktmäßiges Vorwärtsreiten gibt man dem Pferd zumindest die Chance, mit so viel Schub aus der Hinterhand abzuspringen wie überhaupt möglich. Auf keinen Fall darf der Reiter in Panik geraten und das Pferd gegen das Hindernis jagen, weil es dadurch aus dem Gleichgewicht und aus dem Takt gebracht würde, was ihm das Springen erheblich erschwert. Man sollte stets daran denken, daß Geschwindigkeit nicht mit Schwung gleichzusetzen ist; allerdings kann ein leichtes Zulegen vor einem besonders großen Hochweitsprung ganz nützlich sein, vorausgesetzt, das Pferd wird dadurch nicht aus dem Takt gebracht.

Auch bei weit gebauten Kombinationen kann ein leichtes Erhöhen des Tempos dem Pferd helfen, ebenso wie das Tempo in einer engen Kombination etwas verkürzt werden sollte, damit der erste Sprung nicht zu groß gerät. Auf diese Weise landet das Pferd kurz hinter dem ersten Hindernis, und die Distanz zu den nächsten paßt automatisch. Dadurch wird die Gefahr, daß das Pferd versucht, zwischen den einzelnen Hindernissen der Kombination mit einem Galoppsprung weniger auszukommen, verringert und Stürze vermieden. Es ist der Augenblick des Zögerns (des Pferdes), der zu Problemen führt, und der Reiter muß versuchen, diese Unentschlossenheit durch entschiedenes, zuversichtliches Reiten zu überwinden.

Flaches Springen

Anzeichen: Statt über einem Hindernis den Rücken aufzuwölben (zu basculieren) und eine korrekte Flugkurve zu beschreiben (Abb. 39a), springt das Pferd in flachem Bogen, drückt dabei den Rücken weg und hält den Kopf hoch (Abb. 39b). Wenn das Pferd flach springt, erhöht sich die Wahrscheinlichkeit, daß es Fehler macht, denn durch die flache Flugkurve wird es das Hindernis entweder beim Aufsprung anstoßen (weil es früher abspringen muß, um den höchsten Punkt seiner Flugkurve zu erreichen), oder es wird die Stange mit den Hufen berühren, ohne es zu merken, selbst wenn der Absprung paßte. Ein Pferd, das flach springt, macht auch Fehler mit der Hinterhand, weil es die Hinterbeine hängen läßt. Um ein Hindernis zu überwinden, muß ein Pferd potentielle Energie freisetzen (Abb. 40), anstatt nur die Beine zu heben, was den Eindruck erweckt, als würde sich sein Körper kaum vom Boden abheben (Abb. 41).

Ursachen: Flaches Springen hat im allgemeinen drei Gründe. Der erste hängt damit zusammen, wie das Pferd geritten und ausgebildet wurde. Ein Pferd, das immer recht früh abspringen durfte, wird nicht lernen, über einem Hindernis den Rücken herzugeben und seine Fähigkeiten voll auszuschöpfen, weil die Flugkurve so flach ist, daß Bewegungen von Hals oder Rücken fast völlig überflüssig sind. Das Pferd braucht Kopf und Hals nicht zu senken, um der Flugkurve zu folgen, doch wenn es immer auf diese Weise springt, wird es nicht in der Lage sein, seine Körperkraft locker und geschmeidig einzusetzen. Viele Reiter halten es für sicherer, nicht zu dicht an ein Hindernis heranzureiten, und mit einem Pferd, das nicht gelernt hat, korrekt abzuspringen, ist dies auf kurze Sicht vielleicht sogar angebracht, aber irgendwann stößt ein solches Pferd an die Grenzen seines Leistungsvermögens. Bei manchen Hindernissen liegt die Absprungstelle tiefer, und wenn das Pferd nicht gelernt hat, über einem Hindernis den Rücken herzugeben, kann es zu Stürzen kommen. Je früher das Pferd abspringt, desto mehr Zeit bleibt ihm, um die Vorderbeine anzuwinkeln. Die Gefahr dabei ist jedoch, daß der Reiter das Pferd absichtlich immer früher und früher abspringen läßt, bis es einmal versucht, noch einen zusätzlichen Galoppsprung einzulegen, was zu einem Springfehler, einer Verweigerung oder einem Sturz führen kann. Es ist natürlich ein großer Vorteil, die Länge der Galoppsprünge bestimmen zu können (wobei Takt und Gleichgewicht des Pferdes natürlich nicht verlorengehen dürfen), aber wenn ein Pferd mit runden, fleißigen Galoppsprüngen gegen ein Hindernis geritten wird, wird es auch rund − und nicht flach − springen.

Auch Pferde mit Rückenproblemen, die den Rücken einfach nicht aufwölben können, werden flach springen. Diese Pferde gehen allgemein mit weggedrücktem Rücken und sind entlang der Oberlinie nur schwach bemuskelt. Sie können sich auch bei der Dressurarbeit nicht rund machen, und dieses Problem wird beim Springen noch deutlicher.

In die dritte Kategorie fallen die ängstlichen Pferde, denen das Springen keinen Spaß macht und die versuchen, irgendwie über das Hindernis hinwegzukommen, statt korrekt zu springen. Ein Pferd, das sich vor dem Springen fürchtet, springt nicht höher als unbedingt nötig und zieht es deshalb vor, es so schnell wie möglich hinter sich zu bringen (siehe *Stürmen*, Seite 200).

Korrektur: Die Pferde der ersten Kategorie, die falsch ausgebildet wurden, müssen das Springen von Grund auf neu erlernen. Auch die Dressurarbeit muß korrigiert werden, und das Pferd sollte in einer Vorwärts-abwärts-Haltung geritten werden (siehe *Weggedrückter Rücken*, Seite 121 und *Über dem Zügel gehen*, Seite 86). Die Arbeit über eine Hindernisreihe, die aus einem Kreuzsprung und aus Steilsprüngen besteht, hilft dem Pferd, seinen Körper kraftvoll einzusetzen − allerdings muß es dabei völlige Kopf- und Halsfreiheit haben. Die bei dieser Reihe auf dem Boden liegenden Absprungstangen schränken den Absprungbereich wesentlich stärker ein als es das Pferd bisher gewohnt war, und es wird lernen, beim Absprung seine volle Kraft einzuset-

Abb. 39: Der Unterschied zwischen einer korrekten und einer zu flachen Flugkurve

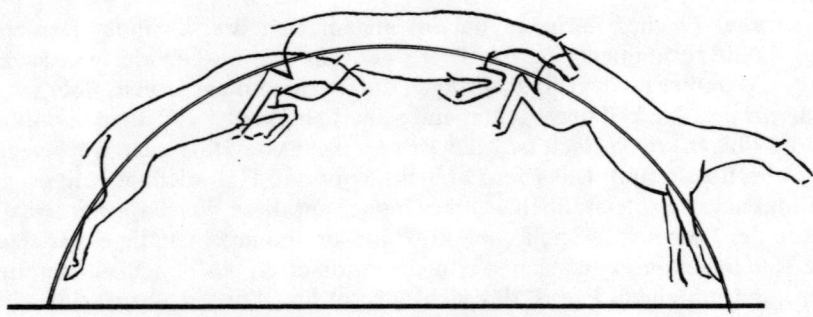

a   *Korrekte Flugkurve – Pferd springt mit Bascule*

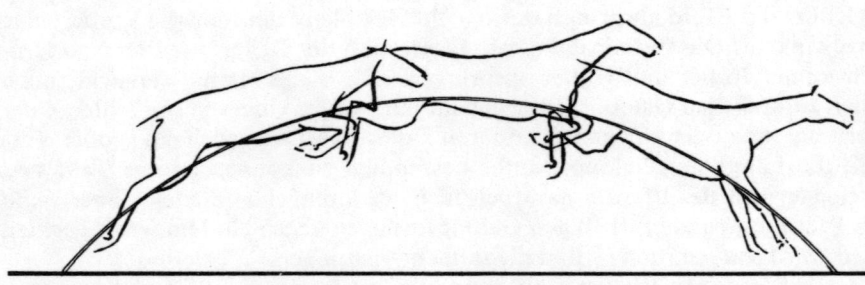

b   *Ungünstige Flugkurve – das Pferd springt zu flach, drückt den Rücken weg und hält den Kopf zu hoch.*

zen. Dies erfordert Zeit und Geduld, denn man kann nicht erwarten, daß sich die Springmanier des Pferdes über Nacht ändert. Längere Hindernisreihen mit Steil- und Hochweitsprüngen in einem Abstand von 5,50 Metern (mit dazwischenliegenden Stangen, die das Pferd am Stürmen hindern) lehren das Pferd, seinen Körper sinnvoll einzusetzen, und zeigen ihm, daß das Springen auf diese Weise viel leichter ist.

Pferden mit Rückenproblemen kann durch lösende Übungen geholfen werden. Eine Möglichkeit sind zum Beispiel Hindernisreihen, die die korrekte Muskeltätigkeit fördern; man sollte diese Übungen jedoch nicht zu oft ansetzen und vom Pferd nicht die Beweglichkeit und Gelöstheit eines gesunden Pferdes erwarten. Das Pferd muß seine Springmanier seinen körperlichen Fähigkeiten anpassen dürfen, und man muß ihm die Möglichkeit geben, seinen Rücken aufzuwölben, wenn es dazu in der Lage ist. Ein solches Pferd sollte nicht in den höheren Leistungsklassen eingesetzt werden, weil seine mangelnde Beweglichkeit und Gelöstheit in anspruchsvolleren Parcours zu Schwie-

Abb. 40: Korrekter Absprung *– **Ansammeln und Freisetzen von potentieller Energie wie in einer Spiralfeder** – Wenn die Hinterbeine des Pferdes nebeneinander stehen, kann es sich nach oben abschnellen, seine Schultern heben, den Rücken aufwölben und Kopf und Hals senken, weil die dazu nötige Energie vorhanden ist.*

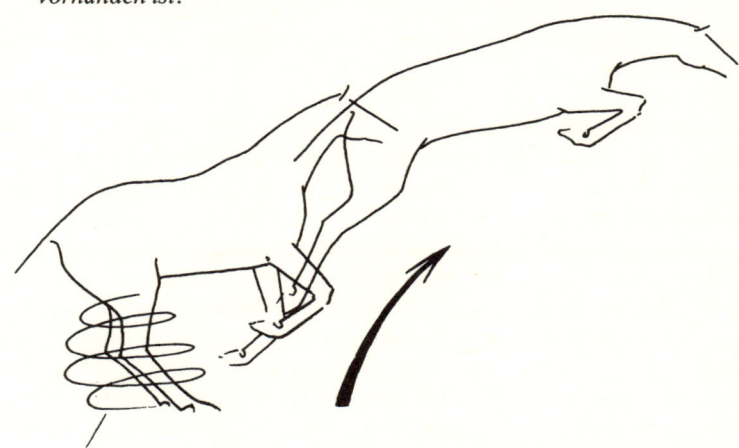

aufgestaute Energie

Abb. 41: Fehlerhafter Absprung *– Wenn die Hinterhufe nicht nebeneinander stehen, geht ein Teil des Energiepotentials ebenso verloren wie die Sprungkraft, was zu einem flachen Sprung führt, bei dem das Pferd den Kopf hoch erhoben und die Schultern gesenkt hat.*

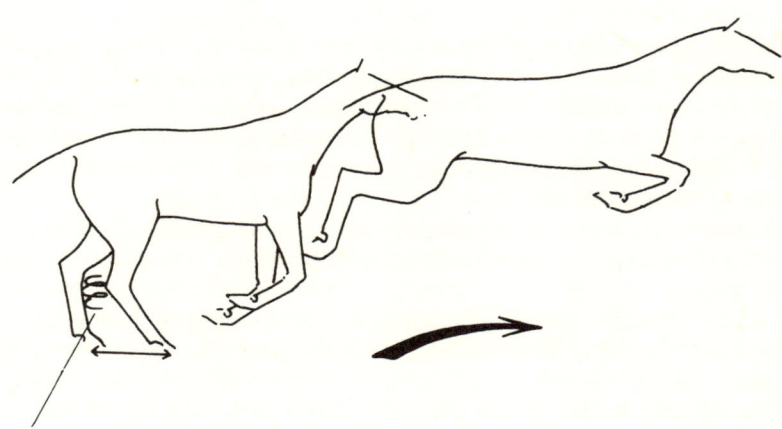

fehlende Energie

rigkeiten führen können. Wenn das Pferd sich aber offensichtlich wohlfühlt, gibt es keinen Grund, es nicht in einfacheren Prüfungen zu reiten. Es gibt unterschiedliche Anzeichen dafür, daß sich ein Pferd beim Springen nicht wohlfühlt, die mehr oder weniger von seinem Charakter abhängen: Möglich sind Stehenbleiben und Verweigern, Stürmen oder auch eine allgemeine Verspannung; um diese Anzeichen richtig zu deuten, muß der Reiter viel Verständnis für sein Pferd haben.

Nachschleppen der Hinterhand

Anzeichen: Wenn das Pferd beim Anreiten eines Hindernisses nicht untertritt, fehlt ihm der Impuls oder die Energie zum Abdrücken. Dieser grundlegende Fehler bewirkt, daß mehrere Probleme gleichzeitig auftreten: Die Hinterhand schiebt nicht, weil das Pferd sein Gewicht nicht auf der Hinterhand trägt, das Pferd geht nicht vorwärts, ist schwer taktmäßig zu reiten und wehrt sich entweder gegen das Gebiß oder läuft auf der Vorhand. Der Reiter ist nicht in der Lage, sein Pferd passend an das Hindernis heranzureiten, was unweigerlich zu einem Springfehler, einer Verweigerung oder einem unmöglichen Sprung führt. Das Sprungbrett des Pferdes ist seine Hinterhand, und um sich aus der Hinterhand abschnellen zu können, muß es weit untertreten und korrekt geritten werden.

Ursachen: Ein Pferd schleppt die Hinterhand nach, weil es falsch ausgebildet wurde oder jung und schwach ist. Es gibt aber auch Pferde, die aufgrund von Gebäudefehlern einfach nicht untertreten können.

Korrektur: Das Kapitel über die dressurmäßige Grundausbildung sowie den entsprechenden Abschnitt über das Nachschleppen der Hinterhand im Dritten Kapitel (Seite 120) noch einmal lesen. In vielen Fällen ist ein Pferd in der Dressur leichter zu reiten, sowie seine Springausbildung begonnen hat. Seine Springfreude läßt es untertreten, und es wird sein Gewicht automatisch mehr auf der Hinterhand tragen, weil es merkt, daß die Hinterbeine beim Springen besonders gefordert sind. Beim Dressurreiten gehen diese Pferde wahrscheinlich ziemlich faul und lustlos, aber wenn sie ein Hindernis sehen, wachen sie auf und sind leichter zu reiten, weil sie an den Zügel herantreten und williger vorwärtsgehen. Dies ist der Grund dafür, daß das Springen vielfach die Rittigkeit des Pferdes verbessert. Die beiden Disziplinen können sich also sehr gut ergänzen. Ich stelle bei jungen Pferden, die gerade lernen, aus dem Galopp zu springen und einfache Hindernisreihen zu bewältigen, immer wieder fest, daß sie beim Dressurreiten plötzlich viel besser gehen. Dieser Erfolg stellt sich allerdings nur ein, wenn man Springen und Dressur gleichsetzt – das heißt, das Springen als eine Form der Dressurarbeit betrachtet, bei der ein Hindernis im Weg steht.

Um untertreten zu können, muß das Pferd im Rücken gelöst sein, was durch die Arbeit über Hindernisreihen erreicht wird. Da sich das Pferd über einer Hindernisreihe strecken muß, lernt es, seine Muskeln mit dem größtmöglichen Erfolg einzusetzen, und die geforderten Muskelgruppen sind beim Dressurreiten wie beim Springen die gleichen. Aus diesem Grund verbessert sich das Pferd sowohl im Springen als auch in der Dressur, und die eine Disziplin führt zu Fortschritten in der anderen. Eine geduldige Ausbildung, die dem Pferd Zeit läßt, sich auszubalancieren und die Hinterbeine unterzusetzen, wird dafür sorgen, daß das Pferd die Hinterhand nicht mehr nachschleppt und daß aus einem bisher als «unvorsichtig» abgestempelten Pferd plötzlich ein guter Springer wird.

Springfehler

Anzeichen: Das Pferd stößt eine Hindernisstange an – vorne entweder mit der Hufspitze, dem Huf, dem Röhrbein, dem Vorderfußwurzelgelenk oder dem Unterarm oder hinten mit der Hufspitze, dem Huf oder dem Röhrbein – oder es springt voll in das Hindernis hinein. Je nach der Ursache kann das Anschlagen an das Hindernis unterschiedlich stark sein – vom leichten Streifen einer Stange bis zum Umreißen des gesamten Hindernisses. Manchmal werden Stangen hart angestoßen und bleiben liegen, ein andermal werden sie nur leicht gestreift und fallen.

Ursachen: Es gibt unzählige Gründe, warum Pferde Springfehler machen, aber im allgemeinen ist es ihnen sehr unangenehm, eine Stange herunterzustoßen, was beim Freispringen besonders deutlich wird. Natürlich kommt es bei jedem Pferd gelegentlich vor, daß es eine Stange trifft, aber wir haben im Laufe der Jahre festgestellt, daß diejenigen Pferde die meisten Fehler machen, die eigentlich gar nicht springen wollen. Wenn ein Pferd nicht selbst den Wunsch hat, ein Hindernis zu springen, konzentriert es sich auf alles mögliche, nur nicht auf das Hindernis; es spitzt nicht die Ohren und achtet nicht auf das Hindernis, sondern beschäftigt sich in erster Linie damit, wie es sich am besten drücken könnte. Aus diesem Grund wird es beim Anreiten nicht vorwärtsgehen und deshalb auch immer unpassend an das Hindernis herankommen, was es natürlich noch weniger zu einem guten, zufriedenen Sprung ermutigt. Das Springen ist sowohl für das Pferd als auch für den Reiter größtenteils eine Sache des Vertrauens, und dieses Vertrauen muß unter allen Umständen aufrechterhalten und bewahrt werden. Wenn das Pferd sein Vertrauen erst einmal verloren hat, ist es praktisch unmöglich, es jemals wieder so vertrauensvoll zu machen wie am Anfang; allerdings kann man ihm in den meisten Fällen zumindest so viel neuerliches Vertrauen einflößen, daß es zufriedenstellend springt. Da ein ehrliches Pferd Hindernisfehler möglichst vermeidet, muß der Reiter herauszufinden versuchen, warum doch Stangen heruntergefallen sind; es kann natürlich auch sein, daß er zu den wenigen bedauernswerten Reitern gehört, deren Pferde so unsensibel sind, daß es ihnen völlig gleichgültig ist, ob sie die Stangen treffen oder nicht. Ich möchte allerdings betonen, daß derartige Pferde überaus selten sind, obwohl unzählige Leute behaupten, ihre Pferde rissen Hindernisse nur deshalb, weil sie ungeschickt oder faul seien. Neun von zehn Springfehlern kommen zustande, weil das Pferd körperlich einfach nicht in der Lage war, das Hindernis fehlerfrei zu überwinden – sei es wegen eines Reiterfehlers, eines Fehlers des Pferdes, einer Schwäche des Pferdes oder seiner mangelhaften Ausbildung –, nicht jedoch, weil das Pferd zu «ungeschickt» zum Springen ist.

Schwierigkeiten beim Anreiten eines Hindernisses enden fast immer mit fallenden Stangen. Wenn das Pferd zum Beispiel nicht vorwärtsgeht, wenn es stürmt, gegen den Zügel geht, seinen Rücken wegdrückt, scheut, die Hinterhand nachschleppt oder sich dem Hindernis schräg nähert, ist die Wahrscheinlichkeit, daß der Sprung gelingt, schon sehr gering. Wird ein Pferd jedoch korrekt gegen ein Hindernis geritten, das heißt, wenn es sich im Gleichgewicht befindet und taktmäßig und mit weit untertretenden Hinterbeinen vorwärtsgeht, gibt man ihm die Möglichkeit, das Hindernis fehlerfrei zu überwinden, was es auch tun wird, wenn es halbwegs begabt ist und eine gute Springmanier hat.

Um festzustellen, ob ein Pferd begabt ist, beobachtet man es am besten beim Freispringen, wo kein Reiter es stören oder ihm helfen kann. Das Pferd muß leichtfüßig genug sein, um nötigenfalls entweder einen kurzen Zwischenschritt einzulegen oder etwas früher abzuspringen, ohne dabei an Schubkraft beim Absprung zu verlieren (wodurch der Sprung flach würde). Es muß intelligent genug sein, um zu entscheiden, wo und wann es abspringen muß, obwohl ihm dies wie alle anderen Aspekte des Springens natürlich leichter fällt, wenn es älter und erfahrener wird. Der entscheidende Funke wird jedoch selbst bei einem völlig ungeschulten Pferd nicht zu übersehen sein. Ein junges Pferd, das langsam reagiert und unentschlossen ist, wird langsamer lernen als ein intelligenteres und wird vielleicht nie so erfolgreich. Eine allgemeingültige Prognose kann man hier jedoch nicht stellen, denn der tatsächliche Erfolg der Ausbildung stellt sich erst im Laufe der Zeit ein.

Der wichtigste Aspekt bei der Beurteilung der Springmanier ist, daß das Pferd die Vorderbeine hoch hebt und sie beim Springen gut anwinkelt. Die Hinterhandtechnik ist bei Vielseitigkeitspferden nicht so wichtig wie bei Springpferden. Vielseitigkeitspferde müssen breite Hindernisse nur im Gelände überwinden, und bei ihnen ist es am wichtigsten, daß die Vorderbeine heil herübergebracht werden; für ein fehlerfreies Nachziehen der Hinterbeine sorgt dann schon das höhere Tempo. Das Springpferd dagegen muß auch Hochweitsprünge überwinden, das heißt, es muß seine Vorderbeine schnell und sauber anwinkeln und seine Hinterhand hochwerfen können, um weder die vordere noch die hintere Stange herunterzustoßen. Ein Springpferd muß eine ausgezeichnete Springmanier haben, obwohl es natürlich auch einige sehr gute Springpferde mit einer etwas ungewöhnlichen Technik gibt. Das Vielseitigkeitspferd muß große, raumgreifende Sprünge machen, schnell reagieren können und einen gewissen Mut besitzen. Dieser Mut beruht auf Vertrauen und einer korrekten und geduldigen Ausbildung, bei der niemals zu viel verlangt wird.

Bei etwa neunzig Prozent der Hindernisfehler ist die Schuld beim Reiter zu suchen. Wenn das Pferd falsch ausgebildet worden ist, muß man annehmen, daß es schon lange unter den Fehlern seines Reiters leiden mußte; daraus entstehen Probleme wie Stürmen, Nachschleppen der Hinterhand und Widersetzlichkeit. Die Fehler des Reiters können jedoch auch unmittelbare Konsequenzen haben – wenn er das Pferd zum Beispiel beim Anreiten eines Hindernisses stört. Diese versuchte Hilfeleistung kann sehr nützlich sein, aber nur, wenn

Abb. 42: Ob ein Pferd ein Hindernis anstößt, hängt vom Absprungpunkt ab

a   Günstige Absprungpunkte für Steil- und Hochweitsprünge

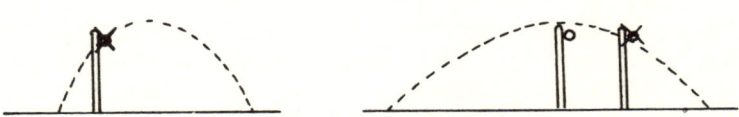

b   Unpassende Absprungpunkte – Das Unterlaufen eines Steilsprunges führt oft zu einem Fehler beim Aufsprung, während ein Pferd, das vor einem Hochweitsprung zu früh abspringt, leicht einen Fehler in der Landephase macht.

der Reiter gelernt hat, die Länge eines Galoppsprunges abzuschätzen. Wenn er das Pferd an den falschen Absprung heranschiebt, bleibt dem Pferd nichts anderes übrig, als eine Stange anzuschlagen. Wenn das Pferd unterläuft und zu spät abspringt, berührt es das Hindernis mit den Vorderbeinen, und wenn es zu früh abspringt, wird es vermutlich die Hinterbeine hängen lassen, weil sich die Flugkurve zu sehr abflacht (Abb. 42).

Ob ein Pferd einen Springfehler macht oder nicht, hängt zum Teil auch von äußeren Einflüssen wie der Bodenbeschaffenheit und der Umgebung ab; das gilt vor allem für junge, unerfahrene Pferde, die auf ihren ersten Turnieren so viel Neues verkraften müssen. Ein lockerer, tiefer oder rutschiger Untergrund erschwert den jungen Pferden ihre Aufgabe, und sie müssen erst lernen, auch unter solchen Bedingungen zu springen. Außerdem müssen sie auf den ersten Turnieren lernen, sich zu konzentrieren, denn die ungewohnte Umgebung und die fremden Pferde werden sie wahrscheinlich sehr ablenken. Die unbekannten Hindernisse des Parcours folgen sehr schnell aufeinander, vor allem in der Halle, und es wird eine Weile dauern, bis das Pferd schnell genug reagieren kann, um fehlerfreie Runden springen zu können.

Ein körperliches Leiden wird das Springvermögen des Pferdes beeinträchtigen, und wenn das Pferd beim Dressurreiten irgendwo Schmerzen hatte, werden sie sich beim Springen noch verschlimmern. Die Schmerzen können zum Beispiel im Rücken- oder Lendenbereich liegen oder im Maul, in den Schultern, Beinen oder Hufen. Wenn das Abspringen und Landen dem Pferd Schmerzen bereitet, wird es nur so hoch springen wie unbedingt nötig; wenn die Schmerzen größer sind als die Angst vor dem Anschlagen einer Stange, wird es vielleicht noch flacher springen, wobei es weniger an einen fehlerfreien Sprung denkt, sondern in erster Linie an seine Schmerzen.

Die Angst vor dem Springen führt dazu, daß ein Pferd nur so hoch springt wie unbedingt nötig, aber da es weiß, daß es für eine Verweigerung bestraft wird, ist seine Angst vor dem Reiter zumindest eine Zeitlang größer als die vor dem Springen. Es wird versuchen, das Hindernis so schnell wie möglich hinter sich zu bringen, wobei es natürlich zu Fehlern kommen kann. Mit einem solchen Pferd bleibt ein Sturz im Gelände gewöhnlich nicht aus; dazu kommt es, wenn ein Hindernis auftaucht, das das Pferd nicht springen möchte, und es dann aus Angst vor Strafe doch einen halbherzigen Versuch unternimmt. Dasselbe gilt für ein Pferd, das eigentlich verweigern wollte, durch die schnelle Reaktion seines Reiters aber daran gehindert wurde.

Korrektur: Ein Hindernisfehler kann das Endergebnis so vieler Probleme sein, daß es sich empfiehlt, unter den entsprechenden Abschnitten nachzulesen. Dieser Abschnitt hier beschäftigt sich nur mit der Korrektur der unmittelbaren Ursachen durch Übungen für schlecht trainierte Pferde und Pferde mit ungünstiger Springmanier.

Einem jungen Pferd muß man genügend Zeit geben, damit es seine volle Kraft entwickeln kann, denn seine Schwäche und Unerfahrenheit werden beim Springen besonders deutlich. Der Reiter muß darauf achten, daß er in einer Übungsstunde nicht zu viele Sprünge verlangt, und er darf keine gelungenen Sprünge erwarten, wenn das Pferd müde ist. Eine verständnisvolle und geduldige Ausbildung wird schließlich Früchte tragen – wenn das Pferd regelmäßig fehlerfreie Runden im Parcours geht.

Zur Verbesserung der körperlichen Fähigkeiten und der Springmanier dient das Springen von Hindernisreihen. Diese Reihen sind bei der Korrektur unzähliger verschiedener Probleme von unschätzbarem Wert, aber der Reiter muß Gleichgewicht und Takt, die sich beim Springen dieser Reihen automatisch einstellen, auch beim Springen einzelner Hindernisse zu erhalten suchen. Damit sich das Pferd auf das Hindernis konzentriert, muß der Reiter energisch vorwärtsreiten. Er darf nie in Versuchung kommen, mit der Hand stärker einzuwirken als mit den Schenkeln, um die Aufmerksamkeit des Pferdes zu wecken.

Ein Reiter, der stört, ist für Springfehler verantwortlich, vor allem dann, wenn er das Pferd unpassend an das Hindernis heranreitet – während das Pferd, sich selbst überlassen, die Galoppsprünge bestimmt entsprechend verlängert oder verkürzt hätte. Ein perfektes Beispiel für ein Stören durch den Reiter ist die Situation, bei der der Reiter darauf besteht, daß das Pferd die Galoppsprünge verlängert und dabei «eins, zwei, drei ...» denkt; doch dann legt das Pferd noch einen kurzen vierten Schritt ein. Hätte der Reiter stillgesessen, wäre das Pferd fehlerfrei gesprungen. Der Reiter, der versucht, dem Pferd drei Galoppsprünge aufzuzwingen, wo vier eher angebracht gewesen wären, läßt ihm keine andere Wahl, als eine Stange anzuschlagen, denn inzwischen ist es zu dicht an das Hindernis herangeraten. Wenn das Pferd seine Galoppsprünge wirklich verlängern muß, um den richtigen Absprung zu finden, wird es, wenn es am Zügel steht, das Hindernis automatisch anziehen (seine Galoppsprünge verlängern), aber dazu muß es vorwärtsgehen – und Vorwärts und Schnell ist nicht dasselbe.

Zwei andere Aspekte im Zusammenhang mit Springfehlern sind der Gebrauch der Gerte und das Barren. Ich lehne beides entschieden ab. Als erstes muß man sich immer fragen, warum das Pferd den Fehler machte, und aus der Antwort läßt sich in den seltensten Fällen ableiten, daß es bestraft werden müßte. Wenn das Pferd einen Fehler gemacht hat, weil es schlampig gesprungen ist, war es nicht gut genug vorbereitet, und in diesem Fall muß es vor dem Anreiten munter gemacht werden – aber nicht über dem Hindernis. Wenn das Pferd für einen Springfehler bestraft wird, wird es die ganze Springerei mit Strafe verbinden, nicht aber den Fehler. Beim nächstenmal wird das Pferd dann schneller springen, um der erwarteten Strafe zu entgehen; ein schnellerer Sprung ist jedoch auch flacher, was zu Fehlern führt – und ein Teufelskreis ist entstanden. Die Gerte wird nur eingesetzt, wenn das Pferd stehenbleiben will oder so langsam springt, daß man befürchten muß, daß es am nächsten Hindernis stehenbleiben wird. Eine kurze Ermahnung macht ihm klar, daß ein Stehenbleiben nicht toleriert wird.

Das Barren hat meiner Ansicht nach in der Springausbildung nichts zu suchen, obwohl viele Leute in dieser Hinsicht sicher anderer Meinung sind, weil diese Methode in einigen Fällen zum Erfolg geführt hat. Ich behaupte jedoch, daß ein Pferd, das passend und korrekt an ein Hindernis herangeritten wird, sich viel mehr Mühe geben wird als eines, das den Hindernissen mißtraut (was vielleicht am besten durch die Pferde bewiesen wird, die sich weigern, auf ein Hindernis zuzugehen, in dessen Nähe jemand steht). Ein Pferd zu barren bedeutet, das Problem vom falschen Ende her lösen zu wollen, denn wenn man Pferde betrachtet, die oft Fehler machen, ist die Ursache leicht zu erkennen, und diese Ursache zu korrigieren, ist sicherlich sinnvoller als das Pferd so zu erschrecken, daß es beim nächsten Mal höher springt.

Wenn ein Pferd nur noch gelangweilt springt und sich beim Training nicht mehr genug anstrengt, kann sein Interesse durch anders bemalte Stangen oder ungewohntes Füllmaterial neu geweckt werden.

Manchen Pferden fällt das Überwinden bestimmter Hindernistypen besonders schwer; Planken zum Beispiel verursachen allgemein Probleme, weil es sich dabei um Steilsprünge handelt. Wenn das Pferd an den Planken öfters Fehler gemacht hat, kann es passieren, daß der Reiter sich zu sehr darauf versteift, daß das Pferd fehlerfrei springt und sich dabei völlig verspannt. Junge Pferde werden so lange an den Planken scheitern, bis sie das Untertreten gelernt und begriffen haben, daß diese Hindernisse keine Grundlinie haben, an der sie sich orientieren können. Beim Training kann man dem Plankenhindernis eine Grundlinie geben, damit das Pferd nicht zu nahe herangerät und lernt, wo es abspringen muß, um das Hindernis nicht zu unterlaufen. Eine Springbahn mit leichten Kurven läßt sich übrigens viel leichter reiten als eine, deren Linienführung gerade ist, weil der Reiter in jeder Wendung das innere Hinterbein zum Untertreten bringen muß (was unter Umständen wirksamer ist als eine halbe Parade auf der Geraden). Parcours mit gerader Linienführung lassen das Pferd mehr und mehr auf die Vorhand fallen, und es dürfte dem Reiter schwerfallen, zwischen den Hindernissen genügend halbe Paraden zu geben. Das Springen in der Halle hilft Pferd und Reiter sehr, vor allem, wenn es um die Vorbereitung der einzelnen Sprünge geht, denn beide müssen schnell reagieren, wogegen auf den meisten Außenplätzen genug Raum für weitläufige Manöver ist. Manche Pferde gehen in der Halle wesentlich besser, denn der begrenzte Raum sorgt dafür, daß sie sich zusammenziehen und besser untertreten, weil sie sonst fürchten müßten, gegen eine Wand zu laufen.

Falls die begründete Vermutung besteht, daß das Pferd Springfehler macht, weil ihm etwas Unbehagen oder Schmerzen bereitet, sollte man es vom Tierarzt untersuchen lassen. Besonders Vielseitigkeitsreiter müssen diese Möglichkeit in Betracht ziehen; sie dürfen nie vergessen, daß das Springvermögen des Pferdes am dritten Tag durch die Strapazen des am Tag zuvor absolvierten Geländerittes beeinträchtigt sein kann. Bei einer dreitägigen Vielseitigkeitsprüfung ist das Parcoursspringen oft der entscheidende Abschnitt, und man sollte über dem Geländeritt diese letzte Disziplin nicht vergessen; eine gewisse Energiemenge muß dafür reserviert bleiben, damit die unvermeidlichen Steifheiten und Ermüdungserscheinungen, die am dritten Tag auftreten, kompensiert werden können. Diese Anzeichen von Erschöpfung zeigen selbst überragende Pferde und auch solche, die vom Tierarzt für startberechtigt erklärt wurden. Wenn der Tierarzt kein spezifisches Leiden feststellt, kann man im allgemeinen davon ausgehen, daß das Pferd im Laufe der Ausbildung lernen wird, trotz seiner Erschöpfung zu springen – sofern es gelöst und gut trainiert ist und Vertrauen in seine Fähigkeiten hat.

Da Pferde keine Maschinen sind, wird jedes Pferd gelegentlich eine Stange herunterstoßen, aber es liegt beim Reiter, sein Pferd so an die Hindernisse heranzureiten, daß es sie fehlerfrei überwinden kann. Je höher die Hindernisse werden, desto genauer kann man versuchen, Geschwindigkeit und Schrittlänge bestimmen zu wollen, aber bei einem Parcours mit Hindernissen bis zu einer Höhe von etwa 1,20 Meter sind bei einem Pferd, das dressurmäßig korrekt geschult wurde, einzig und allein Takt, Gleichgewicht und Vorwärtsreiten erforderlich.

Übermäßig weites Springen

Anzeichen: Die Flugkurve über dem ersten Hindernis einer Kombination gerät zu groß, wodurch die verbleibende Distanz zum nächsten Hindernis deutlich kürzer wird. Wenn die Distanz beträchtlich verkürzt und das Pferd nicht schnell oder durchtrainiert genug ist, um seine Galoppsprünge zu verkürzen, kann es zum Verweigern, einem Fehler oder einem Sturz kommen. Das kann in jeder Kombination passieren, vom In-and-out bis zu einer Kombination, zwischen deren einzelnen Elementen drei oder vier Galoppsprünge liegen, obwohl das Pferd auf den längeren Distanzen natürlich eher Gelegenheit hat, seine Galoppsprünge zu verkürzen, um passend an das zweite Element heranzukommen.

Ursachen: Die Wurzel des Problems ist zweifellos die Größe der Flugkurve über das erste Hindernis, obwohl einige Pferde auch zwischen den Hindernis-

Abb. 43: *Der Einfluß der Flugkurve über das erste Hindernis einer Kombination auf die weiteren Elemente*

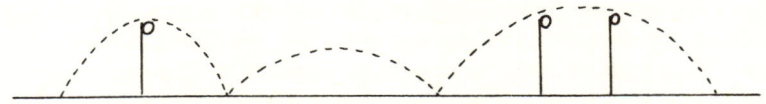

a Korrekte Flugkurven

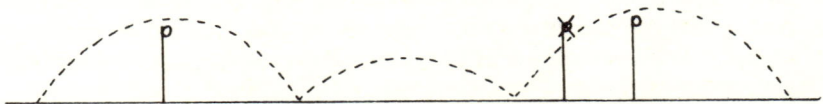

b Das Pferd nähert sich dem ersten Element mit langen Galoppsprüngen, springt früh ab und springt weit und flach. Es landet zu dicht vor dem zweiten Hindernis, und ein Fehler ist nicht mehr zu vermeiden.

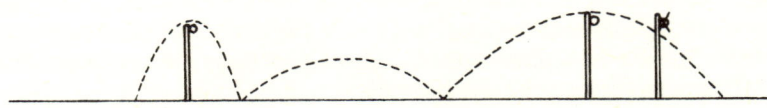

c Das Pferd überwindet das erste Hindernis aus dem Stand und landet direkt dahinter, wodurch es ihm unmöglich wird, das zweite Hindernis mit einem Galoppsprung zu erreichen; es kommt zum Hinterhandfehler.

sen der Kombination zu große Galoppsprünge machen. Die Größe der Flugkurve über das erste Hindernis hängt von der Geschwindigkeit des Anreitens, dem Absprungpunkt und dem Raumgriff beim Springen ab: Ein schnelles Anreiten führt ebenso wie ein frühes Abspringen zu einem flachen Sprung. Pferde mit großen, raumgreifenden und mutigen Sprüngen bekommen deshalb wesentlich leichter Probleme in einer Kombination als solche, die vorsichtig und ökonomisch springen oder die von Natur aus kurze Galoppsprünge machen (Abb. 43). Das Pferd muß lernen, in Kombinationen gegebenenfalls früher abzuspringen, denn wenn es das nicht kann, wird es über kurz oder lang Schwierigkeiten bekommen. Aus diesem Grund ist der Einsatz von Hindernisreihen zu Beginn der Springausbildung so wichtig, denn die kurzen Distanzen in einer richtig aufgebauten Reihe bereiten das Pferd auf die Kombinationen vor, die ihm später begegnen werden.

Manche Pferde werden durch Kombinationen zum Stürmen verleitet, wodurch sie natürlich auch zu viel Boden gutmachen: vielleicht empfinden diese Pferde das Springen von Kombinationen als besonders schwierig und versuchen deshalb, es so schnell wie möglich hinter sich zu bringen. Das Problem dabei ist bloß, daß das Pferd sich seine Aufgabe auf diese Weise noch mehr erschwert, was natürlich einen Teufelskreis entstehen läßt.

Mit fortschreitender Ausbildung wird das Pferd lernen, seine Galoppsprünge immer zu verkürzen, wenn es nötig ist, was besonders Pferde mit einer langen Galoppade lernen müssen, um mit den engen Kombinationen fertig zu werden, die besonders auf Geländestrecken gefordert werden (und die nach dem langen, zügigen Galopp beim Anreiten wirklich extrem eng aussehen). Zu Beginn der Ausbildung wird schon die Höhe der Hindernisse dafür sorgen, daß das Pferd trotz seiner vermutlich langen und schlaksigen Galoppsprünge mit den Distanzen zurechtkommt. Je niedriger das Hindernis, desto kleiner ist auch die Flugkurve, was natürlich auch die Gefahr verringert, daß das Pferd zu weit in die Kombination hineinspringt. Wenn die Hindernisse höher werden, verkürzt sich die mittlere Distanz proportional dazu, und das Pferd muß besser durchtrainiert sein.

Korrektur: Mit Hilfe von Hindernisreihen und am Boden liegenden Stangen lernt das Pferd das Springen von Kombinationen und wird dazu angeregt, passend einzuspringen und mit kurzen und runden Sprüngen weiterzugaloppieren, was ihm ermöglicht, vor den folgenden Elementen den richtigen Absprung zu finden. Der Reiter muß durch Üben und Ausprobieren herausfinden, in welchem Tempo er anreiten muß, um seinem Pferd die größtmögliche Unterstützung zu gewähren. Das hängt vom Pferd ab, von seinem Raumgriff und seiner Sprungweite und von seiner Reaktionsfähigkeit. Je langsamer und kraftvoller das Pferd an eine Kombination herangaloppiert, desto geringer ist die Gefahr eines zu großen Sprunges über das erste Element. Der Reiter darf jedoch beim Anreiten nie aufhören, das Pferd vorwärtszutreiben, auch wenn er fürchten muß, daß der erste Sprung zu groß gerät; sonst würde das Pferd nur schneller, weil es das Gefühl bekommt, für die Vielzahl der Hindernisse nicht genügend Schwung zu haben.

Eine Hindernisreihe, die aus Trabstange, Kreuzsprung, Stange auf dem Boden und einem oder mehreren Steil- oder Hochweitsprüngen besteht, zwischen denen in gleichen Abständen Stangen auf dem Boden liegen, fördert die Beweglichkeit des Pferdes ungemein und lehrt es das Springen von Kombinationen. Die am Boden liegenden Stangen verhindern übermäßig große Sprünge, weil das Pferd vermeiden muß, auf sie zu treten. Das Verkürzen der Sprunglänge führt dazu, daß das Pferd den Rücken stärker aufwölbt, was ihm wiederum hilft, diese korrekte Haltung im Verlauf der ganzen Hindernisreihe beizubehalten. Wenn der erste Sprung zu flach ist, werden die folgenden es auch sein; es ist also wichtig, daß das Pferd das erste Element einer Kombination (wie auch jedes andere Hindernis) rund springt. Sobald das Pferd gelernt hat, eine Hindernisreihe korrekt zu überwinden, kann dasselbe Prinzip auch auf Kombinationen angewendet werden. Eine Stange, die hinter dem ersten Hindernis auf dem Boden liegt, sorgt dafür, daß das Pferd eine angemessene Flugkurve beschreibt, ebenso wie eine 2,75 Meter (Anreiten aus dem Galopp) bzw. 2,30 Meter (Anreiten aus dem Trab) vor dem Hindernis liegende Stange dafür sorgt, daß das Pferd zwischen den Hindernissen nicht aus dem Takt kommt. Die Distanzen zwischen den einzelnen Elementen sollten verändert werden, damit das Pferd lernt, sich entsprechend anzupassen. Die Einwirkung des Reiters ist in diesen Fällen natürlich von ausschlaggebender Bedeutung; er darf nicht der Versuchung erliegen, das Pferd vor dem zweiten und den folgenden Hindernissen festzuhalten und es dann mit den Zügeln «hinüberzuheben», damit es nicht übermäßig groß springt. Dadurch würde das Pferd veranlaßt, den Rücken wegzudrücken. Die einzige Möglichkeit, ein Pferd zwischen den Hindernissen rund zu erhalten, liegt in korrekter Dressurarbeit, durch die das Pferd die Bedeutung der halben Paraden kennengelernt hat. Wenn das Pferd nicht untertreten kann, was es beim Dressurreiten durch die halben Paraden eigentlich gelernt haben sollte, ist es nicht in der Lage, seine Galoppsprünge den Distanzen einer Kombination anzupassen. Nach dem ersten Galoppsprung nach der Landung gibt der Reiter eine halbe Parade, die wiederholt werden kann, bis das Pferd wieder rhythmisch und im Gleichgewicht galoppiert. Wenn das Pferd nach der Landung zu früh wieder aufgenommen wird, kann es sich nicht ausbalancieren und wird dadurch gezwungen, während des ersten Galoppsprunges den Rücken wegzudrücken, was dem Reiter nicht mehr genug Zeit läßt, diesen Fehler noch vor dem nächsten Hindernis zu korrigieren. Ein Pferd, das nach der Landung auf der Vorhand läuft, ist wesentlich einfacher zu korrigieren als eines, das mit weggedrücktem Rücken springt. Das Pferd auf der Vorhand kann immer noch den Rücken aufwölben und muß nur noch zum Untertreten gebracht werden, während ein Pferd mit weggedrücktem Rücken nicht nur das Untertreten lernen, sondern auch seine verkrampfte Oberlinie lockern muß.

Ich empfinde die Stimme in diesen Fällen als eine große Hilfe: Ein «Ruhig» oder «Hoo» in der Mitte einer Kombination kann die Einstellung eines Pferdes ändern und ist wahrscheinlich besonders nützlich bei Pferden, die in Kombinationen ins Stürmen geraten. Das Pferd sollte gelernt haben, die Stimmkommandos zu deuten, und beruhigende Worte beim Springen sorgen für eine Verlangsamung, das heißt, das Pferd springt früher ab und überwindet das Hindernis langsamer. Auf nervöse oder aufgeregte Pferde wirkt sich jede Art von Beruhigung vorteilhaft aus, und die Stimme spielt dabei eine überaus wichtige Rolle.

Der Gedanke, daß das Pferd einen großen, raumgreifenden Sprung hat, ist sehr beruhigend, obwohl man ihm beibringen muß, sich zurückzuhalten, damit es sich nicht selbst in Schwierigkeiten bringt. Pferde, die nicht in der Lage sind, Distanzen abzuschätzen, haben in der Regel eher Probleme als Pferde mit einer großen Sprungweite. Die Reichweite sprungkräftiger Pferde muß nur sinnvoll genutzt und so lange bewahrt werden, bis sie einmal erforderlich ist; wenn ein solches Pferd in höheren Leistungsklassen starten soll, wird der Reiter für seine Fähigkeiten dankbar sein.

Unterlaufen

Anzeichen: Während der letzten Galoppsprünge vor einem Hindernis ist es oft nötig, daß das Pferd seine Schrittlänge verkürzt, um den richtigen Absprungpunkt zu treffen, ohne daß es dabei aus dem Takt gerät oder an Schwung verliert. Wenn das Pferd nicht in der Lage ist, seine Galoppsprünge zu verkürzen, gerät es zu dicht an das Hindernis heran, was im günstigsten Fall zu einem unangenehmen Sprung, oft aber auch zu einem Springfehler, einer Verweigerung oder einem Sturz führt. Der Reiter kann die Distanz zu einem Hindernis noch so genau abschätzen – das Pferd muß ihm helfen, indem es vor hohen Hindernissen seine Galoppsprünge verkürzt. Dieses schnelle Verkürzen läßt das Pferd vermehrt untertreten, was ihm erlaubt, sich abzudrücken (Abb. 40 und 41).

Wenn das Pferd nicht gelernt hat, seine Galoppsprünge zu verkürzen, wenn es nötig ist, wird es gewohnheitsmäßig zu früh abspringen – was eine Zeitlang gutgehen kann. Doch eines Tages passiert es dann, daß das Pferd zu weit vom Hindernis entfernt ist und feststellen muß, daß ihm für einen weiteren normalgroßen Galoppsprung nicht genug Platz bleibt; in dieser Situation wird das Pferd mit ziemlicher Sicherheit voll in das Hindernis hineinspringen.

Ursachen: Um nicht zu unterlaufen, muß das Pferd genauso untertreten wie bei einer Parade oder dem Verkürzen der Tritte. Wenn das Pferd die Hinterbeine beim Anreiten nicht weiter untersetzen kann als im normalen Galopp, ist es ihm nicht möglich, seine Galoppsprünge wirklich zu verkürzen. Es kann zwar abspringen, aber weil es nur langsamer wird, anstatt weiter unterzutreten und den nötigen Schwung zu erzeugen, ist es ihm unmöglich, Hindernisse mit größeren Abmessungen zu bewältigen. Kleinere Hindernisse lassen sich mit einem Pferd, das nicht korrekt mitarbeitet, problemlos überwinden, aber sowie die Hindernisse schwieriger werden, treten auch die Fehler zutage; es empfiehlt sich also, dem Pferd von Anfang an beizubringen, sich beim Anreiten und Springen so zu verhalten, daß keine Probleme entstehen, wenn die Anforderungen größer werden. Es gibt viele Gründe dafür, daß ein Pferd beim Verkürzen der Galoppsprünge nicht untertritt, und der Reiter sollte die Abschnitte über das *Nachschleppen der Hinterhand* (siehe Seite 120) noch einmal lesen. Zum Unterlaufen kann es bei übereifrigen Pferden kommen und bei solchen, die besonders aufgeregt und munter oder aber ängstlich und nervös sind. Sie haben es so eilig, auf die andere Seite des Hindernisses zu gelangen, daß sie überhaupt nicht an den Absprung denken, was dazu führen kann, daß sie plötzlich direkt vor dem Hindernis stehen, was einen gelungenen Sprung natürlich weitgehend unmöglich macht. Ein nervöses Pferd, das ein Hindernis auf diese Weise überwindet, wird durch den Mißerfolg nur noch unsicherer werden und beim nächsten Versuch wahrscheinlich noch mehr stürmen (siehe *Stürmen*, Seite 200).

Die letzte mögliche Ursache für das Unterlaufen ist, daß das Pferd einfach nicht in der Lage ist, den Absprungpunkt zu bestimmen und deshalb nicht begreift, daß es die Galoppsprünge verkürzen muß, um passend an das Hindernis heranzukommen. Die Unfähigkeit, die Situation einzuschätzen, kann ihre Ursache in der Unerfahrenheit des jungen Pferdes haben, aber auch in einer gewissen Gedankenlosigkeit bei älteren Pferden, obwohl Pferde, genau wie ihre Reiter, unterschiedlich begabt sind, wenn es darum geht, Entfernungen abzuschätzen. Ebenso wie manche Pferde schneller lernen als andere, gibt es auch Pferde, die intelligenter sind als andere, wenn es darum geht, den Absprung zu bestimmen; allerdings bin ich der Meinung, daß ein enger Zusammenhang zwischen körperlicher Leistungsfähigkeit und der Fähigkeit zum schnellen Reagieren besteht, und lebhafte, gut durchtrainierte Pferde haben meistens auch die entsprechenden geistigen Fähigkeiten. Je langsamer das Pferd denkt, desto mehr Ausbildung und Hilfe braucht es, und es dauert entsprechend lange, bis es sich auf alle Situationen eingestellt hat, die ihm im Verlauf seiner Ausbildung begegnen. Lebhafte Pferde mit gutem «Augenmaß» lassen sich am leichtesten reiten. Es muß allerdings betont werden, daß sich das Augenmaß von Pferd und Reiter mit zunehmender Übung und Erfahrung verbessert, obwohl eine fehlende Begabung natürlich nicht anerzogen werden kann.

Korrektur: Um das Unterlaufen zu verhindern, muß das Pferd lernen, seine Galoppsprünge zu verkürzen, ohne aus dem Takt zu kommen oder an Schwung zu verlieren. Neben der Dressurarbeit, bei der das Pferd lernen soll, seine Hinterhand unterzusetzen, um das Tempo zu verlangsamen (und die Gangart zu wechseln), was am besten durch viele Übergänge und häufiges Verändern der Trittlänge im Trab und Galopp erreicht wird, sollte das Pferd auch über viele Hindernisreihen geritten werden, damit es lernt, während der gesamten Springübung kurze und aktive Galoppsprünge zu machen. Die auf dem Boden liegenden Stangen, die verhindern, daß das Pferd zwischen den einzelnen Elementen seine Galoppsprünge verlängert, und die dem Pferd seine Absprungposition relativ dicht vor dem Hindernis vorschreiben, sorgen dafür, daß es die Grundlagen korrekten Springens lernt — Takt, Gleichgewicht, Vorwärtsbewegung, idealer Absprungpunkt und den effektivsten Einsatz der Körperkraft. Zusammen mit dem Freispringen bildet die Arbeit über Hindernisreihen die ideale Grundlage für die Springausbildung des Pferdes.

Abb. 44: So verhindert man das Unterlaufen

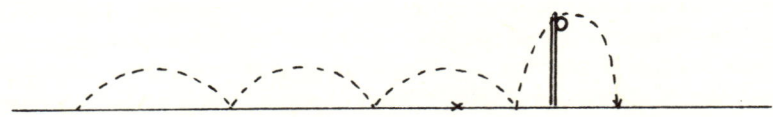

a   Das Pferd ist nicht versammelt und gerät deshalb zu dicht an das Hindernis heran.

b   Eine Stange, die 60 – 90 Zentimeter vor dem Hindernis auf dem Boden liegt, sorgt dafür, daß es seine Galoppsprünge verkürzt, mehr Energie erzeugt und das Hindernis korrekt überwindet.

Eine nützliche Methode, um das Unterlaufen zu verhindern, besteht darin, etwa 60 bis 90 Zentimeter vor dem Hindernis eine Stange auf den Boden zu legen (Abb. 44). Das Pferd wird vermeiden, auf die Stange zu treten und konzentriert sich deshalb beim Absprung auf sie und nicht auf das Hindernis. Der Reiter kann zuversichtlich die Zügel vorgeben, weil er nicht befürchten muß, daß das Pferd in das Hindernis hineinläuft, und dies, zusammen mit der Tatsache, daß das Pferd beim Anreiten auf den Boden sehen wird, sorgt dafür, daß es den Rücken aufwölbt. Da das Pferd schon vor der Stange auf dem Boden seine Galoppsprünge verkürzt, kann es nicht zum Unterlaufen kommen; außerdem hat es mehr Zeit, die Vorderbeine anzuwinkeln, und kann sicher springen. Ein derartiger Sprung flößt dem Pferd Vertrauen ein und gibt ihm keinen Grund zum Stürmen. Der Reiter kann sein Pferd auf die Grundlinie zureiten, die dafür sorgt, daß es seine Galoppsprünge verkürzt, weil es beim Absprung nicht auf die Stange treten will; dadurch versammelt es sich und lernt, die Hinterhand zum Absprung unterzusetzen.

Der Austausch von Stangen oder Hindernissen bewirkt, daß sich das Pferd neu konzentrieren muß; eine ähnliche Wirkung hat vermutlich der Einsatz des «V» (siehe *Schräges Springen*, Seite 166).

Einer der häufigsten Reiterfehler beim Anreiten eines Hindernisses ist das passive Stillsitzen, wenn das Pferd unpassend an das Hindernis herankommt. Dies ist aber der Augenblick, in dem der Reiter besonders energisch treiben muß, damit das Pferd weiter untertritt, um trotzdem mit ganzer Kraft abspringen zu können. Bei der Entscheidung darüber, was es in diesem Augenblick tun muß – ob es seine Galoppsprünge verkürzen oder lieber etwas früher abspringen sollte – ist das Pferd völlig auf sich allein gestellt und hofft vergebens auf eine Hilfe von seinem Reiter, wenn dieser einfach nur stillsitzt und denkt: «O nein, es paßt nicht!» Beim Anreiten muß das Pferd energisch gegen die Hand getrieben werden; wenn der Reiter dann sieht, daß es «nicht paßt», muß er es noch stärker treiben, ohne es vorn «fallenzulassen». Auf diese Weise wird die Aktivität der Hinterhand plötzlich gesteigert, und das Pferd hat die Wahl, seine Galoppsprünge zu verkürzen oder etwas früher abzuspringen. Wenn der Reiter sein Pferd einfach nur in Richtung Hindernis scheucht und das Pferd beschließt, das Hindernis nicht anzuziehen, kommt es zu einer Katastrophe, und wenn der Reiter schon beim Anreiten «im Maul hängt», wird das Pferd höchstwahrscheinlich stehenbleiben. Wenn das Pferd sich im Gleichgewicht befindet, in taktmäßigem Galopp mit viel Energie auf das Hindernis zugeritten wird und dressurmäßig gut ausgebildet ist, wird es ihm nicht schwerfallen, die Länge seiner Galoppsprünge zu verändern.

Nicht vorwärtsgehen

Anzeichen: Wenn ein Pferd beim Anreiten eines Hindernisses nicht vorwärtsgeht, treten noch eine Reihe weiterer Probleme auf, die wieder verschwinden, sobald das Pferd vorwärtsgeht. Wenn der Reiter zum Beispiel beim Anreiten das Gefühl hat, nichts in der Hand zu haben, dürfte es ihm schwerfallen, das Hindernis passend anzureiten, und das Pferd wird entweder unterlaufen und dann einen Riesensatz machen, oder es ist so weit vom Hindernis entfernt, daß

186

es einfach nicht abspringen kann. Der Reiter muß immer das Gefühl haben, daß das Pferd ihn in einem fleißigen, ausbalancierten und taktmäßigen Galopp zum Hindernis hinzieht, aus dem es leicht abspringen kann. Wenn das Pferd beim eigentlichen Anreiten nicht vorwärtsgeht, kann es auch passieren, daß es schon ein ganzes Stück vor dem Hindernis anfängt, seine Galoppsprünge zu verkürzen, wodurch es natürlich noch weniger vorwärtsgeht und den Rhythmus verliert.

Ursachen: Es handelt sich sowohl bei unerfahrenen als auch bei gut trainierten Pferden immer um einen Fehler des Reiters. Er muß sein Pferd stets gegen die Hand treiben, die nie zurückwirken darf, damit die Energie sich nach vorn entlädt, ohne daß das Pferd dabei schneller wird. Schnelligkeit ist nicht dasselbe wie Schwung oder potentielle Energie; denn wenn man dem Pferd erlaubt, schneller zu werden, wird die ganze Energie sofort verbraucht, anstatt als treibende Kraft in den Hinterbeinen bewahrt zu werden. Oft machen Reiter den Fehler, am inneren Zügel zu ziehen, was die Vorwärtsbewegung unterbricht; durch das Reiten einer Wendung nur am inneren Zügel blockiert der Reiter unbewußt die Vorwärtsbewegung seines Pferdes. Das veranlaßt das Pferd entweder zum Stürmen (siehe *Stürmen*, Seite 200) oder dazu, beim Anreiten hinter dem Zügel zu gehen. In beiden Fällen fehlt der Schwung für den Absprung. Der darauffolgende Sprung, der mißglückt, weil sich das Pferd nach der Landung nicht im Gleichgewicht befindet, beeinträchtigt auch den nächsten, denn da die Landung nach einem Hindernis der erste Schritt zum Anreiten des nächsten ist, wird es vermutlich auch bei allen folgenden Hindernissen zu Schwierigkeiten kommen.

Korrektur: Bevor er mit dem Springen beginnt, muß der Reiter in der Lage sein, das Pferd in einem guten, schwungvollen Galopp zu reiten. In dieser Gangart muß sich das Pferd selbst tragen; es muß sich im Gleichgewicht befinden und sich bei jedem Galoppsprung aus der Hinterhand abdrücken, damit der Reiter die Anlehnung aufrechterhalten kann. Er sollte stets das Gefühl haben, nur etwas nachgeben zu müssen, damit das Pferd seine Galoppsprünge verlängert, ohne aus dem Takt zu kommen oder auf die Vorhand zu fallen. Ein Pferd, das fleißig und mit viel Energie galoppiert, kann man so reiten, daß es während des gesamten Anreitens seinen Rhythmus nicht verliert, und falls es versuchen sollte, seine Galoppsprünge zu sehr zu verkürzen, kann man einfach darüber hinwegreiten; andererseits ist es einem Pferd unmöglich, ohne Schwung aus der Hinterhand zu springen.

Um diesen fleißigen Galopp zu erzielen, sollten die Galoppsprünge verlängert und verkürzt werden, denn nur so kann man feststellen, ob das Pferd den Schenkelhilfen wirklich gehorcht und ob es bereit ist, zuzulegen und sich danach wieder einfangen zu lassen. Wenn das Pferd beim Dressurreiten nicht prompt auf diese Hilfen reagiert, ist es unwahrscheinlich, daß es schon imstande ist, sich ständig neu auszubalancieren, was beim Springen und Landen nötig ist, und danach sofort ein weiteres Hindernis zu überwinden. Es ist wichtig, daß das Pferd beim Anreiten schon möglichst früh fleißig vorwärtsgeht und daß der Reiter es schon mindestens zehn oder zwölf Galoppsprünge vorher gegen die Hand treibt. In manchen Fällen muß das Pferd durch einen leichten Stoß mit den Fersen muntergemacht werden, damit es untertritt; wenn man damit wartet, bis das Pferd nur noch einen Galoppsprung vom Hindernis entfernt ist, ist es zu spät. Abgesehen davon, daß das Pferd nicht in der letzten Sekunde plötzlich auf die Hinterhand untersetzen kann, neigt der Reiter auch dazu, vor die Bewegung zu geraten. Wenn der Reiter sein Pferd beim Anreiten fest in der Hand hat, besteht keine Notwendigkeit, es durch einen Stoß mit den Fersen «abzuschießen»; statt dessen kann bei treibend angelegtem Unterschenkel ein gleichmäßiger Zügelkontakt aufrechterhalten werden, der es dem Pferd ermöglicht, aus seinem Galopprhythmus heraus abzuspringen.

Der Reiter sollte versuchen, sein Pferd «auf den Zehenspitzen» galoppieren zu lassen, wobei es bereit sein muß, auf Hilfen zum Wechseln der Richtung oder des Tempos sofort zu reagieren. Wenn der Reiter daran denkt, das Pferd vor jedem Hindernis richtig zu treiben (wobei er natürlich Gleichgewicht und Rhythmus nicht außer acht lassen darf) wird der eigentliche Sprung automatisch folgen.

Zu kurzes Springen

Anzeichen: Ebenso wie das übermäßig weite Springen (siehe Seite 180) tritt auch dieser Fehler in Kombinationen auf, deren Distanzen ungünstig sind. Wenn das Pferd vor dem zweiten oder dritten Hindernis nicht den passenden Absprung findet, wird es entweder stehenbleiben oder versuchen, noch einen Extraschritt einzulegen, was zu einem ungeschickten Sprung oder einem Springfehler führt. Liegt der Absprungpunkt zu weit vom Hindernis entfernt, kann es auch zum Sturz kommen, weil das Pferd versuchen könnte, nach dem Absprung in der Luft «weiterzulaufen».

Ursachen: Der Sprung über das erste Hindernis, das Tempo beim Anreiten und die Länge der Galoppsprünge haben einen direkten Einfluß auf die Möglichkeiten des Pferdes, sich eine Kombination passend zu machen (was auch für das gegenteilige Problem zutrifft). Wenn das Pferd das erste Hindernis mit einem kurzen Sprung, vielleicht sogar aus dem Stand, überwindet, geht es nicht genug vorwärts und hat deshalb Mühe, die Distanz bis zum nächsten Hindernis mit einer bestimmten Anzahl von Galoppsprüngen abzudecken. Einem Pferd mit großen, raumgreifenden Galoppsprüngen wird dies nicht schwerfallen, aber Pferde mit kurzen Gängen werden Mühe haben, die Distanz korrekt zu überwinden. In einer dreifachen Kombination kann das Pferd vor dem dritten Hindernis noch mehr an Boden verloren haben, weil es relativ kurz hinter dem zweiten landete und bis zum dritten jeglicher Schwung verlorengegangen ist (Abb. 45).

Um die jeweilige Distanz passend bewältigen zu können, muß das Pferd vorwärtsgehen, was einem ängstlichen Pferd, das leicht scheut, natürlich schwerfällt. Auch Fehler des Reiters können eine Kombination unpassend machen – sei es, weil er nicht genug vorwärtsreitet, ein falsches Tempo wählt oder den Absprungpunkt falsch einschätzt. Ein Verfehlen des richtigen Absprungs spielt auf einem Pferd mit einer großen Galoppade keine entscheidende Rolle, denn das Pferd wird den verlorenen Boden mit besonders raumgreifenden Galoppsprüngen wieder gutmachen; ein weniger begabtes Pferd wird seinem Reiter in dieser Situation jedoch nicht helfen können, und es kommt zu Schwierigkeiten.

Korrektur: Zuerst muß der Reiter darauf achten, daß sein Pferd beim Anreiten einer Kombination wirklich entschieden vorwärtsgeht. Wenn der natürliche Raumgriff sowohl im Galopp als auch im Sprung fehlt, muß das Tempo ein wenig erhöht werden. Damit ist natürlich kein gestreckter − oder auch nur schneller − Galopp gemeint; das Pferd muß lediglich genügend potentielle Energie erzeugen, um die Kombination bewältigen zu können. Wenn das Pferd erst einmal einige Kombinationen auf diese Weise überwunden hat, wird sein Vertrauen zu den eigenen Fähigkeiten größer. Oft kommt es vor, daß ein Pferd seine Galoppsprünge in einer Kombination stark verkürzt, weil es aus Erfahrung weiß, daß es einen kurzen Extra-Galoppsprung einlegen muß, um passend an das nächste Element heranzukommen. Diese Pferde muß man mit Sporen oder Gerte daran erinnern, daß sie vorwärtsgehen sollen und daß sie ihre Galoppsprünge nicht verkürzen dürfen, sobald sie eine Kombination sehen, weil dadurch mehr Schwung verlorengeht als bewahrt wird.

Bei solchen Pferden empfiehlt sich die Arbeit über etwas weiter auseinandergezogene Hindernisreihen, die das Pferd dazu anregen, längere Sprünge zu machen. Allerdings dürfen die Distanzen auch nicht so weit sein, daß der Sinn der Übung verfehlt wird − der Hauptzweck der Arbeit über Reihen ist es, das Pferd so durchtrainiert und beweglich zu machen wie möglich, und eine Reihe mit überlangen Abständen zwischen den einzelnen Hindernissen erfüllt diesen Zweck nicht − sie wirkt sich eher nachteilig aus! Die einzelnen Hindernisse werden nur etwa 30 Zentimeter weiter auseinandergestellt, damit das Pferd härter arbeiten und raumgreifender springen muß. Wenn dieses Problem nicht schon im Anfangsstadium korrigiert wird, wird das Pferd nie höhere Hindernisse bewältigen können, denn wenn die Hindernisse höher werden, muß es auch mehr vorwärtsgehen und mehr Schwung erzeugen, nicht nur um das Hindernis zu überwinden, sondern auch, um danach passend an das nächste heranzukommen. Das Einlegen eines kleinen Zwischenschrittes mag bei niedrigen Hindernissen gutgehen, aber bei höheren und breiteren Hindernissen funktioniert es nicht mehr!

korrekte Flugkurven   fehlerhafte Flugkurven

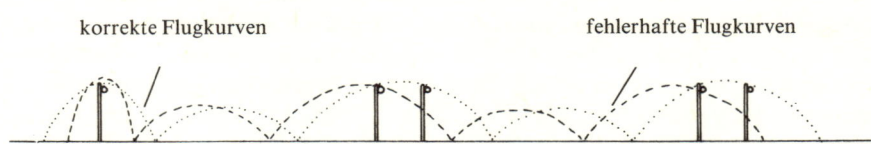

Abb. 45: Dreifache Kombination − Wenn das Pferd zu dicht an das erste Hindernis herangerät, muß es vor dem zweiten früh abspringen und wird vor dem letzten Element noch mehr an Boden verloren und außerdem jeglichen Schwung eingebüßt haben; im günstigsten Fall kommt es zu Fehlern beim zweiten und dritten Hindernis.

Verweigern

Anzeichen: Das Pferd wird beim Anreiten immer langsamer und bleibt schließlich vor dem Hindernis stehen, oder es bleibt erst im letzten Augenblick stehen, wobei es oft das ganze Hindernis umwirft. Bei einer solchen «Vollbremsung» rutschen die Hinterbeine nach vorn, und es kann passieren, daß das Pferd in das Hindernis hineinstürzt, oder, wenn es völlig aus dem Gleichgewicht gekommen ist, sich sogar überschlägt.

Ursachen: Die Gründe für ein Verweigern sind ebenso vielfältig wie die für Springfehler, und sie reichen von Ungehorsam bis zu echter Angst. Viele dieser Gründe sind untrennbar mit grundlegenden Problemen verbunden, und sowie diese Probleme beseitigt wurden – meist handelt es sich dabei um Probleme beim Dressurreiten –, verschwindet auch das Verweigern.

Wir beginnen mit dem jungen Pferd, das aus Angst und Mißtrauen stehenbleibt. Wenn es zum erstenmal zum Beispiel ein Hindernis mit einem bunten Unterbau springen soll, wird es scheuen und überrascht sein, daß man von ihm erwartet, über ein derart merkwürdiges Ding zu springen. Hat man es jedoch erst einmal überredet, einen Versuch zu wagen, wird es auch anders unterbaute Hindernisse bereitwillig akzeptieren. Es gibt allerdings auch Pferde, die diese Angewohnheit ihr ganzes Leben lang nicht ablegen und unbekannten Hindernissen immer mißtrauisch gegenüberstehen, was besonders deutlich wird, wenn sie eine Zeitlang nicht gesprungen sind. Diese Ängstlichkeit liegt oft hart an der Grenze zur Ungezogenheit, und der Reiter muß energisch genug einwirken, um ihr entgegenzutreten.

Wenn der Reiter beim Anreiten eines Hindernisses nur mit halbem Herzen bei der Sache ist, wird das Pferd das sehr schnell spüren und seine schwache, unentschlossene Reitweise natürlich ausnutzen. Der Reiter muß sein Pferd *über* das Hindernis hinwegreiten und nicht nur daran heran, und im Geiste sein Herz vorauswerfen, obwohl sich sein Körper bis zum tatsächlichen Absprung leicht hinter dem Schwerpunkt des Pferdes befinden sollte. Wenn der Reiter sein Pferd nur bis an das Hindernis heranreitet, gibt er unweigerlich kurz vor dem Absprung jeglichen Zügelkontakt auf, wodurch sich das Pferd nicht länger zwischen Zügel und Schenkel befindet – und dieses «Fallenlassen» des Pferdes ist eine der häufigsten Ursachen des Verweigerns.

Auch andere Reiterfehler führen zum Verweigern, zum Beispiel ungeschicktes, schräges Anreiten, bei dem das Pferd so unvorbereitet ist, daß es vor Überraschung stehenbleibt, oder das Auswählen eines Absprungpunktes, von dem aus das Pferd einfach nicht springen kann. Der Reiter kann einen zu frühen Absprung verlangt haben oder aber das Pferd extrem dicht an das Hindernis herangeritten haben, und in beiden Fällen ist es nur richtig, daß das Pferd verweigert. Aus diesem Grund wird ein Verweigern in der Springprüfung auch nur mit drei Fehlerpunkten bewertet, ein Springfehler dagegen mit vier.

Auch in einer Kombination, in der das Pferd zu kurz gesprungen ist (siehe *Zu kurzes Springen*, Seite 188), ist es zu weit vom nächsten Hindernis entfernt, um abspringen zu können und muß deshalb stehenbleiben. Aber auch, wenn das Pferd «auf groß» gesprungen (siehe *Übermäßig weites Springen*, Seite 180)

190

und dadurch zu dicht an das nächste Element herangeraten ist, kann es nicht abspringen.

Ein rutschiger Untergrund ist eine häufige Ursache für Verweigerungen. Das Pferd kann rutschen, wenn es vor dem Hindernis seine Galoppsprünge verkürzt, und kommt dadurch aus dem Gleichgewicht und aus dem Takt, was ihm ein Abspringen natürlich unmöglich macht. Es kann auch passieren, daß das Pferd den Bodenverhältnissen so mißtraut, daß es nicht abzuspringen wagt. Pferde schätzen griffigen Boden über alle Maßen und werden durch einen Untergrund, der sich unter ihnen bewegt (oder in dem sie keinen Halt finden) beunruhigt. Das schlimmste Geläuf ist harter Boden, der im Regen leicht feucht geworden ist, denn er ist extrem rutschig. Auf solchem Boden, womöglich noch mit abgenutzten Hufeisen, kann es zur Katastrophe kommen. In tiefem matschigem Boden dagegen, bei dem die Reiter am ehesten daran denken, Stollen zu verwenden, kann der Huf wenigstens in die Erde eindringen, was dem Pferd einen gewissen Halt gibt, aber auf hartem, glitschigem Boden können sich die Hufe nicht eindrücken. Ein Pferd, das seine Galoppsprünge verkürzen und abspringen kann, ohne daß es fürchten muß, wegzurutschen, hat keinen Grund, den Bodenverhältnissen zu mißtrauen und wird sicher und zufrieden springen. Es ist immer wieder überraschend festzustellen, wie viele Reiter keine Stollen benutzen, außer vielleicht im Stechen, wo sie das Gefühl haben, dem Pferd in engen Wendungen einen besseren Halt verschaffen zu müssen, aber außer in den Wendungen muß das Pferd auch auf den letzten Metern vor jedem Hindernis sicher galoppieren können, damit es sich für den Absprung versammeln kann.

Wir empfehlen Stollen in den Schenkeln der Vorder- und Hintereisen für alle Springprüfungen. Welche Stollen bei welchem Boden am besten geeignet sind, lehrt die Erfahrung; bei hartem Boden sollten jedoch keine allzulangen ausgewählt werden, vor allem für die Vorderhufe, weil sie Zerrungen verursachen könnten.

Einige Außenreitplätze sind für das Springen nicht besonders gut geeignet, weil ihr Bodenbelag locker ist und sich auch nicht setzt, was dazu führt, daß das Pferd bei den kurzen Galoppsprüngen vor dem Absprung immer das Gefühl hat, als würde ihm der Boden unter den Hufen weggezogen. Um besser verstehen zu können, wie sich ein rutschiger Untergrund auf das Springvermögen des Pferdes auswirkt, sollte man einmal versuchen, auf vereistem Boden zu rennen und über irgendeinen Gegenstand zu springen ... Spätestens danach ist jedem klar, warum sich Pferde bei ihrer Arbeit oft unwohl fühlen!

Auch ein «zickiges» oder «falsches» Pferd kann sich das Verweigern angewöhnen. Diese Pferde sind ungehorsam und müssen entsprechend behandelt werden. Ungehorsam ist ein Zeichen mangelnder Disziplin, was beweist, daß das Pferd dressurmäßig nicht korrekt ausgebildet ist. Wenn man einem solchen Pferd aber eine gewisse Freude am Springen vermitteln könnte, würde sich jede Bestrafung erübrigen, was natürlich die beste Lösung wäre.

Korrektur: Als erstes muß die Ursache für das Verweigern ermittelt werden. Ehe dies nicht geschehen ist, ist eine Korrektur unmöglich. Dem Pferd «das Fell zu geben» ist keine Lösung, obwohl es in manchen Fällen nicht verkehrt ist, ihm klarzumachen, daß es falsch gehandelt hat. Das Wort «Verweigern» sollte im Sprachschatz des Pferdes – vor allem des Vielseitigkeitspferdes – gar nicht vorkommen, aber es liegt beim Reiter, dafür zu sorgen, daß das Pferd nie so an ein Hindernis herankommt, daß es einfach nicht abspringen kann. Es stimmt zwar, daß Pferde schnell lernen, daß man sich durch Stehenbleiben vor dem Springen drücken kann, aber dieses Stehenbleiben wird in neunzig Prozent der Fälle dadurch verursacht, daß der Reiter zu Beginn der Ausbildung sein Pferd wiederholt so ungeschickt an die Hindernisse herangeritten hat, daß ihm gar keine andere Wahl blieb. Wenn das Pferd verweigert, obwohl es so an das Hindernis herangeritten wurde, daß es eigentlich abspringen könnte (selbst wenn es sich dazu etwas anstrengen müßte), kann man es durch einen kurzen Einsatz von Sporen oder Gerte ermahnen, erst dann aufzugeben, wenn die Lage wirklich hoffnungslos ist.

Schon von Anfang an darf dem Pferd nie etwas abverlangt werden, was es noch nicht schaffen kann; auf diese Weise kann es nie überfordert werden. Jedes junge Pferd wird vor dem ersten bunt unterbauten Hindernis scheuen, aber der Reiter muß so reaktionsschnell sein, daß er es entschieden vorwärtstreiben kann, damit es lernt, daß es zu springen hat, selbst wenn es ihm beim erstenmal gelang, stehenzubleiben oder kurzkehrt zu machen. Sowie der Reiter diese kleine Schlacht gewonnen hat, wird das Pferd alle einfachen Hindernisse zufrieden springen. Das Pferd muß dressurmäßig schon recht gut ausgebildet sein – es muß die vorwärts und seitwärts treibenden Hilfen kennen und akzeptieren – denn andernfalls könnte der Reiter es nicht genau dorthin reiten, wo er es haben möchte, was das Pferd natürlich merkt und für sich ausnutzt.

Ein Pferd, das vor einem Hindernis scheut, das es schon viele Male gesprungen hat, gehört wahrscheinlich zu denen, die täglich springen sollten, denn tägliches Springen ist eine gute Methode, Verweigern auszuschalten. Die Hindernisse müssen nicht hoch sein, kleine Sprünge reichen zur Gedächtnisauffrischung völlig aus. Je mehr kleine Turniere man mit solch einem Pferd besucht, desto besser, denn nur so bekommt es Vertrauen in fremde Hindernisse. Es ist natürlich leichter, ein solches Pferd zu verängstigen, als eines, das von Natur aus ein Draufgänger ist.

Wenn der Absprung nicht paßt, ist dies meistens die Schuld des Reiters; allerdings gilt das nur für Pferde, die so weit ausgebildet sind, daß sie auf die Reiterhilfen reagieren und sich deshalb kontrolliert auf ein Hindernis zureiten lassen. Die Linienführung beim Anreiten sollte, zumindest zu Beginn der Ausbildung, so gewählt werden, daß das Pferd mittig und genau rechtwinklig vor dem Hindernis steht und so jede Chance hat, es korrekt zu überwinden. Bei einer Wendung vor dem Hindernis muß der Reiter unbedingt auf das Hindernis schauen, ehe er abwendet, weil er nur so sicher sein kann, daß er wirklich auf der Ideallinie anreitet. Um die Entfernung zum Hindernis richtig abschätzen zu können, ist es außerdem wichtig, daß er das Hindernis direkt ansieht und nicht nur aus dem Augenwinkel heraus, weil er die Distanz nur so richtig beurteilen kann.

Manche Reiter scheinen in einer Wendung nur ungern den Kopf zu drehen, obwohl das für das Reiten einer präzisen Wendung vor einem Hindernis unbedingt notwendig ist, und je enger die Wendung ist, desto stärker muß der Reiter den Kopf drehen. Die Blickrichtung sorgt immer für Zielstrebigkeit; beim Radfahren zum Beispiel sieht man ja auch nicht auf den Boden vor der Lenkstange, sondern schaut nach vorn und fährt in dieselbe Richtung. Beim Reiten ist es genau dasselbe − man reitet in die Richtung, in die man auch schaut. Mit fortschreitender Springausbildung ist gelegentlich auch ein schräges Anreiten erforderlich, was natürlich mehr Präzision erfordert, die nur erreicht werden kann, wenn das Pferd gelernt hat, seine Galoppsprünge den Gegebenheiten anzupassen. Wird ein Hindernis rechtwinklig angeritten, kann das Pferd in Notfällen leicht nach links oder rechts ausweichen und sich so mehr Platz für den Absprung verschaffen (siehe *Schräges Springen,* Seite 166), aber beim schrägen Anreiten kann das Pferd nur noch zu einer Seite ausweichen, wodurch sich natürlich die Gefahr erhöht, daß es vorbeiläuft (Abb. 46).

Nicht nur das gerade Anreiten ist sehr wichtig, von entscheidender Bedeutung für einen gelungenen Sprung ist auch, auf welche Weise das Pferd an das Hindernis herangeritten wird. Dabei muß sich die korrekte Grundausbildung des Pferdes erweisen, denn es soll sich im Gleichgewicht befinden und taktmäßig, fleißig und mit viel Impuls vorwärtsgaloppieren. Das Pferd muß während des gesamten Anreitens an den Hilfen stehen, und der Reiter gibt kurz vor dem Absprung die Zügel leicht nach vorn. Die Anlehnung darf dabei jedoch nicht aufgegeben werden, denn dadurch würde das Pferd sofort unsicher und da der Impuls verloren geht, könnte das Pferd verweigern. Es muß sich mit weit untersetzender Hinterhand selbst tragen und genug Energie erzeugen, um seine Galoppsprünge notfalls verkürzen oder verlängern und springen zu können −, aber gleichzeitig muß der Reiter das Gefühl haben, das Pferd zöge ihn zum Hindernis. Dafür muß er durch energisches Vorwärtsreiten selbst sorgen, vor allem in der Wendung vor einem Hindernis, denn oft entscheidet sich schon in einer solchen Wendung, ob ein Sprung gelingt oder nicht. Wenn der Reiter versucht, die Wendung am inneren Zügel zu reiten, geht der Schwung sofort verloren, und der Sprung wird darunter leiden. Ich kann gar nicht oft genug betonen, wie wichtig es ist, auch in den Wendungen vorwärtszureiten, denn nur so können sie als Vorbereitung auf das darauffolgende Hindernis genutzt werden. Wenn der Reiter das Pferd am inneren Zügel in die Wendung hineinzieht oder versucht, mit diesem Zügel die Kopfhaltung des Pferdes zu beeinflussen, begeht er den Fehler, die Vorwärtsbewegung zu unterbrechen. Der Reiter sollte stets das Gefühl haben, den Impuls mit den Fingerspitzen freisetzen zu können, denn diese im Pferd aufgestaute Energie wird gebraucht, wenn das Pferd seine Galoppsprünge verkürzen oder verlängern muß und natürlich auch für den Absprung selbst. Außerdem muß der Reiter dafür sorgen, daß das Pferd schon einige Zeit vor dem Hindernis im richtigen Tempo galoppiert. Manchmal sind einige Zirkelrunden nötig, um das richtige Galopptempo zu finden, aber Ziel des Reiters sollte es sein, sein Pferd in die richtige Gangart versetzen zu können, ohne lange im Kreis herumreiten zu müssen. Wenn das Pferd im richtigen Tempo geht, kann es aus dem Galopprhythmus heraus abspringen, und wenn der Reiter energisch genug vorwärtsreitet, kann das Pferd dann selbst entscheiden, ob es etwas früher abspringt

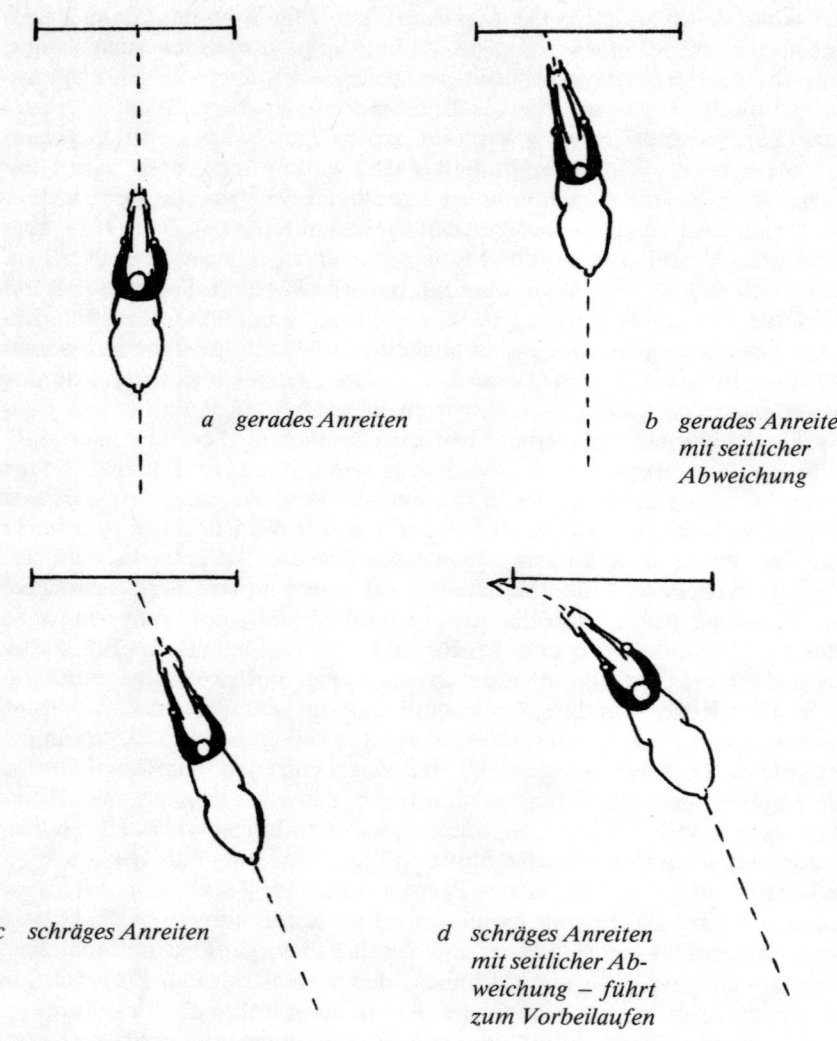

Abb. 46: Wie unterschiedliches Anreiten das Risiko des Vorbeilaufens steigern kann

a gerades Anreiten

*b gerades Anreiten
mit seitlicher
Abweichung*

c schräges Anreiten

*d schräges Anreiten
mit seitlicher Ab-
weichung – führt
zum Vorbeilaufen*

oder lieber seine Galoppsprünge so weit verkürzt, daß es den passenden Absprung findet. Das Pferd sollte in der Lage sein, ein kleines Hindernis aus jeder Gangart zu überwinden, und es empfiehlt sich, auch beim Dressurreiten gelegentlich abzuwenden und ein kleines Hindernis zu nehmen, was das Pferd aufmerksam erhält und das Springen aus dem Rhythmus verbessert. Wenn der Reiter stört, indem er das Pferd aus dem Takt bringt, bringt er es auch aus dem Gleichgewicht, und wenn er dann noch die Distanz falsch abschätzen sollte, wird das Pferd nicht mehr in der Lage sein, ihm zu helfen.

Es ist schwierig, für das Abschätzen von Distanzen feste Regeln aufzustellen, aber ein Reiter, der von Natur aus ein gutes «Augenmaß» hat, wird seinem Pferd natürlich das Finden des richtigen Absprungs sehr erleichtern. Überragende Reiter erkennt man daran, daß ihre Pferde immer den richtigen Absprung treffen, scheinbar ohne jede Einwirkung durch den Reiter. Man sollte sich jedoch nicht täuschen lassen und vermuten, das Pferd schätze die Entfernung allein ab, denn auch der Reiter trägt sein Teil dazu bei; aber weil er dezent einwirkt, ohne das Pferd dabei aus dem Takt zu bringen, fällt es dem Zuschauer in der Regel überhaupt nicht auf. Der Reiter veranlaßt sein Pferd zwar, die Galoppsprünge taktmäßig zu verkürzen oder zu verlängern, aber er stört es nicht und sorgt dafür, daß das Pferd ihm ebenso hilft wie er dem Pferd. Vielfach muß die Länge der Galoppsprünge gar nicht verändert werden, weil das Pferd allein durch die Gleichmäßigkeit seiner Sprünge passend an das Hindernis herankommt. Nur allzu oft sieht man Reiter, die vor einem Hindernis die Bremse ziehen, während sie versuchen, die Distanz abzuschätzen. Dadurch gehen Vorwärtsdrang und Takt genauso verloren wie der Schwung. Wenn der Reiter dann im entscheidenden Moment noch einen Fehler macht − das Pferd entweder zu früh abspringen oder unterlaufen läßt −, kann es ihm nicht helfen, weil es keine Möglichkeit mehr hat, den passenden Absprung zu finden. Die goldenen Worte beim Anreiten eines Hindernisses sind Rhythmus, Gleichgewicht und Gehenlassen und für Reiter, die dazu neigen, ihre Pferde zu früh abspringen zu lassen, die Ermahnung: «Laß ihn unten, solange es geht.» Diese Grundsätze sollten eigentlich allen Reitern, die fürchten, den richtigen Absprung nicht zu finden, eine große Hilfe sein. Man hört so oft: «Ich merke ja, wenn es nicht paßt, aber ich weiß nicht, was ich dagegen tun soll.» Man kann gar nicht unpassend an ein Hindernis herankommen, wenn das Pferd an den Hilfen steht und gut untertritt, denn so hat es immer die Möglichkeit, einen zusätzlichen Galoppsprung einzulegen; doch diese korrekte Technik des Anreitens wird nur durch eine fehlerfreie Dressurausbildung und energisches Vorwärtsreiten erreicht, bei dem sich der Reiter vor allem auf die Wendung vor dem Hindernis konzentrieren muß, denn sie ist ein entscheidender Bestandteil des Anreitens. Wenn die Wendung korrekt durchgeritten wird, wird auch der Sprung gelingen. Wird die Wendung fehlerhaft geritten, paßt auch der Absprung nicht. Schlechte Reiterei ist die Grundursache vieler Fehler, seien es nun mangelnder Vorwärtsdrang, Festhalten am inneren Zügel, Verpassen der Ideallinie und dadurch verursachtes schräges Anreiten, weil nicht zum Hindernis hingesehen wird, oder Taktfehler durch zu schwaches Treiben. Wenn der Reiter sich auf das Anreiten konzentriert, anstatt sich Sorgen um den passenden Absprung zu machen, wird ihm das Springen viel leichter fallen, zumal er allmählich immer mehr Vertrauen in sich selbst und sein Pferd bekommt.

Unerfahrene Reiter müssen darauf achten, beim Anreiten eines Hindernisses ihrer Unsicherheit zum Trotz entschieden einzuwirken. Die einzige Möglichkeit, ein Pferd zum Springen eines Hindernisses zu bewegen, besteht darin, es wissen zu lassen, daß es einem ernst damit ist. Es hat keinen Sinn, halbherzig an das Hindernis heranzureiten, denn das Pferd hat genug Kraft, um diese Tatsache sofort auszunutzen und stehenzubleiben. Wenn das Pferd erst einmal begriffen hat, daß es dem Reiter ernst ist, wird es auch willig mitarbeiten, aber die anfängliche Entschlossenheit muß vom Reiter kommen.

Die unmittelbare Ursache für ein Verweigern aus Angst ist klar: Das Pferd fürchtet sich vor dem Hindernis, das ihm zu hoch erscheint oder irgendwie beängstigend aussieht. Es kann sich auch vor dem Springen selbst fürchten, weil es bei früheren Sprüngen schlechte Erfahrungen gemacht hat. In jedem Fall muß das Pferd erst wieder Vertrauen bekommen, ehe die Springausbildung fortgeführt werden kann. Sinnvollerweise baut man dazu niedrige, einladende Hindernisse auf, die erhöht werden können, wenn das Pferd sich selbst und seinem Reiter wieder vertraut. Das gegenseitige Vertrauen ist ein wichtiger Faktor beim Springen, und wenn es fehlt, werden Pferd und Reiter miteinander nie sehr weit kommen. Ich muß allerdings betonen, daß ein Pferd, das korrekt ausgebildet und nie überfordert wurde, keinen Grund haben dürfte, sein Vertrauen zu verlieren. Angst vor dem Springen entsteht meist durch Überforderung in irgendeiner Form. Das Pferd braucht nicht jahrelang bei Hindernissen von 90 Zentimetern Höhe zu bleiben, aber es muß dressurmäßig gut geritten sein; nur dann wird es auch höhere und breitere Hindernisse leicht überwinden können. Die Rittigkeit in der Dressur beeinflußt das Springvermögen des Pferdes mehr als alles andere, ebenso wie die Fähigkeit, die Galoppsprünge vor einem Hindernis zu verlängern oder zu verkürzen, ohne aus dem Takt oder dem Gleichgewicht zu kommen – wie es auch in der Dressur verlangt wird. Die Dressur ist von entscheidender Bedeutung!

Wenn ein Pferd verweigert, weil es Schmerzen hat oder Unbehagen empfindet, zeigen sich normalerweise noch andere Symptome, die auf ein Problem hindeuten. Das Pferd wird auch in der Dressur nicht gehen wie gewohnt, wenn ihm etwas fehlt, und beim Springen wird das Problem noch deutlicher zutage treten. Ein erfahrener Reiter wird eindeutige Probleme erkennen, aber wenn nichts Offensichtliches vorliegt, sollte der Tierarzt konsultiert werden.

Verweigerungen, die durch zu kurzes oder zu weites Springen in einer Kombination verursacht werden, werden unter den entsprechenden Abschnitten abgehandelt; andere Abschnitte, die in diesen Zusammenhang gehören, sind *Nicht Vorwärtsgehen*, *Stürmen*, *Steifer Rücken* und *Scheuen*.

Vorbeilaufen

Anzeichen: Das Pferd läuft am Hindernis vorbei, anstatt zu springen. Dazu entscheidet es sich entweder spontan im letzten Augenblick, oder es weicht schon frühzeitig von der Ideallinie des Anreitens ab. Dabei schiebt es den Unterkiefer zur Seite und galoppiert über die Schulter. Der Reiter hat in einer solchen Situation keinerlei Einwirkungsmöglichkeit mehr, obwohl die Absicht vorbeizulaufen gelegentlich schon frühzeitig erkennbar wird; das hängt davon ab, warum das Pferd ungehorsam ist. Ein Stehenbleiben vor dem Hindernis bedeutet ein entschiedenes «Nein!», während ein Vorbeilaufen so interpretiert werden könnte: «Hättest du mich vernünftig herangeritten, wäre ich auch gesprungen!»

Ursachen: Das Vorbeilaufen ist ein Zeichen von Ungehorsam, und der offensichtliche Grund dafür ist, daß das Pferd nicht springen will. Obwohl Stehenbleiben und Vorbeilaufen sowohl bei Spring- als auch bei Vielseitigkeitsprüfungen mit der gleichen Zahl von Fehlerpunkten bestraft werden, sollte man doch genau überlegen, warum ein Pferd sich für das Vorbeilaufen entscheidet anstatt für das Stehenbleiben. Meiner Ansicht nach wird das Vorbeilaufen eher durch einen Fehler des Reiters ausgelöst als das Stehenbleiben, obwohl beide ähnliche Ursachen haben können (siehe *Verweigern,* Seite 190). Wenn ein Pferd am Hindernis vorbeiläuft, verweigert es nicht rundheraus das Vorwärtsgehen, sondern fühlt sich nur aus irgendwelchen Gründen nicht in der Lage, das Hindernis zu springen. Das Pferd ist jedoch nicht so mutlos, daß es stehenbleibt; das Vorbeilaufen am Hindernis beweist, daß es sich nicht entschlossen widersetzt, sondern nur, daß es sich den Sprung nicht zutraut. Das Vorbeilaufen wird als weniger schlimm angesehen als das Stehenbleiben, und ein Pferd, das dafür bekannt ist, daß es öfter stehenbleibt, sollte man nicht kaufen, aber bei einem Pferd, das dazu neigt, am Hindernis vorbeizulaufen, kann man davon ausgehen, daß es sich durch eine korrekte Ausbildung und energisches Reiten korrigieren läßt. Danach ist zu vermuten, daß die Art des Anreitens von ausschlaggebender Bedeutung dafür ist, ob das Pferd stehenbleiben oder vorbeilaufen wird und daß dies nicht unbedingt vom Mut des Pferdes abzuhängen braucht. Wenn man ein Hindernis so anreitet, daß das Pferd geradezu zum Vorbeilaufen eingeladen wird, entstehen unweigerlich Probleme; Hindernisse sollten immer rechtwinklig angeritten und genau in der Mitte gesprungen werden. Ein Hindernis schräg anzureiten oder schräg zu springen, empfiehlt sich nur mit gut ausgebildeten und gehorsamen Pferden; ein schräger Sprung ist immer ein Test für die Zuverlässigkeit des Pferdes und stets mit einem gewissen Risiko verbunden, vor allem wenn es sich um ein schwieriges Hindernis handelt, und der Reiter sollte derartige Risiken beim Abschreiten des Parcours in Betracht ziehen und sich genau überlegen, ob sie den Zeitgewinn wirklich wert sind.

Wenn kein anderer Grund ersichtlich ist, handelt es sich beim Vorbeilaufen oft nur um reinen Ungehorsam des Pferdes. Natürlich hätte der Reiter nur besser aufpassen müssen, um dem Pferd keine Gelegenheit dazu zu geben, was beweist, wie wichtig es ist, das Pferd an jedes Hindernis korrekt heranzureiten und sich nicht darauf zu verlassen, daß es schon springen wird. Das Pferd eines selbstgefälligen Reiters wird sich leichter Frechheiten herausnehmen, und wenn der Reiter einmal nicht aufpaßt, besteht die Gefahr, daß das Pferd in Zukunft immer wieder versuchen wird, am Hindernis vorbeizulaufen. Ebenso wie an das Stehenbleiben sollte das Pferd auch ans Vorbeilaufen gar nicht erst denken, und es ist die Aufgabe des Reiters, es so auszubilden, daß es keine Gelegenheit hat, sich diese Unarten anzugewöhnen.

Korrektur: Man sollte nie vergessen, daß Verhüten besser ist als Heilen, und deshalb sollte man dafür sorgen, daß das junge Pferd von Anfang an nie auf die Idee kommt, es gäbe andere Möglichkeiten, als vor ihm auftauchende Hindernisse zu überspringen. Es ist nur natürlich, daß ein junges Pferd versucht, an einem bedrohlich aussehenden Hindernis vorbeizulaufen oder vor dem zweiten Hindernis einer Kombination auszubrechen; deshalb muß der Reiter stets bereit sein, das Pferd vorwärts zu treiben, wobei er seinen Schwerpunkt etwas nach hinten verlagern soll, um nicht vor die Bewegung zu geraten (was eine Einwirkung unmöglich machen würde). Wenn der Reiter Schwierigkeiten befürchtet, sollte er seinem Pferd gedanklich immer einen Schritt voraus sein, obwohl er körperlich ein wenig hinter ihm zurückbleibt. Wenn man das Pferd jedoch ganz allmählich an neue Hindernisse gewöhnt, damit es Vertrauen entwickelt, bevor es höhere Hindernisse springen muß, dürfte es eigentlich keine Probleme geben. Man sollte dabei nicht vergessen, daß alle möglicherweise furchteinflößenden neuen Hindernisse so niedrig sein müssen, daß das Pferd sie selbst aus dem Stand überwinden kann — auch wenn es scheut oder viel zu früh abspringt. Ein Pferd, das am Hindernis vorbeiläuft, wird sofort in die entgegengesetzte Richtung abgewendet — wenn es also nach rechts ausbricht, wendet man es nach links ab — und dann sofort wieder an das Hindernis herangeritten, damit es nicht denkt, es hätte einen Sieg errungen. Es ist wichtig, daß das Pferd in der Dressur den Hilfen gut gehorcht, bevor man versucht, aus dem Galopp zu springen, denn wenn sich das Pferd schon auf dem Dressurplatz im Galopp nur schlecht lenken läßt, wird es beim Springen völlig unmöglich sein, und es werden sich schnell schlechte Angewohnheiten einstellen.

Auf ihrem ersten Turnier versuchen junge Pferde oft, an den Hindernissen vorbeizulaufen, denn die ungewohnte Umgebung, die unbekannten Hindernisse und der Trubel um sie herum lenken sie ab. Dieser Mangel an Konzentration kann dazu führen, daß das Pferd versucht, an den Hindernissen vorbeizulaufen. Die einzige Möglichkeit, dies zu verhindern, ist kraftvolles, energisches Reiten, vielleicht in Verbindung mit einem leichten Schlag mit der Gerte auf die Schulter, über die das Pferd ausbrechen will. Wie die Gerte eingesetzt wird, ist von entscheidender Bedeutung, denn das Pferd darf durch sie nicht veranlaßt werden, flach oder von ihr weg zu springen und so von der Ideallinie des Anreitens abzuweichen. Die Gerte muß genau in dem Augenblick eingesetzt werden, in dem das Pferd an das Vorbeilaufen denkt — wenn es schon ausbricht, ist es zu spät, und wenn die Gerte zu früh einwirkt, wird das Pferd zur anderen Seite ausweichen. Der Einsatz der Gerte ist nur sinnvoll, wenn er im entscheidenden Sekundenbruchteil erfolgt. Das Vorwärtsreiten — bei dem der Reiter das Pferd zwischen Zügel und Schenkel hat und ihm über dem Hindernis völlige Hals- und Kopffreiheit läßt — wird dem Pferd schon bald klarmachen, daß es alles springen muß, was der Reiter von ihm verlangt.

Wenn ein älteres Pferd öfters vor einem Hindernis ausbricht, handelt es sich wahrscheinlich um eine festsitzende Gewohnheit; es hat gelernt, daß der Reiter nicht entschieden genug einwirkt, um es am Vorbeilaufen zu hindern. Wenn das Pferd den Unterkiefer zur Seite schiebt und zum Ausbrechen entschlossen ist, kann der Reiter in diesem Moment kaum etwas dagegen tun. Er hat nur die Möglichkeit, das Pferd auf dem Dressurplatz besser zu erziehen, bevor er mit ihm wieder Hindernisse anreitet, bei denen die Gefahr besteht, daß es ausbricht. Ein Pferd, das an einem Hindernis vorbeilaufen will, wird in der Regel hinter dem Zügel gehen und plötzlich den Kopf hochreißen und davonstürmen, oder es kämpft beim Anreiten gegen die Hand und läuft dann vorbei, ohne daß der Reiter etwas dagegen unternehmen kann. Er muß sich deshalb wieder auf das Dressurreiten konzentrieren und mögliche Probleme korrigieren. Mit folgenden Übungen kann man überprüfen, ob das Pferd wirklich gehorsam und bereit zum Springen ist: Galopp auf dem Zirkel sowie Übergänge vom Galopp zum Trab und vom Arbeits- zum Mittelgalopp und wieder zurück, bei denen das Pferd im Maul weich bleiben und sich nicht widersetzen soll. Bei Pferden, die jede Nachlässigkeit sofort ausnutzen, ist es besonders wichtig, daß sie dressurmäßig sehr gut geritten sind, weil es dem Reiter sonst unmöglich ist, sie beim Springen unter Kontrolle zu halten.

Hier stellt sich die Frage, ob ein Martingal sinnvoll wäre, denn beim Verschieben des Unterkiefers hebt das Pferd auch jedesmal den Kopf so hoch, daß der Reiter nicht mehr einwirken kann. Ein richtig verschnalltes gleitendes Ringmartingal wirkt erst ein, wenn das Pferd den Kopf hebt, und hilft so dem Reiter, das Pferd an den Hilfen zu behalten. Ein zu kurz verschnalltes Martingal unterbricht den direkten Kontakt zwischen Reiterhand und Pferdemaul; eine korrekte Verschnallung ist also wichtig. Vor dem Aufsitzen muß der Reiter überprüfen, ob das Martingal wirklich nur dann einwirkt, wenn das Pferd den Kopf übermäßig hoch nimmt, und daran denken, daß die aufgenommenen Zügel nicht durch die Martingalringe nach unten gezogen werden dürfen.

Bei einem Pferd, das schwer zu halten ist und deshalb ausbricht, könnte eventuell ein schärferes Gebiß Abhilfe schaffen: Es gibt eine Vielzahl von Gebiß-Reithalfter-Kombinationen, aus denen man seine Wahl treffen kann. Wie schon öfter erwähnt, soll das Gebiß dafür sorgen, daß sich das Pferd im Maul wohlfühlt, und man kann für jedes Pferd die richtige Kombination aus Gebiß und Reithalfter finden. Die meisten Probleme lassen sich mit einem Trensengebiß lösen; ein Pferd, das sich schwer halten läßt, könnte beispielsweise mit einer doppelt gebrochenen «Dr.-Bristol-Trense», einer gedrehten oder einer mit Rollen besetzten Trense geritten werden; diese Trensen würde ich unter der Rubrik «scharfe Gebisse» einordnen, weil sie alle relativ kleine Auflageflächen haben und einem Pferd mit empfindlichem Maul Schmerzen bereiten können. Ein Gummipelham verstärkt die Einwirkung des Reiters durch den Druck, den es auf die Kinnkettengrube und das Genick ausübt. Ein weiteres Trensengebiß, das in Frage kommt, ist die Aufziehtrense, in die ein zweiter, normal wirkender Zügel eingeschnallt werden kann; allerdings fällt es vielen Reitern schwer, mit vier Zügeln zu reiten. Das Gebiß, das logisch auf die Trense folgt, ist natürlich die Kandare, aber ehe sie verwendet wird, muß das Pferd erst gelernt haben, mit der Trense korrekt zu gehen, und der Reiter muß den Umgang mit den vier Zügeln beherrschen – nicht nur in der Dressur, sondern auch beim Springen. Es ist kaum möglich, theoretisch ein geeignetes Gebiß zu empfehlen; um vernünftige Vorschläge zur Gebißwahl machen zu können, muß man das betreffende Pferd einfach gesehen haben.

Manche Pferde sind so geschickt, wenn es um das Vorbeilaufen an einem Hindernis geht, daß man als Reiter nichts dagegen tun kann und deshalb lernen muß, das Vorbeilaufen vorauszuahnen und die entsprechenden Gegenmaßnahmen einzuleiten. Der Reiter muß in einem solchen Fall noch energischer als sonst darauf bestehen, das Pferd zwischen Schenkel und Hand zu behalten und darf es auf keinen Fall auch nur für einen Augenblick von den Hilfen kommen lassen.

Die meisten Pferde sind so gehorsam, daß sie versuchen, ein Hindernis zu überwinden, sofern sie gut genug darauf vorbereitet wurden. An ein hohes, schwieriges Hindernis zum Beispiel muß man exakter heranreiten als an ein kleines, einfaches, und es ist die Aufgabe des Reiters, dem Pferd die Chance zu geben, ein Hindernis mühelos zu überwinden und nicht, es ihm unmöglich zu machen. Er muß nicht nur vorsichtig und zuversichtlich an das Hindernis heranreiten, sondern sein Pferd auch dressurmäßig weiter schulen, denn das Vorbeilaufen ist ein Zeichen für mangelnde Disziplin.

Stürmen

Anzeichen: Anstatt in gleichmäßigem Rhythmus auf ein Hindernis zuzugaloppieren, erhöht das Pferd sein Tempo. Je nach der Schwere des Problems wird das Pferd nur auf den letzten Galoppsprüngen vor dem Hindernis zulegen oder schon aus größerer Entfernung unkontrollierbar auf das Hindernis zustürmen. Abgesehen davon, daß der Reiter das Pferd beim Anreiten nicht an den Hilfen hat, kann auch der Sprung selbst ganz erheblich darunter leiden. Das Stürmen nimmt dem Pferd jede Gelegenheit, die Länge seiner Galoppsprünge zu ändern, um den richtigen Absprung zu finden. Das Ergebnis wird ein ungeschickter Sprung sein, bei dem das Pferd völlig aus dem Gleichgewicht gerät; es kann eine Stange anschlagen und, wenn es sich um ein festes Hindernis handelt, auch stürzen. Es kann auch passieren, daß das Pferd im letzten Augenblick stehenbleibt, weil es merkt, daß ihm zum Abspringen kein Platz mehr bleibt, und sich bei diesem blitzschnellen Verweigern im Sattel zu halten, ist nicht ganz einfach. Gefährlich sind also eher die Folgen des Stürmens, weniger das Stürmen selbst.

Ursachen: Obwohl vielfach behauptet wird, daß Pferde stürmen, weil sie begeisterte Springer sind, trifft dies doch nur in den wenigsten Fällen zu. Ich bin überzeugt, daß Pferde, die gegen die Hindernisse stürmen, dies – von ganz wenigen Ausnahmen abgesehen – nur tun, weil sie möglichst schnell auf die andere Seite kommen wollen – nicht unbedingt, weil sie gern springen, sondern eher, weil sie das Springen mit etwas Unangenehmem verbinden und deshalb verzweifelt versuchen, die Sprünge so schnell wie möglich hinter sich zu bringen. Die Ursache dafür kann Angst, ein schmerzhaftes körperliches Problem oder auch ein Fehler des Reiters sein. Das Pferd könnte zum Beispiel Rückenschmerzen haben oder Schmerzen im Maul, weil der Reiter sich über dem Hindernis am Zügel festhält. Pferde versuchen immer, vor Schmerzen davonzulaufen, und das Springen führt in jedem Fall zu einer Verstärkung der Schmerzen, denn die Kraftanstrengung beim Absprung fordert die zum Springen nötigen Muskeln besonders stark. Wenn das Pferd bei jedem Sprung im Maul gerissen wird, wird es versuchen, das Hindernis so schnell wie möglich zu überwinden, denn es möchte dem Schmerz entgehen, indem es vor ihm davonläuft.

Ein besonders übermütiges Pferd stürmt vielleicht auch auf ein Hindernis los, macht dann einen Riesensatz und buckelt nach der Landung, aber wenn es sich erst einmal beruhigt hat, wird es nicht mehr stürmen. Pferde, denen das Springen leichtfällt, haben keinen Grund, das Tempo zu verstärken, denn sie wissen aus Erfahrung, daß sie alle Hindernisse aus dem gleichmäßigen Rhythmus heraus bewältigen können. Pferde können jedoch das Tempo verstärken, weil sie das Gefühl haben, mehr Schwung für den Absprung zu benötigen. Das liegt dann daran, daß der Reiter das Pferd beim Anreiten zu sehr festhält und am Vorwärtsgehen hindert. Das Pferd versucht, die nötige Energie zu erzeugen und sich Halsfreiheit zu verschaffen, indem es den Kopf hebt und auf das Hindernis zustürmt – es nimmt die Situation also selbst in die Hand.

Es ist immer wieder faszinierend, einem Pferd, das unter dem Reiter zum Stürmen neigt, beim Freispringen zuzusehen. Sobald ein solches Pferd gemerkt hat, daß kein Reiter es am Vorwärtsgehen hindert, gibt es das Stürmen auf. Pferde, die Schmerzen haben, werden aber wahrscheinlich auch beim Freispringen stürmen, obwohl Rückenschmerzen durch das Gewicht des Reiters noch verstärkt werden, was dazu führt, daß Pferde mit diesem Problem beim Freispringen oft erstaunlich ruhig sind.

Schließlich gibt es noch Pferde, die stürmen, weil sie sich vor dem Springen fürchten. Solche Pferde wollen die Hindernisse so schnell wie möglich hinter sich bringen und haben es besonders eilig, um den Schrecknissen des Springens so kurz wie möglich ausgesetzt zu sein. Diese Pferde wurden im allgemeinen schon einmal für das Verweigern bestraft und haben zumindest eine Zeitlang mehr Angst vor einer erneuten Strafe als vor dem Hindernis; sie wagen nicht stehenzubleiben, wollen das Hindernis aber so schnell wie möglich hinter sich bringen. Irgendwann werden diese Pferde vor dem Hindernis jedoch genausoviel Angst haben wie vor der Strafe, und dann bleiben sie stehen oder springen so zaghaft ab, daß es zum Sturz kommt. Wir alle können uns dieses Bild vorstellen: Das Pferd (verschnürt mit Metallpelham und Martingal) saust auf das Hindernis zu und bleibt im letzten Augenblick stehen. Es fürchtet sich nicht nur vor dem Schmerz in seinem Maul, sondern auch vor dem Hindernis und dem Springen, und obwohl es ursprünglich die Absicht hatte, das Hindernis so schnell wie möglich zu überwinden, verläßt es doch im letzten Augenblick der Mut, obwohl es weiß, daß es für sein Stehenbleiben eine Strafe zu erwarten hat.

Korrektur: Ein junges Pferd, dessen Spring- und Dressurausbildung korrekt durchgeführt wurde, wird beim Anreiten von Hindernissen nicht stürmen. Es wird keinen Grund dazu haben, es sei denn, man würde zu früh zu viel von ihm verlangen, so daß es das Vertrauen in seine Fähigkeiten verliert. Die Anforderungen müssen allmählich gesteigert werden und dürfen die körperliche und geistige Leistungsfähigkeit des Pferdes niemals übersteigen. Aus diesem Grund machen manche Pferde auch schneller Fortschritte als andere; das hängt von ihrem Temperament ab; der Reiter muß seine Pferde genau kennen, damit er weiß, wie viel er jedem einzelnen abverlangen darf. Aufs ganze gesehen hat man jedoch häufiger mit älteren Pferden zu tun, die sich das Stürmen angewöhnt haben, als mit jungen. Wenn ein junges Pferd anfängt, beim Anreiten eines Hindernisses sein Tempo zu erhöhen, kann man diese Angewohnheit schon frühzeitig unterbinden, indem man in der Ausbildung einfach einen

Schritt zurückgeht, wieder Trabstangen vorlegt und außerdem niedrigere Hindernisse aufbaut, damit das Pferd wieder Vertrauen faßt. Eine ruhige Springausbildung lehrt junge Pferde, daß das Springen nichts ist, worüber man sich aufregen müßte, sondern ein Teil der täglichen Arbeit, und bringt zufriedene und gehorsame Pferde hervor, denen das Springen Freude macht – was ja auch angestrebt wird. Im allgemeinen springen Pferde gelassen aus ihrem Rhythmus heraus, den einzuhalten sie von der Dressurarbeit her gewohnt sind, aber sowie das Pferd zuzulegen versucht, sollte der Reiter eine halbe Parade geben, wie er es auch beim Dressurreiten machen würde, um den Takt zu erhalten (sei es im Trab oder im Galopp).

Bei älteren Pferden, die sich angewöhnt haben, gegen die Hindernisse zu stürmen, muß bei Stufe 1 der Grundausbildung wieder angesetzt werden; das Pferd muß die Grundlagen des Dressurreitens neu erlernen, damit es auch beim Springen rittiger wird. Ein Pferd, das im Dressurviereck korrekt geht, wird beim Springen nicht plötzlich anfangen zu stürmen – die Dressurarbeit muß also gefestigt werden, bevor beim Springen auftretende Probleme korrigiert werden können. Das Pferd muß auf halbe Paraden reagieren; es muß sein Tempo verstärken und wieder verringern können, ohne sich zu widersetzen, und es muß gelöst und durchlässig sein. All diese Anforderungen müssen unbedingt erfüllt sein, ehe mit der Springausbildung begonnen wird, denn ein Pferd, das schon beim Dressurreiten ungehorsam ist, wird auch beim Springen mit Sicherheit seinen Kopf durchsetzen.

Wenn der Reiter das Gefühl hat, daß das Pferd in der Dressur so viel besser geworden ist, daß mit der Springausbildung begonnen werden kann, sollten am Boden liegende Stangen in die Dressurarbeit einbezogen werden. Bevor das Pferd nicht gelernt hat, gelassen über Stangen zu traben, kann man auch nicht damit rechnen, es in ruhigem Galopp über Hindernisse reiten zu können. Ein Reiter, der versucht, ein stürmendes Pferd zu korrigieren, sollte nicht vergessen, daß dem Pferd das «Umdenken» in diesem Fall sehr schwer fällt. Er hat also auch ein psychisches Problem auszubügeln und nicht nur eine fehlerhafte Springausbildung zu korrigieren. Selbst Pferde, denen das Springen von Natur aus schwerfällt, können lernen, mit ihrer Ungeschicktheit fertigzuwerden, sofern der Reiter viel Geduld hat und ihnen die Gelegenheit dazu gibt.

Sobald das Pferd ruhig und gelöst über die am Boden liegenden Stangen trabt, kann ein kleiner Kreuzsprung mit einer Absprungstange aufgebaut werden. Dieses Hindernis sollte jedoch separat stehen und nicht am Ende einer Reihe von Trabstangen (siehe Grundausbildung – *Springen*). Das Pferd muß beim Anreiten taktmäßig vorwärtsgehen, und der Reiter muß sehr darauf achten, daß er es nicht mit dem inneren Zügel festhält. Ein Pferd, das dressurmäßig am Zügel geht, müßte schon eine ausgezeichnete Springausbildung haben, um aus dieser Haltung heraus abspringen zu können, denn die natürlichste Haltung für das Springen ist die Vorwärts-abwärts-Haltung, bei der die Nasenlinie des Pferdes nicht senkrecht steht und bei der der Reiter viel «in der Hand» hat und das Pferd mit viel Schub und Energie aus der Hinterhand vorwärtsgeht. Dies gewährleistet eine gewisse Kopf- und Halsfreiheit für den Absprung, die bei der dressurmäßigen Haltung nicht gegeben wäre. Die

Nasenlinie des Pferdes muß sich beim Anreiten vor der Senkrechten befinden, denn nur so kann das Pferd Kopf und Hals vor dem Absprung ein wenig senken und sicher sein, daß es seine Körperkraft voll einsetzen kann. Um sich diese Tatsache zu verdeutlichen, sollte man sich Spitzenreiter ansehen, wobei es keine Rolle spielt, ob es sich dabei um Spring- oder Vielseitigkeitsreiter handelt.

Die Trabstangen und der Kreuzsprung dienen dazu, das Springen zu üben und gleichzeitig die Dressurarbeit zu vertiefen, wobei das Pferd vor allem Gehorsam lernen muß. Wenn das Pferd versucht, beim Anreiten das Tempo zu erhöhen, werden mehrere halbe Paraden gegeben, bis das Pferd gelernt hat, aus dem ruhigen Takt heraus zu springen und weiß, daß es dazu auch in der Lage ist, weil der Reiter es nicht festhält. Nach dieser grundlegenden Übung kann ein kleines Hindernis im Galopp angeritten werden, wobei auch hier – durch halbe Paraden und energisches Treiben – dafür gesorgt werden muß, daß sich der Galopprhythmus nicht ändert. Diese Übung wird so oft wiederholt wie nötig. Inzwischen wird das Pferd gelernt haben, daß die Schenkelhilfe nicht nur vorwärts, sondern auch ruhig bedeutet; ein Pferd ohne diese grundlegende Schulung gegen ein Hindernis zu reiten, ist hoffnungslos, denn man kann es unmöglich nur mit den Zügeln festhalten; außerdem verschlimmert man das Problem dadurch noch weiter.

Es ist allgemein üblich, vor einem Hindernis auf dem Zirkel zu reiten, bis sich das Pferd beruhigt hat. Diese Methode kann in gewissen Fällen zum Erfolg führen: Pferde, die nur aus Gewohnheit stürmen, lernen vielleicht, daß sie auch langsam und ruhig springen können und gewinnen dadurch mehr Vertrauen, was der Lösung des Problems natürlich zuträglich ist. In anderen Fällen wird das Pferd durch diese Methode so überrascht, daß es gar keine Zeit hat, ins Stürmen zu kommen, aber die Ausbildung des Pferdes wird dadurch nicht gefördert, denn es ist nicht wirklich gehorsam. Es ist sicher besser, über kleine Hindernisse geduldig weiterzuarbeiten, bis sich eindeutige Fortschritte eingestellt haben und dem Pferd klargemacht worden ist, was genau von ihm erwartet wird.

Wenn die Hindernisse höher werden, kann das Pferd wieder anfangen zu stürmen, denn um ein hohes Hindernis zu überwinden, braucht es mehr potentielle Energie; der Reiter muß also darauf achten, daß er entsprechend anreitet. Je höher das Hindernis ist, desto mehr Energie braucht das Pferd, und der Reiter hat dafür zu sorgen, daß es vorwärtsgeht, vor allem in den Wendungen vor den Hindernissen.

Manche Pferde versuchen, über Hindernisreihen zu stürmen, wenn sie älter werden, weil sie sie als schwierig empfinden; in diesem Ausbildungsstadium sind die Hindernisse vermutlich recht hoch und anspruchsvoll aufgebaut, was die Steifheit und Untrainiertheit des Pferdes deutlich werden läßt. Über Hindernisreihen bleibt den Pferden nichts anderes übrig, als ihre volle Kraft und Geschicklichkeit einzusetzen; bei einzeln stehenden Hindernissen dagegen kann ein Pferd bestimmte Körperpartien schonen. Ein Pferd, dem eine Hindernisreihe Schwierigkeiten macht, fürchtet sich und fängt deshalb an zu stürmen. Gelegentliche Arbeit über Reihen wird keinem Pferd schaden, aber längeranhaltendes Üben, das dem Pferd Unbehagen bereitet, sollte vermieden werden. Jedes körperliche Training ist von Vorteil, aber man muß genau überlegen, wie oft und wie lange diese Übungen angesetzt werden sollten. Der Reiter muß auch bedenken, ob die Arbeit über Reihen seinem Pferd nützt oder es vielleicht nur aufregt und ihm womöglich das Springen verleidet. Eine korrekt eingesetzte Hindernisreihe ist eine ausgezeichnete Trainingshilfe und bietet außerdem eine gute Gelegenheit, andere Reiter und Pferde bei der Arbeit zu beobachten. Sinnvoll ist es, wenn mehrere Reiter ihre Pferde über die Hindernisreihen gehen lassen, denn wenn ein Reiter arbeitet, haben die anderen eine kleine Pause. Die Pferde sollten einander jedoch auf keinen Fall über die Reihe folgen dürfen, denn dadurch würden sie erst recht zum Stürmen verleitet.

Es gibt zwei Übungen, die helfen können, das Pferd am Stürmen zu hindern. Die erste soll das Pferd entspannen und wird auf dem Zirkel geritten, der mindestens zwanzig Meter Durchmesser haben sollte; auf der Zirkellinie stehen ein Hindernis oder auch zwei an den gegenüberliegenden Zirkelseiten. Das Pferd soll auf dem Zirkel galoppieren und das oder die Hindernisse springen (etwa 90 Zentimeter hohe Steilsprünge mit einer guten Grundlinie), sich ausbalancieren und seinen Takt finden, ohne daß der Reiter ihm mehr als nötig hilft. Er muß natürlich halbe Paraden geben, wenn das Pferd versucht, schneller zu werden, aber er sollte versuchen, dem Pferd klarzumachen, daß es gar keinen Grund hat, auf die Hindernisse zuzustürmen, und schließlich sollte das Pferd in einem vernünftigen Tempo gehen. Diese Übung muß wiederholt werden, bis sich das Pferd entspannt hat, ruhig im Kreis galoppiert und die niedrigen Hindernisse gelassen überwindet. Um dies zu erreichen, muß der Reiter zwar in vielen Fällen sehr viel Geduld aufbringen, aber bevor das Pferd diese kleine Übung nicht entspannt absolviert, kann man nicht erwarten, daß es sich über verschiedene Hindernisse reiten läßt, ohne wieder ins Stürmen zu verfallen.

Eine andere Übung, die überlegt eingesetzt werden muß, ist das Anhalten ungefähr ein Dutzend Galoppsprünge vor dem Hindernis, und zwar jedesmal, wenn das Pferd ins Stürmen kommt. Dann wird neu angaloppiert, nach links oder rechts abgewendet und erneut angeritten. Der Reiter muß stillsitzen, darauf achten, daß das Pferd in der Wendung vorwärtsgeht und es beim nächsten Anreiten springen lassen. Er muß das Pferd während des gesamten Anreitens vorwärtsgehen lassen und darf auf keinen Fall am Zügel ziehen, denn dadurch geht der Schwung verloren, und das Problem verschlimmert sich. Zweck des Anhaltens ist es, das Pferd zum Untertreten zu veranlassen, und dazu, daß es auf die Hilfen (Tempo verringern) reagiert. Dieselben Hilfen, allerdings in leichterer Form, werden auch eingesetzt, wenn das Pferd versucht, schneller zu werden. Auf keinen Fall darf man direkt vor einem Hindernis halten und das Pferd dann doch noch abspringen lassen, denn das erzwungene Abspringen aus dem Stand, völlig ohne Schwung, fordert es geradezu heraus, beim nächsten Versuch noch mehr zu stürmen.

Scheuen

Anzeichen: Das Pferd versucht, sich das Hindernis vor dem Absprung genau anzusehen, verkürzt dabei seine Galoppsprünge und galoppiert schwankend. Dadurch gehen Schwung und Takt natürlich verloren und das Pferd springt oft schräg, weil es mitten im Sprung scheut. Es wird dem Reiter schwerfallen, zügig anzureiten, weil das Pferd die Anlehnung aufgibt, nicht länger untertritt und jeglichen Vorwärtsdrang verliert. Manche Pferde, die beim Anreiten scheuen, stürmen dann plötzlich über das Hindernis, was ein flüssiges und ausbalanciertes Springen natürlich unmöglich macht und für den Reiter sehr unbequem ist; außerdem läuft er dabei Gefahr, aus dem Sattel zu kommen.

Ursachen: In erster Linie scheuen Pferde vor Hindernissen, weil ihnen die Erfahrung fehlt; wenn ein Hindernis mit einem neuen, bunten Unterbau ausgefüllt ist, den das Pferd noch nicht kennt, wird es versuchen, vorbeizulaufen, stehenzubleiben oder sich sogar weigern, überhaupt in seine Nähe zu gehen. Es gibt einige Pferde, die ihr ganzes Leben lang vor neuen Hindernissen scheuen, und sie sind besonders schwer zu reiten, denn es ist praktisch unmöglich, sie im Gleichgewicht, taktmäßig und zügig auf ein Hindernis zuzureiten. Abgesehen davon, daß man sich über diese Pferde oft ärgern muß, reicht auch ihr Mut für höhere Anforderungen meistens nicht aus.

Es gibt aber auch viele mutige Pferde, die vor Hindernissen scheuen, wenn man nur an ihnen vorbeireitet; wenn man sie aber anreitet, um zu springen, ziehen diese Pferde ohne zu zögern an. Solche Pferde sind ideal zum Springen, denn sie achten auf alles, was um sie herum vorgeht, und springen trotzdem furchtlos über alles, was ihnen im Weg steht. Dies sind die Pferde, die sich furchtbar aufregen, wenn sie eine Plastiktüte am Straßenrand liegen sehen, die aber eine Reihe von Plastiktüten mit einer Stange darüber überspringen, ohne mit der Wimper zu zucken!

Korrektur: Um verhindern zu können, daß das Pferd an Schwung verliert, weil es scheut und nicht mehr vorwärtsgeht, muß es zum unbedingten Gehorsam erzogen werden. Nur dann hat der Reiter die Möglichkeit, Takt und Fluß der Bewegungen beim Anreiten zu erhalten. Es muß jedoch korrekt angeritten werden; das Pferd muß geradegerichtet und die Distanz so lang sein, daß es sich das Hindernis vor dem Absprung in Ruhe ansehen kann. Das Pferd muß lernen, daß es das Hindernis genau betrachten darf, dabei aber weiter taktmäßig vorwärtsgehen muß – es muß dabei stets den Schenkelhilfen gehorchen. (Bei Pferden, die versuchen, schräg abzuspringen, siehe *Schräges Springen*, Seite 166.)

Sehr ängstliche Pferde scheuen normalerweise vor niedrigen Hindernissen genauso stark wie vor höheren; es empfiehlt sich aber trotzdem, an kleinen Hindernissen zu üben und das Pferd durch energische Schenkelhilfen taktmäßig und gerade anzureiten. Wenn das Pferd sich wirklich zwischen Hand und Schenkel befindet, kann es nicht von der geraden Linie abweichen. Man sollte jedoch nicht vergessen, daß es immer besser ist, ein Problem gar nicht erst entstehen zu lassen, als es korrigieren zu müssen; der Reiter muß ein Verkürzen der Galoppsprünge oder ein Verändern des Taktes also energisch verbieten und darauf achten, daß sein Pferd gehorsam und durchlässig bleibt. Er muß sicher sein, daß es auch beim Dressurreiten wirklich vorwärtsgeht (siehe *Nicht vorwärtsgehen*, Seite 134), denn wenn dies nicht der Fall ist, wird es beim Springen natürlich auch nicht vorwärtsgehen, vor allem, wenn es sich um ein sehr ängstliches Pferd handelt.

Je öfter das ängstliche Pferd auf Turnieren startet, desto mehr Selbstvertrauen wird es bekommen. Allerdings wird das Herumjagen im Parcours eines Zeitspringens diesen Zweck mit Sicherheit nicht erfüllen, sondern eher dazu führen, daß das Pferd sich nicht nur vor den Hindernissen, sondern auch vor dem Reiter fürchtet, und die daraus resultierende Verspannung wird das Problem noch verschlimmern. Der Charakter eines Pferdes kann nicht gewaltsam umgemodelt werden; aber mit den richtigen Methoden kann man ihm allmählich beibringen, seine natürlichen Reaktionen zu unterdrücken.

Steifer Rücken

Anzeichen: Das Pferd wölbt über einem Hindernis nicht den Rücken auf, drückt ihn aber auch nicht unbedingt nach unten weg. Dadurch wird es unbeweglicher; es hat Schwierigkeiten in Kombinationen und springt öfter schräg ab, um Kräfte zu sparen und mehr Platz für den Absprung zu haben. Um bei fortschreitender Ausbildung schwierigere Hindernisse bewältigen zu können, muß das Pferd jedoch beim Sprung seinen Rücken aufwölben. Ein Pferd mit steifem Rücken kann zwar mit gewissen Anforderungen fertigwerden, aber seine mangelnde Beweglichkeit wird ihm bei schwierigeren Hindernissen sehr zu schaffen machen.

Ursachen: Die Schuld an der Steifheit des Pferderückens kann beim Reiter liegen. Wenn er dem Pferd über dem Hindernis nicht genügend Freiheit läßt, wird es sich angewöhnen, Kopf und Hals nicht vorwärts-abwärts zu strecken, was wiederum die Beweglichkeit des Rückens einschränkt. Das Pferd kann allerdings auch von Natur aus im Rücken steif sein und trotz seiner dressurmäßigen Ausbildung beim Springen unflexibel bleiben. Pferde mit sehr kurzem Rücken sind steifer als normal gebaute Pferde, aber ihnen kann durch viele lösende Lektionen geholfen werden. Auch ein junges Pferd kann im Rücken steif sein, wenn es zum ersten Mal springt und die Bewegungen des Reiters auf seinem Rücken es nervös machen.

Korrektur: Die Arbeit über Hindernisreihen löst die Rückenmuskeln und regt das Pferd zum Untertreten an, aber es gibt kein Patentrezept, mit dessen Hilfe man das Pferd dazu bringen kann, über dem Hindernis den Rücken aufzuwölben, und manche Pferde bleiben trotz ihrer Dressurausbildung und der Arbeit über Hindernisreihen beim Springen immer steif. Die Ursache dafür könnte Nervosität beim jungen Pferd oder eine allgemeine Unbeweglichkeit des Rückens sein (siehe *Steifheit* Seite 145, *Schräges Springen*, Seite 166, und Stufe 4 der Grundausbildung − *Geraderichten*). Mit zunehmender Rittigkeit in der Dressur sollte sich auch die Bascule verbessern, und der Reiter muß dem Pferd stets Gelegenheit geben, über einem Hindernis den Rücken aufzuwölben, indem er ihm völlige Kopf- und Halsfreiheit gewährt. Manche Pferde strecken sich erst dann richtig, wenn der Zügel völlig durchhängt; der Reiter muß also ausprobieren, welche Methode bei seinem Pferd am besten wirkt. Ein Pferd, das seinen steifen Rücken durch eine schnelle und geschickte Beintechnik ausgleicht, kann sehr erfolgreich sein; trotzdem sollte der Reiter versuchen, es noch beweglicher zu machen, denn einem gut durchtrainierten und gelenkigen Pferd fällt das Springen bedeutend leichter.

Wassergraben-Probleme

Anzeichen: Um einen Wassergraben zu überwinden, muß das Pferd eine langgezogene, flache Flugkurve beschreiben (die normale Wassergrabenbreite in den unteren Leistungsklassen beträgt 3,65 Meter). Das Pferd verweigert entweder oder springt zu kurz und kassiert Strafpunkte, weil es im Wasser oder auf der Hindernisbegrenzung landet.

Ursachen: Die Scheu vor Wasser wird ein Pferd entweder zum Verweigern veranlassen oder dazu, daß es vor dem Absprung seine Galoppsprünge so sehr verkürzt, daß der Vorwärtsdrang verlorengeht und das Pferd deshalb zu kurz springt. Ein junges Pferd kann sich vor dem Wassergraben fürchten, weil ihm die Erfahrung mit solchen Hindernissen fehlt, aber auch ältere Pferde, die zu Beginn ihrer Ausbildung eine schlechte Erfahrung gemacht haben, von der sie sich noch nicht erholt haben, können so reagieren. Ein Reiter, der beim Anreiten eines Wassergrabens in Panik gerät und sein Pferd darauf zujagt, wird kaum in der Lage sein, den richtigen Absprung zu finden. Das führt dazu, daß das Pferd zu früh abspringt und dadurch natürlich weiter springen muß (Abb. 47).

Korrektur: Das größte Problem beim Springen von Wassergräben ist mangelnde Übung. Ein Pferd, das nur an bunte Stangen gewöhnt ist und plötzlich einem ganz anderen Hindernis gegenübersteht, wird natürlich überrascht und sehr vorsichtig sein; es ist also wichtig, es allmählich an Wassergräben zu gewöhnen. Die wenigsten Leute haben die Möglichkeit, echte Wassergräben anzulegen, aber man kann sich mit blauer Plastikfolie und einer Buschhürde behelfen. Das ist zwar keine Ideallösung, aber zumindest lehrt es das Pferd, etwas zu überspringen, was als Vorübung für einen echten Wassergraben angesehen werden kann. Das junge Pferd wird zuerst mißtrauisch sein, und man sollte ihm Zeit lassen, sich an das ungewohnte Hindernis zu gewöhnen, bevor man ihm einen breiteren Sprung abverlangt; doch sobald das Pferd gelernt hat, ein flaches, breites Hindernis zu springen, kann es nötig sein, den Graben durch eine Stange zu überbauen, damit das Pferd etwas höher springt und die Gefahr, daß das Pferd auf der Grabenbegrenzung landet, geringer wird. Solche Hindernisse werden oft in Jagdpferdeprüfungen aufgebaut, denn sie lehren ein junges Pferd das Springen über Wasser und sind eine gute Übung für unerfahrene Pferde. Ein Wassergraben wird genauso angeritten wie jedes andere Hindernis − das Tempo wird erhöht, ohne daß das Pferd aus dem Takt oder dem Gleichgewicht kommen darf. Nur allzu oft sieht man Reiter, die auf den Wassergraben zujagen und das beste hoffen, was dem Pferd kaum Gelegenheit gibt, seine Galoppsprünge anzupassen. Das Pferd sollte möglichst nicht zu früh abspringen, weil seine Aufgabe dadurch erheblich erschwert wird und es sich sehr anstrengen muß, um das Hindernis fehlerfrei zu überwinden.

Abb. 47: Der Wassergraben – korrektes Anreiten ist das wichtigste

a   *Korrektes Anreiten im zügigen, federnden Mittelgalopp*

b   *Falsches Anreiten im gestreckten Galopp; das Pferd verfehlt den richtigen Absprungpunkt, springt zu früh ab und landet im Wasser.*

Anmerkung: Die drei Galoppsprünge beim korrekten Anreiten decken genausoviel Boden wie die zwei beim falschen Anreiten.

Beim Abschreiten der Distanzen einer Kombination geht man davon aus, daß der normale Galoppsprung eines Pferdes 3,65 Meter lang ist – die Breite eines Wassergrabens in einer Anfängerprüfung. Das Pferd braucht seine Galoppsprünge also nur etwas zu verlängern, um den Wassergraben zu springen, und wenn es etwas schneller geht als bei einem normalen Hindernis, viel Schwung erzeugt und passend abspringt, sollte es den Graben mühelos überwinden können. Die häufigste Ursache für Probleme ist mangelndes Vertrauen – es ist also wichtig, es von Anfang an aufzubauen und aufrechtzuerhalten.

An Wassergräben, Wälle und andere natürliche Hindernisse, die auch in Springprüfungen auftauchen können, muß das Pferd auf die beschriebene Weise gewöhnt werden. Wenn das Pferd einem solchen Hindernis zum erstenmal in einer Springprüfung gegenübersteht, wird der Reiter Probleme bekommen; außerdem überfordert er sein Pferd, indem er von ihm verlangt, solche Hindernisse zu springen, ohne sich vorher an sie gewöhnt zu haben. Die schlechten Erfahrungen, die das Pferd dabei möglicherweise macht, können zur Folge haben, daß es sich noch lange Zeit danach weigert, über Wasser oder Gräben zu springen, und daß es sein Vertrauen vielleicht niemals völlig wiedererlangt.

5 Springen im Gelände

Über das Reiten und Springen im Gelände gibt es eine ganze Reihe von Büchern, und ich will ihnen kein weiteres hinzufügen, indem ich versuche, genau zu beschreiben, wie man die einzelnen Hindernisse einer Geländestrecke anreiten sollte. Ich möchte in diesem Kapitel nur verdeutlichen, wie stark das Springen im Gelände von dem vorangegangenen Training auf dem Dressurplatz und im Parcours abhängt, und daß man nur die Probleme in diesen beiden Disziplinen zu lösen braucht, um auch im Gelände besser zu reiten.

Alle Mängel in der Ausbildung werden bei höherer Geschwindigkeit verstärkt zutage treten, was sich bei dem im Gelände erforderlichen Tempo nicht vermeiden läßt. Je schneller der Reiter sein Pferd gehen läßt, desto besser muß er es unter Kontrolle haben, obwohl man bei Vielseitigkeitsprüfungen manchmal den Eindruck hat, einige Reiter wüßten dies nicht, so daß einem das Blut in den Adern gerinnt, wenn man ihnen beim Geländeritt zuschaut.

Die meisten Pferde haben einen starken Selbsterhaltungstrieb – sie möchten genauso wenig stürzen wie ihre Reiter, aber es kommt vor, daß ein Pferd nicht passend an ein Hindernis herankommt, zu unerfahren oder zu schlecht trainiert ist, um ohne die Hilfe des Reiters auf den Beinen zu bleiben. Der Reiter muß ein Tempo auswählen, das seiner Erfahrung und der des Pferdes ebenso entspricht wie den Bodenverhältnissen und dem Schwierigkeitsgrad der Hindernisse, und er muß dafür sorgen, daß sein Pferd auf der ganzen Strecke im Gleichgewicht bleibt und taktmäßig geht.

Fast alle Vielseitigkeitsreiter empfinden die Geländesprünge als weniger schwierig als die Hindernisse im Parcours, denn das erhöhte Tempo im Gelände gibt dem Pferd so viel Schwung, daß es nicht an einen bestimmten Absprungpunkt gebunden ist – im Gegensatz zum Parcoursspringen, bei dem das geringere Tempo mehr Energie und genaueres Reiten erfordert. Den meisten Pferden macht das Geländereiten so viel Spaß, daß der Reiter sie oft sogar etwas zurückhalten muß, was zumindest bedeutet, daß sie gut vorwärtsgehen, und die Reiter können ihre Pferde zuversichtlich gegen die Hindernisse treiben, weil sie genau wissen, daß keine Stange fallen kann, selbst wenn das Pferd etwas flach springt.

Unabhängig vom Tempo des Anreitens bleibt das Grundprinzip für das Springen jedoch das gleiche: Zügiges Vorwärtsreiten, Takt und Gleichgewicht.

Auftretende Probleme

Bevor irgendwelche Vermutungen über die Ursachen von Problemen angestellt werden, muß sichergestellt sein, daß das Pferd keine Rückenschmerzen hat, die für viele der hier aufgeführten Probleme verantwortlich sein können – vor allem, wenn sie nach einem Sturz auftreten.

Abneigung gegen Gräben/Wasser

Anzeichen: Das Pferd verweigert Sprünge in oder über Wasser oder springt sehr zögernd. Es kann zu Widersetzlichkeiten kommen.

Ursachen: Wie ein Pferd reagiert, das zum erstenmal mit Wasser oder Gräben konfrontiert wird, ist individuell verschieden. Manche Pferde sehen kaum hin und springen dann ab, während andere sich beharrlich weigern, den Graben auch nur anzusehen, geschweige denn zu überspringen. Diese angeborene Furcht ist unterschiedlich stark ausgeprägt – manche Pferde überwinden sie schnell, während andere nie darüber hinwegkommen. Ich bin fest davon überzeugt, daß Pferde, die zu Beginn der Ausbildung große Schwierigkeiten mit Wassergräben hatten, ihre Reiter an einem solchen Hindernis irgendwann einmal enttäuschen werden. Sie scheinen ihre ursprünglichen Ängste nie zu vergessen, und wenn einmal ein besonders kühner Sprung über einen Graben verlangt wird, werden sie sich widersetzen.

Korrektur: Das Pferd muß so an Sprünge in und über Wasser gewöhnt werden, daß es nicht schon zu Beginn der Ausbildung schlechte Erfahrungen macht. Man beginnt mit Gräben, die so schmal sind, daß das Pferd sie im Schritt überwinden kann, und wenn es dies vertrauensvoll tut, kann man erste Sprünge verlangen. Das Durchreiten von Pfützen ist eine gute Methode, das Pferd an Wasser zu gewöhnen, und es sollte so oft wie möglich geübt werden. Das Pferd muß lernen, daß das Herumplanschen Spaß macht und nicht weh tut. Energische Hilfen zeigen dem Pferd, daß es zu gehorchen hat, aber es darf dadurch nicht verstört oder aufgeregt werden, weil es dann nichts lernt. Sich mit einem jungen Pferd einem erfahreneren anzuschließen, ist eine gute Methode, aber zum Schluß der Übung sollte das junge Pferd auch allein gehen. Auch beim Jagdreiten gewöhnt sich das Pferd an Schlamm und Pfützen, überwindet dabei aber nicht unbedingt seine Abneigung gegen Gräben, denn es springt in der Gruppe vielleicht gewaltige Gräben, weigert sich aber weiterhin, kleine Gräben allein zu überwinden. In diesem Fall sollte man sich viel Zeit nehmen und geduldig weiterüben, und mit zunehmender Erfahrung wird das Pferd zumindest in den unteren Leistungsklassen einzusetzen sein, selbst wenn ihm für höhere Anforderungen der Mut fehlt.

Übermäßiges Verkürzen der Galoppsprünge

Anzeichen: Das Pferd verkürzt seine Galoppsprünge beim Anreiten eines Hindernisses so stark, daß es den Vorwärtsdrang verliert und zu dicht an das Hindernis herangerät. Einfache Hindernisse kann es in dieser Manier unter Umständen überwinden, aber schwierigere sicher nicht.

Ursachen: Ängstliche oder scheuende Pferde können sich so verhalten (siehe *Scheuen*, Seite 205), aber auch Pferde, die von übervorsichtigen Reitern im Gelände geritten wurden.

Korrektur: Der mangelnde Vorwärtsdrang führt dazu, daß das Pferd unterläuft, anstatt sich fliegen zu lassen. Der Reiter muß darauf achten, daß das

Pferd seinen Galopprhythmus beim Anreiten nicht verändert und ihn sofort nach der Landung wieder aufnimmt. Manche Reiter reiten nur an ein Hindernis heran, anstatt darüber hinweg, und ein Pferd, das seine Galoppsprünge vor dem Hindernis übermäßig stark verkürzt, muß besonders energisch geritten werden, damit es die Hindernisse «anpackt». Man sollte darauf achten, daß man nie vor die Bewegung gerät, weil dann die Wirksamkeit der treibenden Hilfen nachläßt und außerdem bei einer Verweigerung die Gefahr besteht, daß der Reiter allein springt! Hält man sich dagegen immer leicht hinter dem Schwerpunkt des Pferdes, bis es tatsächlich abspringt, kann man zu keiner Zeit aus dem Gleichgewicht kommen.

Wenn das Pferd auch weiterhin darauf besteht, seine Galoppsprünge übermäßig zu verkürzen, kann ein Hieb mit der Gerte Abhilfe schaffen. Die Wirksamkeit der Gerte hängt jedoch vom genauen Zeitpunkt ihres Einsatzes ab, und um diesen Zeitpunkt bestimmen zu können, muß man viel Erfahrung und «Gefühl» haben. Die beste Erklärung ist vielleicht, daß das Pferd bestraft werden sollte, wenn es daran denkt, sich zu widersetzen, und nicht erst, wenn es schon passiert ist. Mein Motto ist «Vorbeugen ist besser als korrigieren», und um eine Widersetzlichkeit im Keim zu ersticken, ist ein kurzer Hieb sicherlich viel angebrachter als Prügel, wenn es zu spät ist.

Aufgeregtheit beim Start

Anzeichen: Je näher die Startzeit heranrückt, desto unruhiger wird das Pferd: es springt herum, tänzelt, reißt am Zügel oder schwitzt stark.

Ursachen: Entweder kann das Pferd wirklich nicht abwarten, bis es endlich losgeht, oder es fürchtet sich vor der Aufgabe, die vor ihm liegt. Es kann aber auch sein, daß sich die Aufgeregtheit des Reiters auf das Pferd übertragen hat.

Korrektur: Es ist ganz normal, daß ein Reiter vor dem Start in einer Prüfung nervös ist, aber diese Nervosität darf sich nicht auf das Pferd übertragen, das auch so schon aufgeregt genug ist. Vor dem Start sollte der Reiter sein Pferd am langen Zügel im Schritt herumgehen lassen, es beruhigend klopfen und mit ihm sprechen, wenn es sich aufregt. Es gibt keinen Grund, die Zügel aufzunehmen, bevor das Startzeichen ertönt; erst dann geht der Reiter in den leichten Sitz über und nimmt gleichzeitig die Zügel auf. Wenn er die Zügel schon vorher deutlich verkürzt, wird sich das Pferd sehr aufregen, was möglicherweise dazu führt, daß es über den ersten Hindernissen noch sehr verkrampft ist. Dieses Ruhighalten des Pferdes ist vor dem Start zum Geländeritt einer dreitägigen Vielseitigkeitsprüfung besonders wichtig. In der zehnminütigen Pause sollen sich Puls- und Atemwerte wieder normalisieren − wenn das Pferd aber vor dem Start aufgeregt wird, erhöhen sich diese Werte, was ihm seine Aufgabe sicher nicht leichter macht.

Stürzen

Anzeichen: Da im Gelände über feste Hindernisse gesprungen wird, kann es passieren, daß ein Pferd mit den Vorderbeinen so hart anschlägt, daß es sich entweder überschlägt oder bei der Landung das Gleichgewicht verliert. Ein Anschlagen der Hinterhand führt im allgemeinen nicht zum Sturz, weil die

Vorderbeine für die Landung frei sind und das Gleichgewicht des Pferdes nicht so extrem gestört wird. Tiefsprünge und wechselnde Bodenverhältnisse stellen besonders hohe Anforderungen an die Fähigkeit des Pferdes, sich nach der Landung auszubalancieren, und ein Pferd, das beim Anschlagen eines Hindernisses auf einer ebenen Fläche vielleicht noch gut davonkommt, wird unweigerlich stürzen, wenn die Landestelle tiefer liegt oder das Hindernis an einem Abhang steht.

Ursachen: Dieselben wie beim Parcoursspringen, abgesehen davon, daß bei festen Hindernissen nicht die Gefahr besteht, daß dem Pferd eine Stange zwischen die Vorderbeine gerät und es zu Fall bringt. Ein Pferd wird stürzen, weil es nicht hoch genug springt und das Hindernis entweder mit den Vorderfußwurzelgelenken, dem Unterarm oder dem Röhrbein trifft, oder weil es ein Vorderbein hängen läßt und dadurch so aus dem Gleichgewicht gerät, daß es bei der Landung stürzt. Das erhöhte Tempo im Gelände zwingt das Pferd, seine Beine schneller anzuziehen, aber andererseits gibt ihm die Geschwindigkeit so viel Schwung, daß es notfalls auch früher abspringen kann. Das Pferd muß beweglich genug sein, um einen zusätzlichen kurzen Galoppsprung einlegen und das Hindernis trotzdem noch fehlerfrei überwinden zu können, aber auch, wenn es mit den Röhrbeinen oder Hufen anstößt, sollte es eigentlich auf den Beinen bleiben, sofern der Reiter es nach der Landung im Gleichgewicht hält. Der Sitz des Reiters spielt eine große Rolle dabei, ob das Pferd nach der Landung wieder ins Gleichgewicht kommt, und nach Tiefsprüngen und Rumplern ist der korrekte Sitz besonders wichtig. Wenn der Reiter sein Gewicht dabei zu sehr nach vorn verlagert, kann das Pferd bei der Landung das Gleichgewicht verlieren und stürzen, und außerdem kommt der Reiter leicht aus dem Sattel, wenn das Pferd bei der Landung fast zu Fall kommt, sich dann aber wieder fängt. Der plötzliche Ruck, der entsteht, wenn das mit hoher Geschwindigkeit springende Pferd hart gegen das Hindernis schlägt, reicht aus, um den Reiter aus dem Sattel zu schleudern, vor allem wenn er sein Gewicht zu weit nach vorn verlagert hat. Beim korrekten Sitz ist der Reiter geringfügig hinter der Bewegung; er drückt die Absätze herunter, und seine Unterschenkel liegen im gleichen Winkel wie die Schulter des Pferdes; dies ist der sinnvollste Sitz für das Reiten im Gelände, denn er bietet die größtmögliche Sicherheit (Abb. 48 und 49). Außerdem kann man in dieser Haltung dem Pferd immer noch völlige Halsfreiheit geben, wobei man unter Umständen die Zügel etwas durch die Hände gleiten lassen muß, um nicht vor die Bewegung zu geraten. Das Pferd muß Kopf und Hals weit nach vorn strecken können, um auch in schwierigen Situationen das Gleichgewicht zu halten; allerdings dürfen die Zügel dabei nie durchhängen.

Die ständig wechselnden Bodenverhältnisse und die Höhenunterschiede im Gelände können ebenfalls zu einem Sturz beitragen. Geländestrecken können sehr verschiedene Schwierigkeitsgrade haben, und ein unebenes Terrain mit womöglich noch vom Regen aufgeweichtem Boden verstärkt die Schwierigkeiten noch. In jeder Situation, in der es dem Pferd beim Springen nicht möglich ist, seine ganze Geschicklichkeit einzusetzen, kann es zu einem Sturz kommen. Das Bergauf- und Bergabreiten stört sein Gleichgewicht und stellt hohe Anfor-

a korrekt, aufrecht, im Gleichgewicht

b falsch — die Unterschenkel des schief sitzenden Reiters sind nach hinten gerutscht, wodurch er leicht die Balance verliert, was auch das Gleichgewicht des Pferdes beeinträchtigt

derungen an seine Fähigkeit, sich schnell wieder auszubalancieren; ein tiefer, schwerer Boden oder Wasser hemmen seinen Vorwärtsdrang und seine Beweglichkeit. Wir Menschen wissen genau, wie schwierig es ist, durch tiefen Schlamm zu gehen oder durch Wasser zu waten, und obwohl das Pferd entschieden mehr Kraft hat, wird es auf ungünstigem Geläuf doch stärker beansprucht. Es muß sich bei jeder Bewegung mehr anstrengen, und seine Fähigkeiten und sein Ausbildungsstand sind von größerer Bedeutung. Tiefer Boden und schwieriges Terrain stellen außerdem sehr hohe Ansprüche an Kondition und Ausdauer, und ein erschöpftes Pferd wird viel leichter stürzen als ein frisches; aus diesem Grund muß das Pferd vor dem Geländeritt in bester Verfassung sein.

Manche Reiter vermuten, daß besonders mutige Pferde leichter stürzen als vorsichtige, aber ich habe festgestellt, daß die Gefahr bei ängstlichen Pferden viel größer ist. Durch den fehlenden Elan im entscheidenden Moment des Absprunges verliert das ängstliche Pferd an Kraft und Impuls und springt dadurch nicht mehr hoch genug. Es kann auch passieren, daß das Pferd in seinem Bemühen, wieder Grund unter die Hufe zu bekommen, auf dem Hindernis auffußt oder einfach nicht hoch genug springt, weil es nicht wagt, sich in die Luft zu schnellen. Mutige Pferde dagegen können in Kombinationen in Schwierigkeiten geraten, wenn der Sprung über das erste Hindernis zu groß geraten ist und sie nicht mehr genug Platz haben, die folgenden Elemente zu überwinden (siehe *Übermäßig weites Springen*, Seite 180). Bei den Kombinationen im Gelände sind die Distanzen im Vergleich zu denen der Kombinationen im Parcours relativ kurz, vor allem, wenn man die Länge der Galoppsprünge in einer solchen Kombination mit der des normalen Galopps im Gelände vergleicht. Die Erbauer der Geländestrecke testen die Fähigkeiten von Pferd und Reiter, indem sie Steil- und Hochweitsprünge abwechselnd mit Kombinatio-

213

Abb. 49: Der Sitz des Reiters von der Seite betrachtet — Wenn der Unterschenkel bei tiefgehaltenem Absatz am Gurt liegt, sitzt der Reiter sicher, auch bei schwierigen Sprüngen. Knie und Knöchel fangen federnd die Bewegungen von Pferd und Reiter ab.

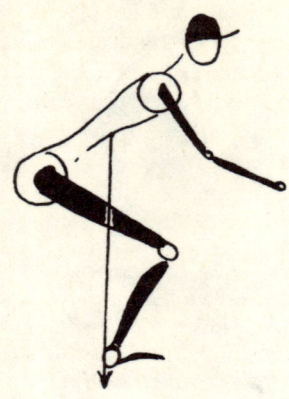 

a Korrekter Sitz, bei dem der Schwerpunkt über der Ferse und der Unterschenkel am Gurt liegt. Der Rücken ist gerade.

b Korrekt — bei kürzeren Steigbügeln: Um im Gleichgewicht zu bleiben, wird das Gesäß nach hinten geschoben und das Knie stärker abgewinkelt, so daß der Unterschenkel am Gurt bleibt.

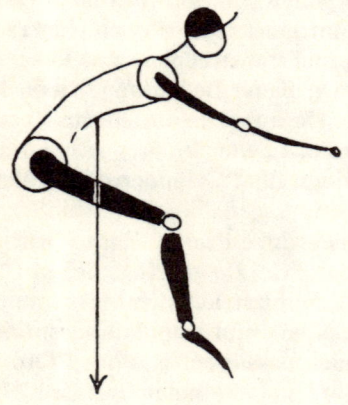 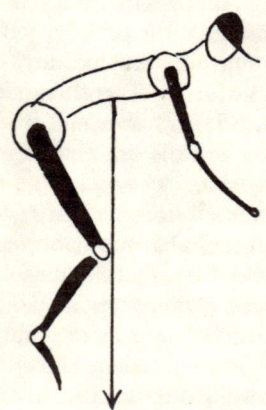

c Falsch — hinter der Bewegung: Der Schwerpunkt befindet sich hinter den Absätzen, der Unterschenkel rutscht nach vorn — bei nach unten gerichteten Fußspitzen und offenen Knien — und der Reiter fällt nach hinten; er rundet den Rücken und fällt dem Pferd schwer ins Kreuz.

d Falsch — vor der Bewegung: Der Schwerpunkt befindet sich vor den Absätzen; der Reiter fällt auf den Pferdehals und seine Unterschenkel rutschen zurück; auch hier ist das Knie nicht stark genug abgewinkelt und die Fußspitzen zeigen nach unten.

214

nen aufbauen, was vom Pferd ein Maximum an Gehorsam, Beweglichkeit und Kraft und vom Reiter sehr viel Übung erfordert.

Korrektur: Ein Hindernis im Gelände kann nicht fallen und muß deshalb respektiert werden. Der Reiter muß sein Pferd so an die Hindernisse heranreiten, daß es die Chance hat, sie fehlerfrei zu überwinden – ungeachtet möglicher Strafpunkte für ein Überschreiten der Zeit. Ein paar Zeitstrafpunkte sind immer noch besser als ein Sturz, der nicht nur mit sechzig Fehlerpunkten bestraft wird, sondern auch zu Verletzungen von Pferd und Reiter führen und das Pferd völlig verunsichern kann. Ein Verringern des Tempos bedeutet nicht automatisch, daß das Pferd nicht stürzen wird, aber schwierige Hindernisse in einem vernünftigen Tempo anzureiten, erhöht die Erfolgschance.

Ein gut ausbalanciertes, durchtrainiertes Pferd wird weniger leicht stürzen als ein undiszipliniertes, das nicht beweglich genug ist und nicht weiß, wie es sich «retten» kann, wenn der Absprung einmal nicht paßt (siehe *Übermäßig weites Springen*, Seite 180/218 und *Zu kurzes Springen*, Seite 188). Das Dressurreiten und die Arbeit über Hindernisreihen schaffen die Grundlagen für sicheres Geländereiten, und je häufiger das Pferd springt, desto besser wird es werden. Häufiges Springen hilft ihm, sich an die wechselnden Bodenverhältnisse und die Höhenunterschiede zu gewöhnen, die ihm das Springen und Ausbalancieren im Gelände schwermachen. Beim Jagdreiten lernt es, mit verschiedenartigem Geläuf fertigzuwerden und reaktionsschneller zu werden, aber wenn es darum geht, sich auszubalancieren und unabhängig von den äußeren Umständen fehlerfrei zu springen, ist ihm die dressurmäßige Grundausbildung, verbunden mit viel Erfahrung, von größtem Nutzen. Jede korrekt ausgeführte Springübung fördert die Kraft und Beweglichkeit und kommt der Erfahrung zugute, und zusätzliches Parcoursspringen hat den Vorteil, daß es das Pferd weniger anstrengt als das schnelle Galoppieren und Springen im Gelände. Die Teilnahme an Zeitspringen erfordert Schnelligkeit und Beweglichkeit, und enge Wendungen zwischen den Hindernissen erhöhen das Reaktionsvermögen von Pferd und Reiter. Diese Reaktionsschnelligkeit verhindert einen Sturz des Pferdes und hilft ihm, im entscheidenden Moment ein Anschlagen an das Hindernis zu vermeiden.

Bei der Besichtigung der Geländestrecke muß der Reiter genau darauf achten, welche Hindernisse die größte potentielle Gefahr darstellen (gefährlich sind sie alle!) und an welchen eventuell Probleme auftreten können. Man darf dabei nicht vergessen, daß sich das Pferd die Hindernisse nicht vorher ansehen darf, und der erste Eindruck, den man von einem Hindernis bekommt, ist genau das, was auch das Pferd sieht, nur bewegt sich das Pferd viel schneller vorwärts und hat keine Zeit, genau zu betrachten, was es überspringen soll. Der Reiter muß dem Pferd durch das zum Anreiten gewählte Tempo deutlich machen, was vor ihm liegt. Ein hoher Steilsprung muß energisch und zügig angeritten werden, während das Pferd bei einem schwierigen Hindernis weit untertreten und kurze, kraftvolle Galoppsprünge machen muß, aus denen heraus es jederzeit geschickt abspringen kann. Falsches Anreiten fordert Probleme geradezu heraus, und es ist unfair, ein Pferd an ein Hindernis, das es nicht kennt, einfach heranlaufen zu lassen.

Wahrscheinlich kann man mit einiger Berechtigung sagen, daß der Großteil aller Stürze dadurch verursacht wird, daß das Pferd an einem Punkt abspringt, der für ein bestimmtes Hindernis einfach unpassend ist. Ein Reiter, der seinem Pferd helfen kann, ist hier natürlich im Vorteil, weil er die Länge der Galoppsprünge beeinflussen kann, ohne das Pferd aus dem Gleichgewicht oder dem Takt zu bringen oder seinen Schwung zu bremsen. Dem Durchschnittsreiter hilft das Pferd, sofern er ihm die Gelegenheit dazu gibt und es mit mittellangen Galoppsprüngen an das Hindernis heranreitet, so daß es die Wahl hat, gegebenenfalls noch einen kurzen Galoppsprung zusätzlich einzulegen oder etwas früher abzuspringen. Wenn der Reiter beim Anreiten eines Hindernisses stört, ein zu frühes Abspringen fordert oder das Pferd über den Absprungpunkt hinausreitet, so daß es unterläuft, ist es an eine bestimmte Schrittlänge gebunden und kann stürzen, wenn der Absprung einmal überhaupt nicht paßt. Ein Pferd, das seine Galoppsprünge vor dem Absprung verkürzen darf, wird selten stürzen, aber wenn der Reiter von ihm verlangt, immer früher und früher abzuspringen, wird irgendwann der Tag kommen, an dem das Pferd versucht, noch einen kleinen Zwischenschritt einzulegen, nicht rechtzeitig abspringen kann und schwer stürzt. Es kann nicht oft genug wiederholt werden, daß die Schlüsselworte zu korrektem, sicherem Springen zügiges Vorwärtsreiten, Takt und Gleichgewicht sind.

Ein Pferd, das stürzt, weil es zu ängstlich ist, ist für Vielseitigkeitsprüfungen ungeeignet. Ein mutiges Pferd wird immer einen Versuch machen und wenn nötig auch einmal höher springen, aber ein ängstliches Pferd wird stürzen, wenn es nicht wagt, sich fliegen zu lassen, und je ängstlicher es ist, desto flacher wird es springen. Fehlender Mut kann ein Pferd beim Absprung buchstäblich lähmen, und wenn es sehr flach und übereilt springt, landet es womöglich in einem Graben auf der anderen Seite des Hindernisses. Ein Pferd, das sich jeden Sprung zweimal überlegt, wird nur in den seltensten Fällen, wenn überhaupt jemals, ein Spitzen-Vielseitigkeitspferd, und obwohl es trotz seiner Veranlagung in den unteren Leistungsklassen Erfolg haben kann, wird es bei steigenden Anforderungen doch nie sicher springen. Ein energischer, erfahrener Reiter wird mit einem solchen Pferd zwar weiterkommen als ein Neuling, aber um wirklich erfolgreich springen zu können, müssen sowohl das Pferd als auch der Reiter Vertrauen in sich selbst und ihren Partner haben.

Kleben

Anzeichen: Das Pferd weigert sich, in eine bestimmte Richtung zu gehen, im Regelfall diejenige, die vom Stall oder den anderen Pferden wegführt und es versucht immer wieder umzukehren. Es ist mühsam zu führen und liegt schwer auf der Hand, und der Reiter hat das Gefühl, das Pferd würde abdriften, wenn er für einen Augenblick die Zügel nachgäbe; das erschwert natürlich das Anreiten von Hindernissen (siehe *Vorbeilaufen*, Seite 196).

Ursachen: Das Pferd ist entweder ungehorsam oder es fällt ihm schwer, sich auszubalancieren, indem es sein Gewicht gleichmäßig verteilt auf beiden Hinterbeinen trägt. Aus diesem Grund liegt es auf dem Zügel und zwar — je nachdem, welche Seite betroffen ist — mehr auf dem einen als auf dem anderen.

Wenn das Problem in der rechten Körperhälfte liegt, kann das Pferd das rechte Hinterbein nicht weit genug untersetzen, um das Gewicht eines Galopptaktes zu tragen, und weicht deshalb nach links aus.

Korrektur: In jedem Fall muß der Reiter mit energischen Hilfen dafür sorgen, daß das Pferd gerade bleibt. Er muß beide Schenkel und beide Hände einsetzen, damit das Pferd sein Gewicht mehr auf der Hinterhand trägt. Wenn das Pferd nach links abweicht, geht es über die linke Schulter, das heißt, der Reiter muß mit beiden Zügeln verhindern, daß die Schulter noch weiter ausfällt. Er kann die Hilfen ruhig etwas übertreiben und das Pferd leicht nach links stellen, was die Schulter nach rechts bringt, und dann die Zügel deutlich annehmen und nachgeben, eventuell sogar den rechten Zügel besonders energisch einsetzen, um das Pferd geradezurichten und es zu ermahnen, sich nicht mehr einseitig in den Zügel zu «hängen».

Wenn der Reiter befürchten muß, daß dem Pferd etwas fehlt, sollte er den Tierarzt konsultieren, der entweder seinen Verdacht bestätigen oder seine Sorgen zerstreuen wird. Sind keine körperlichen Mängel festzustellen, braucht das Pferd mehr dressurmäßige Arbeit, um Disziplin zu lernen, denn ein Vielseitigkeitspferd muß gelernt haben, im Galopp sein Gleichgewicht zu finden.

Anschlagen der Hindernisse

Anzeichen: Das Pferd schlägt entweder mit den Vorder- oder mit den Hinterbeinen gegen die Hindernisse. Geländehindernisse sind zwar fest, es können also keine Strafpunkte für fallende Stangen vergeben werden, aber das Pferd könnte stürzen (siehe *Stürzen*, Seite 169) oder so sehr aus dem Gleichgewicht kommen, daß es das folgende Hindernis nicht mehr überwinden kann.

Wenn ein Pferd häufig an feste Hindernisse anschlägt, wird es sich verletzen und Schäden davontragen, die entweder sofort zu sehen sind oder als Spätfolgen auftreten.

Ursachen: Ein Pferd schlägt mit den Beinen gegen ein Hindernis, weil es nicht hoch genug springt; man muß also herausfinden, warum es sich nicht mehr anstrengt. Der Grund kann schlechtes Anreiten sein, bei dem das Pferd entweder nicht im Gleichgewicht ist, nicht taktmäßig geht oder schräg an das Hindernis herankommt, zu schnell ist oder nicht genug Schwung hat; andere wichtige Faktoren sind tiefer Boden, der Widerstand beim Durchreiten von Wasser, schwierige Distanzen, irreführende Grundlinien, Unerfahrenheit oder mangelnde Konzentration des Pferdes.

Korrektur: Um ein Hindernis fehlerfrei überwinden zu können, muß das Pferd in jedem Fall richtig angeritten werden und gehorsam, gelöst und für die entsprechende Aufgabe trainiert sein. Die in diesem Buch beschriebene Grundausbildung führt zu diesem Ziel und kann nicht abgekürzt werden. Es ist unmöglich, ein Pferd so zu erziehen, daß es nie ein Hindernis berühren wird, und manche Pferde sind einfach von Natur aus vorsichtiger und talentierter als andere, aber der Reiter muß seinem Pferd bei der Springausbildung jede Chance geben, damit es lernt, seine Kraft voll einzusetzen und mit den Situationen fertigzuwerden, die ihm im Gelände begegnen könnten.

Falls im Gelände ein Hindernis auftaucht, bei dem man befürchten muß, daß das Pferd es anschlägt, zum Beispiel ein Steilsprung ohne Grundlinie, der womöglich noch aus tiefem Boden heraus gesprungen werden muß, ist besonders akkurates Anreiten erforderlich. Das Pferd muß gut untertreten, sich im Gleichgewicht befinden, taktmäßig mit viel Impuls vorwärtsgehen und sich auf die Mitte des Hindernisses konzentrieren. Der Reiter sitzt relativ gerade und darf während der gesamten Spring- und Landephase diesen Sitz nicht aufgeben und nicht aus dem Gleichgewicht kommen – vor allem darf er nicht vor die Bewegung geraten, damit er sofort nach der Landung Tempo und Rhythmus des Pferdes wiederherstellen kann. Zum guten Geländereiten gehören eine sorgfältige Vorbereitung und vernünftiges Mitdenken, was natürlich um so stärker gefordert wird, je schwieriger die Strecke ist. Die Grundeinstellung eines Pferdes zum Geländereiten hängt sehr stark davon ab, wie es in der Vergangenheit geritten wurde, und ein Pferd, das in der Dressur oder beim Parcoursspringen verdorben oder «sauer gemacht» wurde, kann man fast immer umschulen, aber ein Pferd, das im Gelände schlecht geritten wurde, wird man nur in den seltensten Fällen so umerziehen können, daß es wieder höchsten Anforderungen gewachsen ist. Der Erfolg eines Vielseitigkeitspferdes hängt in entscheidendem Maße von dem Vertrauen zu seinem Reiter ab, und wenn das Pferd jemals einen Grund hatte, an seinem Reiter zu zweifeln, könnte es sein, daß es ihn irgendwann einmal in einem kritischen Augenblick im Stich läßt.

Übermäßig weites/kurzes Springen

Anzeichen: Das Problem des zu kurzen Springens tritt im Gelände weniger häufig auf als im Parcours, denn der Reiter kann die Geschwindigkeit und den Schwung des Pferdes ausnutzen und es flacher springen lassen, ohne Strafpunkte für fallende Stangen riskieren zu müssen. Wenn ein Pferd gewohnheitsmäßig sehr weit springt, verstärkt sich dieses Problem im Gelände noch, denn dort wird es sehr flach springen, was korrigiert werden muß, damit die Flugkurve kürzer wird. Dieses zweite Problem tritt beim Springen im Parcours seltener auf, weil das Pferd dort die Länge seiner Galoppsprünge beibehält, während es sie im Gelände je nach Hindernisart beträchtlich variieren muß, was einem Pferd mit einem raumgreifenden Galopp natürlich schwer fällt. Wenn das Pferd das erste Hindernis einer Kombination mit einem übermäßig weiten Sprung überwindet, bleibt ihm nicht mehr genug Platz, um vor dem nächsten Element den richtigen Absprung zu finden, und es besteht die Gefahr, daß es mit den Vorderbeinen dagegenschlägt – vor allem, wenn es nie gelernt hat, sie schnell anzuwinkeln –, und genau in solchen Situationen kommt es zu Stürzen. Ein Pferd, das vom ersten Element einer Kombination überrascht wird, könnte auch am zweiten oder dritten Element ein Bein hängen lassen, was gleichfalls zum Sturz führen kann.

Ursachen: Diese Probleme beim Geländereiten unterscheiden sich von denen beim Parcoursspringen wegen der unterschiedlichen Bodenverhältnisse und der Vielzahl von Kombinationen, die oft Gräben und Wälle einschließen. An diesen Hindernissen scheitern die übervorsichtigen, undisziplinierten oder unerfahrenen Pferde, weil sie auf den letzten paar Galoppsprüngen den Schwung und den Takt verlieren und dadurch zu kurz in die Kombination hineinspringen (siehe *Übermäßiges Verkürzen der Galoppsprünge*, Seite 210). Einem Pferd, das nicht flüssig springt und nach der Landung nicht vorwärtsgeht, wird es schwerfallen, sich eine Kombination passend zu machen. Es ist von entscheidender Bedeutung, daß der Reiter bei der Besichtigung der Strecke die Distanzen zwischen den Kombinationen genau abschreitet, denn diese Distanzen entscheiden über das Tempo beim Anreiten; wenn das Tempo für die entsprechenden Distanzen falsch ist, gibt man dem Pferd nicht die beste Chance, die Kombination fehlerfrei zu überwinden.

Ein Pferd, das gern weit springt und raumgreifend galoppiert, wird engstehende Kombinationen als schwierig empfinden, es sei denn, der Reiter bereitet es wirklich ausgezeichnet darauf vor. Das raumgreifende Galoppieren und Springen ist auf langen Strecken ein großer Vorteil, aber es darf nur verlangt werden, wenn es wirklich nötig ist.

Korrektur: Ein Pferd, das gewöhnlich sehr kurz springt und einen kurzen Galopp hat, muß man besonders zügig auf eine Kombination zureiten. Der Sinn dabei ist, einen besonders weiten Sprung zu erreichen, um so die Distanz zum nächsten Hindernis zu verkürzen. Wenn das Pferd direkt hinter dem ersten Element landet, muß der Reiter besonders energisch treiben, damit es nach der Landung sofort wieder vorwärtsgeht und untertritt. Der Reiter darf nicht der Versuchung erliegen, einfach stillzusitzen und abzuwarten, denn wenn er nicht versucht, das Problem zu lösen, wird das Pferd von sich aus nichts dazu beitragen und entweder stehenbleiben oder stürzen. Ein Pferd, das dazu neigt, vor dem Hindernis zu scheuen oder zu früh abzuspringen, muß beim Anreiten so viel Energie erzeugen und so stark vorwärtsgetrieben werden wie möglich, damit genug Energie zum Springen vorhanden ist, selbst wenn das Pferd im letzten Augenblick noch an Impuls verlieren sollte.

Pferde mit dem entgegengesetzten Problem sollten beim Anreiten einer Kombination so kurze Galoppsprünge machen, wie es zur Überwindung der entsprechenden Distanz erforderlich ist. Je kürzer die Distanz zwischen den einzelnen Elementen, desto kürzer muß auch der Galoppsprung des Pferdes sein, das dann auch entsprechend langsamer vorwärtsgeht, aber der Reiter muß darauf achten, daß er nicht nur mit den Zügeln das Tempo verkürzt, sondern gleichzeitig treibt, damit das Pferd untertritt und die Vorhand leichter wird. Wenn das Pferd bei der Landung nicht im Gleichgewicht ist, hat es keine Gelegenheit, sich vor dem nächsten Hindernis auszubalancieren, und das zusätzliche Gewicht auf der Vorhand macht es langsam und unbeweglich. Das Ziel des Reiters sollte es sein, das erste Element aus diesem kurzen, kraftvollen Galopp heraus zu überwinden und dem Pferd so die Gelegenheit zu geben, die übrigen Elemente der Kombination zu taxieren.

Bei der Besichtigung der Geländestrecke muß der Reiter entscheiden, wie er die einzelnen Hindernisse am besten anreitet. Alle Kombinationen sollten besonders sorgfältig abgeschritten werden, damit der Reiter mögliche Schwierigkeiten rechtzeitig entdeckt und sich überlegen kann, wie er sie mit seinem Pferd am besten vermeidet. Ratschläge von anderen Teilnehmern können nützlich sein, aber nur dann, wenn man dabei die Fähigkeiten des eigenen

Pferdes nicht außer acht läßt, denn eine Methode zum Springen eines bestimmten Hindernisses kann für ein Pferd richtig, für ein anderes aber ungeeignet sein, was man natürlich stets bedenken muß, bevor man eine Entscheidung trifft.

Vorbeilaufen

Anzeichen: Das höhere Tempo beim Geländereiten erfordert ein präziseres Anreiten, und der Winkel, in dem manche Hindernisse stehen, soll ein Prüfstein für den Gehorsam des Pferdes sein. Bei schrägstehenden Hindernissen wird deutlich, ob der Reiter sein Pferd hundertprozentig an den Hilfen hat, denn sobald ein Pferd gelernt hat, daß es vorbeilaufen kann, besteht die Gefahr, daß eine Gewohnheit daraus wird, mit der sich das Pferd höheren Anforderungen zu entziehen versucht.

Ursachen: Mangelnde Rittigkeit vor schrägstehenden Hindernissen, die durch ein ungeschicktes Anreiten oder die Unerfahrenheit des Pferdes noch verschlimmert wird, gehört in die Kategorie «schlecht ausgebildet», denn selbst die Art des Anreitens kann eine Lücke in der Ausbildung des Reiters erkennen lassen. Bei einem derartigen Fehler liegt die Schuld im allgemeinen direkt oder indirekt beim Reiter, unabhängig davon, ob das Vorbeilaufen durch momentanes Versagen oder eine in irgendeinem Stadium unzureichende Ausbildung verursacht wurde. Ein schwieriges Hindernis wie zum Beispiel eine Kombination muß akkurat angeritten werden – sowohl im richtigen Tempo als auch auf der Ideallinie –, andernfalls kommt es zu Problemen.

Korrektur: Eine solide Grundlage aus korrektem Training läßt kaum Spielraum für Fehler, und wenn man das Pferd an schrägstehende Hindernisse gewöhnt, wird es schon bald lernen, alles zu springen, was von ihm verlangt wird. In jedem Fall muß exakt angeritten werden, und das Pferd darf nicht in die eine oder andere Richtung von der Ideallinie abweichen. Das Pferd wird auf einen bestimmten Punkt zugeritten, und auf diesen Punkt muß sich auch der Reiter konzentrieren. Bei einer Folge von Hindernissen muß der Reiter sich eine Ideallinie suchen, die für alle aufeinanderfolgenden Hindernisse paßt; eine Hilfe dabei ist, sich an einem etwas weiter entfernt liegenden Objekt, zum Beispiel einem Baum, zu orientieren, damit man wirklich sicher sein kann, die beim Abschreiten gefundene Linie getroffen zu haben (Abb. 50). Es ist ein erheblicher Unterschied, ob man die Strecke gemächlich abgeht oder schnell reitet; deshalb sollte man sich einige feste Punkte merken, damit man die vorher festgelegten Ideallinien beim Reiten wiederfindet. Über einer Folge von Hindernissen muß der Reiter nach vorn schauen, damit das Pferd nicht von der Ideallinie abweicht, denn wenn er nur einen Moment nach unten sieht, verliert er sein Ziel aus den Augen, was das Pferd zum Vorbeilaufen veranlassen kann. Beim Reiten ist es ebenso wie beim Auto- oder Radfahren: Die Blickrichtung muß mit der Bewegungsrichtung übereinstimmen: Sowie man zur Seite schaut, wird die Vorwärtsbewegung unterbrochen, und das Pferd kann von seiner Linie abweichen.

Das Pferd sollte auch fächerförmige Hindernisse kennenlernen, nicht nur aus erzieherischen Gründen, sondern auch, damit der Reiter übt, sein Pferd

Abb. 50: *Einen bestimmten Punkt hinter einer Reihe von Hindernissen ins Auge fassen – Trotz der Winkel, in denen die Hindernisse stehen, sucht man sich einen weit entfernten Punkt zur Orientierung.*

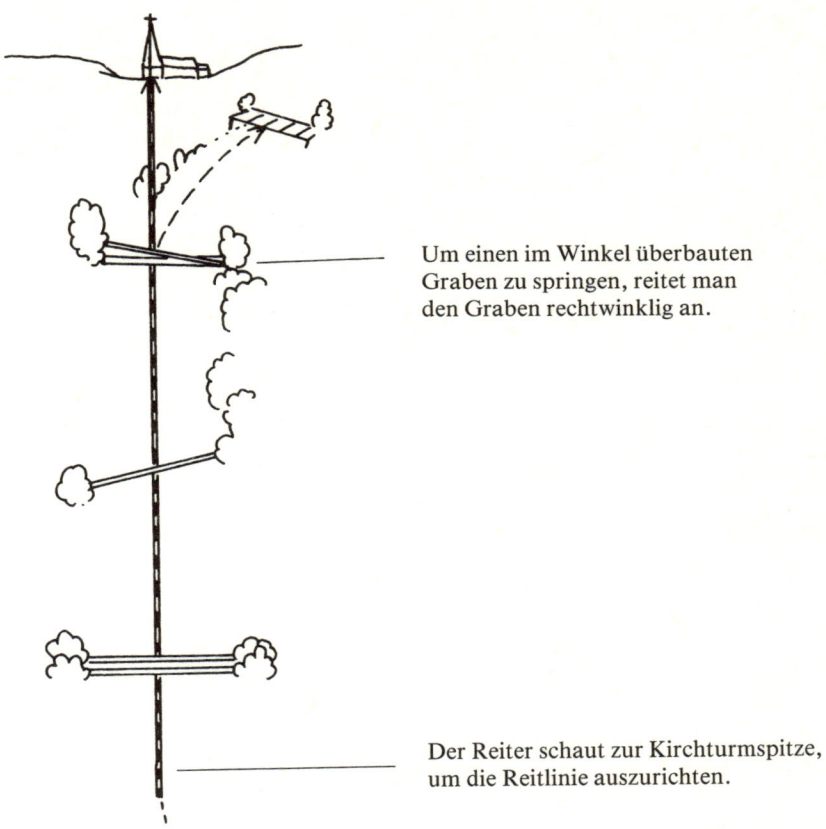

Um einen im Winkel überbauten Graben zu springen, reitet man den Graben rechtwinklig an.

Der Reiter schaut zur Kirchturmspitze, um die Reitlinie auszurichten.

genau an den gewünschten Absprungpunkt heranzureiten. Wenn das Pferd gelernt hat, schrägstehende Hindernisse zu überwinden, sollte es mit Fächersprüngen auch keine allzugroßen Probleme haben, obwohl die Schwierigkeit dieser Hindernisse natürlich von ihrer Position und ihrer Breite abhängt, und der Reiter darauf achten muß, einen Punkt direkt über dem Absprungpunkt ins Auge zu fassen (Abb. 51). Je schwieriger das Hindernis, desto besser muß das Pferd an den Hilfen stehen, was durch ein hohes Tempo natürlich erschwert wird. Der Reiter sollte vor allen komplizierten Hindernissen Respekt haben und sein Pferd im richtigen Tempo mit dem nötigen Vorwärtsdrang dagegenreiten.

Man darf nie vergessen, daß Abkürzungen in den frühen Ausbildungsstadien des Pferdes unweigerlich irgendwann zu Problemen führen, und wenn dies der Fall ist, bleibt einem nichts anderes übrig, als wieder zur Grundausbildung zurückzukehren.

Abb. 51: Die Ideallinie über einen Fächersprung

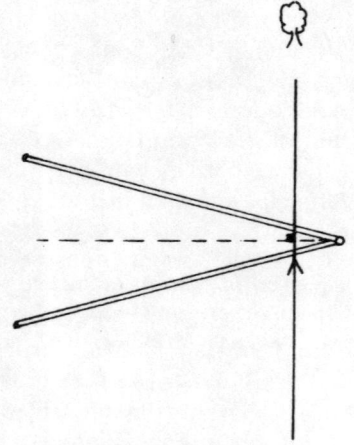

a Die Ideallinie trifft im Winkel von neunzig Grad auf eine Linie, die die Arme des Fächers in der Mitte teilt. Auch hier sucht man sich einen markanten Punkt zur Orientierung.

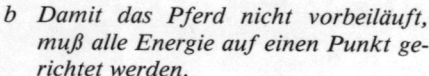

b Damit das Pferd nicht vorbeiläuft, muß alle Energie auf einen Punkt gerichtet werden.

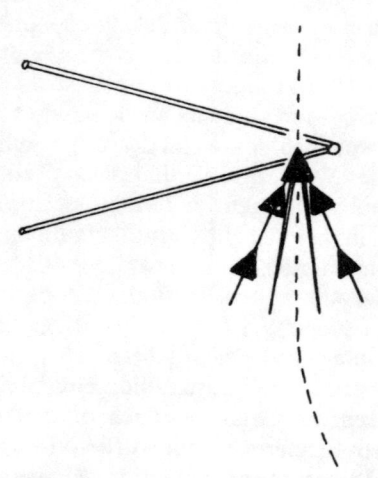

Langsamkeit

Anzeichen: Das Pferd ist nicht schnell genug und erhält Strafpunkte für das Überschreiten der erlaubten Zeit.

Ursachen: Das Pferd ist körperlich einfach nicht in der Lage, schneller zu galoppieren; der Reiter verschwendet Zeit in den Wendungen und beim Anreiten der Hindernisse, oder das Pferd verliert Zeit beim Springen, weil es seine Galoppsprünge übermäßig verkürzt, viel zu hoch springt oder ungeschickt landet und dann einige Zeit braucht, um sein vorheriges Tempo wieder aufzunehmen.

Korrektur: Auch wenn das Pferd sehr schnell galoppieren kann, ist es doch am sinnvollsten, den kürzesten Weg zu wählen, um unnötiger Energieverschwendung und übermäßigem Verschleiß des Pferdes vorzubeugen. So muß man seine Pferde nicht allzusehr rennen lassen und kann die Hindernisse in vernünftigem Tempo anreiten. Um enge Wendungen reiten zu können und Hindernisse schräg anzureiten, braucht man ein reaktionsschnelles und rittiges Pferd; auf diese Weise kann überprüft werden, ob das Pferd korrekt ausgebildet ist. Es erfordert viel Zeit und Geduld, die Präzision des Anreitens zu perfektionieren, und das Pferd muß Gelegenheit bekommen, Vertrauen zu erwerben und wertvolle Erfahrungen zu sammeln, ehe man die nötige Reaktionsschnelligkeit von ihm erwarten kann. Die zeit- und energiesparendste Methode des Geländereitens ist das Einhalten eines Grundtempos; viel Zeit geht verloren, wenn der Reiter sein Pferd vor jedem Hindernis verhält, um «die Galoppsprünge zu zählen». Wenn das Pferd taktmäßig geht und sich im Gleichgewicht befindet, sollte der Reiter das Tempo nur etwas zurücknehmen, damit das Pferd weiter untertritt, und das Hindernis auf sich zukommen lassen, damit das Pferd aus seinem Galopprhythmus heraus abspringen kann. Weitere Zeit − wesentlich mehr, als allgemein angenommen wird − kann man auf der Landeseite gutmachen, wenn das Pferd gelernt hat, sofort wieder ins Gleichgewicht zu kommen und sein vorheriges Tempo wieder aufzunehmen. Dazu müssen sowohl das Pferd als auch der Reiter perfekt ausbalanciert sein, denn das Wiederfinden des Gleichgewichts kostet besonders viel Zeit. Wenn der Reiter über dem Hindernis oder bei der Landung nicht korrekt sitzt und das Pferd strauchelt, hat er keine Möglichkeit, ihm zu helfen, sein Gleichgewicht wiederzufinden, und es wird erst mehrere Galoppsprünge später in der Lage sein, das alte Tempo wieder aufzunehmen. Dieses Wiederaufnehmen des vorherigen Galopprhythmus hilft Pferden, die zu hoch springen; außerdem kann man sie durch einen leichten Stoß mit den Fersen bei der Landung ermahnen, beim nächsten Mal nicht so hoch zu springen oder zumindest die Zeit wiedergutzumachen, die sie in der Luft verschwendet haben. Ich halte das zu hohe Springen allerdings nicht für ein Problem, denn es ist immer noch besser, als wenn das Pferd an die Hindernisse anschlägt.

Die meisten Pferde, die an eintägigen Vielseitigkeitsprüfungen teilnehmen, können im Gelände so schnell gehen, daß es zu einer Plazierung oder sogar einem Sieg ausreichen würde, aber es ist sehr wichtig, daß das Pferd gut trainiert ist, und je geringer der Vollblutanteil, desto besser muß es trainiert sein, denn warmblütige Typen müssen sich schon sehr anstrengen, um ein Tempo zu erreichen, das Vollblüter mühelos vorlegen können. Bei dreitägigen Prüfungen ist es Pferden ohne großen Vollblutanteil unmöglich, sich die ganze Zeit voll zu verausgaben; deshalb werden in den höheren Leistungsklassen auch hauptsächlich Vollblüter oder Vollblutkreuzungen eingesetzt. In jedem Fall sollte der Reiter beim Abgehen der Strecke die Leistungsfähigkeit seines eigenen Pferdes in Betracht ziehen und sich kurze Wege vor und hinter den Hindernissen suchen, um möglichst wenige Strafpunkte für das Überschreiten der Zeit zu kassieren.

Scheuen

Anzeichen: Das scheuende Pferd nähert sich den Hindernissen in Schlangen-linien, wodurch es besonders bei schrägstehenden Hindernissen leichter zum Vorbeilaufen, zum Stehenbleiben oder auch zum Sturz kommt. Sobald sich das Pferd an die verschiedenen Hindernisformen im Gelände gewöhnt hat, wird es beim Anreiten vermutlich auch wieder geradeaus gehen.

Ursachen: Anders als im Parcours, wo sich die Hindernisse nur durch ihre Farben unterscheiden, muß sich das Pferd im Gelände an die ständig wech-selnden Bodenverhältnisse und eine Vielzahl verschiedener Hindernisse ge-wöhnen. Ob ein Pferd scheut oder nicht, hängt hauptsächlich von seinem Charakter ab, und im Verlaufe seines Trainings muß es lernen, seine Ängst-lichkeit zu überwinden und sich selbst und seinem Reiter zu vertrauen. Ein Pferd wird den neuen Hindernissen auf einer Geländestrecke zwar immer miß-trauisch gegenüberstehen, aber es muß doch so gehorsam sein, daß es trotz seiner Angst abspringt.

Ein erfahreneres Pferd scheut vielleicht vor dem ersten Hindernis der Ge-ländestrecke, vor allem beim ersten Wettkampf der Saison, aber das beweist nur seinen Übermut und eine gewisse Verspieltheit, mit der der Reiter eigent-lich leicht fertigwerden sollte.

Korrektur: Ein junges oder unerfahrenes Pferd muß an Gräben, Wasser, Tiefsprünge, Treppensprünge und Wälle gewöhnt werden, damit es sie zufrie-den und gelassen überwinden kann. Manche Pferde bleiben ihr ganzes Leben lang mißtrauisch, und wenn sie es nicht schaffen, ihre Ängstlichkeit beim Ge-ländereiten zu überwinden, werden aus ihnen vermutlich keine Spitzen-Viel-seitigkeitspferde werden. Die meisten Pferde lernen recht schnell, die verschie-denen Hindernisse zu bewältigen, sofern sie vernünftig daran gewöhnt und nicht zu schnell oder mit zu wenig Energie dagegengeritten wurden. Der Reiter muß Hindernisse, vor denen sein Pferd scheuen könnte, besonders entschlos-sen anreiten, damit das Pferd merkt, daß ihm gar keine andere Wahl bleibt, als zu springen. Es ist wichtig, daß ein ängstliches Pferd sich nicht angewöhnt, erst einmal stehenzubleiben und dann beim zweiten Versuch zu springen. Schon zu Beginn der Ausbildung muß darauf geachtet werden, daß das Pferd schon beim ersten Anreiten springt, und sei es aus dem Stand, was bei niedri-gen Hindernissen durchaus möglich ist, damit es lernt, auch wirklich zu sprin-gen, wenn es auf ein Hindernis zugeritten wird. Es ist Aufgabe des Reiters, das Pferd so auszubilden und zu reiten, daß es springen kann.

Zu frühes Abspringen

Anzeichen: Das zu frühe Abspringen läßt die Flugkurve lang und flach wer-den, wodurch bei der Landung Probleme entstehen können; außerdem kann es passieren, daß Kombinationen zu eng werden, was möglicherweise zum Sturz führt.

Ursachen: Ein Pferd mit einem besonders raumgreifenden Galopp wird ver-suchen, möglichst früh abzuspringen, weil es nicht genug Platz hat, um noch einen weiteren Galoppsprung einzulegen, es sei denn, der Reiter würde ihm dabei helfen. Er muß sein Pferd auf die Hindernisse vorbereiten, und wenn er es nicht versammelt und weiter untertreten läßt, damit es mehr Energie erzeugt, wird es auf der Vorhand laufen und nicht in der Lage sein, seine Galoppsprünge im Notfall zu verkürzen.

Korrektur: Zuerst muß das Pferd über Hindernisreihen und Übungshindernissen lernen, daß es auch dicht vor dem Hindernis abspringen kann. Dann muß der Reiter sein Pferd korrekt an die Hindernisse heranreiten − mit mittellangen Galoppsprüngen, im Gleichgewicht, taktmäßig vorwärtsgehend und auf der Ideallinie. Nur so kann das Pferd entscheiden, ob es etwas früher abspringen will, ohne dabei aus dem Gleichgewicht zu kommen, oder ob es flach springen oder noch einen kurzen Galoppsprung einschieben und dann abspringen will. Die meisten Pferde springen nur zu früh ab, weil der Reiter sie dazu zwingt, indem er sie aus dem Takt bringt und auf die Vorhand fallen läßt. Das Pferd muß immer aus dem rhythmischen Galopp heraus springen, denn nur so kann es während des Sprunges sein Gleichgewicht halten.

Gegen die Hand gehen/Pullen

Anzeichen: Der Reiter kann sein Pferd nicht halten − entweder zwischen den Hindernissen oder beim Anreiten, und der mangelnde Gehorsam führt zu Stürzen oder Verweigerungen.

Ursachen: Das im Gelände gerittene Tempo verstärkt Probleme dieser Art noch, und die erhöhte Geschwindigkeit stellt größere Anforderungen an die Rittigkeit des Pferdes und die dazu führende Ausbildung. Den meisten Pferden gefällt das schnelle Galoppieren und Springen, und wenn ein Pferd nur unzureichend geschult wurde, macht diese Begeisterung es dem Reiter schwer, sein Pferd unter Kontrolle zu behalten. Es ist überaus wichtig, das Pferd nicht zu früh zu schnell gehen zu lassen; zuerst muß es in den langsamen Gangarten Disziplin lernen. Nur allzu oft sieht man junge Pferde im Gelände in einem Tempo gehen, das ihre momentanen körperlichen und geistigen Fähigkeiten eindeutig übersteigt, was die künftige Leistungsfähigkeit natürlich stark beeinträchtigen kann.

Korrektur: Die einzige Möglichkeit besteht darin, dem Pferd Disziplin beizubringen. Die Dressurarbeit und das Springen aus langsameren Gangarten müssen gefestigt werden, ehe das Pferd wieder schneller geritten werden kann. Das wird zwar zuerst einige Strafpunkte für Zeitüberschreitung kosten, aber wenn der Reiter das Gefühl hat, das Pferd wäre soweit, kann er das Tempo allmählich wieder erhöhen, ohne daß neue Probleme entstehen oder im Trainingszustand Rückschritte auftreten. Alle Rückschritte sind zu vermeiden, was mit etwas Nachdenken meist möglich ist.

Wenn das Pferd trotz der geduldigen Umschulung immer noch pullt, kann ein anderes Gebiß Abhilfe schaffen. Man muß eine Weile experimentieren, bis man für ein bestimmtes Pferd das richtige Gebiß gefunden hat, wobei jedoch darauf geachtet werden muß, daß das Pferd sich mit diesem Gebiß auch wohlfühlt und nicht etwa nach dem Ritt ein wundes Maul hat. Wenn das Gebiß dem Pferd Schmerzen bereitet, wird es nur noch mehr pullen und auch schwerer zu führen sein.

Ich gebe unumwunden zu, daß bei manchen Pferden ein großer Kraftaufwand nötig ist, um sie zu halten, und daß diese Pferde für Frauen unter Umständen nicht besonders geeignet sind. Ständig gegen ein durchgehendes Pferd kämpfen zu müssen, ist sehr anstrengend und auch gefährlich, wenn man es nicht schafft, es beim Anreiten der Hindernisse unter Kontrolle zu bekommen. Ich bin der festen Überzeugung, daß man dem Pferd das Pullen von Anfang an verbieten muß und daß es durch eine geduldige Ausbildung lernen kann, sich nicht nur im Schritt, Trab und ruhigen Galopp diszipliniert zu verhalten, sondern auch in höherem Tempo. Leider läßt sich diese Theorie aber nicht immer so ohne weiteres in die Praxis umsetzen!

Zusammenfassung – Schlußbemerkungen

Bevor ich mit der Arbeit an diesem Buch begann, hatte ich einige Zweifel, ob ich überhaupt genug Material hätte, um einen ganzen Band damit zu füllen. Nachdem ich jedoch ernsthaft begonnen hatte, stelle ich fest, wieviel es zu erörtern gab, und ich fand es erstaunlich, aber auch recht erfreulich, daß diese Unzahl von Worten einzig und allein aus meinem Kopf stammte, ohne daß ich ein einziges Mal ein Nachschlagewerk zur Hand nehmen mußte. Das Bemühen, alles knapp und präzise zu erklären, führte dazu, daß John und ich uns öfter ratlos an den Kopf faßten, denn wir mußten uns selbst noch einmal genau bewußt machen, was wir taten und warum wir es taten. Ich hoffe, daß dieses Buch auch den Leser zumindest zum Nachdenken angeregt hat!

Bei der Niederschrift des Buches bin ich immer wieder von zwei Grundgedanken ausgegangen: Ein Problem zu verstehen, ist schon der halbe Weg zu seiner Lösung, und verschiedene Pferde brauchen verschiedene Ausbildungsmethoden. Ich habe mit einigem Erstaunen festgestellt, wie viele der im Buch erwähnten Probleme während des Schreibens bei den von uns trainierten Pferden auftraten; das half mir nicht nur bei meinen Erklärungen, sondern es bestätigt auch eine Tatsache, die beim nochmaligen Überlesen des Manuskriptes deutlich wurde: Fast alle Probleme lassen sich auf die gleiche Art lösen. Man neigt dazu, sich einzubilden, das eigene Pferd hätte aufgrund eines spezifischen Fehlers ein ganz bestimmtes Problem, aber in den meisten Fällen stellt schon eine gute Grundausbildung die Lösung dar, und während manche Pferde stärker gefordert werden müssen, muß man andere beinahe mit Samthandschuhen anfassen.

In diesem Buch ist immer wieder die Rede davon, wie wichtig es ist, das Pferd ins Gleichgewicht zu bringen und rhythmisch zu reiten, ganz gleich, in welcher Disziplin es eingesetzt wird, denn wenn seine Bewegungen nicht von Gleichgewicht und Rhythmus bestimmt werden, kann die Ausbildung nicht voranschreiten. Es gibt keine festen Regeln dafür, wann man dem Pferd eine bestimmte Lektion abverlangen sollte. Manchmal muß man seinem Pferd eine Bewegung abverlangen, die es eigentlich noch gar nicht ausführen kann, denn selbst wenn sie nicht korrekt gelingt, wird sie doch die derzeitige Arbeit festigen und eine Basis für die Zukunft schaffen – natürlich nur, wenn das Pferd bei dem Versuch nicht überfordert wird oder sein Vertrauen verliert. Jedesmal, wenn eine Aufgabe verlangt wird, sollte ihre Ausführung ein wenig vollkommener werden; man kann nicht erwarten, daß ein Pferd eine ungewohnte Aufgabe sofort korrekt ausführt, denn es wird zunächst gar nicht verstehen, was man eigentlich von ihm verlangt. Manche Leute scheuen sich, ihre Pferde zu fordern und verlangen deshalb lieber gar nichts von ihnen, weil sie fürchten, das, was sie schon erreicht haben, wieder zu verlieren. Vielleicht ist «Versuchen» das Schlüsselwort zum Erfolg, denn der Reiter sollte stets daran denken, daß auch Pferde gern etwas Neues versuchen. Ganz allgemein könnte man vielleicht sagen, daß ein Pferd, dessen bisherige Ausbildung korrekt war, gern etwas Neues ausprobiert, weil es ihm leichter fällt, aber wenn das Pferd derartige Versuche nicht von sich aus unternimmt, muß der Reiter ihm klarmachen, daß es um sie nicht herumkommt.

Pferde haben ein sehr gutes Gedächtnis, und was sie einmal gelernt haben, vergessen sie so leicht nicht wieder; allerdings kann ihre körperliche Verfassung ihnen gewisse Beschränkungen auferlegen. Man sollte stets daran denken, daß ein Pferd schlechte Gewohnheiten genauso schnell annimmt wie gute, und der leichtere Weg führt ausnahmslos in die schlechte Gewohnheit, und auch hier ist Vorbeugen in jedem Fall besser als Korrigieren.

Schließlich möchte ich noch einmal betonen, daß harte Arbeit, Hingabe und Geduld durch nichts zu ersetzen sind, wie lästig das auch manchmal sein mag. Mich persönlich entschädigt die Freude und die Genugtuung, ein gutgezogenes Pferd zu haben, für all die Zeit und Mühe, die ich aufwenden mußte, um dieses Ziel zu erreichen.